성경 간편 해설서

바이블텔링

구약〔Ⅱ〕

역사서 上

(여호수아 · 사사기 · 룻기 · 사무엘 상 · 하)

한눈에 읽히는 성경 이야기 **바이블텔링 구약 〔Ⅱ〕/ 역사서 上**

초판 1쇄 2018년 11월 30일
지은이 유동근
펴낸곳 벧엘서원.IMC
편집인 유병헌
등록번호 제 387-2012-000037 호
주소 (14593) 경기도 부천시 원미구 부일로 123, 201호 (상동, 그린프라자)
전화 032.322.3095
팩스 0303.3440.3452
홈페이지 www.bethelbook.co.kr
Email btbook.imc@gmail.com

값 36,000 원

ISBN | 978-89-92014-68-7
ISBN | 978-89-92014-66-3(세트)

BIBLE
TELLING

성경 간편 해설서

바이블텔링

구 약 〔Ⅱ〕

역사서 上

(여호수아 · 사사기 · 룻기 · 사무엘 상 · 하)

유동근

벧엘북

저자 서문

2016년 6월 어느 날, 뒷산을 산책하다가 갑자기 내리는 소나기로 인하여 빗길에 미끄러져 크게 넘어졌습니다. 옆구리에 큰 통증이 느껴졌고, 한동안 숨쉬기도 어려울 정도로 어려운 시간을 보냈습니다. 그때 저는 눕는 것은 매우 불편했고, 앉아 있는 것이 가장 편안했습니다. 그러한 시간을 통해 주님의 십자가 고통을 생각해보며 복음서부터 요약하며 성경을 써보기로 했습니다.

이미 신구약 주석을 쓴 자료가 있고, 또 주님의 은혜로 젊어서부터 늘 성경을 가까이 하며 살았고, 많은 강해 설교의 경험이 있기에 시간이 그리 많이 소요되지는 않았습니다. 신약은 비교적 빠른 시간에 완성했고 구약은 시간이 좀 더 걸렸습니다. 그렇지만 모두 2년이 채 걸리지 않았습니다(신약 1권 구약 5권 예상).

하나님의 크신 은혜에 감사드립니다.

지난 10여년 간, 건강 주시고 은혜 주셔서 〈바이블코어〉신구약 주석 강해집 66권을 쓸 수 있었습니다.(2012년 완성) 〈바이블코어〉주석이 성경 한 절 한 절에 대한 것이라면, 본 요약집〈바이블텔링〉은 한 장 한 장을 쉽게 이해하면서 읽도록 하기 위한 책입니다.

이 책의 특징은 누구든지 성경을 쉽게 이해하며 빠른 시간 내에 전체를 한 번에 죽 읽고, 전체적인 그림을 볼 수 있다는 데 있습니다. 이 책을 통해서 이미 그리스도를 믿은 주 안의 신자들뿐 아니라, 아직 주님을 믿지 않는 분들도 하나님의 귀한 말씀인 성경을 이해하는 데 길잡이와 도움이 될 수 있기를 간절히 기도하는 마음입니다. 이 책을 출간하기까지 편집, 교열, 교정에 참여해준 내 아내와, 특히 책의 편집과 디자인 등 전반적인 출판을 감당해준 아들 내외에게 심심한 사의를 표합니다.

모든 영광을 하나님께 돌리며

2018년 5월, 부천 송내에서

유동근 목사

Contents

차 례

룻기

사무엘상

사무엘하

추천의 글

피종진 목사 (남서울 교회)

2012년 한 절 한 절의 성경을 해설한 신구약 66권 주석을 완성하신데 이어, 이번에는 성경 한 장 한 장을 이해하기에 쉽도록 요약 정리한 유동근 목사의 바이블텔링이 나왔습니다. 유동근 목사님은 세계 많은 나라를 선교하는 허드슨 테일러와 같은 유능한 선교사이며, 성경에 능통한 스펄전 같은 설교자입니다.

이번 출판한 바이블텔링은 유목사님의 일생에 걸친 성경 연구의 결정체 같은 내용으로서 모든 목회자와 하나님의 말씀을 사랑하는 모든 신자들 뿐 아니라 성경을 전혀 읽어보지 않은 분일지라도 쉽게 이해할 수 있도록 심혈을 기울여 집필한 책입니다. 많은 분들에게 도움이 될 것으로 확신하기에 기쁘고 감사한 마음으로 추천하는 바입니다.

엄신형 목사 (14, 15대 한국기독교 총연합회 대표회장, 예장개혁총연 증경총회장, 중흥교회 담임 목사)

유동근 목사님은 저희 총회의 특별위원회 소위원장이시고, 증경총회장이십니다. 우리 총회가 자랑하는 세계적인 신학자요 선교사입니다. 90년대 복음이 없던 많은 공산권 여러 나라에 복음을 전파하여 교회를 개척한 사도 바울 같은 종입니다. 40여년에 걸쳐 집중적으로 성경만 연구한데다, 30년간의 선교 사역을 통해 교회를 개척하는 가운데 체험하고 얻은 빛을 내용에 가득 담아서 하나님의 자녀들에게 성경을 이해하는데 매우 도움이 되는 그야말로 '성경 이해의 길잡이' 바이블텔링을 집필하였습니다. 독자들에게 매우 유익하리라 확신하며 기쁨으로 추천하는 바입니다.

이영호 목사 (아레오바고 사람들 대표)

유동근 목사님은 성경을 읽으려는 평신도들의 마음을 정확하게 꿰뚫어 보셨습니다. 우리가 성경을 읽을 때 성경의 개요를 빨리 파악하고 읽어야 이해가 빠른데, 생활에 얽매여 살다가 보면 그렇게 하기가 쉽지 않습니다. 저 역시 이런 분야에 여러 책들을 소장하고 있으나 만족스러운 책이 없습니다. 〈저자의 서문〉에서 "누구든지 성경을 쉽게 이해하며 빠른 시간 내에 전체를 한 번에 죽 읽고, 전체적인 그림을 볼수 있다"고 하신 것과 같이, 그런 면에서 성경이해에 큰 도움이 되지 않을까 믿어 의심치 않습니다. 짧은 문장에 구어체로 저술되어 가벼운 마음으로 읽고 참고하기에 큰 도움이 되리라고 믿어 추천합니다. 이 저서가 좋은 안내 자료가 되어 독자들의 신앙이 향상되기를 소망합니다.

정동섭 목사 (가족관계연구소장, 사이비종교 피해대책연맹 총재, 전 침신대,한동대 교수: Ph.D.)

이 책의 저자 유동근 목사는 한국교회가 낳은 탁월한 목회신학자입니다. 신구약에 담겨 있는 진리의 말씀을 언약신학의 관점에서 옳게 해석하여 믿는 자나 불신자 할 것 없이 누구나 유익을 얻을 수 있게 했습니다. 문법적, 역사적, 신학적 해석의 원리를 따라 성경을 알기 쉽게 풀어놓고 있습니다. 먼저 읽은 분이 다른 가족, 친구, 신학생, 목회자들에게 적극적으로 권하여 "바이블 텔링"(Bible Telling)으로 마음과 삶이 새롭게 변화 받는 일이 계속 일어나게 되기를 바라마지 않습니다.

최삼경 목사 (빛과소금교회 담임목사, 인터넷 신문 <교회와신앙> 편집인, 이단전문연구가)

'진리는 절대 우리를 속이지 않으며, 성령은 절대로 우리를 속이지 않는다'는 것을 믿고 34년 동안 목회를 했고, 이단연구도 했고, 성경을 연구하고 설교를 했습니다.

긴 성경을 한 장 한 장 짧고 쉽게 요약해서 한 눈에 한 폭의 그림을 보는 것처럼 전 성경을 잘 볼 수 있도록 씌여진 책입니다. 유능한 선교사요 신학자인 유동근 목사는 한국에 널리 알려지지 않았을지라도 나의 마음 속에 늘 자랑스럽고 귀한 친구요 감취어진 보배같은 존재라고 생각합니다. 신구약 주석 완간에 이어 신구약 성경 요약서 〈바이블텔링〉을 완성한 유 목사님에게 찬사를 보내며 한국 교회 성도님들에게 큰 유익이 될 것으로 기대하면서 기쁜 마음으로 추천하는 바입니다.

이우회 목사 (총회신학신대원 원장, 총회(호헌) 증경총회장, 복된교회 담임목사)

유동근 목사님은 제가 현재 목회하고 있는 대전 출신이시고 오래 전부터 주 안에서 존경하며 교제하며 지내는 사이입니다. 특히 유동근 목사님은 선교에 열정이 대단하신 분으로써, 현재도 10여 나라 선교를 하시는 정열적인 선교사님이십니다. 또한 후학에도 매우 관심이 있으셔서 오랫동안 국제 신학원을 운영해오셨고, 저희 신학교에도 오셔서 때때로 강의도 해주시던 귀한 학자이십니다. 이번에 바이블텔링이라는 신구약 성경 요약서를 출간하시게 된 것을 진심으로 축하드리며 한국교회에 기쁜 마음으로 추천하는 바입니다.

배동률 목사 (늘푸른 교회 당회장, 예장 개혁총연 증경총회장, 총회 신학총장)

평소의 존경하는 유동근 목사님께서 두번째 주석을 출판함에 있어서 매우 기쁜 마음으로 그간의 노고에 축하드립니다. 유동근 목사는 총회장을 역임하셨으며, 후학들의 귀감이 되어온 신학자이시며, 그리스도 예수님의 교회를 위한 뜨거운 열정을 가지신 선교사이자 양떼를 사랑하시는 목자이십니다.

2012년 10여년에 걸쳐 성경 66권 한절 한절을 잘 해석한 주석을 완간하셔서 전국 서점을 통해 많은 보급으로 목회자님과 신학생들이 애독하는 책이 되었습니다. 금번에 출판되어지는 바이블텔링은 성경 요약서로서 성경 한장한장을 쉽게 이해 할 수 있도록 작성한 대작이라 평가됩니다. 이런 귀한 책이 우리나라에서 나올 수 있게 되어 매우 만족스런 기쁨과 즐거운 마음으로 추천하는 바입니다.

류언근 목사 (비교종교 및 사이비 이단 연구회 아레오바고 협회 이사장. 국제 재난 구조 위원장, 죠이 국제 학교장, 중국 봉천 신학원장)

하나님께서 貴하게 쓰시는 유동근牧師님을 통하여 神學의 꽃이라고 하는 聖經神學的 관점의 「Bible telling」 출간을 먼저 축하드리고 하나님께 영광과 감사를 돌립니다.

말과 글은 꿀을 바른듯 미끄럽지만 썩은 무덤같은 냄새들을 풍기는 정치. 경제. 사회. 문화. 종교지도자들을 접하면서 보석같은 귀한 분들과 살다 가게 해 달라고 기도하게 됩니다.

그 기도의 응답 중 한분이 바로 유동근 목사님이신데 금번에 귀한 「바이블텔링」을 출간케 되어 아낌없는 찬사와 축하와 추천을 하게 됨은 유 목사님과 신세봉 사모님 두분의 인격 때문입니다. 이단연구회인 아레오바고 사람들을 이끄시는 故 이영호 목사님께서 평택 팽성 들판의 비닐하우스에 기거한다는 사실을 아는 이들은 많았지만 구체적으로 그분을 건사한 분은 없었습니다. 저 역시 그 사실을 뒤늦게 알고서 여러분들과 협의했지만 발벗고 나선 이는 한 두 분밖에 없었습니다.

그분들 중에 유 목사님 두 내외분은 해외에 (000)여개의 지교회를 수시로 관리 하시느라 일반목회를 하시는 목사님들 보다 한량없이 바쁘신데도 이영호 목사님께서 불편하시다면 언제든 달려가서 도우신 信行一致의 삶을 사시는 분이시기에 감히 형님으로 모심을 자랑스럽게 생각합니다. 성령님의 인격과 유 목사님의 인격으로 필터링된 「바이블텔링」을 통해서 무한하신 엘샤다이의 영광이 드러나길 기도하며 추천사에 갈음합니다.

여호수아

1장

여호와께서 여호수아에게 명하시다

1-6절, "여호와의 종 모세가 죽은 후에 여호와께서 모세의 시종 눈의 아들 여호수아에게 일러 가라사대 내 종 모세가 죽었으니 이제 너는 이 모든 백성으로 더불어 일어나 이 요단을 건너 내가 그들 곧 이스라엘 자손에게 주는 땅으로 가라 내가 모세에게 말한 바와 같이 무릇 너희 발바닥으로 밟는 곳을 내가 다 너희에게 주었노니 곧 광야와 이 레바논에서부터 큰 하수 유브라데에 이르는 헷 족속의 온 땅과 또 해지는 편 대해까지 너희 지경이 되리라 너의 평생에 너를 능히 당할 자 없으리니 내가 모세와 함께 있던 것같이 너와 함께 있을 것임이라 내가 너를 떠나지 아니하며 버리지 아니하리니 마음을 강하게 하라 담대히 하라 너는 이 백성으로 내가 그 조상에게 맹세하여 주리라 한 땅을 얻게 하리라".

여호와의 종 모세가 죽은 후 여호와께서 모세의 시종이었던 여호수아에게 이제는 이 모든 백성을 데리고 요단을 건너 약속하신 땅으로 들어가라고 하신다. 발바닥으로 밟는 곳이 다 그들의 땅이 되리라고 하시며 광야의 레바논에서부터 큰 하수 유브라데에 이르는 헷 족속의 온 땅과 대해까지의 땅이 너희 지경이 되리라고 하신다. 또 “너희 평생에 너를 당할 자가 없으리라”고 하시며 마음을 강하게 하고 담대히 하라고 하신다. 또 “모세가 명한 모든 율법을 다 지켜 행하고 좌로나 우로나 치우치지 않으면 어디를 가든지 형통하리라”고 하신다. 특히 하나님은 여호수아에게 율법책을 네 입에서 떠나지 말게 하며 주야로 그것을 묵상하여 그 가운데 기록한 대로 다 지켜 행하라고 명하신다. 그것이 형통하게 되는 비결이다.[1-9절]

여호수아가 백성에게 명하다

여호수아는 진중에 두루 다니며 백성에게 양식을 예비하라고 하면서 삼 일 안에 이 요단을 건너 하나님께서 주시는 안식의 땅에 들어가 그 땅을 얻으리라고 한다. 특히 이미 요단 동편에서 기업을 얻은 르우벤 지파와 갓 지파와 므낫세 반 지파에게는 처자와 가축 등은 여기 두고 너희 용사들은 무장하고 너희의 형제보다 앞서 건너가서 그들을 도와 싸우라고 한다. 하나님을 섬기는 사람들은 전 시대의 사역자들이 해온 것을 이어가는 것이 정상적이다. 또한 하나님의 세우심과 더불어 백성의 인증하는 것이 있다. 두 지파 반의 사람들은 여호수아의 명령에 즉시 순종하여 “당신이 우리에게 명하신 것을 다 행하리이다”라고 말한다. 또한 “우리가 범사에 모세를 청종한 것같이 당신을 청종하려니와 여호와께서 모세와 함께하신 것처럼 당신과도 함께하시기를 원하나이다 오직 당신은 마음을 강하게 하시며 담대히 하소서”라고 축복한다.[10-18절]

2장

정탐들을 영접하고 숨겨준 여리고 기생 라합

눈의 아들 여호수아는 싯딤에서 두 사람을 정탐으로 여리고로 보낸다. 그리고 그 두 정탐꾼은 라합이라는 기생의 집으로 들어간다. 어떤 사람이 이것을 여리고 왕에게 보고하니 여리고 왕이 라합의 집에 사람을 보내 “네 집에 들어온 사람을 끌어내라 그들이 이 온 땅을 탐지하러 왔느니라”고 한다. 라합이라는 여인은 그 두 정탐을 이미 지붕 삼대에 숨겨놓고서 “그들이 오긴 왔지만 어디로 간지 모른다”고 하였다.

라합은 그들이 떠난 후 두 정탐에게 와서 “이스라엘이 홍해를 건넌 일이며 시혼과 옥에게 한 일을 다 알고 있으며 또 너희 여호와는 상천하지에 하나님이시니 나를 선대하라"고 말한다. 라합은 그들이 피하도록 창에다 줄을 달아 내리웠다. 정탐들은 '우리가 이 땅에 들어올 때에 이 창에 붉은 줄을 달아내리라. 그리고 온 가족을 네 집에 모으라. 그 대신 이 사실을 누설하든지 네 집 문을 나서서 거리로 가면 그 피가 그의 머리로 돌아갈 것이요 우리는 허물이 없으리라.'고 하였다. 정탐들은 산에서 며칠 유하다가 요단을 건너 여호수아에게 가서 이 모든 사실을 고했다. 여호수아는 "진실로 여호와께서 이 온 땅을 우리 손에 붙이셨으므로 그 땅 거민이 우리 앞에서 간담이 녹는다"고 하였다.[1-24절]

3장

요단을 건너다

여호수아가 아침에 일찍 일어나 이스라엘 사람들과 함께 싯딤에서 떠나 요단에 이르러 거기서 유숙하였다. 3일 후에 유사들이 진중으로 두루 다니며 백성들에게 레위 사람들이 여호와의 언약궤를 메면 너희 곳을 떠나 그 뒤를 좇으라고 하였다. 그러나 언약궤와 백성의 따르는 거리가 2천 규빗이 되게 하라고 하면서, "스스로 성결케 하라 여호와께서 내일 너희 가운데 기사를 행하시리라"[5절]고 했다. 그리고 언약궤를 멘 제사장들에게 물가에 이르거든 백성 앞서 먼저 요단에 들어서라고 한다. 제사장들은 언약궤를 메고 백성 앞에 행하였다. 때는 모맥 거두는 시기였고, 언덕에 물이 넘쳤다. 또 이스라엘 지파 12명을 택하였으며 언약궤를 멘 제사장들은 요단 가운데 마른 땅에 굳게 섰고 온 이스라엘 백성은 마른 땅으로 행하여 요단을 건넜다.[1-17절]

4장

요단 강 바닥에서 돌 열두 개를 취하여 길갈에 세움

온 백성이 요단 건너기를 마치니 여호와께서 여호수아에게 매 지파에서 택한 12명에게 요단 가운데 제사장들의 발이 굳게 선 그곳에서 돌 열둘을 취하고 그것을 가져다가 그들의 유숙할 그곳에 두라 하셨다. 그들은 열두 돌을 가져다가 자기들의 유숙할 곳에 두었다. 여호수아는 또한 돌 열둘을 요단 가운데 제사장들의 발이 서 있던 곳에 세웠다.

궤를 멘 제사장들이 서 있는 동안 백성은 속히 건넜다. 르우벤, 갓, 므낫세 반 지파는 무장하고 이스라엘 자손보다 먼저 건너서 여리고 평지에 섰는데 사만 명 가량 되었다. 그날에 여호와께서 여호수아를 이스라엘 백성들 목전에 크게 하시니 그의 생존한 날 동안 백성이 모세를 두려워한 것처럼 여호수아를 두려워 하였다.

여호와께서 여호수아에게 증거궤를 멘 제사장들을 명하여 올라오게 하라 하시니 여호수아가 제사장들에게 요단에서 올라오라고 명했다. 여호와의 언약궤를 멘 제사장들이 요단 가운데서 올라오니 요단 물이 본 곳으로 도로 흘러 여전히 언덕에 넘쳤다. 여호수아가 요단에서 가져온 열두 돌을 길갈에 세우고 후손에게 기억이 되게 하였다.

5장

이스라엘이 길갈에서 할례를 받다

요단 서편 아모리 사람의 모든 왕들과 해변 가나안 사람의 모든 왕들이 여호와께서 요단의 물을 말리우시어 이스라엘을 건너게 하신 것을 듣고 정신을 잃었다. 그때에 여호와께서 여호수아에게 너는 부싯돌로 칼을 만들어 이스라엘 자손에게 할례를 행하라고 지시하셨다. 그것은 애굽에서 나온 백성은 할례를 받았으나 광야 노중에서 난 자들은 할례를 받지 못하였기 때문이다. 애굽의 수치를 굴러가게 했다 하여 그곳 이름을 길갈이라고 하였다. 이스라엘 자손이 길갈에 진 쳤고, 그 달 14일 여리고 평지에서 유월절을 지켰다. 유월절 이튿날에 그 땅 소산을 먹고 그날에 무교병과 볶은 곡식을 먹었더니 그 땅 소산을 먹은 다음날에 만나가 그쳤다. 그리고 그 해에 가나안 땅의 열매를 먹었다.

여호수아가 칼을 든 여호와의 군대장관을 만나다

여호수아가 여리고에 가까이 왔을 때에 눈을 들어본즉 한 사람이 칼을 빼어 손에 들고 마주 서 있었다. 여호수아가 그에게 "너는 우리를 위하느냐 우리의 대적자를 위하느냐?" 하니 "아니라, 나는 여호와의 군대 장관으로 이제 왔느니라" 고 하였다. 여호수아가 땅에 엎드렸고 말씀을 구하매 "네 발에서 신을 벗으라 네가 선 곳은 거룩한 곳이니라" 하였다. 여호수아가 그대로 행하였다. 하나님께서

나타나시는 곳은 언제나 어디나 거룩한 곳이며 우리의 신발을 벗고 행해야 한다. [13-15절]

6장

여리고 성 함락

여리고는 굳게 닫혔고 여호와께서는 여호수아에게 여리고를 정복하라고 명하셨다. 이스라엘 모든 군사들로 하여금 성 주위를 매일 한 번씩 6일 동안 돌라고 하시면서 제사장 일곱은 일곱 양각 나팔을 잡고 언약궤 앞에서 행할 것이고 제 7일은 성을 일곱 바퀴 돌고 제사장들이 양각 나팔을 울려 불면 성벽이 무너져 내리리니 백성은 성으로 올라가 취하면 된다고 하셨다.

여호수아는 백성들에게 외치지 말며 들레지 말며 입에서 아무 말도 내지 말다가 명하면 그때 일제히 외치라고 하였다. 그대로 행하여 6일 간 돌고 제 7일에 일곱 바퀴 돌고 제사장들이 나팔을 울려 불었다. 그때 백성이 외치자 성벽이 무너져 내리니 백성이 각기 앞으로 나아가 그 성읍을 취하고 성 중에 있는 모든 남녀 노유, 유양, 나귀 등을 칼날로 멸하였다. 여호수아가 그 땅을 정탐한 두 사람에게 기생 라합의 집에 들어가서 그 여인에게 맹세한 대로 살려주라 하고 나머지는 다 불살랐다.

여호수아가 맹세하기를 이 여리고 성을 일어나서 건축하는 자는 여호와 앞에 저주를 받을 것이요 그 기초를 놓을 때에 장자를 잃을 것이요 문을 세울 때에 계자를 잃을 것이라고 하였다.[1-27절]

7장

아이 성 전투의 패배 원인

이스라엘 자손이 바친 물건으로 인하여 범죄하였다(일단 바친 물건은 어느 것이든지 취하면 안 되게 되어 있었다-수 6:18). 아간이라는 자가 물건을 얼마 감춘 것이다.

여호수아가 아이 성으로 사람을 보내 아이를 정탐하게 하였는데, 아이는 작은 성이니 2-3천 명만 가서 취하고 모든 백성이 수고할 것이 없다고 하였으나 아이 사람들이 이스라엘 사람 36명 쯤 죽이고 쫓아오는 바람에 백성의 마음이 녹아 물같이 되었다. 여호수아가 슬퍼하면서 여호와 앞에 엎드리자 하나님께서 그들의 죄를 지적해주셨다.

다음 날 아침에 여호수아가 지파 별로, 족속 별로 나아오게 하였다. 그리고 아간이 뽑혔다. 아간은 그의 죄를 그대로 자백하였는데, 그것은 시날 산 아름다운 외투 한 벌과 은 이백 세겔, 오십 세겔의 금덩이 하나를 보고 탐하여 그것을 감추어 두었던 것이다. 이에 여호수아가 사람을 보내 그 고한 물목을 장막에서 찾아오고 여호와 앞에 두며, 여호수아가 이스라엘 모든 사람으로 더불어 아간을 아골 골짜기로 끌고 갔고, 온 이스라엘이 그와 그에게 속한 모든 사람들과 소유물을 돌로 치고 불로 사르고 그 위에 돌무더기를 쌓았다. 여호와께서 그 극렬한 분노를 그치시니 그곳 이름을 아골 골짜기라고 하였다.[1-26절]

8장

아이 성을 점령하다

8장에서는 다시 아이 성을 공격한다. 여호와께서는 여호수아에게 아이 성을 네 손에 주었다고 말씀하신다. 여호수아는 군사 3만과 함께 성읍 뒤로 가서 매복하고 그들 앞에서 거짓 패하여 광야 길로 도망하니 아이 성 사람들이 유인함을 받아 성을 멀리 떠났고 그때 여호수아가 신호로 단창을 들어 성읍을 가리켰다. 복병이 그 처소에서 일어나 성읍을 점령하고 불을 질렀으며, 여호수아가 왕을 사로잡았고 아이 성 사람 일만 이천이 죽었다. 저녁까지 아이 왕 시체를 나무에 달았다가 내려 성문 어귀에 던지고 그 위에 돌로 무더기를 쌓았다.[1-29절]

에발산에서 율법을 낭독하다

여호수아가 에발산에 한 단을 쌓고 율법책에 기록된 대로 철연장으로 다듬지 않은 새 돌로 만든 단 위에 번제와 화목제를 드렸다. 그리고 모세의 기록한 율법을 돌에 기록하고 여호와의 언약궤를 멘 제사장들 절반은 그리심산에, 절반은 에발산에 서서 율법 책에 기록된 모든 말씀을 낭독하였다. [30-35절]

9장

기브온 거민들이 여호수아를 속이다

요단 서편 헷, 아모리, 가나안, 브리스, 히위, 여부스 사람의 모든 왕들이 모여서 일심으로 여호수아와 싸우려고 했다. 기브온 사람들이 여호수아가 이스라엘로 더불어 아이에 행한 일을 듣고 꾀를 내어 사신의 모양을 꾸몄다. 해어진 전대와 해어지고 찢어져서 기운 포도주 가죽부대를 나귀에 싣고 낡은 옷을 입고 마르고 곰팡이 난 떡을 예비하고 길갈 진으로 와서 여호수아에게 원방에서 왔다고 말한다. 그들은 여호수아에게 자신들은 여호와의 이름을 인하여 심히 먼 지방에서 왔으며 그분의 명성과 그분이 애굽에서 행한 모든 일을 듣고 요단 동편에서 아모리 사람의 두 왕, 헤스본 왕 시혼과 바산 왕 옥에게 한 일을 들었으므로, 우리 장로들과 우리 나라의 모든 거민이 우리에게 말하기를, 여행할 양식을 손에 가지고 가서 그들을 맞아서 그들에게 우리는 당신들의 종이니 우리와 약조해달라고 청하라 했다고 말했다. 그러면서 곰팡이난 음식과 찢어진 가죽부대를 보여주니 여호수아가 그들과 화친하여 그들을 살려주리라는 언약을 세웠다.

그들과 언약한 지 삼 일이 지나서야 그들이 가까운 데서 자기들 중에 거주하는 자들이라는 것을 알게 되었다. 그들은 기브온과 그비라와 브에롯과 기럇 여아림 사람들이었다. 그들도 응당 멸해야 할 사람들이지만 이미 이스라엘 하나님 여호와의 이름으로 맹약을 했으므로 할 수 없이 죽이지 못하고 나무패며 물 긷는 자를 만들었다.

10장

여호수아가 기브온을 구조하다

아이 성이 패한 것과 기브온이 화친하여 굴복한 것을 예루살렘 왕 아도니세덱이 듣고 크게 두려워했다. 이는 기브온이 왕도와 같은 큰 성이고 아이 성보다 크고 그 사람들은 다 강하기 때문이었다. 예루살렘 왕 아도니세덱이 헤브론 왕과 야르못 왕과 라기스 왕과 에글론 왕 등에게 사람을 보내어 기브온을 공격하자고 했다. 그러므로 기브온은 여호수아에게 사람을 보내어 도와달라고 요청했고, 여호수아는 모든 군사와 용사들을 데리고 길갈로부터 밤새도록 올라가서 그들에게 갑자기 이르러 공격했다. 여호와께서 이스라엘 앞에서 그들을 패하게 하시니 그들이 도망하여 벧호론 비탈에서 내려갈 때 우박이 내려 칼에 죽은 자보다 우박에 죽은 자가 더 많았다.

여호와께서 아모리 사람을 이스라엘 자손에게 붙이시던 날에 여호수아가 "태양아 너는 기브온 위에 머물라 달아 너도 아얄론 골짜기에 그리할지어다"라고 했다. 다섯 왕이 도망하여 막게다 굴에 숨었는데, 큰 돌을 굴려 굴 어귀를 막고 사람들로 지키게 하다가 다섯 왕을 끌어내어 군장들이 목을 밟으니 여호수아가 군장들에게 두려워 말고 놀라지 말며 마음을 강하게 하고 담대히 하라고 말한다. 그들을 죽여서 나무에 매어 달아 해질 때까지 두었다가 그들이 숨었던 굴에 들여던지고 굴 어귀를 큰 돌로 막았다.

그날 여호수아가 막게다와 립나를 취하고 라기스도 취하였으며 에글론과 헤브론 등을 쳐서 취하였고 또 드빌도 쳐서 취하였다. 여호수아가 온 땅 산지 남방과 평지와 경사지와 그 모든 왕을 쳐서 취하고 무릇 호흡이 있는 자는 다 진멸하였으니 가데스 바네아부터 가사까지, 또 온 고센 땅을 기브온에 이르기까지 다 쳐서 그 땅을 단번에 다 취하였다. [1-43절]

11장

하솔과 마돈, 요밥 등과 북과 서의 사람들을 쳐부수다

하솔 왕 야빈이 마돈 왕 요밥과 시므론 왕과 악삽 왕과 북방 산지와 긴네롯 남편 아라바와 평지와 서방 돌의 높은 곳의 왕들과 동서편 가나안 사람들, 아모리 사람과 헷 사람, 브리스 사람과 산지의 여부스 사람, 미스바 땅 헤르몬 산 아래 히위 사람들에게 사람을 보내 그들이 모든 군대를 거느리고 나왔으니 민중이 많아 해변의 수다한 모래 같고 말과 병거도 많이 나왔다. 그들이 이스라엘과 싸우려고 메롬 물가에 함께 진 쳤다. 여호와께서 그들을 이스라엘에게 붙이시매 그들이 좇지에 습격을 받아 미스바 골짜기까지 좇아가 말 뒷발의 힘줄을 끊고 불로 그 병거를 살랐다.

하솔은 그 모든 나라의 머리더니 여호수아가 돌아와서 하솔을 취하고 불로 하솔을 살랐다. 그 모든 하솔의 성읍의 재물과 가축은 이스라엘이 탈취하였다. 기브온 거민 히위 사람 외에는 이스라엘과 화친한 성이 없었다. 그때 여호수아가 헤브론과 드빌과 아납과 유다 온 산지와 아낙 자손을 멸절하였으며 그 성읍들을 멸절하였으므로 이스라엘 자손의 땅에는 아낙 자손이 남음이 없고 가사와 가드와 아스돗에만 약간 남았다. 여호수아가 여호와께서 모세에게 하신 말씀대로 그 온 땅을 취하여 이스라엘 지파의 구별을 따라 기업으로 주었다. 그 땅에 전쟁이 그쳤다.[1-23절]

12장

모세가 정복한 왕들

이스라엘 자손이 정복한 땅과 죽인 왕들의 목록이 나온다. 첫째는 헤스본에 거하던 왕 시혼이며 암몬 사람의 지경, 길르앗 절반이다. 다음은 바산 왕 옥인데 그는 르바의 남은 족속이고 그의 영역은 헤르몬 산과 나머지 길르앗 절반이다. 여호와의 종 모세와 이스라엘 자손이 그들을 르우벤과 갓과 므낫세 반 지파에게 기업으로 주었다.[1-6절]

여호수아가 정복한 왕들

다음은 요단 서편인데, 산지와 평지와 아라바와 경사지와 광야와 남방 땅 헷 사람, 아모리 사람, 가나안 사람과 브리스 사람과 히위 사람과 여부스 사람의 땅이었다. 여리고 왕, 아이 왕, 예루살렘 왕, 헤브론 왕, 야르뭇 왕, 라기스 왕, 에글론 왕, 게셀 왕, 드빌 왕, 게델 왕, 호르마 왕, 아랏 왕, 립나 왕, 아둘람 왕, 막게다 왕, 벧엘 왕, 담부아 왕, 헤벨 왕, 아벡 왕, 랏사론 왕, 마돈 왕, 하솔 왕, 시므론 므론 왕, 악삽 왕, 다아낙 왕, 므깃도 왕, 게데스 왕, 갈멜의 욕느암 왕, 돌 왕, 길갈의 고임 왕, 디르사 왕으로서 도합 삼십 일 왕이었다.

13장

여호와께서 여호수아에게 하신 말씀과 르우벤, 갓, 므낫세 반 지파에게 기업을 분배함

여호수아가 나이 많아 늙으니 여호와께서 그에게 너는 나이 많아 늙었고 얻어야 할 땅은 아직 많이 남아 있다고 하신다. 남은 땅은 블레셋 사람의 온 지방과 그술 사람의 땅과 가나안 사람의 온 땅과 시돈 사람의 땅, 아모리 사람의 지경 아백까지와 그발 사람의 땅과 동편 온 레바논, 곧 헤르몬 산 아래 바알 갓에서부터 하맛에 들어가는 곳까지이다. 하나님은 이 땅을 아홉 지파와 므낫세 반 지파에게 기업이 되게 하라고 하신다. [1-7절]

모세가 두 지파 반에게 물려준 기업에 대하여

13장 8절부터 33절까지는 모세가 르우벤과 갓, 므낫세 반 지파에게 모세가 물려준 요단동편의 기업에 대하여 말한다.

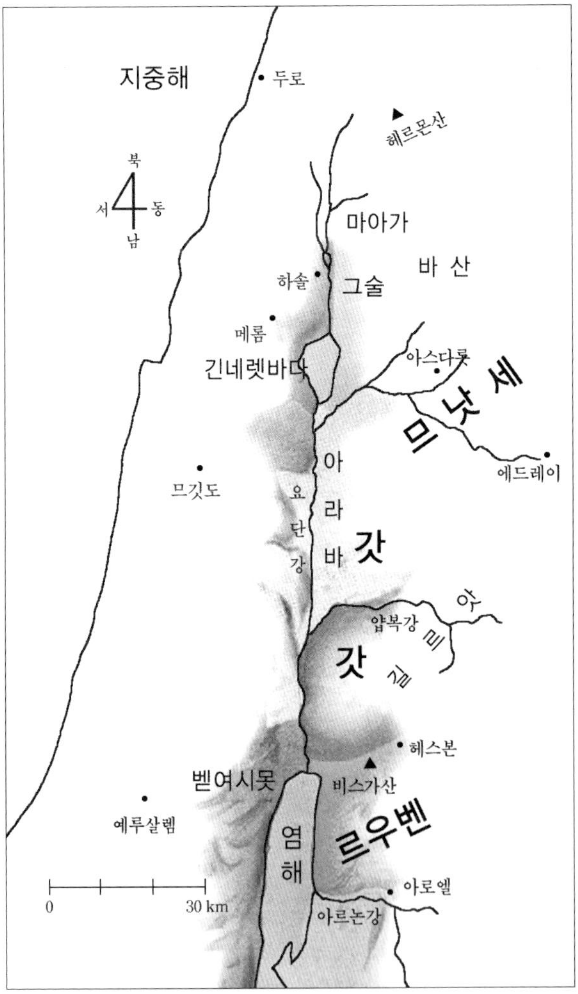

르우벤 지파에게 주신 기업에서 미디안 귀족들을 죽이는데 브올의 아들 술사 발람(여기서 발람을 diviner 술사 곧 점쟁이로 표현했다)도 칼날로 죽였다고 한다. 디본과 바못 바알과 벳바알 므온과 야하스와 그데못과 메바앗과 기랴다임과 십마와 세렛 사할과 벳브올과 비스가 산록과 벧여시못과 평지 모든 성읍이다.

갓 지파에게도 주었는데, 야셀과 길르앗 모든 성읍과 암몬 자손의 땅 절반 곧 랍바 앞의 아로엘까지와 헤스본에서 라맛 미스베와 보도님까지와 마하나임 지경까지이다.

므낫세 반 지파에게는 바산 왕 옥의 땅 전국과 길르앗 절반을 주었다. 레위 지파에게는 여호와께서 기업을 주시지 않았으니 하나님 여호와께서 기업이 되시기 때문이다[14, 33절].

14장

갈렙에게 헤브론을 분배함

요단동편 땅의 기업을 받은 르우벤, 갓, 므낫세 반 지파외에 아홉 지파 반에게 기업을 분배하는 것이 나온다. 우선은 유다 지파 갈렙이 여호수아에게 나와서 40세에 가데스 바네아에서 정탐으로 보내심 받아 성실하게 보고한 것과 여호와를 온전히 좇은 것을 간증하고 지금 85세인데 여전히 강건하다고 하면서 지금도 싸움에나 출입에 감당할 수 있으니 비록 아낙 자손이 살고 있지만 여호와께서 함께하시면 쫓아낼 수 있으니 "이 산지를 내게 달라"고 간청한다. 여호수아는 갈렙을 축복하고 헤브론을 기업으로 주었다. 이러므로 헤브론이 그니스 사람 여분네의 아들 갈렙의 기업이 되었으며 헤브론의 옛 이름은 기럇 아르바였다.

15장

유다 자손이 기업을 분배받음

1-12절, "유다 자손의 지파가 그 가족대로 제비뽑은 땅의 극남단은 에돔 지경에 이르고 또 남으로 신 광야까지라 그 남편 경계는 염해의 극단 곧 남향한 해만에

서부터…그 동편 경계는 염해니 요단 끝까지요 그 북편 경계는 요단 끝에 당한 해만에서부터 벧호글라로 올라가서 벧 아라바 북편을 지나 르우벤 자손 '보한의 돌'에 이르고 또 아골 골짜기에서부터 드빌을 지나 북으로 올라가서 강 남편에 있는 아둠밈 비탈 맞은편 길갈을 향하고 나아가 엔 세메스 물을 지나 엔로겔에 이르며…여부스 곧 예루살렘 남편 어깨에 이르며 또 힌놈의 골짜기 앞 서편에 있는 산 꼭대기로 올라가나니 이곳은 르바임 골짜기 북편 끝이며…서편 경계는 대해와 그 해변이니 유다 자손이 그 가족대로 얻은 사면 경계가 이러하니라".

15장 1절부터 12절까지는 유다 지파가 분배받은 땅의 범위를 기술한다. 15장과 16장에는 이 두 지파-유다와 요셉-에 대한 분배가 먼저 기록되어 있다. 유다 지파는 남부의 가장 중요한 지역을 할당받았고, 요셉은 북부를 분배받았다. 그중 한 지파는 여호수아가 속한 지파이고(요셉 지파) 다른 한 지파는 갈렙이 속한 지파였다(유다 지파). 좋은 지도자를 가진 지파는 매우 축복을 받았다. 제비뽑는 방식에 대해서는 우리가 알 수 없지만, 민수기 33장 54절에 따르면 땅을 분배할 때 참작되어야 할 점들이 있으므로 뭔가 특별한 방법이 도입되었던 것 같다. 그것은 "너희의 가족을 따라서 그 땅을 제비뽑아 나눌 것이니 수가 많으면 많은 기업을 주고 적으면 적은 기업을 주되 각기 제비뽑힌 대로 그 소유가 될 것인즉"이라는 말씀에 암시되어 있다.

어쩌면 이 탁월한 두 지파가 인수가 많은 고로 먼저 남과 북의 중요한 구역을 제비뽑아 할당받고 나머지 일곱 지파는 따로 제비뽑았을 수도 있다.그러기에 다윗의 왕도(王都) 헤브론이 유다 지파에 편성되고 영구한 이스라엘의 수도 예루살렘에 인접한(베냐민 지파 소속이나 거의 함께 공유하는 정도이다) 땅이 그 지파에게 할당되었으며, 그 땅에는 비옥한 목초지와 풍성한 포도원이 있어(창 49:11, 12) 가나안의 요지로서 왕국의 중심을 이루는 지역이었음에 분명하다. 그러므로 제비뽑는 것이 사람 편에서는 우연한 것으로 보일지라도 거기에는 하나님의 정하심과 주권이 들어있다.

하나님의 자녀들이 받을 분깃

제비뽑은 땅(1절)이란 할당, 혹은 분깃(the lot)라고 번역하는 것이 옳다. 이는 하나님의 주권과 은혜로 분배된 것이므로 기업(inheritance)이라 불리운다. 구약에서는 하나님의 백성이 물질적인 가나안 땅을 기업으로 받았지만 신약의 믿는 이들은 '영생의 기업', '그 나라의 기업'을 얻게 된다. 그러므로 우리는 구약의 가나안 땅이 오늘 우리 믿는 이들에게 약속된 하늘에 속한 기업을 예표하는 것임을 이해할 수 있다. 신약의 여러 곳에서, 특히 히브리서는 그 나라를 유업으로 받는 문제를 많이 언급하였다. 심지어 구약의 아브라함, 이삭, 야곱도 장막에 거하며 더 좋은 본향을 기대하였다고 말하니 그들이 약속받은 것은 물질적인 가나안 땅이 아니었음이 분명하다. 신약에서 사도들은 성도들이 하나님과 그리스도의 나라에서 유업을 얻는 문제를 매우 강조하였다(갈 5:21, 엡 5:4-5, 골 3:24, 히 12:15-17).

그리스도인은 반드시 주님이 다시 오실 때 주실 유업의 상이 있다는 것을 알고 달려야 한다. 사도는 이에 대하여 하늘에 쌓아둔 소망이라고 말했다(골 1:5). 오늘날 많은 그리스도인들은 장래 우리가 얻게 될 유업이 전혀 없는 것처럼 아무렇게나 생활한다. 그들은 이에 대한 어떤 의식이 없는 것이다. 이는 매우 큰 손실이다. 죄인이 구원받지 못하는 것도 안타까운 일이거니와 거듭난 그리스도인들이 하나님의 뜻을 행하지 아니하고 함부로 일생을 낭비하는 것 역시 매우 안타까운 일이다.

유다에게는 강력한 적수인 에돔 족속이 그 남단의 변경에 위치했는데, 이것은 그들의 강함으로 인해 그에 걸맞은 지경을 맡은 것이라 할 수 있다. 사방의 변경을 표현할 때 어디서부터 어디까지라고만 말하지 않고 '이르고', '나아가', '지나', '올라가서', '내려가서', '돌이켜' 등의 표현을 사용한 것은 다만 고착된 지형을 그린 것이 아니라 생명에 속한 유업을 적극적으로 침노하여 분배받는 사상을 암시하는 뜻있는 표현이다. 우리가 장래 받는 생명의 유업은 유기적인 생명의 역사의 결과이다. 그러므로 그 경계가 그렇게 유기적으로 표현되어 있는 것이다. 이는 매우 인상적이다. 구약과 신약은 다 한 가지를 말하고 있다. 다만 하나는 예표와 그림자요, 다른 하나는 실제인 것이다.

전체적으로 유다에 할당된 땅들의 이름은 저명하고 의미 있는 도시들이 많다. 싸움에 용맹한 자들에게 좋은 유업의 땅이 할당되었다는 감을 준다. 6절에는 북쪽 경계선에 대해 '보한의 돌(stone of Bohan)'이라는 말이 나오는데, 그는 르우벤 지파의 사람이다. 그는 어쩌면 요단강을 건너온 르우벤 지파의 위대한 지휘관으로 길갈에 있는 진에서 죽어 길갈에서 멀지 않은 이곳에 매장되었고 그의 이름을 기념하기 위해 돌을 세웠던 것 같다. 마찬가지로 아골 골짜기도 이 변경에 위치하고 있는데, 이 골짜기가 유다 지파에 소속된 것은 그들 지파의 한 사람(아간은 유다 지파 사람임)이 이스라엘에게 준 고통을 기억함으로 용맹한 유다 사람들을 겸손하게 하려는 것이라고 보여진다.

갈렙의 딸 악사가 출가할 때 아비에게 밭을 구하려고 나귀에서 내리니 갈렙이 "네가 무엇을 구하느냐" 물었고, 딸은 "아버지께서 나를 남방 땅으로 보내시오니 샘물도 내게 주소서" 하니 갈렙이 윗 샘과 아랫 샘을 그녀에게 주었다.

유다 자손의 지파가 얻은 기업의 성은 에돔 경계에 갑스엘과 에델과 야굴, 게데스, 하솔, 잇난, 십과 시글락 등 29성읍이고, 평지에는 에스다올, 소라 등 14성읍이었다. 그 외에 많은 성읍들이 기업으로 주어졌다.[1-63절]

16-17장

요셉 지파가 얻은 기업

16:1-17:13, "요셉 자손이 제비 뽑은 것은 여리고 곁 요단 곧 여리고 물 동편 광야에서부터 나아가 여리고로 말미암아 올라가서 산지를 지나 벧엘에 이르고 벧엘에서부터 루스로 나아가 아렉 사람의 경계로 지나 아다롯에 이르고…그 외에 므낫세 자손의 기업 중에서 에브라임 자손을 위하여 구별한 모든 성읍과 촌락도 있었더라 그들이 게셀에 거하는 가나안 사람을 쫓아내지 아니하였으므로 가나안 사람이 오늘날까지 에브라임 가운데 거하며 사역하는 종이 되니라 므낫세 지파를 위하여 제비 뽑은 것은 이러하니라 므낫세는 요셉의 장자이었고 므낫세의 장자 마길은 길르앗의 아비라 그는 무사이어서 길르앗과 바산을 얻었으므로…요단 동편 길르앗과 바산 외에 므낫세에게 열 분깃이 돌아갔으니 므낫세의 여손들이 그 남 자손 중에서 기업을 얻은 까닭이었으며 길르앗 땅은 므낫세의 남은 자손에게 속하였더라…그러나 므낫세 자손이 그 성읍들의 거민을 쫓아내지 못하매 가나안 사람이 결심하고 그 땅에 거하였더니 이스라엘 자손이 강성한 후에야 가나안 사람에게 사역을 시켰고 다 쫓아내지 아니하였더라".

16장과 17장은 에브라임과 므낫세 반 지파의 차지한 땅에 대하여 개괄적으로 말한다. 요셉 지파는 다른 지파보다 땅을 두 배로 받았는데, 이는 야곱의 예언에 따른 것이다(창 48:22). 이들의 기업은 가나안 땅의 심장부가 되는 곳에 위치한다. 그곳은 동(東)으로는 요단에서부터 시작하여 서(西)로는 지중해에 이르는 북부이다. 이 구절들에는 유다 지파나 다른 지파들에서 볼 수 있는 자세한 성읍들의 기술이 없다. 여호수아는 이 지파의 사람이다.

16장 9절은 그 외에 므낫세의 기업 중에도 에브라임 자손을 위한 성읍들이 있었다고 한다. 에브라임은 필경 그 땅을 필요로 하였고 그들과 사랑 안에서 함께 살아나갈 수 있었을 것이다. 이 책에서는 언급되지 않지만 에브라임 지역에는 유명한 성읍들이 있었다. 사무엘의 고향 라마가 있고 성막이 세워진 실로가 있다. 디르사와 사마리아도 이 지파의 경내에 위치한다. 우리는 유다국과 이스라엘이 분국될 때 이렇게 사이좋게 분배받은 땅인데 그것을 분리하여 피차 다른 왕국을 세운 것에 이해가 가지 않는다. 특히 유다 지파와 요셉 지파가 분리된 것은 더욱 이해가 가지 않는다. 쉽게 말해서 갈렙 지파와 여호수아 지파가 나누어진 셈이다.

에브라임과 므낫세가 땅을 더 요구하다

17:14-18, "요셉 자손이 여호수아에게 말하여 가로되 여호와께서 지금까지 내게 복을 주시므로 내가 큰 민족이 되었거늘 당신이 나의 기업을 위하여 한 제비, 한 분깃으로만 내게 주심은 어찜이니이까"[14절]. "여호수아가 그들에게 이르되 네가 큰 민족이 되므로 에브라임 산지가 네게 너무 좁을진대 브리스 사람과 르바임 사람의 땅 삼림에 올라가서 스스로 개척하라"[15절]. "요셉 자손이 가로되 그 산지는 우리에게 넉넉지도 못하고 골짜기 땅에 거하는 가나안 사람에게는 벧 스안과 그 향리에 거하는 자든지 이스르엘 골짜기에 거하는 자든지 다 철병거가 있나이다"[16절]. "여호수아가 다시 요셉의 족속 곧 에브라임과 므낫세에게 일러 가로되 너는 큰 민족이요 큰 권능이 있은즉 한 분깃만 가질 것이 아니라 그 산지도 네 것이 되리니 비록 삼림이라도 네가 개척하라 그 끝까지 네 것이 되리라 가나안 사람이 비록 철병거를 가졌고 강할지라도 네가 능히 그를 쫓아내리라"[17-18절].

요셉 자손은 가장 넓고 큰 땅을 다른 지파의 두 배로 받았지만 그것이 한 분깃이라고 하면서 더 달라고 요청했다. 그들이 한 분깃이라고 하는 데에는 일리가 없는 것이 아니다. 에브라임과 므낫세는 레위가 기업 분배에서 제외됨으로 두 지파가 되었고 또 강성했다(므낫세는 52,000명으로 숫자적으로 많았고, 에브라임은 실력면에서 강했다). 에브라임과 므낫세는 하나의 제비로 기업을 할당받았고, 이에 대해 이들은 두 지파를 왜 한 지파로 여겨 기업을 분배해주느냐고 불만스러워하는 것이었다. 이것도 이유 있는 불만이겠으나 이미 그들에게는 유다 지파 다음으로 광활한 땅이 분배되었다. 인구수에 비례해도 다른 지파 못지않게 분배되었던 것이다(므낫세 지파 반과 에브라임 지파를 합해서 58,850명이고, 단 지파는 64,400명, 잇사갈 지파는 64,300명 등이다).

므낫세 지파의 다른 반(半)은 동편에서 이미 넓은 땅을 차지하였다. 그런데도 요셉 자손은 그들의 불만이 이유 있는 것이라 주장했고, 여호수아는 그들이 만일 좁다면 스스로 개척하라고 하였다. 여호수아는 그들을 격려하여 그 산지를 쳐서 얻으라고 말했지만 그들은 그 산지를 마땅치 않게 여겼다. 손쉽게 얻을 수 있는 땅, 누릴 수 있는 땅을 구한 것이다. 이것은 그날 우리가 아무리 땅을 많이 얻었다 해도 여전히 부족함을 느낀다는 암시이다.

그러므로 우리는 이 시대에 더욱 충성하여 더 넓은 땅을 얻도록 힘써야 한다. 그날 더 넓은 땅을 차지하고자 한다면 오늘 더 많은 산지를 경작하고 철병거와 싸워서 이겨야 할 것이다. 우리가 믿음만 있다면 이 모든 일이 가능하다. 다른 형제들이 얻은 것을 바라보지 말고 새로 개척해서 얼마든지 자신의 분깃을 넓힐 수 있다.

18장

나머지 일곱 지파의 땅 분배

18:1-10, "이스라엘 자손의 온 회중이 실로에 모여서 거기 회막을 세웠으니 그 땅이 이미 그들의 앞에 돌아와 복종하였음이나 이스라엘 자손 중에 그 기업의 분배를 얻지 못한 자가 오히려 일곱 지파라 여호수아가 이스라엘 자손에게 이르되 너희가 너희 열조의 하나님 여호와께서 너희에게 주신 땅을 취하러 가기를 어느 때까지 지체하겠느냐 너희는 매 지파에 삼 인씩 선정하라 내가 그들을 보내리니 그들은 일어나서 그 땅에 두루 다니며 그 기업에 상당하게 그려 가지고 내게로 돌아올 것이라 그들이 그 땅을 일곱 부분에 나누되 유다는 남편 자기 경내에 거하고 요셉의 족속

은 그 북편 자기 경내에 거한즉 그 남은 땅을 일곱 부분으로 그려서 이곳 내게로 가져올지니 내가 여기서 너희를 위하여 우리 하나님 여호와 앞에서 제비뽑으리라 레위 사람은 너희 중에 분깃이 없나니 여호와의 제사장 직분이 그들의 기업이 됨이며 갓과 르우벤과 므낫세 반 지파는 요단 저편 동편에서 이미 기업을 받았나니 이는 여호와의 종 모세가 그들에게 준 것이니라 그 사람들이 일어나 떠나니 여호수아가 땅을 그리러 가는 그들에게 명하여 가로되 가서 그 땅으로 두루 다니며 그려 가지고 내게로 돌아오라 내가 여기 실로에서 여호와 앞에서 너희를 위하여 제비뽑으리라 그 사람들이 가서 그 땅으로 두루 다니며 성읍들을 따라서 일곱 부분으로 책에 그리고 실로 진에 돌아와 여호수아에게 나아오니 여호수아가 그들을 위하여 실로 여호와 앞에서 제비뽑고 그가 거기서 이스라엘 자손의 분파대로 땅을 분배하였더라".

요단 동편에서 르우벤과 갓과 므낫세 반 지파에게 기업이 분배되었고(13:8-33), 길갈에서 가나안 땅의 두 지파 반의 기업도 분배되었으며(14-17장), 이제 남은 일곱 지파의 기업이 실로에서 분배된다. 이 부분에서 이스라엘은 본영을 길갈에서 실로로 옮겨 회막을 세우고 아직도 기업을 얻지 못한 일곱 지파를 권면하여 기업을 얻게 한다. 이들은 주어진 기업을 받는 일에 열심이 부족한 사람들을 대표한다. 그들은 신약으로 말하면 히브리의 믿는 이들처럼 머뭇거리는 상황에 있었다(히브리서 참조).

여기의 '회중'이나 '회막'이라는 말은 신약의 교회를 예표하는 말이다. 지금까지 언약궤는 진행할 때 언제나 그들의 중앙에 위치했다. 그러나 이제는 땅을 분배받고 정착함으로 인하여 몇 지파가 자신들의 기업의 땅으로 돌아가 군대처럼 함께 움직이는 편성 대열이 깨어지고 언약궤를 모시는 일이 지역 중심의 체제로 바뀌게 되었다. 이 상황에서 당시 이스라엘의 중심부에 있는 실로에 성막을 세우는 일은 합당한 결정이었다고 볼 수 있다. 실로의 성막은 엘리 제사장 때 이스라엘이 블레셋 군대와 싸울 때 실로의 성막에서 언약궤를 내어와 전쟁에서 이겨보려고 하다가 언약궤를 빼앗긴 후로도 언약궤가 없이 비어있는 채로 그곳에 300여 년 간 더 존재하고 있었다. 하나님이 실로의 성막을 떠나신 것은 그들이 하나님을 버린 결과였다. "하나님이 들으시고 분내어 이스라엘을 크게 미워하사 실로의 성막, 곧 인간에 세우신 장막을 떠나시고"(시 78:59-60). 언약궤는 한 번 실로를 떠나서는 다시 실로의 장막으로 돌아가지 않았다.

이는 한 번 주님의 함께하심을 잃어버린 경륜은 다시 회복되지 않음을 예시한다. 이것은 매우 두렵고 무서운 일이다. 한번 그분의 임재를 잃은 무리는 다시 그분을 모셔올 수 없다는 말이 되니 얼마나 두려운가! 계시록 2장의 에베소 교회나 3장의 라오디게아 교회를 보라! 한 번 촛대를 옮기시면, 한 번 입에서 토해내치시면 다시 기회가 없을 것이다. 그분은 토한 것을 다시 입에 넣지 않으신다(벧후 2:22 참조).

기업을 얻는 일은 또 한 면에서 흩어지는 일이었다. 그러므로 당시 남은 일곱 지파는 그렇게 빨리 흩어지는 것을 원치 않았던 것 같다. 여기서 여호수아는 그들에게 책망의 말을 한다. "너희가 너희 열조의 하나님이 주신 땅을 취하러 가기를 어느 때까지 지체하겠느냐".

여호수아는 이미 유다와 요셉의 땅을 제외한 나머지 땅을 탐사하라고 지시했다. 각 지파에서 세 명씩을 보낸 것이다. 영적 원칙에서 새롭게 그리스도의 어떤 부분을 얻고자 한다면 탐사하는 것이 필요하다. 이는 많은 경우 사역자들의 몫이다. 사역자들은 사람들이 그리스도의 더 많은 부분들을 얻고자하는 새로운 갈망을 일으켜 낼 수 있어야 한다. 탐사가 있은 후에 갈급함과 갈망이 일어나고 그럴 때 구하고 찾으며 결국 얻게 된다. 얻으러 나서라고만 명령하는 것은 지혜로운 사역이 아니다. 여러 지혜로운 방법을 사용하여 성도들의 전진하려는 갈망을 창출하여야 한다. 틀림없이 여호수아의 지시를 받아 나선 사람들은 그 지형을 탐사하는 가운데서 기업을 얻고자 하는 갈망이 타올랐을 것이다.

베냐민 지파의 기업

18:11-28, **"베냐민 자손 지파를 위하여 그 가족대로 제비를 뽑았으니 그 제비 뽑은 땅의 경계는 유다 자손과 요셉 자손의 중간이라 그 북방 경계는 요단에서부터 여리고 북편으로 올라가서 서편 산지를 넘어서 또 올라가서 벧아웬 황무지에 이르며 또 그 경계가 거기서부터 루스로 나아가서 루스 남편에 이르나니 루스는 곧 벧엘이며…이는 베냐민 자손이 그 가족대로 얻은 기업이었더라"**

베냐민 지파는 남으로는 유다 지파를, 북으로는 요셉 지파를 인접하고 있다. 좋은 지파와 가까이 있는 것은 축복이 된다. 결국 나중 분국 때에도 베냐민은 유다국에 속하게 되었다. 베냐민의 분깃은 동으로는 요단강, 서쪽으로는 단 지파와 접경한다. 이 지파의 스물여섯 성읍이 소개되고 있다. 가나안 땅 첫 번째 정복지 여리고는 베냐민 지파의 성읍이 되었다. 길갈이 이 지파에 속해 있다. 사무엘 때만 해도 길갈을 수도처럼 여겼다(삼상 11:15). 그러나 이렇게 유서 깊고 영적 의미가 가득한 길갈이 후에는 악이 가득하게 되었다(호 9:15). 영적이고 뛰어난 그리스도인 단체가 후에는 도리어 악이 가득하게 되는 것은 얼마든지 가능한 일이다. 그러므로 서 있다 하는 자들은 넘어질까 조심하고 경계해야 한다. 벧엘이 이 지파에 속했고 기브온도 이 지파에 속했다. 솔로몬은 이 기브온에서 제단을 세우고 제사를 드렸다(대하 1:3). 예루살렘도 북쪽 부분은 이 지파에 포함되었다.

19장

시므온의 기업

19:1-9, **"둘째로 시므온 곧 시므온 자손의 지파를 위하여 그 가족대로 제비를 뽑았으니 그 기업은 유다 자손의 기업 중에서라 그 얻은 기업은 브엘세바 곧 세바와…남방 라마 곧 바알랏 브엘까지 이 성들을 둘러 있는 모든 촌락이니 이는 시므온 자손의 지파가 그 가족대로 얻은 기업이라 시므온 자손의 이 기업은 유다 자손의 기업 중에서 취하였으니 이는 유다 자손의 분깃이 자기들에게 너무 많으므로 시므온 자손이 자기의 기업을 그들의 기업 중에서 얻음이었더라".**

시므온 지파는 유다 지파의 기업 중에서 제비를 뽑았다. 유다 지파는 자신들이 얻은 기업이 너무 많다는 것을 깨달았다. 그러므로 그들은 그것을 다른 지파와 함께 나누기 원했다. 주 안에서 많이 가진 자들은 적게 가진 자들과 그 기업을 나눌 줄 알아야 한다. 유다는 이 일에 좋은 본이 되었다. 시므온 지파가 얻은 기업 중에서 비교적 이름 있는 도시는 브엘세바와 시글락이다.

스불론 자손의 기업

10-16절, **"셋째로 스불론 자손을 위하여 그 가족대로 제비를 뽑았으니 그 기업의 경계는 사릿에 미치고…베들레헴이니 모두 십이 성읍이요 또 그 촌락이라 스불론 자손이 그 가족대로 얻은 기업은 이 성읍들과 그 촌락이었더라".**

이 지파는 서쪽으로는 지중해가 있고 동으로는 디베랴 바다가 있다. 그러므로 야곱의 예언이 이루어진 셈이다(창 49:13—"스불론은 배 매는 해변이 되어"). 이 지파 경내에 나사렛이 있다. 그러므로 이 지파는 주로 신약에서 주님의 사역의 출발점이 되는 영예를 안았다(마 4:13).

15절의 베들레헴은 주 예수님이 출생하신 유다 베들레헴이 아니다. 나사렛 서북부에 위치한 갈릴리 베들레헴이다.

잇사갈 지파의 기업

17-23절, **"넷째로 잇사갈 곧 잇사갈 자손을 위하여 그 가족대로 제비를 뽑았으니 그 지경 안은 이스르엘과…수넴과 하바라임과 시온과…벧 세메스에 미치고 그 끝은 요단이니 모두 십육 성읍이요 또 그 촌락이라 잇사갈 자손 지파가 그 가족대로 얻은 기업은 이 성읍들과 그 촌락이었더라".**

잇사갈은 인수가 많은 지파였다(민 26:25). 아합의 궁전과 나봇의 포도원이 있던 이스르엘이 여기에 있고 기손 강이 여기 있으며 길보아 산과 므깃도 계곡도 여기에 있다. 수넴 여인이 살던 수넴도 여기에 있다.

아셀 지파의 기업

24-31절, **"다섯째로 아셀 자손의 지파를 위하여 그 가족대로 제비를 뽑았으니 그 지경 안은 헬갓과…스불론에 달하고 북편으로 입다 엘 골짜기에 미쳐서…큰 시돈까지 이르고 돌아서 라마와 견고한 성읍 두로에 이르고…모두 이십이 성읍과 그 촌락이라 아셀 자손의 지파가 그 가족대로 얻은 기업은 이 성읍들과 그 촌락이었더라".**

아셀 지파는 갈멜 산에서 베니게에 이르는 기다란 영토를 할당받았다. 그 영토 내에 두로와 시돈이 있었지만 그 영토를 완전히 장악하지는 못했다. 신약의 여선지자 안나가 이 지파 출신이다(눅 2:36). 그 외에는 구약이나 신약에서 뛰어난 인물이 없다. 성읍도 특출한 게 없다. 그렇게 두드러지게 나타난 지파가 아닐지라도 여전히 귀한 지파로서 존재한다. 이는 신약에서 몸의 원리로 설명할 수 있다. "몸의 더 약하게 보이는 지체가 도리어 요긴하고"(고전 12:22). 사람 앞에 유용하게 나타난 것이 없을지라도 하나님께는 여전히 중요한 지파이다.

납달리 지파의 기업

32-39절, **"여섯째로 납달리 자손을 위하여 납달리 자손의 가족대로 제비를 뽑**

았으니 그 경계는…그 끝은 요단이며 서편으로 돌아…남은 스불론에 접하였고 서는 아셀에 접하였으며 해 돋는 편은 유다에 달한 요단이며…모두 십구 성읍이요 또 그 촌락이라 납달리 자손의 지파가 그 가족대로 얻은 기업은 이 성읍들과 그 촌락이었더라".

납달리는 모든 지파의 가장 북편에 기업을 받았으나 후에 단 지파가 지배하게 되었다. 그래서 단이라고 불리우게 된 것이다. 그러므로 이스라엘을 남북으로 길이를 말할 때 단에서 브엘세바까지라고 한다. 이 지파의 남편에는 스불론이 있고 서편에는 아셀이 있으며 요단 쪽으로는 유다가 있었다.

단 지파의 기업

40-48절, "일곱째로 단 자손의 지파를 위하여 그 가족대로 제비를 뽑았으니 그 기업의 지경은 소라와 에스다올과…딤나와 에그론과…욥바 맞은편 경계까지라 그런데 단 자손의 지경이 더욱 확장되었으니 이는 단 자손이 올라가서 레센을 쳐서 취하여 칼날로 치고 그것을 얻어 거기 거하였음이라 그 조상 단의 이름을 따라서 레센을 단이라 하였더라 단 자손의 지파가 그 가족대로 얻은 기업은 이 성읍들과 그 촌락이었더라".

이 지파의 영토에 삼손의 이야기에 나오는 소라와 에스다올이 있고 딤나가 있다. 욥바가 이 지파에 속한다. 이들은 남방에서 제비 뽑아 얻은 기업 외에 북방으로 가서 레센을 얻었다. 그러므로 단은 기업의 최북단에 땅을 갖게 된 것이다. 47절에 의하면 최북단의 땅은 그들의 힘과 노력으로 얻은 것이다. 땅을 기업으로 받는 일에 있어서 제비를 뽑는 것만이 아니라 사람 편에서의 충성과 용기와 노력도 감안되는 것은 의미 있는 일이다. 그날 우리는 심판대에서 다양한 국면이 일어날 것을 미리 생각해 볼 수 있다. 예외적이고 특별하고 긍휼에 속한 많은 일들이 있게 될 것이다. 분명 사람 편에서의 천국에 대한 침노하는 영은 필요한 것이다. 하나님 앞에서는 그분의 일을 위하여 적극적인 사람들이 뭔가를 더 얻게 될 것이 분명하다.

기업의 땅 나누기를 마치다

49-51절, "이스라엘 자손이 그 경계를 따라서 기업의 땅 나누기를 마치고 자기들 중에서 눈의 아들 여호수아에게 기업을 주었으되 곧 여호와의 명령대로 여호수아의 구한 성읍 에브라임 산지 딤낫 세라를 주매 여호수아가 그 성읍을 중건하고 거

기 거하였었더라 제사장 엘르아살과 눈의 아들 여호수아와 이스라엘 자손 지파의 족장들이 실로에서 회막 문 여호와 앞에서 제비뽑아 나눈 기업이 이러하니라 이에 땅 나누는 일이 마쳤더라".

갈렙은 기업을 얻는 일에서 가장 먼저 요구할 수 있었던 반면 여호수아는 가장 나중에 받게 된다. 이 또한 아름다운 일이다. 여호수아에게 기업을 준 사람은 누구인가? 하나님께서 모세를 통해 갈렙에게 기업을 주라고 지시하셨을 때 여호수아에 대한 지시도 있었을 것이다. 그는 에브라임 산지에 있는 딤나 세라를 기업으로 받았다. 그 땅은 자기 지파의 땅이었기 때문이다. 그 땅(딤나 세라)은 다른 어떤 사람이 요구하지 않았던 불모지였다. 여호수아가 딤나 세라를 얻은 것은 마치 부모가 사랑하는 자녀들에게 맛있는 부분을 주고 자신은 남은 음식을 조금 먹는 것과 같다.

그에게 기업을 준 것은 이스라엘 자손이었다. 그는 유능하고 훌륭한 인도자였지만 결코 백성들보다 높은 데 자처하지 않았다. 그가 최종적으로 기업을 받을 때 그는 백성들의 선택에 자신을 맡겼다. 전적으로 하나님을 섬기는 사역자들이 물질적인 공급을 분배하거나 얻을 때에 가장 앞선 사역자는 도움이 필요한 다른 모든 사람들의 필요를 다 돌본 연후에 자신의 것을 받으려 하는 것이 합당한 태도이다. 물론 영적인 축복에 대하여도 장성한 자들은 다 이와 같은 태도를 가져야 한다. 자신의 영적인 유익이나 상급을 고려하기 전에 다른 지체들의 필요를 관심해야 하는 것이다.

20장

부지중에 잘못 살인한 자를 위한 도피성

1-9절, "여호와께서 여호수아에게 일러 가라사대 이스라엘 자손에게 고하여 이르라 내가 모세로 너희에게 말한 도피성을 택정하여 부지중 오살한 자를 그리로 도망하게 하라 이는 너희 중 피의 보수자를 피할 곳이니라…무리가 납달리의 산지 갈릴리 게데스와 에브라임 산지의 세겜과 유다 산지의 기럇 아르바 곧 헤브론을 구별하였고 또 여리고 동 요단 저편 르우벤 지파 중에서 평지 광야의 베셀과 갓 지파 중에서 길르앗 라못과 므낫세 지파 중에서 바산 골란을 택하였으니 이는 곧 이스라엘 모든 자손과 그들 중에 우거하는 객을 위하여 선정한 성읍들로서 누구든지 부지

중 살인한 자로 그리로 도망하여 피의 보수자의 손에 죽지 않게 하기 위함이며 그는 회중 앞에 설 때까지 거기 있을 것이니라".

도피성에 대한 말씀은 출애굽기 21장 12-13절에서 처음으로 모세를 통해 하신 것인데, 거기서 하나님은 의도성이 없는 살인자를 돌보셨다. 이것이 도피성의 기원으로서 민수기 35장에도 나와 있으며, 신명기 4장 41-43절까지에서는 요단 동편의 도피성이 정해지고, 신명기 19장에서는 그 제도의 시행에 대하여 다소 보완하면서 반복하고 있다. 즉 원혐이 없이 죽인 경우를 실례를 들어 보완한 것이다.

우리는 도피성의 제도를 보면서 하나님은 언제나 죄인을 관심하신다는 것을 알 수 있다. 죄인 중에서도 고의성이 없는 죄인은 해를 당하지 말아야 한다는 것이다. 사람은 실수가 있는 법이다. 신명기 말씀처럼(4:41-43) 어떤 의도도 없었는데 손에 도끼를 들고 벌목을 하다가 도끼가 자루에서 빠져 그 이웃을 맞춰 죽게 한 경우이다. 이러한 경우는 복수자가 그를 죽이지 못하도록 도피성으로 피하게 하라고 했다. 우리는 기업을 분배한 후에 주님이 맨 먼저 죄인을 관심하신다는 데에 큰 감명을 받는다. 주님은 죄인을 긍휼히 여기시는 하나님이시다.

율법은 '눈에는 눈, 이에는 이'이므로 살인한 자는 죽어야 했다. 그러나 이 경우는 부지중에 실수하여 저지른 살인이니 살려주어야 한다는 것이다. 우리는 여기서 율법과 은혜의 원칙을 본다. 복음을 순종하고 믿는 자는 결과적으로 그의 죄가 자신이 의도하여 저지른 것이 아닌 것으로 간주된다. 그는 사탄에게 속아서 범죄한 것이 되며 모르고 사탄에게 종 노릇 한 것이 된다. 그러므로 바울은 자신이 훼방자요 핍박자요 포행자였으나 긍휼을 입은 것은 믿지 아니할 때에 알지 못하고 행하였기 때문이라고 고백하였다(딤전 1:13). 그는 예수 믿는 사람들을 핍박하고 죽이는 일에도 동참한 적이 있었다. 그러나 그는 그때 그것을 알지 못하고 행하였다고 말한다. 그러므로 하나님께서는 바울 같은 사람을 도피성으로 피하도록 길을 열어주셨으니 그것이 바로 복음이다.

그러나 어떤 사람이 같은 죄를 지었다 하더라도 그가 회개하고 복음을 받아들이지 않는다면 그의 죄과는 고의적인 것이 된다. 정죄받은 죄들은 로마서 1장 21절 말씀과 같이 "하나님을 알되 하나님으로 영화롭게도 아니하고 감사치도 아니하는" 것이다. 이들은 알면서도 하나님을 믿지 않고 감사하지 않는 자들이다. 이러한 자들은 정죄와 멸망을 당한다. 이들은 사탄의 고의적인 죄에 동참한 자들이므로 그들의 죄가 고의로 인정될 수 밖에 없는 것이다. 이와 같이 복음에는 죄를 용서하는 은총이 있을 뿐 아니라 범한 죄를 의도성 없는 것으로 바꾸는 능력이 있다.

도피성은 이스라엘 백성들의 기업 내에 동편에 셋, 서편에 셋이 고루 분포되어 있었다. 아무리 먼 곳에 있는 사람이라도 한 나절이면 도달할 수 있는 거리에 도피성들이 있었던 것이다. 이는 복음의 편재성을 가리킨다. 그분은 그분의 백성들이 가나안에 들어가 기업을 분배받고 살아갈 때 혹 죄를 지어 멸망하게 될까 염려하셨다. 이곳저곳에 세워진 도피성을 볼 때 이스라엘 사람들은 죄인을 관심하시는 하나님을 생각할 수 있었을 것이다. 하나님께서 죄인들의 살 길을 마련해 주신 것이다.

살인하여 죽을 죄를 지었다 해도 도피성으로 피하면 안전하다. 이와 같이 오늘도 죽을 죄인이 믿음으로 그리스도 안에 거하기만 하면 정죄를 받지 않는다(롬 8:1). 9절 말씀에 의하면 이스라엘 자손만이 아니라 그들 중에 우거하는 객이라도 도피성을 이용할 수 있었는데, 이는 그리스도 안에 있는 자는 유대인이나 이방인이나 차별 없이 보호를 받는다는 의미이다(수 20:9).

21장

레위 지파에 대한 특별한 분배

1-3절, "때에 레위 사람의 족장들이 제사장 엘르아살과 눈의 아들 여호수아와 이스라엘 자손의 지파 족장들에게 나아와 가나안 땅 실로에서 그들에게 말하여 가로되 여호와께서 모세로 명하사 우리의 거할 성읍들과 우리의 가축 먹일 그 들을 우리에게 주라 하셨었나이다 하매 이스라엘 자손이 여호와의 명을 따라 자기의 기업에서 이 아래 성읍들과 그 들을 레위 사람에게 주니라".

21장 내용은 레위인들이 거할 성읍들을 얻은 것을 말한다. 레위인들은 땅을 기업으로 얻을 수는 없었지만 그들이 거할 성읍들과 가축을 먹일 들은 얻도록 허용되었다. 그들의 거할 성읍은 요단 동편과 서편에 산재하게 되었고 모두 48

성읍이었다. 20장에 나온 여섯 개 도피성(동에 셋, 서에 셋)은 모두 레위인의 성읍들에 포함된 것이었다. 레위인들이 땅을 기업으로 얻지 않은 것은 신약의 믿는 이들을 위한 것이다. 신약의 믿는 이들은 다 레위인이며 제사장이므로 물질적인 땅의 기업이 아닌 하늘에 속한 영적인 기업을 얻는 것이다. 이는 레위인의 분깃이 하나님 자신이라고 말한 것에서 알 수 있다. 보이는 물질적인 것이 아닌 보이지 않는 영적인 분깃이요 훨씬 더 귀한 생명의 은혜의 분깃이다.

지난 18장에서 일곱 지파가 기업을 얻는 일에서 지체하여 여호수아의 책망을 들은 것과는 대조적으로, 레위는 여호수아와 족장들에게 자신들의 거할 성읍과 가축 먹일 들을 요청했다. 그들이 이를 요구한 장소는 당시 본영이 위치한 실로였다. 전에는 길갈이었는데 지금은 실로로 바뀌었다.

4-7절, "그핫 가족을 위하여 제비를 뽑았는데 레위 사람 중 제사장 아론의 자손들은 유다 지파와 시므온 지파와 베냐민 지파 중에서 제비대로 십삼 성읍을 얻었고…게르손 자손들은 잇사갈 지파의 가족들과 아셀 지파와 납달리 지파와 바산에 있는 므낫세 반 지파 중에서 제비대로 십삼 성읍을 얻었더라 므라리 자손들은 그 가족대로 르우벤 지파와 갓 지파와 스불론 지파 중에서 십이 성읍을 얻었더라".

레위의 아들들은 게르손과 그핫(고핫)과 므라리인데, 여기서는 그핫부터 시작하였다. 이는 그핫이 둘째 아들일지라도 모세와 아론이 속한 가문이며 특히 아론의 제사장 종족이기 때문이다. 그핫은 제사장 족과 비(非)제사장 족이 구분하여 기업을 받았다. 그핫의 자손은 아론의 제사장 종족이 유다와 시므온과 베냐민 지파 중에서 열세 성읍을 얻었고, 비제사장 종족이 에브라임과 단과 므낫세 반 지파 중에서 열 성읍을 얻어 도합 이십삼 성읍을 얻었다. 게르손은 십삼 성읍, 므라리는 십이 성읍을 얻었다. 따라서 아론의 제사장 종족이 비율로 해서 가장 많이 얻은 셈이다.

이스라엘 자손이 레위 사람에게 준 성읍들

8-42절, "여호와께서 모세로 명하신 대로 이스라엘 자손이 제비뽑아 레위 사람에게 준 성읍들과 그 들이 이러하니라 유다 자손의 지파와 시므온 자손의 지파 중에서는 이 아래 기명한 성읍들을 주었는데 레위 자손 중 그핫 가족들에 속한 아론 자손이 첫째로 제비뽑혔으므로 아낙의 아비 아르바의 성읍 유다 산지 기럇 아르바

곧 헤브론과 그 사면 들을 그들에게 주었고 오직 그 성읍의 밭과 촌락은 여분네의 아들 갈렙에게 주어 소유가 되게 하였더라 제사장 아론 자손에게 준 것은 살인자의 도피성 헤브론과 그 들이요 또 립나와 그 들과 얏딜과…레위 사람이 이스라엘 자손의 기업 중에서 얻은 성읍이 모두 사십팔 성읍이요 또 그 들이라 이 각 성읍의 사면에 들이 있었고 모든 성읍이 다 그러하였더라".

아론의 자손들이 제비뽑아 얻은 결과는 매우 특별하다. 아론 자손이 첫 번째로 제비뽑힌 것부터가 그렇다. 그들은 장차 예루살렘 성전이 세워질 유다와 베냐민 지파 중에서 성읍들을 얻었다.

27-42절은 게르손 자손과 므라리 자손이 얻은 성읍과 들을 표시했다. 이들은 이스라엘 전역에 흩어져 살며 이스라엘 백성들의 하나님을 섬기는 일을 도왔다. 그들이 흩어진 바로 그 지점에 있는 사람들이 그들이 섬겨야 할 대상들이 된 것이다.

43-45절, "여호와께서 이스라엘의 열조에게 맹세하사 주마 하신 온 땅을 이와 같이 이스라엘에게 다 주셨으므로 그들이 그것을 얻어 거기 거하였으며 여호와께서 그들의 사방에 안식을 주셨으되 그 열조에게 맹세하신 대로 하셨으므로 그 모든 대적이 그들을 당한 자가 하나도 없었으니 이는 여호와께서 그들의 모든 대적을 그들의 손에 붙이셨음이라 여호와께서 이스라엘 족속에게 말씀하신 선한 일이 하나도 남음이 없이 다 응하였더라".

이 부분의 말씀은 하나님의 말씀의 신실성을 증명하고 있다. 여호와께서는 그분이 맹세하사 열조에게 주마 하신 온 땅을 이스라엘에게 다 주셨다. 그리고 그들의 사방에 안식을 주셨다. 말씀하신 선한 일이 하나도 남음이 없이 다 응하였다. 이 모든 말씀이 그분의 말씀의 신실함을 나타낸다.

22장

여호수아가 동편 지파들을 보내다

1-9절, "그때에 여호수아가 르우벤 사람과 갓 사람과 므낫세 반 지파를 불러서 그들에게 이르되 여호와의 종 모세가 너희에게 명한 것을 너희가 다 지키며 또 내가 너희에게 명한 모든 일에 내 말을 너희가 청종하여 오늘날까지 날이 오래도록 너희

가 너희 형제를 떠나지 아니하고 오직 너희 하나님 여호와의 명하신 그 책임을 지키도다 이제는 너희 하나님 여호와께서 이미 말씀하신 대로 너희 형제에게 안식을 주셨으니 그런즉 이제 너희는 여호와의 종 모세가 요단 저편에서 너희에게 준 소유지로 가서 너희의 장막으로 돌아가되…여호수아가 그들을 그 장막으로 돌려보낼 때에 그들에게 축복하고 일러 가로되 너희는 많은 재산과 심히 많은 가축과 은, 금, 동, 철과 심히 많은 의복을 가지고 너희의 장막으로 돌아가서 너희 대적에게서 탈취한 것을 너희 형제와 나눌지니라 하매 르우벤 자손과 갓 자손과 므낫세 반 지파가 가나안 땅 실로에서 이스라엘 자손을 떠나 여호와께서 모세로 명하신 대로 얻은 땅 곧 그 소유지 길르앗으로 가니라".

이스라엘 백성들은 7년에 걸쳐 긴 가나안 정복 전쟁을 치렀다. 22장에서 여호수아는 요단 동편에서 기업을 얻은 르우벤, 갓, 므낫세 반 지파에게 그들의 지경으로 돌아가도록 명령을 해야 할 시점에 이르렀다. 그들은 비록 자신들이 할당받을 땅은 아니었지만 형제들이 얻을 기업을 위하여 가나안 땅을 정복하는 전쟁을 함께 치렀고 이제는 전우들과 작별할 때가 된 것이다. 여호수아는 두 지파 반의 형제들을 불러 그들이 지금까지 그들의 형제들을 떠나지 아니하고 여호와의 명하신 책임을 다한 것에 대하여 칭찬했다[3절]. 이제 여호수아는 그들에게 요단 동편의 그들의 소유지로 돌아가라고 말하고 있다.

여호수아는 떠나는 그들을 축복하였으며[6절], 여호와께서 그들에게 명하신 명령과 율법을 지킬 것을 강조하였다-"너희 하나님 여호와를 사랑하고 그 모든 길로 행하며 그 계명을 지켜 그에게 친근히 하고 너희 마음을 다하며 성품을 다하여 그를 섬길지니라"[5절].

두 지파 반이 요단 가에 단을 쌓다

10-20절, "르우벤 자손과 므낫세 반 지파가 가나안 땅 요단 언덕 가에 이르자 거기서 요단 가에 단을 쌓았는데 볼 만한 큰 단이었더라 이스라엘 자손이 들은즉 이르기를 르우벤 자손과 갓 자손과 므낫세 반 지파가 가나안 땅의 맨 앞편 요단 언덕가 이스라엘 자손에게 속한 편에 단을 쌓았다 하는지라 이스라엘 자손이 이를 듣자 곧 이스라엘 자손의 온 회중이 실로에 모여서 그들과 싸우러 가려 하니라…너희가 어찌하여 이스라엘 하나님께 범죄하여 오늘날 여호와를 좇는 데서 떠나서 자기를 위하여 단을 쌓아 여호와를 거역하고자 하느냐 브올의 죄악으로 인하여 여호와

의 회중에 재앙이 내렸으나 오늘날까지 우리가 그 죄에서 정결함을 얻지 못하였거늘 그 죄악이 우리에게 부족하여서 오늘날 너희가 돌이켜 여호와를 좇지 않고자 하느냐 너희가 오늘날 여호와를 배역하면 내일은 그가 이스라엘 온 회중에게 진노하시리라…세라의 아들 아간이 바친 물건에 대하여 범죄하므로 이스라엘 온 회중에 진노가 임하지 아니하였었느냐 그 죄악으로 망한 자가 그 사람뿐이 아니었느니라".

우리는 여호수아서를 통해 가나안 정복 전쟁에서는 교회 생활의 영적 전투를 볼 수 있고, 22장의 상황에서는 평화시의 정상적인 교회 생활의 본을 볼 수 있다. 여기서 우리는 먼저 요단 동편으로 돌아가는 르우벤, 갓, 므낫세 반 지파에 대한 관심어린 배려를 본다.

르우벤 지파와 므낫세 반 지파가 가나안 땅 요단 언덕에 이르렀을 때 제단을 크게 쌓았는데 볼만한 큰 단이었다. 이스라엘 자손은 요단 동편으로 떠난 두 지파 반의 사람들이 가나안 땅 편의 요단 언덕에 큰 단을 쌓았다는 말을 듣고 온 회중이 실로에 모였다. 그들은 유일한 경배의 중심지가 실로에 있는데 두 지파 반의 형제들이 돌아가서 또 다른 경배의 중심지를 만들어 분열을 일으키는 것이 아닌가 하고 오해했다. 그러므로 그들은 두 지파 반의 형제들과 싸우러 가려고 했다.

그들은 제사장 엘르아살의 아들 비느하스를 이스라엘 각 지파의 열 방백과 함께 그들에게 보내어 먼저 그들의 의도를 알아보았다. 이스라엘 열 방백과 비느하스가 두 지파 반의 사람들에게 말한 내용은 매우 감동적이다. "단을 쌓아 여호와를 거역하고자 하느냐 브올의 죄악으로 인하여 여호와의 회중에 재앙이 내렸으나…그 죄악이 우리에게 부족하여서 오늘날 너희가 돌이켜 여호와를 좇지 않고자 하느냐 너희가 오늘날 여호와를 배역하면 내일은 그가 이스라엘 온 회중에게 진노하시리라…여호와의 단 외에 다른 단을 쌓음으로 여호와께 패역하지 말며 우리에게도 패역하지 말라"[19절].

여기서 우리는 오늘날 교회 생활의 또 다른 좋은 본을 보게 된다. 첫째로 우리가 조심해야 할 것은 선한 의도로 한 일이라 하더라도 형제들과 합당한 교제를 갖지 않고 뭔가를 행할 때 다른 형제들에게 쓸데없는 오해를 불러일으킬 수 있다는 것이다. 21절 후반부터 우리는 두 지파 반의 형제들이 선한 의도로 단을 세웠다는 것을 듣게 된다. 비록 그들이 그러한 선한 의도로 단을 세웠다 할지라도 오랫동안 유일한 제단을 가지고 있었던 대다수 이스라엘 백성들은 그들의 선한 의도를 이해할 수 없었다. 그러므로 믿는 이들은 어떤 일을 하기 전에 자세히 주의하는 것이 필요하다(엡 5:15, 고후 8:21).

또 한 가지 우리가 여기서 배울 수 있는 것은 나머지 아홉 지파 반의 행동이다. 비느하스와 열 명의 방백들은 그들이 입수한 정보에 대하여 자기들의 관념으로 해석하여 결정을 내리고 막바로 전쟁에 돌입하지 않았다. 그들은 먼저 자기들의 염려와 생각을 충분히 그들에게 제출하였다. 그들의 염려와 심지어 분노는 하나님 앞에서 거룩한 것이라고 할 수 있다. 그렇다 하더라도 그들은 먼저 그들과의 교제를 추구했다. 교제를 통해 오해한 것이 있으면 풀려고 시도한 것은 매우 장한 일이다.

21-29절, **"르우벤 자손과 갓 자손과 므낫세 반 지파가 이스라엘 천만 인의 두령에게 대답하여 가로되 전능하신 자 하나님 여호와, 전능하신 자 하나님 여호와께서 아시나니 이스라엘도 장차 알리라…이는 번제를 위한 것도 아니요 다른 제사를 위한 것도 아니라 오직 우리와 너희 사이에 증거만 되게 할 뿐이라 우리가 번제나 소제나 다른 제사를 위하여 우리 하나님 여호와의 성막 앞에 있는 단 외에 단을 쌓음으로 여호와께 패역하고 오늘날 여호와를 좇음에서 떠나려 함은 결단코 아니니라 하리라"**. 우리는 두 지파 반의 형제들의 답변에서도 매우 감동적이고 배울 만한 것이 있음을 본다. 이들은 형제들의 오해에 대하여 감정으로 대응하지 않았다. 이들은 그들이 충분히 그렇게까지 오해할 수 있다는 것을 인정하는 태도로 자신들의 심정을 차분하게 진술해 나갔다. 그들은 자신들이 그들의 말대로 잘못된 것이라면 어떤 벌도 받을 것이라고 말했다. 그리고 그들이 이렇게 한 데에는 분명한 목적이 있다는 것을 말했다. 그것은 곧 자신들이 또 다른 제사를 드리기 위한 번제단을 만든 것이 아니라 오히려 자신들이 여호와 하나님을 섬기는 백성임을 증명하는 증표로 이 단을 만들었다는 것이다. 그들은 후에 가나안 땅에 사는 형제들이 요단 동편의 소수 형제들에게 여호와 하나님을 섬기는 직분을 멈추게 할까 염려함으로 이러한 일을 했다고 변명했다. 그래서 이 단은 여호와께 번제나 화목제를 드리기 위한 것이 아니라 다만 후대에 자기들도 여호와께 분깃이 있는 백성임을 증명하기 위한 것이라는 말이다.

30-34절, "제사장 비느하스와 그와 함께한 회중의 방백 곧 이스라엘 천만 인의 두령들이 르우벤 자손과 갓 자손과 므낫세 자손의 말을 듣고 좋게 여긴지라 제사장 엘르아살의 아들 비느하스가 르우벤 자손과 갓 자손과 므낫세 자손에게 이르되 우리가 오늘날 여호와께서 우리 중에 계신 줄을 아노니 이는 너희가 이 죄를 여호와께 범치 아니하였음이라 너희가 이제 이스라엘 자손을 여호와의 손에서 건져내었느니라 하고 제사장 엘르아살의 아들 비느하스와 방백들이 르우벤 자손과 갓 자손을 떠나 길르앗 땅에서 가나안 땅에 돌아와 이스라엘 자손에게 이르러 회보하매 그 일이 이스라엘 자손을 즐겁게 한지라 이스라엘 자손이 하나님을 찬송하고 르우벤 자손과 갓 자손의 거하는 땅에 가서 싸워 그것을 멸하자 하는 말을 다시 하지 아니하였더라 르우벤 자손과 갓 자손이 그 단을 엣이라 칭하였으니 우리 사이에 이 단은 여호와께서 하나님이 되시는 증거라 함이었더라".

제사장 비느하스와 함께한 회중의 방백들은 두 지파 반의 형제들의 말을 듣고 좋게 여겼다. 결과는 다행스럽게도 화목이요 평강이었다. 이들이 서로 이러한 화합과 평강을 이끌어 낼 수 있었던 것은 양편 모두 한 분 하나님을 경외하는 영으로 충만했기 때문이다. 이것이 없이 이러한 귀한 결과는 생각할 수 없다. 그들 모두에게는 하나님 앞에 죄를 범하는 것, 다른 중심지를 세우는 것을 매우 두렵게 여기는 분위기가 있었다.

비느하스는 두 지파 반의 형제들을 떠나 가나안 땅에 돌아와 이스라엘 자손들에게 이 모든 내용들을 회보하여 이스라엘 자손 모두를 즐겁게 하였다. 이때 이스라엘 자손은 하나님을 찬송하였고 다시는 그들과 싸워 그 단을 멸하자는 말을 하지 않았다.

23장

여호수아의 마지막 말 - 장로, 족장, 재판장, 유사들에게

1-10절, "여호와께서 이스라엘의 사방 대적을 다 멸하시고 안식을 이스라엘에게 주신 지 오랜 후에 여호수아가 나이 많아 늙은지라 여호수아가 온 이스라엘 곧 그 장로들과 두령들과 재판장들과 유사들을 불러다가 그들에게 이르되 나는 나이 많아 늙었도다 너희 하나님 여호와께서 너희를 위하여 이 모든 나라에 행하신 일을 너희가 다 보았거니와 너희 하나님 여호와 그는 너희를 위하여 싸우신 자시니라…

너희 중 한 사람이 천 명을 쫓으리니 이는 너희 하나님 여호와 그가 너희에게 말씀하신 것같이 너희를 위하여 싸우심이라".

23장과 24장은 여호수아의 마지막 고별 설교이다. 23장은 먼저 장로들과 족장들과 유사들에게 한 최후의 말이고, 24장은 모든 백성에게 한 말이다. 이 말씀에서 '안식을 준다'는 표현은 이스라엘의 가나안 입주가 성도들이 영원한 내세의 기업과 축복을 얻은 것에 대한 예표임을 알려준다(히 4:8-9).

이때는 이스라엘이 그 땅을 점령하고 오랜 시간이 지난 시점이었다. 이제 여호수아는 나이가 들고 그들의 상황은 안주하려는 경향이 있어서 뭔가 안일과 타협에 빠질 위험에 처해 있었다. 이때 하나님의 백성 가운데 최고의 책임을 짊어진 하나님의 종으로서 여호수아는 함께 싸웠던 백성의 인도자들에게 경고의 말을 해줄 필요를 느낀 것이다. 그 자리에는 갈렙도 있었을 것이고 비느하스도 있었을 것이고 그의 사위 옷니엘도 있었을 것이다.

먼저 여호수아는 여호와만이 홀로 구원자이심을 상기시킨다. 이것이 그리스도인의 길을 가는 것과 하나님을 섬기는 것과 온갖 충성을 다하는 것의 기초이다. 하나님이 홀로 역사하셨기에 우리는 모든 감사를 그분께만 드리는 것이다. **"너희 하나님 여호와께서 너희를 위하여 이 모든 나라에 행하신 일을 너희가 다 보았거니와 너희 하나님 여호와 그는 너희를 위하여 싸우신 자시니라"**[3절].

여호수아는 이러한 상황에서 자신들을 지킬 수 있는 몇 가지를 제시한다. 첫째는 말씀에 대한 순종이다. **"그러므로 너희는 크게 힘써 모세의 율법책에 기록된 것을 다 지켜 행하라 그것을 떠나 좌로나 우로나 치우치지 말라"**[6절].

11-16절, **"그러므로 스스로 조심하여 너희 하나님 여호와를 사랑하라 너희가 만일 퇴보하여 너희 중에 빠져 남아 있는 이 민족들을 친근히 하여 더불어 혼인하며 피차 왕래하면 정녕히 알라 너희 하나님 여호와께서 이 민족들을 너희 목전에서 다시는 쫓아내지 아니하시리니…만일 너희가 너희 하나님 여호와께서 너희에게 명하신 언약을 범하고 가서 다른 신들을 섬겨 그에게 절하면 여호와의 진노가 너희에게 미치리니 너희에게 주신 아름다운 땅에서 너희가 속히 망하리라".**

가장 경계해야 할 일은 그들과의 혼인이다. 그리고 다른 신을 섬기게 되는 것이다. 이방인들과의 혼인은 반드시 다른 신을 섬기는 결과를 가져온다. 여호수아는 그들이 만일 그렇게 하면 하나님이 이스라엘과 함께 싸워 대적을 쫓아내지 않으실 것이고, 다음은 이방인들이 이스라엘에게 올무와 덫이 되며 옆구리에 가시가 되는 것이다.

24장

여호수아의 마지막 말—모든 백성에게

1-13절, **"여호수아가 이스라엘 모든 지파를 세겜에 모으고 이스라엘 장로들과 그 두령들과 재판장들과 유사들을 부르매 그들이 하나님 앞에 보인지라 여호수아가 모든 백성에게 이르되…내가 너희 조상 아브라함을 강 저편에서 이끌어 내어 가나안으로 인도하여 온 땅을 두루 행하게 하고 그 씨를 번성케 하려고 그에게 이삭을 주었고 이삭에게는 야곱과 에서를 주었으며 에서에게는 세일 산을 소유로 주었으나 야곱과 그 자손들은 애굽으로 내려갔으므로 내가 모세와 아론을 보내었고 또 애굽에 재앙을 내렸나니 곧 내가 그 가운데 행한 것과 같고…내가 또 너희의 수고하지 아니한 땅과 너희가 건축지 아니한 성읍을 너희에게 주었더니 너희가 그 가운데 거하며 너희가 또 자기의 심지 아니한 포도원과 감람원의 과실을 먹는다 하셨느니라".**

온 백성을 향한 여호수아의 마지막 권면이다. 그 장소는 세겜이다. 세겜은 아브라함이 가나안에 들어왔을 때 첫 번째로 머문 장소이다. 에발 산과 그리심 산 사이에 있으며 이곳에서 여호수아는 이스라엘 백성을 여섯 지파씩 둘로 나누어 세우고 율법의 축복과 저주를 선포하게 한 적이 있다(8:30-35). 야곱이 하란에서 돌아왔을 때에도 이곳에 단을 쌓고 이방 신상들을 묻어버렸다(창 33:19, 35:2-4). 여호수아는 이 역사적인 장소에서 이스라엘 전체를 소집하고 마지막 고별 설교를 하고 있다.

그 중점은 모든 이방신들을 버리고 여호와만을 섬기도록 촉구하는 것인데, 그 이유는 그분이 그들을 조상 때부터 인도하며 이끄신 분이기 때문이다. 하나님만이 홀로 그들을 불러내시고 그들을 위해 모든 것을 하신 분이니 마땅히 그분을 섬겨야 한다는 말이다.

14-28절, "그러므로 이제는 여호와를 경외하며 성실과 진정으로 그를 섬길 것이라 너희의 열조가 강 저편과 애굽에서 섬기던 신들을 제하여 버리고 여호와만 섬기라…오직 나와 내 집은 여호와를 섬기겠노라 백성이 대답하여 가로되 여호와를 버리고 다른 신들 섬기는 일을 우리가 결단코 하지 아니하오리니…여호수아가 백성에게 이르되 너희가 여호와를 능히 섬기지 못할 것은 그는 거룩하신 하나님이시요 질투하는 하나님이시니 너희 허물과 죄를 사하지 아니하실 것임이라…여호수아가 백성에게 이르되 너희가 여호와를 택하고 그를 섬기리라 하였으니 스스로 증인이 되었느니라 그들이 가로되 우리가 증인이 되었나이다…그날에 여호수아가 세겜에서 백성으로 더불어 언약을 세우고 그들을 위하여 율례와 법도를 베풀었더라 여호수아가 이 모든 말씀을 하나님의 율법책에 기록하고 큰 돌을 취하여 거기 여호와의 성소 곁에 있는 상수리나무 아래 세우고 모든 백성에게 이르되 보라 이 돌이 우리에게 증거가 되리니 이는 여호와께서 우리에게 하신 모든 말씀을 이 돌이 들었음이라 그런즉 너희로 너희 하나님을 배반치 않게 하도록 이 돌이 증거가 되리라 하고 백성을 보내어 각기 기업으로 돌아가게 하였더라".

15절의 "나와 내 집은 여호와를 섬기겠노라"는 말은 우리 귀에 익은 말씀이다. 이 구절에서 여호수아는 하나님을 섬기는 단위를 가정으로 삼았다. "너희는 머뭇거릴지 모르지만 나의 마음은 단번에 영구히 결정되었노라. 너희는 너희 마음대로 판단하라. 나의 판단은 이미 정해졌으며 나의 자녀들도 거기에 동의하였노라. 나와 내 집에 대하여 말한다면, 우리는 여호와를 섬기겠노라. 우리는 가나안의 귀신들이나 애굽의 가공의 신들을 조금도 존경하지 않노라. 그들은 그들 자신의 예배자들조차 보호할 수 없었노라. 우리의 마음은 아브라함과 이삭과 야곱의 하나님께 대하여 충실하노라. 그분은 우리를 애굽으로부터 이끌어내셨으며, 우리에게 이 땅을 주어 우리의 유업으로 삼게 하신 분이다. 내 자신과 나의 아들들과 딸들이 관여하는 한, 주사위는 이미 던져졌노라. 우리는 여호와만을 섬길 것이니라". 여호수아의 이런 말은 웅변술의 기교가 아니었고 청중들을 감복시키기 위한 말이 아니었다. 그는 그런 식으로 살아왔기에 그의 공언은 듣는 사람들에게 힘을 전달할 수 있었다. 그는 확고하게 길을 걷는 사람이었고 굳건한 결심의 사람이었다.

여호수아와 엘르아살이 죽다

29-33절, "이 일 후에 여호와의 종 눈의 아들 여호수아가 일백십 세에 죽으매

무리가 그를 그의 기업의 경내 딤낫 세라에 장사하였으니 딤낫 세라는 에브라임 산지 가아스 산 북이었더라 이스라엘이 여호수아의 사는 날 동안과 여호수아 뒤에 생존한 장로들 곧 여호와께서 이스라엘을 위하여 행하신 모든 일을 아는 자의 사는 날 동안 여호와를 섬겼더라 이스라엘 자손이 애굽에서 이끌어 낸 요셉의 뼈를 세겜에 장사하였으니 이곳은 야곱이 세겜의 아비 하몰의 자손에게 금 일백 개를 주고 산 땅이라 그것이 요셉 자손의 기업이 되었더라 아론의 아들 엘르아살도 죽으매 무리가 그를 그 아들 비느하스가 에브라임 산지에서 받은 산에 장사하였더라".

여기서 여호수아에 대해 여호와의 종이라고 불렀는데, 이는 모세가 죽었을 때에도 동일하게 주어졌던 영예로운 칭호였다(1:1). 여호수아는 일백십 세를 향수하였고 그의 기업의 산 딤낫 세라에 묻혔다. 여호수아의 사는 날 동안 이스라엘 백성들은 그들이 약속한 대로 여호와를 섬겼다. 이 시점까지 이스라엘 백성들은 애굽에서 가져온 요셉의 유해를 운반하고 다녔다. 이제 드디어 요셉의 유해를 안치하는 장례식을 거행한다. 그들은 그 뼈를 세겜에 장사하였다. 요셉의 장례는 어쩌면 24장에 있는 여호수아의 마지막 고별 설교와 함께 집행되었을 것이다.

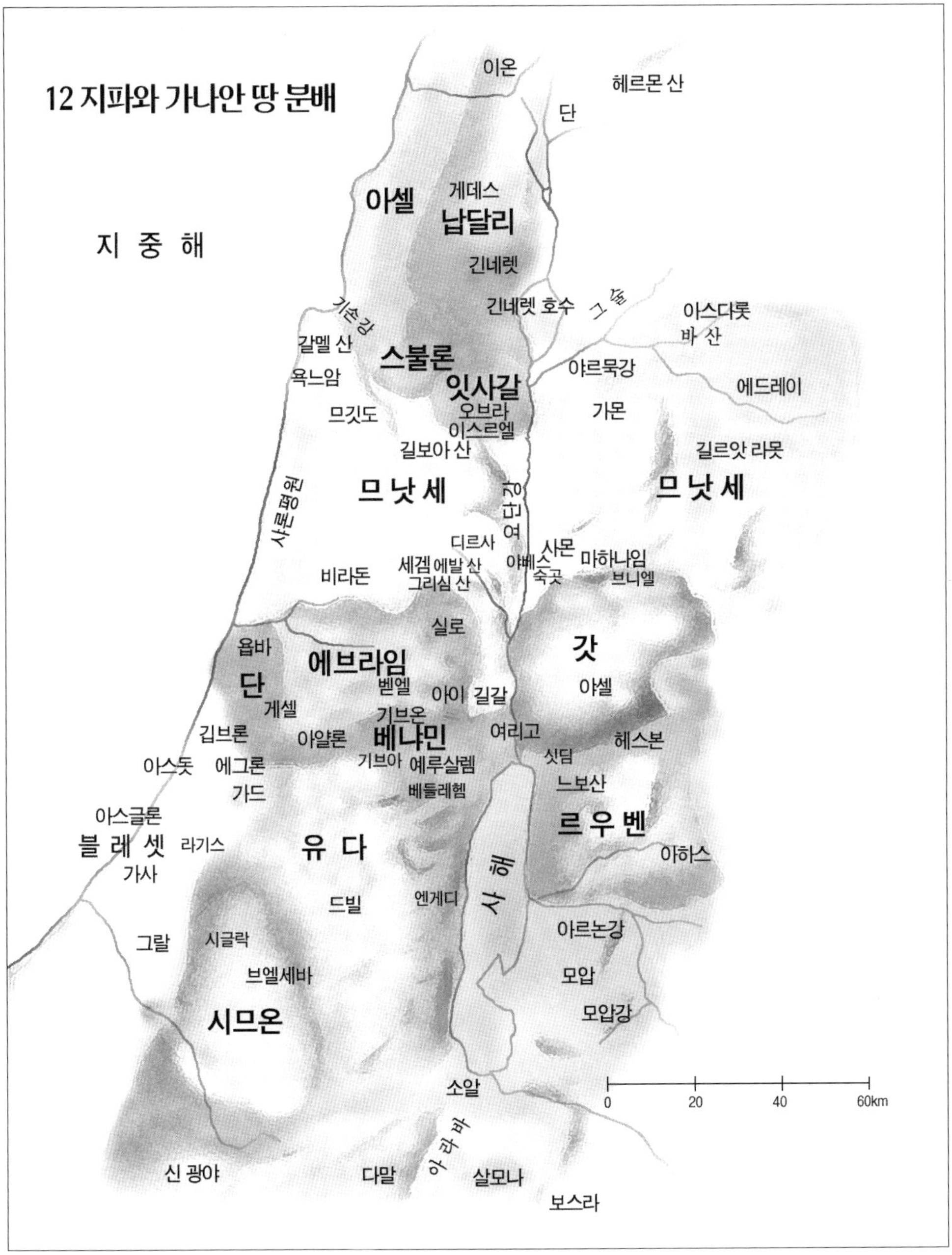
12 지파와 가나안 땅 분배
이온
헤르몬 산
단
아셀
게데스
납달리
지 중 해
긴네렛
긴네렛 호수
그 술
아스다롯
바 산
기손 강
갈멜 산
스불론
야르묵강
욕느암
잇사갈
에드레이
므깃도
오브라
이스르엘
가몬
길보아 산
길르앗 라못
므 낫 세
므 낫 세
사론평원
요단강
디르사
여
사몬
세겜 에발 산
야베스
마하나임
비라돈
그리심 산
숙곳
브니엘
실로
갓
욥바
에브라임
단
벧엘
아이
길갈
야셀
게셀
기브온
깁브론
아얄론
베나민
여리고
헤스본
아스돗
에그론
기브아
예루살렘
싯딤
가드
베들레헴
느보산
아스글론
르 우 벤
블 레 셋
라기스
유 다
사 해
아하스
가사
드빌
엔게디
아르논강
그랄
시글락
모압
브엘세바
시므온
모압강
소알
0
20
40
60km
아 라 바
신 광야
다말
살모나
보스라

| 사사기 |

서문

이 책의 제목은 사사기(쇼페팀)인데, 그 뜻은 재판장(Judge) 또는 지도자(Leader)이다. 이들 사사들은 여호수아가 죽은 후로 400여 년 간 이스라엘을 다스렸다. 이 시대를 사사 시대라 하는데, 이스라엘 역사 중에 가장 어둡고 암울한 시대이다. 민수기는 40년 간 광야에서 방황한 비참한 역사를 말하지만, 사사기는 그 열 배가 되는 400여 년 간의 비참한 역사를 말한다. 그것은 가장 비참하고 극도로 타락한 역사라고 할 수 있다.

이 책에 나온 사사는 14명인데(옷니엘, 에훗, 삼갈, 드보라, 바락, 기드온, 아비멜렉, 돌라, 야일, 입다, 입산, 엘론, 압돈, 삼손), 그중 아비멜렉은 하나님이 일으키신 사사로 볼 수 없고 왕위를 찬탈한 악한 독재자일 뿐이다. 그는 스스로 왕이 되었다. 하나님은 아직 이스라엘에 왕이 세워지는 것을 허락지 않으셨다. 하나님은 사울 때에 비로소 이스라엘에 왕을 세우는 일을 허락하셨다. 그러나 그는 자기 족속인 세겜 사람들과 결탁하여 스스로 왕이 되었다. 그러므로 사사기의 사사는 13명으로 간주된다. 그 외에 사사기에 언급되지 않은 사사들도 있다. 엘리

(삼상 4:18), 사무엘(삼상 7:13)은 한 사람은 제사장이고 또 한 사람은 선지자이지만 그들은 내내 사사의 연장선상에 있다. 아직 왕정이 시작되지 않았기 때문이다. 사무엘의 아들들 가운데 요엘과 아비야(삼상 8:2)도 잠시 사사로 세움을 받았었다. 그러나 그들은 도덕적으로 좋지 않아서 사사의 일을 했다고 볼 수 없다.

사사기의 내용은 3부로 나누어지는데, 첫째는 서론적으로 이스라엘의 가나안 정복사의 계속이고(1:1-2:5), 본론으로는 13명의 사사들의 역사가 있고(2:6-16:31), 나머지 다섯 장에는 사사들이 치리하던 시대에 있었던 끔찍한 종교적 타락의 사건과 도덕적인 타락과 그로 인한 지파들 간의 큰 싸움을 기술하고 있다(17-21장). 룻기도 사사들이 치리하던 때의 일이나, 룻기를 통해서는 그 타락한 시대에도 하나님의 생명의 노선에 있는 자들이 있었다는 것을 알 수 있다.

1장

여호수아가 죽은 후 유다와 시므온 지파가 아도니 베섹을 잡다

이스라엘은 여호수아가 죽은 후에도 여전히 제비뽑아 얻은 땅을 다 차지하기 위해 전투를 벌여야 했다. 이 일을 위해 그들은 먼저 여호와께 물었다. **"우리 중 누가 먼저 올라가서 가나안 사람과 싸우리이까"**[1절]. 그 방법은 우림과 둠밈을 통해서인지, 예언자를 통해서인지, 아니면 단순히 기도를 통해서인지는 알 길이 없다. 여호와께서 **"유다가 먼저 올라갈지니라"**[2절]고 하셨다. 유다 지파가 가장 수도 많고 용맹하기 때문이다.

가장 강한 자인 유다는 보다 약한 자인 시므온의 도움을 필요로 하였다. 시므온은 가장 약한 지파였지만 유다는 약한 지파인 시므온에게 함께 싸우자고 요청했고 시므온은 그와 함께 갔다. 이때 유다와 시므온의 연합 부대의 지휘는 갈렙이 맡았을 것이다. 강한 부대와 강한 인도자가 있었을지라도 그 전쟁의 승패는 여호와께 있었다. 하나님이 그 전쟁을 이기게 하신 분이시다[4절].

당시 아도니 베섹은 강한 왕이었다. 베섹은 지명이고 아도니 베섹이란 베섹의 왕이라는 뜻이다. 이스라엘은 그때 베섹에서 일만 명을 죽이고(큰 전쟁이었다), 아도니 베섹을 잡아 수족의 엄지가락을 끊었다. 즉, 승전한 것이다. 아도니 베섹이 과거 70왕들의 수족의 엄지가락을 찍었다고 한 것은 그가 당시 그만큼 막강한 자였음을 나타낸다. 그는 자신의 수족의 엄지가락이 잘려졌을 때, 과거에 자기가 한 일에 대한 보응이라고 생각했다. 대적의 수족의 엄지가락을 자른 것은 다시는 전쟁을 일으키거나 도망하지 못하게 하기 위함이었다.

8절은 유다 자손이 예루살렘을 쳐서 취하였다고 기록했지만 온전히 정복한 것은 아니다. 다만 그 성의 일부를 정복한 것이고 그 성중의 여부스인들도 정복하지 못했다(21절, 수 15:63). 여부스는 후에 다윗이 평정하였고 다윗 시대에 완전 정복하여 수도로 삼았다(삼하 5:6). 사사기 1장의 내용에서 유다 지파와 한두 지파만 승리하고(그것도 부분적인 승리임) 대부분은 대적을 쫓아내지 못한 것을 본다. 이는 사사시대의 하락의 조짐으로도 보여지는 대목이다.

유다 지파가 예루살렘과 헤브론을 치다

9-20절의 부분은 유다의 승리의 국면들을 보여준다. 유다는 예루살렘을 친 다음 얼마 후 산지에 내려가서 남방과 평지에 거하는 가나안 사람들과 싸웠다. 이스라엘 중에 유다는 매우 용감하고 이기는 특성을 지닌 지파였다. 그들은 계속 대적과 싸우며 나아갔다. 그들은 예루살렘을 정복하기 위해 애썼을 뿐 아니라 헤브론을 위해서도 힘을 들였다. 그들은 헤브론에 거하는 가나안의 용사들 중 세새와 아히만과 달매를 죽였다. 그들은 틀림없이 헤브론의 강자들이었을 것이다. 세새는 태양을 뜻하고, 아히만은 운명의 형제들이라는 뜻이며, 달매는 가레로 땅을 일구는 자를 의미한다. 모두가 다 우상과 관련된다.

옷니엘이 드빌 곧 기럇 세벨을 치다

그들은 더 나아가 기럇세벨도 쳤는데, 기럇세벨은 책의 도시라는 뜻이다. 현재도 기럇세벨은 도서관으로 유명하다고 한다. 지식 또한 하나님의 경륜을 방해하는 한 가지 큰 대적이다. 이러한 가나안의 성읍과 산지들과 족속들을 하나하나 멸하는 것이 그들이 해야 할 가장 큰일이었다. 갈렙은 그 성읍을 정복하는 자에게 자신의 사랑하는 딸을 주겠다고 약속하였다. 우리는 여기서 유다 지파 사람들의 적극성을 본다. 그때 갈렙의 아우이자 그나스의 아들인 옷니엘이 그것을 쳐서 취한 고로 갈렙은 약속대로 그 딸 악사를 그에게 주었다. 그는 결국 이스라엘의 첫 번째 사사가 되었다. 첫 번째 사사는 강하고 용맹한 유다 지파에서 나왔다. 결국 이스라엘의 첫 번째 사사는 갈렙의 사위인 셈이다.

유다와 베냐민의 승리

16절은 모세의 장인 겐 사람이 유다 지파의 경내에 거한 것을 말하고 있다. 이러한 구절을 포함시킨 것은 한편으로 모세의 장인 이드로의 후예들이 이스라엘에 거하여 귀화민이 된 유래를 말해주고 동시에 그것이 유다 지파의 경내임을 알려주기 위해서이다. 곧 유다 지파의 승리와 융성함을 나타내는 것이다.

17절에서는 유다가 시므온과 함께 스밧을 공략하고 다 진멸한 다음 그 성읍을 호르마라 하였으며, 18절에서는 가사와 아스글론과 에그론 경내를 취한 것을 볼 수 있다. 가사와 아스글론과 에그론은 아스돗과 가드와 더불어 블레셋의 5대 성읍이다. 가사는 5대 성읍 중에서도 대표적인 성읍이다. 이때 유다가 완전히 블레셋을 점령하고 취한 것은 아니지만 주요 도시를 공략하고 승리를 쟁취한 것은 의미가 크다고 하겠다.

17절 시작의 "유다가 그 형제 시므온과 함께 가서"라는 표현은 3절의 "시므온이 유다와 함께 가서"라는 구절과 대구(對句)를 이루는데, 이는 처음 부분은 유다가 기업을 얻는 데에 시므온이 돕는 입장이었기 때문이고 나중 부분은 시므온의 기업을 얻는 공략에 유다가 돕는 입장이었기 때문이다.

19절에는 유다 지파의 한계를 나타내는 한 구절이 기록되어 있다. 그것은 그들이 골짜기에 있는 철병거를 가진 사람들을 쫓아내지 못했다는 것이다. 그들이 만일 믿음에 있어서 더욱 강건하고 충성되었다면 철병거일지라도 이기지 못할 리가 없었을 것이다. 20절은 무리가 갈렙에게 헤브론을 준 것과 그가 거기서 아낙의 세 아들을 쫓아낸 것을 기록한다.

이스라엘 백성들은 하나님께로부터 가나안에 들어가면 가나안 일곱 족속과 싸워 그들을 멸하라는 명령을 받았다(신 7:1-26). 하나님은 그들을 쫓아내고 진멸할 것을 강력하게 명하시고 선포하셨다. 그리고 그들을 긍휼히 여기지 말고 그들과 혼인하지도 말라고 하셨다. 그러나 이 부분의 말씀(21-36절)에서 우리는 그들이 하나님의 말씀을 순종치 못한 것을 보게 된다. 베냐민 자손은 예루살렘에 거하는 여부스 사람을 쫓아내지 못했다. 그러므로 "지금까지 여부스 사람이 베냐민 자손과 함께 예루살렘에 거하더라"고 했다.

에브라임과 므낫세 지파가 벧엘을 치다

22절부터 26절까지는 요셉 지파가 벧엘을 공격하여 취한 것을 기록하고 있다. 22절은, **"요셉이 벧엘을 치러 올라가니 여호와께서 그와 함께하시니라"**고 한다. 이는 매우 의미심장한 말씀이다. 후에 열거된 지파들은 가나안 사람들을 쫓아내지 못했다. 그러나 요셉 지파의 사람들은 한 성을 정복했다. 차이가 있다면 요셉 지파의 사람들은 벧엘을 치러 올라갔지만 다른 지파 사람들은 정복하기 위해 치러 갈 의도가 없었던 것이다. 그리고 그들은 그저 가나안 사람들과 공존했다. 다시 말하지만, 그 차이는 하나님의 말씀에 순종하여 취하러 나아갔느냐의 여부에 있다.

오늘날도 그리스도인의 가장 큰 문제는 대적을 정복하는 영이 부족하여 대적들과 공존하는 데 있다. 요셉 지파는 전투하기 전에 벧엘을 정탐케 하였다. 벧엘은 '하나님의 집'이라는 뜻이고 벧엘의 원래 이름인 루스는 '분리'라는 뜻이다. 세상과 분리됨이 없이는 하나님의 집이 될 수 없다. 하나님의 집의 가장 큰 특징은 부르심받아 나와 세상과 분별된 것이다.

2장

여호와의 사자가 보김에 나타남

1-5절, **"여호와의 사자가 길갈에서부터 보김에 이르러 가로되 내가 너희로 애굽에서 나오게 하고 인도하여…너희는 이 땅 거민과 언약을 세우지 말며 그들의 단을 헐라 하였거늘 너희가 내 목소리를 청종치 아니하였도다 그리함은 어찜이뇨…여호와의 사자가 이스라엘 모든 자손에게 이 말씀을 이르매 백성이 소리를 높여 운지라…그러므로 그곳을 이름하여 보김이라 하니라 무리가 거기서 여호와께 제사를 드렸더라"**.

1절의 여호와의 사자는 그리스도이다. 피조물인 천사라는 견해도 있으나 구약의 이곳저곳에 나타난 메시아로 보는 것이 지배적인 견해이다(창 16:7, 9, 11, 출 3:2). 그분이 그리스도임에 틀림이 없는 것은 "내가 너희로…열조에게 맹세한 땅으로 이끌어왔으며 또 내가 이르기를 내가 너희에게 세운 언약…"이라고 하셨기 때문이다. 그분 자신이 이스라엘을 가나안으로 이끄신 분이며 언약을 세우신 분이다.

여호수아 시대에 이스라엘 백성들은 전쟁을 시작하거나 마칠 때 반드시 그곳에 가서 새롭게 주님과의 관계를 정립하곤 했다. 그곳에는 그리스도와 그분의 백성들이 연합하여 죽고 부활했음을 상징하는 돌이 세워져 있었다. 그러나 지금 이스라엘 백성들은 길갈을 떠나 높은 상태에 이르렀다. 길갈은 십자가의 지점이므로 높은 곳이 아니라 가장 낮은 지대였다. 그러나 보김은 '여호와의 사자가 올라갔다(came up)'고 표현하는 것으로 보아 높은 곳임에 틀림없다.

1장에서 이스라엘은 영적으로 그렇게 높은 상태에 있지 않았다. 비록 유다 지파의 승리가 있긴 하지만 다른 대다수의 지파들은 패배한 상태에 있었다. 주님은 1장의 이스라엘 백성의 상태를 기뻐하지 않으셨다. 하나님은 그들이 여호와의 언약을 지키지 않은 것과 단들을 헐지 않은 것을 책망하셨다. 그분은 그들이 쫓아내지 않으므로 그분도 쫓아내지 않겠다고 하셨다. 대적을 공격하고 쫓아내는 것은 여호와의 명령이었다. 그러나 이스라엘은 하나님의 말씀을 매우 소홀히하고 있었다. 그러면서도 그들의 마음은 겸비치 않고 높은 데 있었던 것이다. 하나님은 우리가 하겠다고 나서지 않으면 함께 하시지 않는다. 우리는 이것을 여기서 볼 수 있다.

여호와의 사자가 그들의 상태를 지적하고 책망하시면서 그 쫓아내지 않은 가나안 족속이 그들의 올무가 되며 옆구리의 가시가 될 것이라고 하자 그들은 슬피 울었다. 그들의 울음이 비록 효과 없는 울음이었을지라도(후에 이어지는 사사기의 역사는 진정한 회개의 열매가 없음을 증명한다) 그들은 그 말씀이 얼마나 엄중한 말씀인지를 알았다. 물론 그들이 진정으로 회개했다기보다는 자신들에게 닥칠 불행을 예감하고 우는 성분이 많았을 것이다.

그들은 그곳에서 제사를 드렸다(5절下). 눈물과 회개와 제사, 모두 귀한 것이다. 그러나 죄에 대한 처리는 철저하지 않으면 소용이 없다. 오늘날도 한 순간 주의 음성을 듣고 눈물을 흘리며 과거의 잘못된 삶을 회개하는 사람은 많지만 진정으로 옛 생활을 청산하고 새로운 삶 안으로 들어가 새로운 인생을 사는 사람은 드물다.

여호수아의 죽음

6절부터가 사사기의 본론의 시작이라고 말할 수 있다. 우선 그들은 여호수아와 함께 해산식을 갖고 다 각기 자신들에게 할당된 기업의 땅으로 돌아갔다.[6절] 그때만 해도 그들의 영적인 상태는 좋았다. 이제 여기서부터는 여호수아의 죽음과 그 후 이스라엘의 영적 상태의 변모에 대하여 기술한다. 이스라엘은 여호수아의 사는 날 동안에, 그리고 그가 죽은 후 그 역사의 현장을 보았던 장로들의 생존시까지는 여호와를 섬겼지만, 그 세대 사람들이 다 죽은 후 다음 세대가 일어나자 그들은 여호와를 알지 못했고 여호와의 목전에 악을 행하며 바알과 아스다롯을 섬겼다. 여호수아는 110세를 향수하였으며 그를 장사지낸 곳은 그의 기업의 경내인 딤낫 헤레스였다. 여호수아 24장 30절에는 딤낫 세라라고 표기되어 있는데, 사사기의 기록은 딤낫 헤레스로 되어 있다. 딤낫 세라는 풍성한 기업이라는 뜻이고 딤낫 헤레스는 한 줌의 흙이라는 뜻이다. 영적으로 상승되었을 때 그들에게 여호수아의 위치는 풍성한 유산이고 보배이었지만, 하락의 일로에 있을 때 그의 무덤은 한 줌의 흙에 불과했다. 우리 개인에게도, 교회에게도 앞선 훌륭한 종들의 유산이 우리가 좋을 때는 풍성한 유산이 되지만 우리가 하락할 때 그들의 유산은 한 줌의 흙이 되는 것이다.

이스라엘이 여호와를 버림

11절은 이스라엘 자손이 여호와의 목전에 악을 행하였다고 말한다. 그리고 그 악은 그들을 인도해내신 여호와를 버리고 바알들을 섬긴 것과 아스다롯을 섬긴 것이었다. 그들은 그들을 애굽에서 인도해내신 하나님을 버린 것이다. 오늘날의 용어로 말한다면 그들의 신관(神觀)에 문제가 생긴 것이다.

출애굽기 32장에서 이스라엘 백성은 아론과 함께 금송아지 우상을 만들었다. 그들은 그 금송아지를 무어라고 불렀는가? "너희를 애굽 땅에서 인도하여 낸 너희 신(lord)이로다"[4절]라고 하였다. 보이는 하나님을 그들 스스로 개발한 것이다.

11절부터 3장 6절까지의 내용은 사사기의 서론과도 같다. 그 중점은 '4S 사이클'로 말할 수 있을 것이다. 그것은 첫째로 범죄함(Sin)이고, 둘째로 이방 민족의 노예가 됨(Slavery)이며, 셋째로 간구함(Supplication)이고, 마지막은 여호와 하나님께서 긍휼히 여기심으로 사사를 일으켜 구원하심(Salvation)이다. 사사기의 이스라엘 백성들은 이러한 '4S'를 되풀이하면서 점점 타락해 가고 있었다.

3장

그 땅에 남겨진 사람들

1-7절, "여호와께서 가나안 전쟁을 알지 못한 이스라엘을 시험하려 하시며…남겨 두신 이 열국으로 이스라엘을 시험하사 여호와께서 모세로 그들의 열조에게 명하신 명령들을 청종하나 알고자 하셨더라 이스라엘 자손은 마침내 가나안 사람과 헷 사람과 아모리 사람과 브리스 사람과 히위 사람과 여부스 사람 사이에 거하여 그들의 딸들을 취하여 아내를 삼으며 자기 딸들을 그들의 아들에게 주며 또 그들의 신들을 섬겼더라 이스라엘 자손이 여호와 목전에 악을 행하여 자기들의 하나님 여호와를 잊어버리고 바알들과 아세라들을 섬긴지라".

1절의 "이스라엘 자손 중에 전쟁을 알지 못하는 자에게 그것을 가르쳐 알게 하려 하사"라는 말씀은 그리스도인이 이 땅에 사는 동안 반드시 전쟁을 알아야 하고 전쟁에 참여해야 함을 함축하고 있다. 그러므로 늘 전쟁을 예비하는 마음으로 살고 어려움을 당할 때 당황하지 말고 대처해야 한다. 하나님은 그분의 자녀들이 대적의 공격을 당할 때 두려워하지 않기를 원하신다(빌 1:28-30).

하나님은 이스라엘 백성들의 유익을 위하여 대적들을 그들 곁에 남겨두셨다고 말한다. 우리 사람의 생각으로는 어떤 대적도 남기지 않고 멸절시키는 것이 그들을 위한 것이라고 하겠지만, 하나님께서는 무엇이 그들을 위해 가장 좋은 것인지를 아셨다.

블레셋 다섯 방백은 아스돗, 가사, 아스글론, 가드, 에글론이다(삼상 6:17). 가나안 모든 사람이란 가나안 일곱 족속 중에 잔류자를 말하는 것이며 시돈 사람은 베니게 인을 가리킨다. 여기서 대적들의 이름의 뜻을 살펴보면 다 의미가 있다. 가나안은 무역상을 뜻하며, 아모리 사람은 수다장이, 브리스 사람은 지배

자들, 히위 사람은 시골 사람, 여부스 사람은 짓밟는 사람들을 뜻한다. 가나안 사람은 상업적인 거래의 관념을 가진 대적이다. 천국은 상업 원리에 지배받지 않는다. 다만 은혜의 원리, 긍휼의 원리에 따라 다스려진다.

5절은 "이스라엘이 마침내 가나안 사람과 헷 사람과 아모리 사람과 브리스 사람과 히위 사람과 여부스 사람 사이에 거하였다"고 말한다. 가나안 땅에서 누가 주인처럼 살고 있었는가? 다 진멸당해야 할 가나안 사람과 이방 족속들이다. 이스라엘은 그들을 쫓아내지 못할 뿐 아니라 그들 틈에 끼어서 근근이 사는 형편이 된 것이다. 오늘 우리 개개인도 그러하고 교회도 그러하다. 누가 주인이 되어 사는가는 매우 중요하다.

결과적으로 이스라엘은 완전히 타락하고 말았다. 그들은 그 가나안 족속들과 결혼하고 그들의 우상들을 섬기는 상태에 떨어졌다. 7절의 '하나님을 잊어버리고 바알들과 아세라들을 섬긴지라'에서 '잊어버리다'의 히브리어 '솨카흐'는 '잘못 놓다'라는 뜻이다. 그들은 하나님을 마음 중심에 두지 않고 마음 밖에 두었다. 이러한 상황은 사사기의 전주곡이라고 볼 수 있다. 그러므로 하나님은 진노하사 이스라엘이 이방 열국들의 손에 팔려 고난받도록 허락하셨다.

사사들의 활약(1) - 옷니엘

8-11절, **"여호와께서 이스라엘에게 진노하사 그들을 메소보다미아 왕 구산 리사다임의 손에 파셨으므로 이스라엘 자손이 구산 리사다임을 팔 년을 섬겼더니 이스라엘 자손이 여호와께 부르짖으매 여호와께서 그들을 위하여 한 구원자를 세워 구원하게 하시니 그는 곧 갈렙의 아우 그나스의 아들 옷니엘이라 여호와의 신이 그에게 임하셨으므로 그가 이스라엘 사사가 되어 나가서 싸울 때에 여호와께서 메소보다미아 왕 구산 리사다임을 그 손에 붙이시매 옷니엘의 손이 구산 리사다임을 이기니라** ("주의 영이 그에게 임하시어 그가 이스라엘을 재판하고 싸우러 나갔더니 주께서 메소포타미아의 쿠산 리사다임 왕을 옷니엘의 손에 넘기시어 그의 손이 쿠산 리사다임을 이겼더라(10절)"—흠정역) **그 땅이 태평한 지 사십 년에 그나스의 아들 옷니엘이 죽었더라".**

여호와께서는 한 구원자를 예비하셔서 그들을 구원하셨다. 하나님은 끝까지 진노를 품지 않으신다. 그들이 진정 회개한다면 하나님은 구원의 은혜를 허락하시는 것을 볼 수 있다. 옷니엘은 여호수아 시대의 인물로서 갈렙의 아우요 그나스의 아들이다. 그는 이미 여호수아 시대에 이름을 얻은 장군이다. 그는 기럇세벨을 쳐서 정복한 일로 갈렙의 사위가 되었다. 첫 번째 사사가 된 옷니엘은 여호수아 시대와 사사 시대를 잇는 사람이 되었다. 사람이 예비되었다 하더라도 주의 영이 없이는 아무것도 할 수 없다. 예비된 그릇인 옷니엘에게 사사의 일을 할 수 있도록 주의 영이 임하였다[10절]. 그는 메소포다미아 왕 쿠산 리사다임의 속박에서 이스라엘을 구원한 첫 번째 사사가 되었다.

사사들의 활약(2) - 에훗

두 번째 사사는 에훗이다. 이스라엘이 다시 악을 행하니(우상 숭배) 하나님께서는 그들을 모압의 수하에 두어 18년 간 종노릇하며 그에게 공물을 바치게 하셨다. 공물을 바치는 그 일에 에훗이 책임자였다. 에훗은 당시 이스라엘을 구원하기에 가장 적합한 자리에 있었다. 그는 그가 해야 할 일이 무엇인지 알았다. 그것은 모압의 권세를 무력하게 하여 그들의 억압으로부터 이스라엘을 구출해내는 일이었다. 그는 그러한 일을 수행함에 있어서 자세한 전략을 갖고 있었다. 그것은 먼저 모압 왕 에글론을 없애버리는 것이었다. 그는 공물 바치는 일로 에글론을 쉽게 만날 수 있었으므로 그 일을 수행하는 것이 가능했다. 그를 없애는 일에는 우선 치밀한 작전이 필요했는데, 에훗은 일단 그 시기를 공물을 바치는 때로 잡았다. 그때가 에글론이 가장 경계를 소홀히 할 때이기 때문이다. 둘째는 알맞은 크기의 칼(장이 한 규빗)을 날카롭게 갈아서 준비했다. 그리고 다른 사람들과 함께 돌아가는 것처럼 가다가 길갈의 돌 뜨는 곳에서 되돌아왔다. 틀림없이 그는 길갈에서 주님과 새로운 관계를 갖고 하나님께로부터 새로운 힘을 얻었을 것이다. 길갈은 이스라엘에게 항상 영적인 소생과 회복의 장소가 되었다. 그리고는 왕에게 나아와서 은밀한 일로 왔으니 주위 사람들을 물리쳐달라고 했다.

당시 이스라엘이 비록 모압의 통치 아래 있는 속국이었을지라도 에훗은 이스라엘의 재판자였으며 공물을 바치는 자였고 또 모압 왕을 독대할 기회가 많았으므로 에훗은 그런 위치를 십분 이용한 것이다. 그리고 그는 칼을 자기의 오른편 다리에 숨겨가지고 에글론이 서늘한 다락방에서 홀로 쉬고 있을 때 접견하러 들어갔다. 그가 오른편 다리에 칼을 숨긴 것은 그가 왼손잡이이므로 칼을 빼기에 수월하기 때문이다. 다른 사람들은 그러한 때 왼쪽 다리에 칼을 숨기는 것이

상례이지만 에훗은 자신의 장점을 알고 상대의 약점을 알고 있었다. 에훗은 그가 살이 많이 쪄서 비둔한 것을 알았으며 자기가 어떻게 말할 때 그다지 경계하지 않고 들어줄 것도 예상하고 있었다. 모든 일은 에훗의 판단대로 되어갔다.

에훗이 에글론 왕에게 자기가 왕께 전할 하나님의 전갈이 있다고 하니 그가 일어났다. 에글론 왕은 에훗이 말할 때 그래도 경외하는 표시로 일어난 것이다. 그때 에훗은 우편다리에서 칼을 빼어 에글론의 배를 찔렀다. 그리고 그 칼자루도 날을 따라 들어가서 그 끝이 등 뒤까지 나가니 기름과 오물이 흘러나왔다. 개역 성경에는 오물이라는 말이 없지만 흠정역에는 '오물이 나왔더라(the dirt came out)'는 말이 있다. 에글론은 살이 많이 찐 비둔한 상태에서 칼에 찔려 죽었고 피와 분뇨 위에 나뒹굴어진 수치스런 모습이 되어버렸다.

그리고 에훗은 현관에 나와서 다락문들을 닫아 잠궈 버렸다. 그래서 신하들로 왕이 다락에서 휴식을 취하고 있다고 생각하게 만든 것이다. 그리고서 에훗은 도망하여 에브라임 산에서 나팔을 불고 이스라엘 자손을 모아 요단의 개울을 점령하여 한 사람도 건너지 못하게 하고 모압 사람 일만 명 가량을 죽였다. 그 길목을 지켜서 다 잡을 수 있었던 것이다. 그들은 다 힘쓰는 자들이요 용사였다[29절].

에훗의 전투에서 우리가 느낄 수 있는 것은 에훗이라는 사람이 매우 지혜롭고 치밀하고 모략이 가득하다는 것이다. 그는 철저했다. 그의 철저한 승리가 결국 이스라엘에게 80년의 긴 태평기를 가져다준 것이다.

사사들의 활약(3) - 삼갈

삼갈의 때는 아직 에훗이 죽지 않은 때일 수도 있다(4장 1절의 '에훗이 죽은 후에'로 다음 사사의 이야기가 이어지는 것으로 추측할 수 있다). 어쩌면 너무 늙어서 사사로서의 직분을 수행하지 못하는 때일 것이다. 그때 이미 이스라엘에는 다시 하락의 기운이 있었고 대적의 극심한 공격이 있었다. 그때 일어난 대적이 블레셋이고, 블레셋은 이스라엘 백성들이 큰 길로 다니지 못할 정도로 압박하고 괴롭혔다. 5장의 드보라와 바락의 노래에는 "아낫의 아들 삼갈의 날에는 대로가 비었고 행인들이 소로로 다녔다"는 구절이 있다. 그러니 그때의 상황이 얼마나 어려웠는가를 생각해볼 수 있다. 그때 하나님이 일으키신 또 하나의 사사가 삼갈이다. 삼갈은 소 모는 막대기로 블레셋 사람 600명을 죽였고 이스라엘을 구원했다. 소 모는 막대기로도 이스라엘을 구원할 수 있다. 소 모는 막대기가 무슨 힘이 있겠는가! 그것으로 어떻게 600명을 죽일 수 있겠는가! 이는 충성된 자에게 역사하는 하나님의 능력이다. 하나님은 왼손잡이 에훗이나 소 모는 막대기밖에 없는 삼갈을 통해서도 원하시기만 하면 이스라엘을 구원할 수 있으시다. 에훗이 잘 예비된 사사라면, 삼갈은 잠시나마 그의 작은 역량(소 모는 막대기 같은)이 하나님께 사용되어 이스라엘의 큰 필요를 채운 종이다.

4장

사사들의 활약(4) - 드보라와 바락

1-10절, **"에훗의 죽은 후에 이스라엘 자손이 또 여호와의 목전에 악을 행하매 여호와께서 하솔에 도읍한 가나안 왕 야빈의 손에 그들을 파셨는데 그 군대 장관은 이방 하로셋에 거하는 시스라요 야빈 왕은 철병거 구백 승이 있어서 이십 년 동안 이스라엘 자손을 심히 학대한 고로 이스라엘 자손이 여호와께 부르짖었더라 그때에 랍비돗의 아내 여선지 드보라가 이스라엘의 사사가 되었는데…바락이 그에게 이르되 당신이 나와 함께 가면 내가 가려니와 당신이 나와 함께 가지 아니하면 나는 가지 않겠노라 가로되 내가 반드시 너와 함께 가리라 그러나 네가 이제 가는 일로는 영광을 얻지 못하리니 이는 여호와께서 시스라를 여인의 손에 파실 것임이니라 하고 드보라가 일어나 바락과 함께 게데스로 가니라 바락이 스불론과 납달리를 게데스로 부르니 일만 인이 그를 따라 올라가고 드보라도 그와 함께 올라가니라".**

80년 간 태평성대를 누린 이스라엘은 다시 악에 빠졌다. 그때 하나님은 그들을 하솔에 도읍한 가나안 왕 야빈의 손에 파셨다. 하솔 왕 야빈은 여호수아 11장에 나오는 인물과 동일한 이름을 가진 자로서 그는 여호수아에 의해 멸망당하고 불사름을 당한 나라의 왕이었다. 아마도 같은 가문의 사람이 새로 일으켜져 다시 야빈이란 이름을 갖고 도읍을 하솔에 정하였을 것이며, 그는 철병거를 구백 승이나 둔 막강한 전력을 갖춘 자였다. 그들은 20년 동안 이스라엘을 몹시 학대했다. 그들은 그 동안 이스라엘에게 종노릇 하던 원주민들이었고 하나님의 명령에 따르면 이스라엘에게 진멸당해야 할 사람들이었다. 그런데 지금 하나님의 정하심과는 전혀 반대로 이스라엘이 종노릇 하게 되었을 뿐 아니라 심하게 앙갚음을 당하고 있는 것이다. 더욱이 이스라엘에 대한 압력이 점점 거세어지고 있었다. 또 그들이 억압당하는 기간도 8년에서 18년으로, 20년으로 점점 길어지고 있었다. 이스라엘은 여호와께 부르짖었다. 당시의 사사는 여자였고 그 이름은 드보라였다.

사사기의 열두 사사 중에 여자 사사가 하나 있는데 그녀가 드보라이다. 4절에서 랍비돗의 아내 드보라라고 말하는데, 랍비돗의 아내란 히브리어로 '번갯불의 아내(wife of lightning)'라는 뜻이다. 그리고 드보라는 '꿀벌'을 뜻한다. 꿀벌은 꿀같이 단 하나님의 말씀을 생각나게 한다. 즉 드보라는 여인이지만 말씀을 풍성하게 갖고 있었으며 빛이 충만하였다. 야빈이라는 뜻은 이해라는 뜻이다. 물론 나름 사람의 이해이다. 결국 사람의 이해의 성읍을 전복시킬 수 있는 것은 하나님의 말씀의 빛이다.

그렇지만 그녀는 사사의 직분을 수행함에 있어서 여자의 위치를 알았다. 이렇게 좋은 여자 사사가 있는 때에 좋은 남성 동역자가 있었다. 바락이었다. 10절에서 스불론과 납달리를 부른 것은 바락이다. 그가 부를 때 일만 명이 따라 나왔다. 그렇지만 모든 일은 드보라의 말대로 되었다. 드보라의 말은 하나님의 계시였고 바락은 그녀의 계시와 은사를 십분 존중했다. 드보라 또한 바락의 요청대로 그 전투에 참여하기 위해 함께 게데스로 올라갔다. 히브리서 기자는 믿음으로 승리한 영예로운 사사들을 언급할 때 기드온, 삼손, 입다와 함께 드보라보다 오히려 바락을 언급했다(히 11:32).

야빈의 군대장관은 시스라였다. 드보라는 바락에게 시스라의 군대를 기손강으로 이끌어내라 하였고 거기서 그들이 전멸될 것이라는 확신을 주었다. 그리고 그녀는 시스라가 바락이 아닌 여인의 손에 죽임을 당할 것도 알려주었다. 즉, 드보라는 전쟁을 하기 전에 전쟁의 전개와 결말에 대해서 분명한 그림을 계시로 갖고 있었던 것이다. 이는 이 일이 하나님의 말씀으로 인한 것이기 때문이다. 계시는 하나님께 속한 것이지 사람이 알려주는 것이 아니다. 계시는 하나님의 전지(全知)하심과 관련된다. 하나님의 미련한 것이 사람보다 지혜롭고 하나님의 약한 것이 사람의 강하다(고전 1:25). 드보라는 바락의 말을 듣고 바락과 함께 게데스로 전투하러 올라갔다.

11-24절, **"모세의 장인 호밥의 자손 중 겐 사람 헤벨이 자기 족속을 떠나 게데스에 가까운 사아난님 상수리나무 곁에 이르러 장막을 쳤더라 아비노암의 아들 바락이 다볼 산에 오른 것을 혹이 시스라에게 고하매 시스라가 모든 병거 곧 철병거 구백 승과 자기와 함께 있는 온 군사를 이방 하로셋에서부터 기손 강으로 모은지라 드보라가 바락에게 이르되 일어나라 이는 여호와께서 시스라를 네 손에 붙이신 날이라 여호와께서 너의 앞서 행하지 아니하시느냐 이에 바락이 일만 명을 거느리고 다볼 산에서 내려가니 여호와께서 바락의 앞에서 시스라와 그 모든 병거와 그 온 군대를 칼날로 쳐서 패하게 하시매 시스라가 병거에서 내려 도보로 도망한지라…바락이 그에게 들어가 보니 시스라가 죽어 누웠고 말뚝은 그 살쩍에 박혔더라 이와 같이 이 날에 하나님이 가나안 왕 야빈을 이스라엘 자손 앞에 패하게 하신지라 이스라엘 자손의 손이 가나안 왕 야빈을 점점 더 이기어서 마침내 가나안 왕 야빈을 진멸하였더라"**.

이 전투에서 전공을 세운 사람은 결국 모세의 장인 호밥의 자손이었다. 그들은 원래 유다 자손과 함께 유다 황무지에 거하였는데 헤벨이란 사람이 북방으로 이주하여 게데스와 다볼 산 중간 쯤 되는 곳에 장막을 치고 살게 되었다. 그리고 하솔 왕 야빈은 이 헤벨의 집과 화평 조약을 맺고 있었던 터였다. 11절에 이 말씀을 삽입한 것은 이번 기손 강 전투에서 큰 전공을 세운 야엘이라는 여자(시스라를 죽임)가 바로 이 헤벨의 아내이기 때문이다.

바락이 다볼 산에 가서 전투 태세를 갖추고 있다는 것을 시스라가 듣고 모든 군사와 철병거 900승을 거느리고 기손 강으로 나왔다. 무엇을 의존하는 사람들의 전투 방식은 즉시 그들의 대응하는 태도에서 나타난다. 그들은 철병거가 900승이었다. 철병거 900승은 그들이 지식을 통해 모은 지적 재산과 같은 것이었다. 이는 사람의 이해력을 동원하여 만들어낸 신학이요 철학이었다. 이런 무기가 전쟁이 일어나자 즉시 앞에 나왔다. 14절에서 바락은 드보라를 통해 하나님의 말씀을 듣고("여호와께서 너희 앞서 행하지 않으시느냐 이는 시스라를 네 손에 붙인 날이라") 다볼 산에서 일만 명을 데리고 싸우러 내려갔다. 바락에게는 하나님의 말씀이 있고 시스라에게는 철병거밖에 없었으니 과연 누가 이기겠는가? 하나님의 말씀이 승리의 비결이다. 말씀을 믿고 나아간 자는 언제나 승리를 거둔다. 15절에서 결국 싸우신 분은 여호와시라고 말한다-**"여호와께서 바락의 앞에서 시스라와 그 모든 병거와 온 군대를 칼날로 쳐서 패하게 하시므로"**. 결국 시스라는 병거에서 내려 도보로 도망하게 되었다. 바락은 그를 추격하여 하로셋까지 이르렀다. 하로셋은 시스라가 철병거 900승을 가지고 거만하게 거하던 곳이다. 바락과 이스라엘 군대는 하로셋까지 쫓아가면서 나머지 모든 대적을 전멸시켰다.

시스라는 도보로 도망하여 겐 사람 헤벨의 아내 야엘의 장막에 피신했다. 당시 야빈과 헤벨의 집안은 서로 평화롭게 지내던 사이였다. 그들은 아마도 이들이 이스라엘의 인도자였던 모세의 집안인 줄은 몰랐을 것이다. 야엘이라고 하는 헤벨의 아내는 사태를 직감하고 시스라를 안심시킨 다음("나의 주여 들어오소서 두려워하지 마소서") 목말라 하는 그에게 우유를 따라 대접하고 이불로 덮었다. 시스라는 야엘에게 누가 찾으면 아무도 없다 하라고 당부하고 피곤하여 깊이 잠들었다. 헛된 망상에 빠진 사람들은 때로 누구든지 자기편으로 착각하는 우를 범한다. 진리가 아닌 망상에 사로잡힌 사람들의 결과이다. 야엘은 장막 말뚝을 취하여 손에 방망이를 들고 시스라에게 가서 말뚝을 그의 살쩍에 놓고 박아버렸다. 말뚝이 시스라를 꿰뚫고 땅에 박히니 시스라가 기절하여 죽었다.

바락은 시스라를 쫓다가 야엘의 집까지 왔다. 그때 야엘은 바락에게 "오라 내가 너의 찾는 사람을 네게 보이리라"고 하였다. 그리고 바락은 그 연약한 여인에 의해 말뚝에 박혀 죽은 적장을 보게 되었다. 하나님께서는 주권적으로 헤벨의 집을 그 지점에 두시고 그들로 하솔 왕 야빈과 친밀한 관계를 갖게 하셨다가 결정적일 때 이스라엘을 위하여 그 일을 하게 하신 것이다. 그러므로 5장에 나오는 드보라와 바락의 노래에서 야엘의 행위를 칭찬했다. "겐 사람 헤벨의 아내 야엘은 다른 여인보다 복을 받을 것이니"(5:24). 결국 가나안 왕 야빈을 물리친 분은 하나님이시다[23절].

5장

드보라와 바락의 노래

1-5절, "이 날에 드보라와 아비노암의 아들 바락이 노래하여 가로되 이스라엘의 두령이 그를 영솔하였고 백성이 즐거이 헌신하였으니 여호와를 찬송하라 너희 왕들아 들으라 방백들아 귀를 기울이라 나 곧 내가 여호와를 노래할 것이요 이스라엘의 하나님 여호와를 찬송하리로다 여호와여 주께서 세일에서부터 나오시고 에돔

들에서부터 진행하실 때에 땅이 진동하고 하늘도 새어서 구름이 물을 내렸나이다 산들이 여호와 앞에서 진동하니 저 시내 산도 이스라엘 하나님 여호와 앞에서 진동하였도다".

이는 여사사 드보라가 지은 것이며('나 드보라가 일어났고'-7절) 사사기에서 유일한 승리의 노래이다. 그녀는 하나님의 큰 역사를 체험하고 노래를 남겨 하나님의 하신 일을 이스라엘 자손 대대로 찬미하게 만들었다. 그녀의 찬송은 모세의 노래처럼 그 역사의 현장에서 바로 지은 것이다. 꿀벌처럼 말씀이 그 안에 풍성하게 거했던 그녀가 그 위대한 영적 승리의 체험을 거쳤을 때 찬양하며 시를 지을 수 있다는 것은 어쩌면 당연한 일일 것이다. 1절의 '그날에'라는 표현이 그것을 말해준다. 시간이 지나면 그 찬미의 영감이 식어질 수 있을 것이다. 또 이 찬미에서 드보라의 좋은 점은 실지로는 자신이 지은 시일지라도 바락과 함께 노래했다고 말한 것이다. 그는 이러한 위대한 시를 노래하는 데 있어서 함께 싸운 바락을 잊지 않았다. 1절의 "이 날에 드보라와 아비노암의 아들 바락이 노래하여 가로되", 12절의 "깰지어다 깰지어다…너는 노래할지어다…깰지어다 깰지어다 너는 노래할지어다 일어날지어다 바락이여…"라는 구절이 이를 증명한다.

드보라의 찬미 대상은 하나님 자신이다. 그녀는 이 전쟁에서 승리한 후에 승리케 하신 분이 다름 아닌 하나님이심을 알고 그 놀라우신 업적과 공로와 하신 일의 기이함을 찬미하지 않을 수 없었다. 그러나 또 한편 드보라는 하나님이 그렇게 축복하시고 역사하셔서 이길 수 있었던 것은 이스라엘 두령의 좋은 영솔이 있고 백성들의 즐거운 헌신이 있었기 때문이라고 말한다. 당시 드보라와 바락, 그리고 이스라엘의 헌신된 백성들이 한 목표를 향하여 헌신함으로 하나님의 역사를 이끌어올 수 있었고 승리할 수 있었다.

6-11절, **"아낫의 아들 삼갈의 날에 또는 야엘의 날에는 대로가 비었고 행인들은 소로로 다녔도다 이스라엘에 관원이 그치고 그쳤더니 나 드보라가 일어났고 내가 일어나서 이스라엘의 어미가 되었도다 무리가 새 신들을 택하였으므로 그때에 전쟁이 성문에 미쳤으나 이스라엘 사만 명 중에 방패와 창이 보였던고 내 마음이 이스라엘의 방백을 사모함은 그들이 백성 중에서 즐거이 헌신하였음이라 여호와를 찬송하라 흰 나귀를 탄 자들, 귀한 화문석에 앉은 자들, 길에 행하는 자들아 선파할지어다 활 쏘는 자의 지꺼림에서, 멀리 떨어진 물 긷는 곳에서도 여호와의 의로우신**

일을 칭술하라 그의 이스라엘을 다스리시는 의로우신 일을 칭술하라 그때에 여호와의 백성이 성문에 내려갔도다".

드보라가 사사로 일으켜진 때는 에훗 시대 말이며 삼갈의 때 직후로 생각해 볼 수 있다. 그 황폐한 때를 드보라는 삼갈의 날과 야엘의 날로 표현했다. 이로써 우리는 드보라의 영성을 다시 한 번 생각해본다. 그녀는 과연 영적 깊이가 있는 사람이었다. 그녀가 바락을 머리 삼고 전쟁을 한 것이나 자신의 노래에서 자신을 앞세우지 않고 바락을 내세우며 심지어 삼갈과 야엘의 날이라고 표현한 것에서 우리는 그녀의 겸비를 볼 수 있다. 그녀는 야엘의 날이라고 함으로 시스라를 죽인 여인, 야엘을 사사의 수준으로 끌어올려 칭찬했다.

그때 이스라엘의 황폐한 상태에 대하여 드보라의 기술은 이러하다. "대로가 비었고 행인들은 소로로 다녔도다". 이것은 블레셋(삼갈의 날)과 가나안 야빈(야엘의 날)의 압제가 얼마나 심했는지를 말해준다. 이스라엘 백성들은 감히 대로로 다닐 수 없고 소로로만 다녀야 했다. 일반적으로 나쁜 일을 하는 자들은 골목 어두운 데에서 하는데 당시의 대적들은 대로에서 거침없이 악행을 저질렀던 것이다. 도리어 이스라엘 백성들이 좁은 길로 피하여 다녀야만 했다. 가나안 사람들은 대로에서 공개적으로 이스라엘 사람들을 욕보이고 탈취하고 핍박했을 것이다. 그야말로 공포의 시간들이었다. 그런 때에 이스라엘에는 관원이 끊어졌다. 드보라는 그때 하나님이 자기를 일으키셨다고 선포했다. 드보라는 말한다. 그때 무리가 새 신들을 섬기므로 전쟁이 임했다는 것이다. 이스라엘이 황폐하게 된 원인을 지적한 것이다. 드보라는 당시 이스라엘 사람들이 새 신들에 혹하여 하나님을 떠나 블레셋과 가나안 왕 야빈에게 20년 간 억눌려 고생하는 것을 보았다. 가나안의 하솔 왕 야빈과 그 군대장관 시스라의 전력은 당시로 말하면 막강하였다. 철병거 900승이라면 오늘날로 말하면 전차나 핵무기를 갖고 있는 것에 비할 수 있다.

그에 비해 이스라엘은 사만 군대였고(스불론과 납달리는 만 명이었지만 이스라엘 전체에서 나온 사람을 합하면 4만 명이 된다는 말이다) 그들 중에는 방패와 창이 없었다. 이는 당시 이스라엘의 군에는 창이나 방패가 없었기 때문이다. 드보라는 이를 시적(詩的)으로 이렇게 표현했다. "그때에 성문에 전쟁이 미쳤으나 이스라엘 사만 명 중에 방패와 창이 보였던고". 전쟁은 시작되었건만 이스라엘 진영은 전쟁할 만한 준비가 되어 있지 않았다. 그러니 그 전투는 하나님께서 개입하시지 않으면 이길 수 없는 상황이었던 것이다. 그럼에도 드보라는 방백들이 함께하고 백성들이 즐거이 헌신한 것에 대하여 감사해한다. 드보라의 노래가 없었다면 우리는 여성 사사인 드보라가 이렇게 큰 전쟁에서 이기고 어떤 느낌을 가졌을지 추측하기 어렵다. 그녀는 확실히 영적이고 좋은 느낌을 가졌다. 그녀가 어떻게 여자로서 이스라엘을 재판하는 사사의 일을 할 수 있었는가에 대한 답이 이 노래에 들어 있다. 과연 그녀는 합당한 영성을 소유하고 있었다. 그녀는 방백들이 함께하고 그들이 백성들 가운데서 헌신적이었던 점을 매우 감사해하고 소중히 여겼다. 그것은 당시 방백들이 비록 여성 사사였을지라도 드보라를 절대적으로 신뢰하고 따라주었음을 의미한다. 그들은 과연 드보라의 감사와 칭찬을 받을만했다.

여기서 드보라는 찬양하면서 또 많은 사람들에게 찬양하는 데에 동참하라고 외친다. 높은 자리에 있는 사람이나 부자나 귀족들이(흰 나귀를 탄 자들, 귀한 화문석에 앉은 자들) 찬미해야 하고 일반 백성도(길에 행하는 자들) 찬미해야 한다. 11절의 '칭술하라'는 히브리어 표현으로서 찬양하라는 말의 또 다른 표현이다. 흠정역은 '자세히 말하라(rehearse)'로 번역했다. 활 쏘는 자의 지꺼림에서, 멀리 떨어진 물 긷는 곳에서도 여호와의 의로운 일을 칭술하며 그의 이스라엘을 다스리신 의로우신 일을 칭술하라고 했다. 드보라는 하나님께서 이스라엘을 구원하시어 원래의 평화로운 상태로 되돌려놓으신 업적을 감상하며 찬양하고 있다. 활 쏘는 자의 지껄이는 소리란 지금으로 말하면 대포와 총을 쏘는 훈련장에서 나오는 점령군들의 고함소리에 비할 수 있다. 또 과거 이스라엘이 야빈 군대의 점령 아래 있을 때에는 함부로 물을 길러도 못 갔다. 그러나 이제 그들은 우물가에서 평화롭게 물을 길으며 여유를 누리고 있다. 그래서 드보라는 물 긷는 곳에서 여호와를 칭술하라고 한 것이다.

또 여호와의 백성이 성문에 내려갔다고 말하는데, 이 또한 평화와 자유를 회복한 광경이다. 성문이란 고대에 백성들이 함께 모여 민의를 결정하던 장소였다. 그들이 과거 압제 하에 있을 때에는 성문에 모여 무언가를 논의하고 결정한다는 것을 꿈도 꾸지 못했다. 이제 이스라엘은 이 모든 광경을 처음과 같이 회복한 것이다. 그러니 찬양하고 칭술해야 하지 않겠느냐는 것이다. 그녀는 특히 하나님께서 의로우심을 칭술하며 그분의 다스리심을 칭술하라고 했다.

드보라는 또한 "멀리 떨어진 물 긷는 곳에서 의로우신 여호와의 일을 칭술하라"고 한다. 대적이 있을 때 이스라엘은 대적들의 강한 위세에 밀려 우물물에도 함부로 내려가지 못했다. 이제 그 주변에 원수들이 하나도 없게 된 것이다. 이스라엘은 원래 엘림에서 물을 마셨고, 족장들은 브엘세바에서 마셨으며, 반석에서 나오는 생수를 마셨다.

그들은 또한 "여호와의 백성이 성문에 내려갔도다"라고 노래한다. 당시의 사람들은 권위와 재판권을 행사하기 위해 성문으로 내려가곤 했다. 이전 야빈의 군대에 점령되었을 때 하나님의 백성은 성문에 내려가서 합당한 재판권과 영적인 권위를 행사할 수 없었다. 그러나 이제 그들은 할 수 있다.

12-23절, "깰지어다 깰지어다 드보라여 깰지어다 깰지어다
너는 노래할지어다 일어날지어다 바락이여 아비노암의 아들이여
네 사로잡은 자를 끌고 갈지어다 그때에 남은 귀인과 백성이 내려왔고
여호와께서 나를 위하여 용사를 치시려고 강림하셨도다
에브라임에게서 나온 자는 아말렉에 뿌리 박힌 자요
그 다음에 베냐민은 너희 백성 중에 섞였으며
마길에게서는 다스리는 자들이 내려왔고
스불론에게서는 대장군의 지팡이를 잡은 자가 내려왔도다
잇사갈의 방백들이 드보라와 함께하니 잇사갈의 심사를 바락도 가졌도다
그 발을 좇아 골짜기로 달려 내려가니 르우벤 시냇가에 큰 결심이 있었도다
네가 양의 우리 가운데 앉아서 목자의 저 부는 소리를 들음은 어찜이뇨
르우벤 시냇가에서 마음에 크게 살핌이 있도다
길르앗은 요단 저편에 거하거늘 단은 배에 머무름은 어찜이뇨
아셀은 해빈에 앉고 자기 시냇가에 거하도다
스불론은 죽음을 무릅쓰고 생명을 아끼지 아니한 백성이요
납달리도 들의 높은 곳에서 그러하도다
열왕이 와서 싸울 때에 가나안 열왕이 므깃도 물 가 다아낙에서 싸웠으나
돈을 탈취하지 못하였도다 별들이 하늘에서부터 싸우되
그 다니는 길에서 시스라와 싸웠도다

기손 강은 그 무리를 표류시켰으니 이 기손 강은 옛 강이라
내 영혼아 네가 힘 있는 자를 밟았도다
그때에 군마가 빨리 달리니 말굽소리는 땅을 울리도다
여호와의 사자의 말씀에 메로스를 저주하라
너희가 거듭거듭 그 거민을 저주할 것은
그들이 와서 여호와를 돕지 아니하며
여호와를 도와 용사를 치지 아니함이니라 하시도다".

11절부터 23절까지는 전쟁의 내용을 시(詩)로 표현한 부분이다. 드보라의 마음에 하나님과 함께하는 싸움은 노래이다. 그러나 중요한 것은 영이 일어나는 것이다. 먼저 그녀는 자신의 영이 일어나야 한다고 부르짖고 있다. 그녀는 온 이스라엘을 구원할 수 있기 위해 자신이 깨어날 필요가 있음을 알고 있었고 이를 위해 부르짖고 있었다. "깰지어다, 깰지어다, 드보라여, 깰지어다, 너는 노래할지어다, 일어날지어다, 바락이여!" 이 구절은 전쟁을 위해서는 먼저 인도자들의 영이 깨어나야 함을 일깨워주는 말씀이기도 하다. 아비노암의 아들 바락에게 "네 사로잡은 자를 끌고 가라"고 한 것은 그가 시스라 군을 격파할 때 생포한 포로들을 끌고 이스라엘 진으로 돌아가라는 말이다. 이는 바락의 승리가 더욱 빛나도록 하기 위함이다.

13절의 남은 귀인과 백성이 내려왔다는 것은 얼마 되지 않는 귀인들이 전투에 참여했다는 것을 가리킨다. 어쩌면 당시 많은 귀인들이 20년 간의 야빈의 억압을 피해 먼 곳으로 도망하여 살았거나 죽임을 당했을 것이다. 그러므로 남은 귀인과 굳게 살아남은 백성들이 이스라엘을 위해 싸웠다고 말한다. 드보라에게는 그들 모두가 너무 귀하게 보였던 것이다. 더 나아가 드보라는 여호와께서 나를 위하여 용사(대적의 군대)들을 치시려고 강림하셨다고 말한다.

14절부터는 전투에 참여한 지파별 실제 상황을 그리고 있다. 에브라임 지파 중 전투에 참여한 사람들은 아말렉 족속이 거주했던 지역의 사람들이었다(에브라임에게서 나온 자는 아말렉에 뿌리 박힌 자요). 베냐민 사람들이 너희 백성 중에 섞여 있다는 것은 베냐민 사람들이 단체적으로 참전한 것이 아니라 개인적으로 백성 가운데 섞여 전쟁에 참여하였다는 것이다. "마길에게서는 다스리는 자들

이 내려왔고"-마길은 므낫세의 독자였고 므낫세 지파는 요단 동편과 서편으로 절반씩 나누어졌는데, 여기서는 요단 서편 곧 가나안에 들어온 므낫세 지파를 가리킨다. 그들은 군 지휘관들이 군을 이끌고 참전하였다. 스불론에서는 대장군의 지팡이를 잡은 자가 내려왔다고 했는데, 그것은 장군들이 와서 군대를 모집하고 계수하는 일에 종사하였다는 의미이다. 대장군에 해당하는 히브리어 '소페르'는 문자적으로 계수하는 자이다. 흠정역에서는 '글 쓰는 자의 펜을 다루는 자(that handle of the pen of the writer)'로 번역하였는데, 그렇다면 그들이 전쟁 경비를 계산하는 병참 행정을 맡았으리라는 해석이 가능하다. 어떻게 해석하더라도(계수하는 자이든 펜을 잡은 자이든) 스불론이 군 행정에 종사한 것은 사실이다. 마길의 지도자들이 용맹한 사람들이라면 스불론의 펜은 지식 있고 행정력이 있는 사람들을 뜻한다. 신약으로 말하면 교회 안에 다양한 은사가 있어야 몸의 봉사가 이루어지고 영적 전쟁을 할 수 있다는 것이다.

15절은 잇사갈 방백들이 드보라와 함께하였다고 말한다. 잇사갈 지파의 지도자들은 드보라와 완전히 하나 되어 싸웠다. 잇사갈의 심사를 바락이 가졌다는 것은 바락의 영과 잇사갈 사람들의 영이 하나로 합하여졌다는 뜻이다. 개정표준역 성경에서는 잇사갈이 바락에게 충성하였다고 번역한다. 이렇게 전쟁은 지도자와 완전히 하나 된 자들이 있을 때 승리할 수 있다. 그 발을 좇아 골짜기로 내려갔다는 것은 잇사갈이 바락과 함께 시스라 군을 치기 위해 다볼 산에서 기손 강가로 내려갔다는 것을 의미한다. 여사사 드보라는 그들의 치러 내려가는 모습에 감동을 받았다.

르우벤 시냇가에 큰 결심이 있었다는 말은 적극적인 표현이 아니다. 큰 결심을 했다는 것이 매우 좋게 들리지만 그들은 결국 참전하지 않았다(어떤 사람들은 이 부분을 매우 적극적으로 읽는데 이는 잘못된 해석이다). 16절에서 드보라는 르우벤 지파가 요단 동편에 거하면서 다른 지파가 전쟁할 때 양의 우리 가운데 앉아서 목자의 저 부는 소리를 듣고 있음이 어찜이냐고 했다. "네가 양의 우리 가운데 앉아서 목자의 저 부는 소리를 들음은 어찜이뇨"[16절] 그런 행동이 과연 합당한 것이냐고 묻는 것이다. 드보라는 온 이스라엘이 전쟁 중에 있을 때 르우벤 지파가 평안히 앉아서 목자의 저 부는 소리를 들으며 탁상공론을 하는 것은 옳지 않다고 말하고 있는 것이다. 르우벤 지파가 거주했던 요단 동편에는 시내가 많았다. 그러므로 그들은 시냇가에서 큰 결심, 또는 큰 살핌(16절)을 가졌는데, 이는 참전에 대한 열띤 토론이 있었다는 것을 암시한다. 큰 살핌과 큰 결심은 같은 의미를 전달한다. 'great searching of heart'란 르우벤 자손들이 요단 동편 시냇가에 모여 큰 토론을 하면서 주저함이 있었다는 말이고 많은 살핌 끝에 참전하지 않게 되었다는 의미이다.

17절은 전투에 전혀 무관심했던 몇몇 지파들을 거론한다. 15절과 16절은 토론하고 관심을 보였지만 주저하다가 결국 참전을 포기한 지파들을 말하는 반면, 17절은 아예 관심조차 갖지 않고 자신들의 생업에만 충실했던 지파들을 서술한다. '길르앗은 요단 저편에 거하거늘'이란 요단 동편의 사람들 중 르우벤을 제외한 므낫세 반 지파와 갓 지파를 가리킨다. 그들도 참전하지 않았다. 또 단은 배에 머물렀고 아셀은 해빈에 머물렀다고 했다. 해빈과 시냇가는 지중해 연안을 가리키며 단과 아셀이 생업에만 몰두했다는 뜻이다.

18절의 스불론과 납달리는 앞의 르우벤, 갓, 므낫세, 단, 아셀 등과는 달리 목숨을 걸고 싸운 지파이다. 그들은 처음부터 바락에게 소집되었고 가나안의 압제를 가장 많이 받은 지파이다. 대적으로부터 공격을 많이 받은 자들 가운데서 이기는 자들이 나오고 영적 전사들이 나오는 것은 교회사가 증명하는 바이다. 스불론은 생명을 걸고 싸웠고 납달리는 시스라의 철병거를 향하여 돌진하였다.

19절부터 22절까지의 내용은 전쟁의 실제 상황을 그린 것이다. 열왕은 가나안 야빈의 동맹군을 말한다. 19절의 내용은 그들이 므깃도 물가 다아낙에서 싸웠으나 전리품을 얻지 못하였다는 뜻이다. 20절의 내용은 시스라 군은 결국 하늘의 별들과 싸웠다는 뜻이다. 이는 그들이 하늘을 대항하여 싸웠다는 것으로 이해할 수 있다. 21절에서는 기손 강의 범람을 말하는데, 야빈 군은 기손 강에서 강의 범람으로 패하게 되었다는 것이다. 그러므로 드보라는 그들이 하늘의 별을 맞아 싸웠다고 말한다. "내 영혼아 네가 힘 있는 자를 밟았도다"라고 한 것은 드보라가 피동적으로 그저 하늘의 하나님의 개입하심을 바라본 것이 아니라 능동적으로 그의 영혼이 하나님과 합심하여 기도함으로 또한 이스라엘 군을 지휘하고 통솔함으로(바락을 통해) 하나님의 싸우심과 더불어 역사한 것을 가리킨다.

22절은 적군의 도주하는 광경과 이스라엘 군의 추격하는 광경을 그린 것이다("그때에 군마가 빨리 달리니 말굽소리는 땅을 울리도다").

23절에서 메로스를 저주하라고 한 것은 야엘에 대한 축복과 대조를 이룬다. 그들은 어쩌면 기손 강 부근에 있었을 것이며 응당 이스라엘을 도와야 할 위치에 있었던 사람들임에도 대적의 용사를 치지 않았다는 것이다. 그들은 길목에서 야빈 군을 만났는데, 만일 그때 그들이 그 군대를 쳤더라면 이스라엘에게 통쾌한 승리를 가져다줄 수 있었을 것이다. 그러나 그들은 그러한 절호의 기회를 지나치고 무시해버렸으며 그 결과 이스라엘은 힘들게 이기게 되었다. 그러므로 드보라는 메로스를 저주하라고 거듭 외치고 있다. 주의 형제들이 대적과 싸울 때, 함께 싸워야 할 때는 힘을 다해 싸워야 한다. **"너희가 거듭거듭 그 거민을 저주할 것은 그들이 와서 여호와를 돕지 아니하며 여호와를 도와 용사를 치지 아니함이니라 하시도다"**[23절].

24-31절, **"겐 사람 헤벨의 아내 야엘은 다른 여인보다 복을 받을 것이니 장막에 거한 여인보다 더욱 복을 받을 것이로다 시스라가 물을 구하매 우유를 주되 곧 엉긴 젖을 귀한 그릇에 담아주었고 손으로 장막 말뚝을 잡으며 오른손에 장인의 방망이를 들고 그 방망이로 시스라를 쳐서 머리를 뚫되 곧 살쩍을 꿰뚫었도다 그가 그의 발 앞에 꾸부러지며 엎드러지고 쓰러졌고 그의 발 앞에 꾸부러져 엎드러져서 그 꾸부러진 곳에 엎드러져 죽었도다 시스라의 어미가 창문으로 바라보며 살창에서 부르짖기를 그의 병거가 어찌하여 더디 오는고 그의 병거 바퀴가 어찌하여 더디 구는고 하매 그 지혜로운 시녀들이 대답하였겠고 그도 스스로 대답하기를 그들이 어찌 노략물을 얻지 못하였으랴 그것을 나누지 못하였으랴 사람마다 한두 처녀를 얻었으리로다 시스라는 채색옷을 노략하였으리니 그것은 수놓은 채색옷이리로다 곧 양편에 수놓은 채색옷이리니 노략한 자의 목에 꾸미리로다 하였으리라 여호와여 주의 대적은 다 이와 같이 망하게 하시고 주를 사랑하는 자는 해가 힘있게 돋음 같게 하시옵소서 하니라 그 땅이 사십 년 동안 태평하였더라"**.

24절은 메로스에 대한 저주와 완전 대조되는 부분으로, 헤벨의 아내 야엘에 대한 것이다. 겐 사람 헤벨의 아내 야엘은 이스라엘 사람이 아니며 모세의 장인 르우엘의 일족일 것이다. 그 남편 헤벨은 이스라엘과 야빈 왕의 중간 쯤에서 있었다. 그러나 결정적일 때 그의 아내 야엘은 강력하게 이스라엘 편을 들었고, 그러한 행동이 하나님을 기쁘시게 했다.

그녀는 시스라가 물을 구할 때 우유를 주고 안심시킨 후, 잠잘 때 그의 머리를 뚫었는데 곧 살쩍, 즉 관자놀이를 꿰뚫었던 것이다. 이는 강한 확신의 표시이다. 즉 확실하게 죽인 것이다. 그는 교만한 머리로 하나님의 택하신 백성들을 압제하며 자랑하다가 가장 수치스런 방식으로, 즉 칼이나 무기가 아닌 여인의 장막 말뚝과 방망이로 죽임을 당했다. 이것이 공의의 하나님의 보수하심이다.

26절부터는 시스라 어머니의 상상적인 기다림을 묘사한다. 그의 어머니는 살창 밖으로 바라보며 기다리다 지쳐 있었다. 왜 이렇게 더디 오느냐면서 마음을 졸이는 것이다. 지혜로운 처녀들이 대답하였을 것이다. 이는 모두 상상이지만 시(詩)이기 때문에 가능하다. "그들이 어찌 노략물을 얻지 못하였으랴 그것을 나누지 못하였으랴 사람마다 한두 처녀를 얻었으리로다 시스라는 채색옷을 노략하였으리니 그것은 수놓은 채색옷이리로다". 이 모두가 그들의 헛된 기대와 상상을 묘사한 것이다.

31절은 기도로 끝마친다. "주의 대적이 이와 같이 망하게 하시고 주를 사랑하는 자는 해가 힘있게 돋음 같게 하옵소서!" 이는 드보라의 마지막 소원으로서 앞으로 있을 모든 대적이 시스라와 같이 망하며 주님을 사랑하는 자는 야엘처럼 해가 힘있게 돋음 같게 되기를 바라는 것이다. 이로써 그 땅에 40년의 평화가 있게 되었다. 드보라의 아름답고 감동적이고 박력 있는 시이다.

6장

사사들의 활약(5) - 기드온

1-10절, "이스라엘 자손이 또 여호와의 목전에 악을 행하였으므로 여호와께서 칠 년 동안 그들을 미디안의 손에 붙이시니…이스라엘 자손이 미디안을 인하여 여호와께 부르짖은 고로 여호와께서 이스라엘 자손에게 한 선지자를 보내사 그들에게 이르되 이스라엘 하나님 여호와의 말씀에 내가 너희를 애굽에서 인도하여 내며 너희를 그 종 되었던 집에서 나오게 하여 애굽 사람의 손과 너희를 학대하는 모든

자의 손에서 너희를 건져내고 그들을 너희 앞에서 쫓아내고 그 땅을 너희에게 주었으며 너희가 내 목소리를 청종치 아니하였느니라 하셨다 하니라".

훌륭한 여사사 드보라의 죽음 이후 이스라엘은 다시 범죄하였고, 하나님은 그들을 미디안의 손에 붙이사 7년 간 압제를 받게 하셨다. 미디안은 아브라함의 후처 그두라의 소생이므로(창 25:1-4) 이스라엘과는 혈연관계에 있지만 점점 멀어져 적대 관계에 있게 되었다. 그들은 이스마엘 자손들과 의논하여 요셉을 애굽에 판 자들이다(창 38:28, 29, 36). 민수기 22장에서 이스라엘이 모압 평지에 도착했을 때에만 해도 모압과 미디안은 이스라엘을 두려워함으로 결탁해서 발람을 고용하여 이스라엘을 저주하려 했던 약한 나라였다(민 22:1-8). 그러다 민수기 31장 7절에서 이스라엘에 의해 철저히 진멸당한 바 있다. 그때 하나님은 모세에게 미디안을 쳐서 원수를 갚으라고 하셨고, 모세는 비느하스를 보내서 미디안의 모든 남자를 죽이라고 했다. 그 전쟁에서 미디안의 다섯 왕이 죽임을 당했고 발람도 그때 죽었다(민 31:1-10). 그러한 미디안이 약 200년이 지난 지금 남은 무리들이 힘을 증강시켜 이스라엘을 압박하는 정도가 되었다. 2절은 "미디안의 손이 이스라엘을 이긴지라"고 한다. 이스라엘이 미디안에게 압박받는 정도가 심해서 산에다 구멍을 뚫고 굴을 팠으며 요새들을 만들었다. 지금 말로 하면 산 이곳저곳에 그들이 쳐들어오면 숨을 벙커를 만들어 놓은 것이다. 하나님의 백성들이 죄를 짓고 약해지면 이러한 비참한 상태에 떨어지게 되어 작은 대적에게도 당할 수 없을 만큼 되어버린다.

당시 미디안 사람들은 유목민이었기 때문에 짐승을 데리고 이스라엘 사람들이 사는 곳에 들어와 이스라엘이 파종한 토지소산들을 멸절하였고 또 양이나 소나 나귀도 다 없애 버렸는데, 이때 미디안은 자신들만 들어온 것이 아니라 아말렉과 동방 사람과 함께 이스라엘에 들어왔다. 아말렉은 출애굽기 17장에서 이스라엘에게 한 번 패한 적이 있다. 그러나 이스라엘이 범죄하고 하나님을 떠나자 약체였던 자들이 하나하나 다 강성하게 되어 쳐들어왔던 것이다.

이들이 첫째로 메뚜기처럼 들어왔다고 했는데, 이는 정규 군대편성으로 인한 전면적인 공격이 아니라 그저 사람들이 물밀듯 들어와 마구 공격하고 필요한 대로 빼앗고 했다는 뜻이다. 우리는 농촌에서 메뚜기들이 논밭을 한 번 휩쓸고 갔을 때를 연상해볼 수 있다. 메뚜기들은 전체가 명령 체계에 따라 움직이기보다는 자신들의 먹이를 따라 임의로 움직인다. 원래 메뚜기는 왕이 없는 곤충이다(잠 30:27). 그러므로 그들은 조직적인 규율에 따라 공격한 것은 아니고 그저 산발적으로 공격을 감행한 것이다. 그렇다 하더라도 이스라엘은 그들에게 대항할 수 없었다. 이것에 대해 성경은 "이스라엘의 미약함이 심한지라"고 했다[6절]. '미약하다'는 것은 '쇠하게 되다', '가난하게 되다', '황폐하게 되다'라는 뜻이다.

이스라엘은 미디안에게 모든 것을 빼앗겼으므로 쇠하게 되고 가난하게 되고 황폐하게 되었다. 하나님의 자녀들이 영적인 힘을 잃어버리면 이렇게 된다. 하나님의 자녀들이 이렇게 약해지는 데는 여러 이유가 있다. 첫째는 죄를 짓고 회개하지 않는 것이고, 상습적으로 죄에 빠지는 것이며, 마음속에 하나님 외에 다른 것을 두고 있는 경우이다. 가장 힘을 잃게 되는 것이 하나 있는데, 그것은 성도가 하나님이 정하신 길 위에 있지 않은 것이다. 이것은 어쩌다가 죄를 짓는 것보다 더 심각하다. 이는 성도가 주님을 순종하는 길 위에 있지 않은 것이고 하나님을 떠나 있는 것이기 때문이다. 이러한 경우는 돌이켜야 한다. 돌이키되 그 길을 돌이켜야 하는 것이다. 예레미야나 에스겔 선지자는 이스라엘에게 그 죄악의 길에서 돌이키라고 촉구했다(렘 18:23, 겔 33:8).

길을 돌이키는 것은 한 가지 죄악을 처리하는 것보다 더욱 중대한 것이다. 성도가 잘못 들어선 길을 돌이킨 후에야 자신이 왜 그렇게 약했었는지를 깨닫게 될 것이다. 이를테면, 예레미야 당시의 유다 제사장이나 선지자들은 가증하게 거짓 예언을 하였으며 자신들의 육신적 삶과 쾌락을 추구하였다. 이는 그들의 길이 잘못되었음을 증명한다. 당시 잘못된 길 위에 있었던 자들은 더 있다. 바벨론의 침략을 피해 애굽을 의탁하려 했던 자들이나 예루살렘에 남아 있으려 한 자들이다. 이들은 다 하나님의 뜻과 그 길 위에 있지 않고 자신들의 길을 정하여 간 사람들이었다. 그 결과 저들은 나쁜 무화과로 판명되고 치욕과 저주와 조롱거리가 되었다(렘 23-24장).

이스라엘은 고통이 극심하자 비로소 여호와께 부르짖었다. 그들이 편안할 때에는 여호와를 잊어버리고 바알과 아스다롯과 여러 우상들을 섬겼는데, 이것이 여호와의 목전에 악행을 한 것이다[1절]. 그들이 참 하나님을 버리고 우상을 섬기게 된 것은 아모리 신들을 두려워했기 때문이다[10절]. 오늘날 하나님 아닌 것들을 섬기는 사람들은 그 대상이 사람이든 물건이든 두려움 때문에 거기서 벗어나지 못한다. 하나님 자신이 아닌 어떤 사람을 두려워하여 빠지게 되는 이단도 많다. 그런 이단은 영이요 진리이신 하나님을 두려움으로 섬기게 하지 않고 사람을 두려워함으로 그를 좇게 만든다. 그렇게 신격화되고 우상화된 사람 혹은 단체를 떠나거나 버리면 큰 재앙을 당하고 벌을 받을 것이라는 두려움을 갖게 하기 때문이다.

이스라엘은 그런 우상들을 두려워하며 섬겼지만 칠 년이라는 시간이 흐를 때 미디안으로부터 많은 핍박을 받으며 궁핍한 가운데 산과 굴에 숨어 지내면서 그 우상을 두려워하여 사로잡혔던 것에 대하여 회의가 일어났을 것이다. 악한 자가 우상으로 사람들을 사로잡는 방식은 대개 유사한데, 처음에는 사람에게 매우 편리하고 유익한 것처럼 다가와서 점점 끌어들여 깊이 빠지게 한 다음 그 단체나 어떤 주목할 만한 사람을 숭앙하고 두려워하게 만든다. 그리고서 그곳을 감히 떠날 수 없게 만들어 버린다.

그러나 대적으로부터 많은 착취와 압박을 당하면서 괴로운 나날들을 지내다보면 그 모든 상황을 다시 생각해보게 된다. 과연 그 우상이 자기에게 준 것이 무엇인가를 생각할 때 실상 아무것도 없다는 것을 알게 된다. 그리고 헛된 것에 속았다는 것을 깨닫는다. 이렇게 속임당한 것을 알고 우상에서 벗어날 때 비로소 살아계시고 참되신 하나님을 찾게 된다. 지난 날 하나님을 순수하게 사랑하고 섬기며 교제하던 때를 기억하게 된다. 그리고 하나님께 돌아올 마음을 갖게 된다. 뿐만 아니라 하나님은 선지자를 보내어 그들이 무엇을 잘못하였는지를 일깨워주신다[8절]. 그리고 그 선지자를 통하여 그들의 죄를 책망하신다. 하나님은 그들의 불신과 악행에도 불구하고 그들이 돌이킬 수 있도록 최선을 다하신다. 그들의 가장 큰 죄악은 하나님의 목소리를 청종치 않은 것이다.

11-24절, **"여호와의 사자가 아비에셀 사람 요아스에게 속한 오브라에 이르러 상수리나무 아래 앉으니라 마침 요아스의 아들 기드온이 미디안 사람에게 알리지 아니하려 하여 밀을 포도주 틀에서 타작하더니 여호와의 사자가 기드온에게 나타나 이르되 큰 용사여 여호와께서 너와 함께 계시도다…기드온이 그에게 대답하되 내가 주께 은혜를 얻었사오면 나와 말씀하신 이가 주 되시는 표징을 내게 보이소서**

내가 예물을 가지고 다시 주께로 와서 그것을 주 앞에 드리기까지 이곳을 떠나지 마시기를 원하나이다…하나님의 사자가 그에게 이르되 고기와 무교전병을 가져 이 반석 위에 두고 그 위에 국을 쏟으라…불이 반석에서 나와 고기와 무교전병을 살랐고 여호와의 사자는 떠나서 보이지 아니한지라 기드온이 그가 여호와의 사자인 줄 알고 가로되 슬프도소이다 주 여호와여 내가 여호와의 사자를 대면하여 보았나이다 여호와께서…두려워 말라 죽지 아니하리라 하시니라 기드온이 여호와를 위하여 거기서 단을 쌓고 이름을 여호와살롬이라 하였더라 그것이 오늘까지 아비에셀 사람에게 속한 오브라에 있더라".

11절의 여호와의 사자는 구약 시대에도 그분의 백성들을 권념하시고 때때로 구원의 역사를 하시며 돌보신 성육신 이전의 그리스도를 가리킨다(출 3장 참조). 그분이 그리스도이심은 14절과 16절에서 그분이 여호와로 불리우고 있는 것으로 보아 알 수 있으며, 22절과 23절을 볼 때 기드온은 여호와의 사자를 본 것으로 인하여 슬퍼했는데, 이는 그에게 사람이 하나님을 보면 죽는다는 상식이 있었기 때문이다. 분명 하나님께서는 그분을 보는 자는 죽는다고 하셨지만(출 33:20) 그분이 장차 인자로 나타나실 그리스도의 전조(前兆)로서 이 땅에 사람을 접촉하기 위하여 나타나신 하나님(manifested God)으로서는 보고도 죽지 않을 수 있다는 것을 암시하신 것이라 생각할 수 있다. 사람을 구하기 위해 인자로 오신 하나님을 찬양하자.

여호와의 사자이신 주님은 요아스의 아들 기드온을 찾으셨다. 이와 같이 하나님께서는 그분 스스로 사람을 택하여 사용하신다. 그분은 이스라엘을 구출하시기 위해 합당한 사람을 찾으셨는데, 요아스의 아들 기드온이 바로 하나님이 사용하시기에 적합한 그릇이었다. 많은 이스라엘 사람들 중에 왜 그가 하나님 눈에 띄었을까? 첫째로 그가 미디안에 맹종하는 사람이 아니었기 때문이다. 그는 미디안이 이스라엘을 압제하여 곡물이든 뭐든 착취하여 가는 것이 불법이라는 것과 그들의 그러한 행사가 옳지 않음을 알고 매우 못마땅하게 여기는 사람이었다.

12절에서 여호와의 사자는 기드온을 "큰 용사여"라고 불렀다. 당시 미약한 므낫세 지파 중에서도 매우 작은 요아스 가족의 한 사람인 그를 어떤 사람도 큰 용사라고 보지 않았으며 기드온 자신도 스스로를 큰 용사로 보지 않았다. 그러나 하나님께서 사람을 보시는 눈은 다르다. 주님은 누가 큰일을 할 수 있는지를 아신다. 하나님께서 아시는 것이 참된 것이다.

기드온은 자신이 경작하여 얻은 곡식을 포도주 틀에서 비밀리에 타작하였다. 미디안에게 알려지지 않게 하려는 것이었다. 그는 비록 자신이 당시 약체였던 이스라엘의 사람으로서 미디안에게 압제를 받고 있었지만 그 불법적인 미디안의 권세를 인정하지 않았다. 기드온 생각에 그들은 하나님의 말씀에 따라 철저히 진멸되어야 할 대상이지 이스라엘이 굴복해야 할 대상이 아니었다. 그러나 당시 많은 이스라엘 사람들이 순진하게도 미디안 사람들에게 곡물을 바쳐가며 그것을 당연시하며 그들이 조금 남겨주는 것을 받아 근근이 살아가고 있었다. 그들은 미디안의 압제를 받더라도 타협하며 사는 것이 편하다고 생각한 것이다. 대다수의 사람들이 그저 현실에 순응하며 살고자 했다. 그러나 기드온은 달랐다. 기드온은 발각될 때 핍박과 어려움을 당할 것을 각오하고 비밀리에 타작을 한 것이다. 기드온은 귀한 곡식을 미디안 사람들에게 주는 것을 아깝게 여기고 그것을 정당한 것으로 생각지 않았다. 기드온은 밀을 포도주 틀에서 타작할 때 미디안 대적을 타작하는 심정이었으리라. 그것이 여호와의 사자가 그를 큰 용사로 본 이유였을 것이다.

또한 여호와의 사자와 기드온의 대화 속에서도 그의 심중을 알 수 있다. 12절에서 여호와의 사자가 기드온에게 “큰 용사여 여호와께서 너와 함께하시도다”라고 했을 때에 한 기드온의 대답은 그의 심중에 무엇이 들어있는지를 나타낸다. “나의 주여, 여호와께서 우리와 함께 계시면 어찌하여 이 모든 일이 우리에게 미쳤나이까…이제 여호와께서 우리를 버리사 미디안의 손에 붙이셨나이다”. 기드온의 이 말이 겉으로는 원망처럼 들리지만 사실 하나님의 마음을 기쁘게 하였다. 그의 말 속에는 개인의 안녕과 평안이 아닌 이스라엘을 위한 심정이 들어 있다. 그것은 기드온이 하나님의 나라인 이스라엘을 위하여 대적 미디안에 대한 적개심이 가득하고 나라가 구출되기 위해서는 미디안을 쳐부수고 현실 상황을 근본적으로 개선하지 않으면 안 된다는 영으로 가득하기 때문이다. 실상 그러한 기드온의 마음은 하나님의 마음과 일치된 것이기도 하다. 이스라엘 전체에 대한 동족애와 적에 대한 공정한 관점이 그로 하여금 네 번째 사사가 되어 미디안 손에서 이스라엘을 건져내는 일을 하게 한 것이다. 어떤 사람들은 그저 자신들만 무난하게 살면 된다는 식의 안일함에 빠져 미디안 사람들과 좋게 지내며 자신들의 안녕과 편안함을 추구했을 것이다. 그러한 정신은 하나님이 기뻐하지 않으실 뿐 아니라 하나님께서 그런 무사안일한 사람을 쓰실 리도 없다. 현실의 비정상적인 상황을 어쩔 수 없다며 순응하는 사람들은 용사가 될 수 없다.

14절은 하나님께서 그에게 직무를 부여하시는 장면이다. "너는 이 네 힘을 의지하고 가서 이스라엘을 미디안의 손에서 구원하라 내가 너를 보낸 것이 아니냐?" 여기서 하나님은 기드온에게 네 힘을 의지하고 미디안을 치라고 하신다. 하나님은 물론 기드온과 함께하심으로 싸우시겠지만 먼저 기드온에게 네 힘을 의지하여 싸우라고 하신다. 하나님은 우리 힘이 약하다는 것을 아시지만 그럼에도 먼저 우리의 약한 힘을 사용하라고 하신다. 사람 편에서 먼저 사모하고 갈망하여 헌신하지 않으면 하나님께서도 사람을 사용하실 수 없다. 한 어린아이가 오병이어를 드릴 때 주님은 오천 명(여자와 아이 외의 숫자)을 먹이실 수 있었다. 오병이어만으로 먹이신 것은 아니지만 하나님은 사람 편에서의 드림을 근거로 하여 역사하신다. 사람 편에서는 싸울 마음도, 용기도 없는데 하나님께서 역사하시지는 않는다.

15절의 기드온의 대답에서 우리는 기드온이 어떤 사람인가를 볼 수 있다. 실상 그는 크게 내세울 것이 없는 므낫세 지파의 사람이었다. 그러한 므낫세 지파 중에서도 기드온의 집은 결코 문벌 있는 집이 아니었다. 또 그중에서도 기드온은 가장 작은 자였다. 모든 면에서 기드온은 결코 두드러진 인물이 아니었지만 하나님은 그런 약한 자를 들어 강한 자를 부끄럽게 하고자 하신다(고전 1:27).

어쩌면 그는 이미 기다리고 있었다. 즉 예비된 사람이었다는 것이다. 때가 왔을 때 즉시 그는 나타나신 주님께 드릴 준비가 되어 있었다. 여호와의 사자는 기드온이 가져온 예물을 지팡이로 열납하신 다음(불이 반석에서 나와 고기와 무교전병을 사름) 떠나가시고 보이지 않으셨다. 기드온은 그분이 떠난 후에야 그분이 여호와 하나님 자신이라는 것을 깨닫고 죽을까봐 두려워하였다. 그때 주님은 기드온에게 이렇게 말씀하셨다. **"너는 안심하라 두려워 말라 죽지 아니하리라"**[23절] 그는 하나님을 경외하고 순종하는 데 있어서 예비된 자였다. 기드온은 하나님의 위로를 받은 후 그곳을 '여호와 살롬'이라 불렀는데, 이는 '여호와의 평강'이라는 뜻이다. 처음에는 그가 두려워했지만 하나님의 음성을 들은 후 마음이 편해졌다. 누구든지 하나님을 만난 자는 그분이 평강이시라는 것을 안다. 아직도 많은 면에서 두려움에 사로잡힌 사람이 있다면 그는 아직 깊이 하나님을 접하지 못한 자임에 틀림없다. 우리 하나님은 평강의 하나님이시다(빌 4:9).

25-32절, **"이날 밤에 여호와께서 기드온에게 이르시되 네 아비의 수소 곧 칠 년 된 둘째 수소를 취하고 네 아비에게 있는 바알의 단을 헐며 단 곁의 아세라 상을 찍고…요아스가 자기를 둘러선 모든 자에게 이르되 너희가 바알을 위하여 쟁론하느냐 너희가 바알을 구원하겠느냐 그를 위하여 쟁론하는 자는 이 아침에 죽음을 당하리라 바알이 과연 신일진대 그 단을 훼파하였은즉 스스로 쟁론할 것이니라 하니라 그날에 기드온을 여룹바알이라 하였으니 이는 그가 바알의 단을 훼파하였은즉 바알이 더불어 쟁론할 것이라 함이었더라"**.

먼저 기드온은 명령을 준행하기 전에 해야 할 일이 있었다. 두 가지인데, 첫째는 제물을 드리는 일이고, 둘째는 아버지 집에 있는 바알의 단과 아세라 상을 찍는 것이었다. 그리고 그 찍은 아세라 상을 땔 나무로 삼아 둘째 수소를 하나님께 제물로 드려야 했다. 여기에서 우리는 기드온의 아버지 집이 그 공동체에서 바알을 섬기는 일을 주도하는 위치에 있었다는 사실에 놀라움을 금할 수 없다. 그런데 더욱 놀라운 것은 비록 아버지가 그렇게 이방 신을 섬기고 미디안 또는 이방 열국과 연루되어 혼돈 속에 빠져있을지라도 아들 기드온만큼은 그렇지 않았다는 것이다. 그는 신앙에 관한 한 하나님 중심이요 하나님 우선이었다. 비록 그의 부친은 우상과 연루되었어도 그는 우상 숭배하는 일을 따르지 않았다. 그러기에 그는 하나님의 말씀을 듣고 당장 바알의 단을 훼파할 수 있었던 것이다. 누구든지 그 마음에 우상을 두고 바깥의 우상을 훼파할 수 있는 사람은 없다. 그러기에 기드온이 준비된 사람이라고 말하는 것이다. 하나님은 사람을 외모로 보시지 않는다. 밖으로 볼 때에는 부친이 바알을 섬기는 일에 대표적인 위치에 있고 아세라 신을 섬기고 있었지만 하나님은 그런 가정에서 우상의 일에 연루되지 않고 하나님의 백성을 사랑하는 한 젊은이를 찾으셨다. 그는 그런 우상의 가정에서 하나님에 의해 예비된 자였다.

하나님께서는 기드온이 미디안을 치고 이스라엘을 구원하기 위해서는 적어도 자기 아버지 집의 우상의 단을 헐어야 함을 아셨다. 기드온은 그 아비의 가족과 성읍 사람들을 두려워했으며 만일 자기가 바알의 단을 헐고 아세라 상을 찍는다면 핍박과 공격이 있을 것을 알았다. 그러나 그는 하나님의 말씀을 순종했다. 다만 두려움 때문에 대낮에 그 일을 하지 못하고 밤에 했을 뿐이다. 이 구절에서 그가 아비의 집을 두려워한 것으로 보아 그는 자기 집안에서도 결코 큰 자가 아니었다. 기드온은 바알의 단을 훼파하고 아세라 상을 찍었으며 새로 여호와의 단을 쌓고 그 위에 그 둘째 수소를 제물로 드렸다. 그가 미디안을 치고 온 이스라엘을 구하기 위해서는 먼저 자신의 아비 집의 우상을 제거해야 했는데, 이는 너무나 당연한 일이다. 국가를 구하기에 앞서 가정을 구해야 한다. "사람이 자기 집을 다스릴 줄 알지 못하면 어찌 하나님의 교회를 돌아보리요"(딤전 3:5). 자기의 과거의 입장을 확실하게 정리하지 못하는 자는 하나님께서 사용하실 수 있는 그릇이 못 된다. 하나님을 섬기려면 과거의 합당치 않은 관계와 입장을 확실하게 정리하고 처리할 수 있어야 한다.

그가 밤에 행했을지라도 결국 그의 행위(바알의 단을 훼파한 일)는 온 성읍에 드러났다. 예상대로 성읍 사람들은 기드온의 집에 와서 아버지 요아스에게 기드온을 끌어내라고 외쳤다. 우상 숭배를 포함하여 종교적인 열심은 세력을 수반한다. 군중심리도 있고 대세도 있고 명분도 있다. 한마디로 종교적인 세계도 일종의 세상 조직이다. 그러한 결집된 힘은 약자나 그러한 세력 판도에 위해를 가하는 사람을 용납하지 않는다. 그런 사람들은 종교를 중심으로 자신들의 입지나 지위나 명성 등을 구축하여 놓기 때문에 그것이 흔들릴 때에 가장 예민하게 반응한다. 기드온은 바로 이런 중심을 허물어버린 것이다. 그다음 날 아침 성읍 사람들은 그 우상을 두둔하면서 기드온을 죽이자고 외쳤다. 이렇게 하는 그들이 단순히 바알을 위하는 것 같지만 실상은 하나님을 대적하고 자신들의 편안함과 안녕과 질서를 위하고 있는 것이다.

아버지 요아스는 이 결정적인 때에 아들을 위했다. 그가 비록 바로 전까지 바알 단에서 섬기는 자였을지라도 그의 아들이 죽임당할 수 있는 급박한 상황에서 그는 지금까지 바알과 아스다롯을 섬겼지만 그로부터 아무것도 얻지 못하고 고통만 당해왔다는 것을 깨달았을 것이다. 그리고 이제는 더 이상 속임당할 필요가 없다고 느꼈을 것이다. 이때 아버지 요아스는 군중을 따르지 않고 기드온과 하나님을 위했다. 기드온의 아버지 요아스는 성난 군중들을 향하여 이렇게 말했다. "너희가 바알을 위하여 쟁론하느냐? 너희가 바알을 구원하겠느냐?" 매우 설득력 있는 말이었다. 그러면서 "바알이 과연 신일진대 그 단을 훼파하였은즉 스스로 쟁론할 것이니라"고 했다.

오늘날 이단적인 단체에 빠진 많은 사람들이 그들의 교주나 인도자를 신격화하고 높이는 것은 흔히 있는 일이다. 그리고 그들 단체의 주요 교리를 강하게 신뢰하고 주장한다. 그러다 어떤 사람들이 그들 단체나 교리를 비판하면 격렬하게 반발하며 방어하려 한다. 때로 방송국까지 점거하는 등의 소동을 벌이기도 한다. 그들은 사람의 육체의 손으로, 또는 법의 힘으로, 때로는 무력으로 자신들의 종교가 무너지지 않도록 붙잡으려고 애쓴다.

당시 그 성읍 사람들은 바알이 스스로 쟁론하고 스스로 자기를 지키도록 맡기지 못했다. 사실 그들은 바알이 무능하다는 것을 어느 정도는 알고 있었다. 그런데 왜 바알을 위하여 쟁론하려 했는가? 왜 생명 없는 바알을 위하여 유능한 청년을 죽여야 한다고 생각했는가? 그것은 결국 자신들의 지위와 체계와 생존과 명성과 행복을 위한 것이다. 그들은 자신을 위하여 하나님을 버리고 우상을 택한 것이다. 여룹바알이란 기드온이 그날 얻은 별명인데, 그 뜻은 바알이 스스로 쟁론한다는 것이다.

33-40절, **"때에 미디안 사람과 아말렉 사람과 동방 사람들이 다 모여 요단을 건너와서 이스르엘 골짜기에 진을 친지라 여호와의 신이 기드온에게 강림하시니 기드온이 나팔을 불매 아비에셀 족속이 다 모여서 그를 좇고…나로 다시 한 번 양털로 시험하게 하소서 양털만 마르고 사면 땅에는 다 이슬이 있게 하옵소서 하였더니 이 밤에 하나님이 그대로 행하시니 곧 양털만 마르고 사면 땅에는 다 이슬이 있었더라".**

미디안 사람과 아말렉 사람과 동방 사람들은 기드온이 몰래 타작한 것도 알았을 것이고 바알의 단을 훼파한 사실도 알았을 것이다. 때로 지나친 종교심을 가진 자들은 가족이나 국가나 진리보다는 자신들과 동질감 있는 자들과 더욱 긴밀하게 관계를 유지한다. 아마 이런 자들이 자신의 가족이나 나라에 어떤 해가 돌아갈 줄 모르고 다만 기드온이 한 일을 괘씸하게 생각하여 미디안 대적들에게 그들의 주된 우상인 바알과 아스다롯을 무너뜨린 사실을 전해주었을 수 있다. 아마 그들은 기드온을 그들 종교의 대적으로 여겨 그가 몰래 밀을 타작한 사실까지도 보고했을 것이다.

때에 미디안 사람과 아말렉 사람과 동방 사람들이 요단을 건너 이스라엘을 치러 들어왔다. 여호와의 영이 기드온에게 강림하여 나팔을 부니 아비에셀 족속이 다 모여 그를 좇았다. 또 온 므낫세에 사자를 보내니 므낫세 지파 사람들이 기드온을 따랐다. 먼저 기드온은 자기 지파 사람들을 모았다. 다음에는 사자들을 아셀과 스블론과 납달리에 보내어 많은 무리를 모았다. 그때 기드온은 큰 전쟁을 앞두고 하나님께서 과연 함께 해주실 것인지 아닌지를 확인하고 싶었다. 그래서 하나님께 구했다. 타작마당에 양털 한 뭉치가 있는데 물이 그 양털에는 적셔지고 사면 땅에는 마르게 된다면 기드온은 과연 하나님이 미디안과 연합군을 제거하실 수 있다는 확신을 가질 것이라고 했다. 하나님은 기드온의 요청대로 그렇게 해 주셨다. 그런 다음 기드온은 다시 한 번 반대로 요청했다. 그러나 하나님은 번거롭게 여기지 않으시고 다시 그 반대의 요청도 들어주셨다. 하나님은 때로 이러한 기적을 통해 믿는 이들의 믿음을 강화시켜주신다.

이러한 이상한 기드온의 요청과 응답은 분명 기드온의 체험이었을 것이다. 이 징조는 분명 그 동안 기드온이 미디안의 압제 아래 있으면서 혼자서 생각하고 느끼며 괴로워하던 체험이었으므로 주님께 물은 것이리라! 당시 기드온 주변에 있던 모든 사람들은 미디안의 압제 아래서, 압제자의 정권이 잘 해주면 흥분하고 좋아하며 타작마당과 같이 열을 받아 바짝 말랐을 것이다. 대부분의 사람들이 그러하다. 그러나 기드온은 그러한 상태에서도 완전히 물기가 말라붙지 않는 심정, 서늘하고 침착한 심정을 지니고 있었을 것이다.

그리고 압제자가 정책을 바꾸어 압박을 가할 때 이스라엘 백성들은 젖은 마당과 같이 낙담하여 쳐져 있어도 그는 위축됨이 없이 평상적인 상태에서 장래를 위해 한 발씩 예비하고 있었던 것이다. 주위가 다 축축하게 쳐져 있을 때 축축해지는 사람은 전쟁을 할 수 없다. 실제 전투에서 가장 담대한 사람들은 대개 다가오는 전투를 심각하게 바라보면서, 가볍고 경망스럽지 않은 자세로 전투에 나아가고자 하는 사람들 가운데서 발견된다. 그런 사람들은 분명 주위의 사람들과 다른 방식으로 생활하는 사람들이다. 그들은 자기가 할 수 있는 일들을 찾아 한 걸음씩 준비하며 나아간다. 기드온은 그렇게 행동하면서도 아직 큰 확신이 없었던 고로, 다른 많은 사람들의 생각과 처신과는 다른 자신의 생각을 주님께 확인하고 싶었던 것이다. 주님은 그것이 옳음을 확인해주시는 의미로 그 요청을 들어주셨을 것이며, 이것은 기드온을 크게 격려하고 힘을 주었을 것이다.

7장

기드온의 전투

1-8절, **"여룹바알이라 하는 기드온과 그를 좇은 모든 백성이 일찌기 일어나서 하롯 샘 곁에 진 쳤고 미디안의 진은 그들의 북편이요 모레 산 앞 골짜기에 있었더라 여호와께서 기드온에게 이르시되 너를 좇은 백성이 너무 많은즉 내가 그들의 손에 미디안 사람을 붙이지 아니하리니…손으로 움켜 입에 대고 핥는 자의 수는 삼백 명이요 그 외의 백성은 다 무릎을 꿇고 물을 마신지라…기드온이 이스라엘의 모든 사람을 각각 그 장막으로 돌려보내고 그 삼백 명은 머물러 두니라 미디안 진은 그 아래 골짜기 가운데 있었더라".**

기드온이 진을 친 하롯 샘의 하롯은 떨림이라는 뜻이다. 이 지명을 통해 추측할 수 있는 것은 이스라엘이 당시 미디안 군 앞에서 떨고 있었다는 것이다. 여호와께서는 기드온의 나팔소리를 듣고 모여온 32,000명의 군대가 너무 많다고 하셨다. 두려워 떠는 한 무리의 사람들은 이미 전쟁을 할 수 있는 상태가 아니다. 영적 전쟁에 참여할 수 있는 자격은 담대함이다. 두려워하는 자들은 영적 전쟁에 참여할 수 없다. 대부분 패배하는 자들은 죽기를 두려워해서 물러가는 것이다. 주로 이생의 삶의 무게가 무거운 것이다. 영적 전쟁에서는 우선 두려워 떨지 말아야 한다. 두려워하는 자들은 이기지 못한다. 여호와께서는 두려워하는 자들을 돌려보내라고 하셨다. 그때 22,000명이 돌아갔다. 심약한 자들은 다른 군인들에게도 영향을 미친다. 이제 10,000명이 남았는데 여호와께서는 기드온에게 일만 명도 아직 너무 많다고 하셨다. 그리고 이번에는 물을 마시는 것을 보고 전쟁할 자와 돌아갈 자를 구분하라고 하셨다. 물을 마시되 손으로 물을 움켜 개같이 핥아먹는 자와 무릎 꿇고 마시는 자를 구분해야 했다. 정병을 구분하는 비결은 목이 마를 때 물을 마시는 태도에 있다.

극심히 목마르면 너무 견디기 어렵고 절박하기까지 하다. 그렇게 목마르다가 물을 마실 수 있는 상황이 주어지면 평소에 나타나지 않던 그 사람의 됨됨이가 나타나게 된다. 사람들이 함께 있고 긴장한 상태에 있을 때에는 그의 진상을 알기 어렵다. 이것도 내내 단체 앞에서와 혼자 있을 때의 행동의 차이이다. 사람들은 남이 보는 데서는 체면을 차린다. 그러다 어느 날 자유로운 여건이 주어질 때 그의 원래 모습이 그대로 드러나게 된다.

손으로 물을 움켜 개처럼 핥아먹는 자는 전쟁 중 여유가 있는 짧은 시간이라도 대적에 대해 깨어있는 자이다. 군대 용어로 물을 마실 때에도 사주경계를 하며 물을 마시는 것이다. 그러나 물을 마실 때 무릎을 꿇고 마시는 자는, 군사로서 단체 행동을 할 때에는 제법 싸우는 자같이 보일지라도 일단 자유로운 시간이 주어지고 급하게 물을 마실 일이 생기면 다 잊어버리고 그저 물 마시는 일에만 정신이 팔리는 자들이다. 하나님께서는 어떤 상황에서도 깨어 있는 그러한 자들을 정병으로 선발하라고 하셨다. 기드온은 그렇게 개처럼 핥아 물을 마시는 300명만을 미디안 정복군으로 삼아야 했다.

성경은 이기는 자들을 중심으로 씌어진 책이다. 이기는 자들이란 자신들을 위한 자들이 아니라 이스라엘의 구원을 위하여 싸우는 자들이다. 우리는 특히 사사기에서 이기는 자들의 노선을 볼 수 있다. 여러 사사들을 통해서 이기는 자들의 특징을 보게 된다. 기드온과 함께 선발된 300명의 용사들은 이기는 자들의 전형이다. 과연 이기는 자들은 어떤 특징을 가지고 있으며 반대로 실패자들은 어떠한 특징을 가지고 있는가? 가장 먼저 돌아간 20,000명은 싸움 자체를 두려워한 자들이다. 이러한 자들은 말할 것도 없이 낙제이다. 그러나 선발된 300명 외에도 10,000명은 두려워하지 않는 자들이었다. 그렇다 하더라도 한 가지 더 시험해 볼 것이 있다. 무릎 꿇고 물을 마신 자들은 자신들이 왜 자격이 없느냐고 따질지 모른다. 그러면서 물을 마신 다음 바로 싸움에 임하면 되지 않느냐고 할 것이다. 그러나 참 군대장관이신 주님은 물을 마시는 그 순간에도 대적을 주의하며 자신의 전투태세를 흐트러뜨리지 않는 자들을 주목하신다. 사탄은 결코 졸지 않기 때문에 영적 전투에 참여하는 자들은 언제나 깨어있는 자들이 아니면 안 된다.

9-15절, "이 밤에 여호와께서 기드온에게 이르시되 일어나 내려가서 적진을 치라 내가 그것을 네 손에 붙였느니라…기드온이 그 꿈과 해몽하는 말을 듣고 경배하고 이스라엘 진중에 돌아와서 이르되 일어나라 여호와께서 미디안 군대를 너희 손에 붙이셨느니라 하고".

결국 전쟁은 믿음의 문제라는 것을 알 수 있다. 하나님은 그 전날 밤 기드온의 믿음이 더 굳게 될 필요가 있음을 보셨다. 그래서 그에게 미디안 진영에 내려가서 어떤 말을 듣고 오라고 하시면서 만일 혼자 가는 것이 두려우면 부하 중에 부라라는 자를 데리고 가라고 하셨다.

우리는 기드온을 대단한 사람으로 알지만(300명으로 미디안 대군을 대파한 사람으로) 그 배후에는 하나님의 애정어린 배려가 있었다. 우리는 그렇게 큰일을 하는 사람에게 이런 작은 말 한 마디가 결정적인 영향을 끼치는 것을 많은 경우에서 발견할 수 있다.

대적의 인수는 메뚜기같이 많고 낙타가 해변의 모래와 같이 많았다. 그런데 그들 가운데 어떤 사람이 자기의 꿈 이야기를 했다. 그 꿈은 보리떡 한 덩어리가 미디안 진영으로 들어와 한 장막을 쳐 무너뜨리니 장막이 넘어졌다는 이야기였다. 그리고 그 말을 들은 동무가 말하기를, "이는 다른 것이 아니라 요아스의 아들 기드온의 칼이라 하나님이 미디안과 그의 진영을 기드온에게 넘겨주셨느니라"고 했다. 즉 한 사람은 자기가 꾼 꿈을 말하고 다른 한 사람은 그것을 해석한 것이다. 그런데 여기서 보리떡을 칼로 해석한 것은 매우 기이하다. 보리떡은 아주 보잘것없는 것이다. 결국 미디안은 보잘것없는 한 덩어리 보리떡에 의해 패배한 것이다. 보잘것없어 보이는 보리떡(부활하신 그리스도의 말씀)이 그들에게는 칼이 된 것이다. 결국 미디안 진중에 쳐들어간 것은 기드온 자신이 아니라 기드온과 함께한 그리스도의 말씀이었다. 영적 전쟁에서 대적을 쳐부술 수 있는 하나님의 말씀이다. 좌우에 날선 검인 하나님의 말씀만이 영적 전쟁에서 대적을 패배시킨다. 우리가 이 혼탁한 세상에서 싸워 이기려면 하나님의 말씀을 가져야 한다. 말씀을 갖는 것만이 전쟁에서 이길 수 있는 힘이다.

그렇지만 말씀은 믿음으로 취해야 한다. 기드온은 말씀을 가지고 나아가기 전에 확고한 믿음을 가져야 했다. 하나님은 기드온으로 하여금 믿음의 담력을 먼저 갖게 하려고 미디안 진중에 들어가 그들의 말을 듣게 하시고 믿음을 갖게 하셨다. 하나님은 기드온으로 하여금 이 말을 듣고 충분한 믿음을 갖게 하시려고 진중에 보내신 것이다. 이 말을 들은 후 기드온은 더 머뭇거릴 게 없었다. 이것이야말로 확실한 승리의 증표였다. 기드온은 그 자리에서 하나님을 경배했다. 그리고 진에 돌아와서 이스라엘 군(300명)에게 진군 명령을 내렸다-"일어나라 미디안과 모든 진영을 너희 손에 넘겨주셨느니라". 전쟁은 여호와께 속한 것이다. 전쟁의 승패는 인수에 있지 않고 하나님이 누구에게 승리를 주시는가에 있다. 그리고 그 전투에서 요구되는 승리의 요건은 굳건한 믿음이다.

16-22절, **"삼백 명을 세 대로 나누고 각 손에 나팔과 빈 항아리를 들리고 항아리 안에는 횃불을 감추게 하고…삼백 명이 나팔을 불 때에 여호와께서 그 온 적군으로 동무끼리 칼날로 치게 하시므로 적군이 도망하여 스레라의 벧 싯다에 이르고 또 답밧에 가까운 아벨므홀라의 경계에 이르렀으며".**

대적이 만일 기드온과 그의 군대가 휴대한 전쟁 도구들을 보았다면 비웃었을 것이다. 그런 것은 싸움에 관련된 도구들이 아니다. 오히려 사람들에게 기쁨과 소망을 주는 도구들이다. 나팔이 그러하고 빈 항아리가 그러하며 횃불이 그러하다. 그 세 항목 중 어느 것도 전쟁에서 쓰이는 병기가 아니다.

그렇지만 중요한 것 한 가지는 기드온의 명령을 절대로 따르는 것이었다-"내가 하는 대로 너희도 그리하여". 영적 전쟁에서는 질서가 가장 중요하다. 권위에 대한 절대적인 순복이 없이는 전쟁에서 승리할 수 없다.

그들은 "여호와를 위하라 기드온을 위하라"고 외쳤다. 그것은 적들을 두렵게 하기 위한 것이었다. 적들은 여호와를 두려워했고 기드온을 두려워했다. 성도들이 하나님의 말씀을 전달해주는 하나님의 종을 신뢰하는 것은 영적 전쟁에서 매우 중요하다. 당시 고린도나 에베소의 성도들이 영적인 대적을 이기기 위해서 바울을 신뢰하지 않고도 이길 수 있었겠는가?

그러한 용기를 가진 후 그들은 나팔을 불며 항아리를 깨고 횃불을 높이 쳐들었다. 시점은 제 이경으로 보초가 교대하는 바로 그 시각이었다. 모든 것은 기드온이 명령했다. 그것은 그들을 혼란시켜 멸망케 하자는 것이다. 그들은 기드온이 그렇게 적은 인수로 나타날 것을 예상하지 못했다. 그들은 다만 나팔소리와 외치는 소리를 듣고 횃불을 보았을 뿐이다. 그러나 그 소리는 하늘을 찌를 듯했다. 미디안 군은 혼비백산할 수밖에 없었다. 기드온 군대는 비록 300명이었지만 100명씩 삼 대로 나누어 받은 임무가 분명하고 일사분란하게 움직였던 반면 미디안은 135,000명이나 되는 큰 병력이었으나 기드온의 나팔소리와 횃불과 외치는 소리에 완전히 혼란되었다.

전세가 승리로 돌아서자 많은 이스라엘 사람들이 도망하는 미디안을 추격하였다. 납달리와 아셀과 므낫세가 부름을 받고 적을 추격하는 데 동참하였다. 에브라임에게는 온 산지를 다니며 미디안을 치게 하고 그들을 앞질러 요단강에 이르는 수로를 점령하라고 명했다. 그들은 기드온의 말대로 수로를 점령하고 미디안의 두 방백 오렙과 스엡을 사로잡았다. 오렙은 오렙 바위에서 죽이고 스엡은 스엡 포도주틀에서 죽였다. 승전의 상황이다.[23-25절]

8장

기드온 전투의 마무리

8장은 당시 이스라엘 사람들의 영성이 그렇게 좋지 않았음을 보여주는 대목이다. 첫째로, 에브라임 사람들이 기드온에게 따졌다. 에브라임은 7장 24절에서 전쟁 원조의 부름을 받고 참전하여 미디안의 두 방백 오렙과 스엡을 죽이는 전공을 세웠다. 그런 다음 그들은 기드온이 300명으로 미디안을 친 것과 그가 승전한 것에 대하여 그 전공이 기드온에게만 치우칠까 염려하였다. 그들은 진즉 자기들을 불렀다면 자기들도 싸웠을 것이고 또 능히 승리할 수 있었을 것이라고 말한 것이다. 세상에는 남이 밥상을 공들여 만들어 놓으면 그 상에 슬쩍 자기 숟가락 하나 올려놓는 일에 대한 전문가들이 있다. 에브라임이 그러했다. 그들은 실상 기드온이 다 이겨놓은 싸움 막판에 도망가는 사람 얼마를 죽이고 명성과 공적을 얻으려 한 것이다. 그러면서 에브라임 사람들은 기드온에게 대들며 크게 다투었다. 사실 이스라엘이 이겼으면 되는 것이지 그렇게 다툴 필요가 없었다. 그러나 그들은 어떤 사람에게 공로가 돌아가고 어떤 지파가 명성과 지위를 얻게 되는가를 매우 예민하게 주의하고 있었다.

실상 많은 일을 하고 이기는 자의 길을 가며 다른 사람들에게 유익을 주기 원하는 자들은 자신의 명성이나 지위에 대하여 그리 주의하지 않는다. 그러나 대부분 일은 조금하고 대가는 많이 얻고자 하는 사람들이 이렇게 에브라임 사람들 같은 반응을 나타낸다. 늘 많은 사람을 유익하게 하는 일을 하는 사람들은 아무것도 하지 않으면서도 지위와 명예를 추구하는 사람들(그들도 쉽게 하는 일은 조금 할 것이다)로부터 시기와 공격을 받을 준비를 해야 한다.

기드온은 최대한 겸손의 말로 그들에게 응대했다. "내가 이제 행한 일이 너희가 한 것에 비교되겠느냐 에브라임의 끝물 포도가 아비에셀의 맏물 포도보다 낫지 아니하냐 하나님이 미디안의 방백 오렙과 스엡을 너희 손에 넘겨 주셨으니 내가 한 일이 어찌 능히 너희가 한 것에 비교되겠느냐". 아비에셀은 기드온 고향의 이름이다. 즉 자기 사람들이 행한 일이 에브라임의 한 일만 못하다고 한 것이다. 기드온은 그들이 미디안의 방백 오렙과 스엡을 죽인 일이 큰 공과임을 확인해주면서 자기가 한 일보다 뛰어나다고 말해주었다. 이렇게 시기와 헛된 명예심에 관심이 많은 에브라임 사람들은 일단 기드온이 자신을 낮추는 말을 하자 안심했다. 물론 그것이 그들의 근본적인 문제를 해결하는 것은 아닐지라도 일단 그러한 말을 기저에 두고 전공에 관한 것, 즉 논공행상(論功行賞)에 따른 지위와 명성의 분배를 다루었다. 이들은 대적을 멸하는 일이나 이스라엘을 구원하는 일보다는 자신들의 지위를 향상하는 일과 헛된 영광에 사로잡혀 있으며, 결국 세상과 지위를 탐하는 사람들로 나타나고 말았다. 오늘날도 교회는 이런 자들로 인하여 상태가 하락되어가는 것이다. 에브라임은 그렇게 해서 자기들의 주가와 지위를 일단 기드온의 승전 성과에 슬쩍 올려다 놓았다. 그렇게 해놓고 다음 기회를 보려는 생각이다. 어쨌든 이기는 자의 길을 가는 기드온에게서 우리는 시기하고 대적하는 자들 앞에서도 자신을 낮추는 것을 배울 수 있다.[1-3절]

4-17절, **"기드온과 그 좇은 자 삼백 명이 요단에 이르러 건너고 비록 피곤하나 따르며 그가 숙곳 사람들에게 이르되 나의 종자가 피곤하여 하니 청컨대 그들에게 떡덩이를 주라 나는 미디안 두 왕 세바와 살문나를 따르노라 숙곳 방백들이 가로되 세바와 살문나의 손이 지금 어찌 네 손에 있관대 우리가 네 군대에게 떡을 주겠느냐…성읍 장로들을 잡고 들가시와 찔레로 숙곳 사람들을 징벌하고 브누엘 망대를 헐며 그 성읍 사람들을 죽이니라".**

피곤하나 따라가는 것이 이기는 자들의 특징이다. 기드온과 함께한 삼백 명의 사람들은 아무 말이 없이 요단을 건너고 비록 피곤하나 추격을 계속하였다. 그들은 전쟁을 치르느라고 매우 지쳤지만 그렇다고 중단하거나 길을 바꾸지 않았다. 기드온의 300 용사들은 큰일을 치렀지만(일차적인 승리는 거두었다) 아직 처리해야 할 일들이 많이 남아 있었다. 그런데 문제는 피곤해진 것이다. 그럴 때 그 일이 얼마나 어려운 일인지를 알게 된다. 그러므로 많은 사람들이 그런 경우에 다시는 그런 일을 하지 않으려고 슬며시 꽁무니를 빼곤 한다. 주님의 긍휼로 300명의 사람들은 피곤하지만 여전히 따랐으며, 그럼으로써 이기는 자의 길을 가는 사람들의 전형이 되었다.

여기에 아주 형편없는 사람들이 나오는데 바로 숙곳과 브누엘 사람들이다. 10절에는 당시 적군의 숫자가 기록되어 있다. 적군의 수는 전체가 십삼만 오천 명이고 그중 십이만 명이 지난 전투에서 자중지란으로 죽었으며 아직도 일만 오천이 남아 있는데, 그중에 세바와 살문나라는 적장들이 살아 있었다. 기드온은 이미 대승을 거두었지만 남은 적군과 두 적장을 죽이기 전에는 아직 완전한 승리를 거둔 것으로 여기지 않았다. 그러므로 그들을 쫓고 있었는데 피곤하고 배가 고팠다. 그때 그들은 단 지파의 사람들이 살고 있는 숙곳에 이르러 그들에게 도움을 요청했다. 기드온은 숙곳 사람들에게 "나의 종자들이 피곤하여 하니 청컨대 그들에게 떡덩이를 좀 주라 나는 미디안 두 왕 세바와 살문나를 좇는다"고 하였다. 숙곳 사람들은 그렇지 않더라도 배고픈 동족을 먹이는 데에 인색해서는 안 되었다. 그런데 그들은 이스라엘을 위해 싸우며 수고하는 용사들이 배가 고프다고 할 때 무시하고 조롱할 뿐 접대하지 않았다.

이것이 당시 이스라엘의 종교적이고 도덕적인 상황이었다. 그들은 자기들만 무사하고 문제가 없으면 별 일없는 것으로 여겼다. 그래서 기드온의 싸움을 오히려 불필요하고 번거로운 일이라고 생각했던 것이다. 숙곳 방백들은 이렇게 말했다. "세바와 살문나의 손이 지금 네 손 안에 있다는 거냐 어찌 우리가 네 군대에게 떡을 주겠느냐". 그들은 기드온을 한껏 무시하고 있었다. 오히려 그들은 세바와 살문나의 편에 서 있었다. 아니면 적어도 그들에게 유리한 일을 하고 있었다. 그들에게는 전혀 이스라엘 전체를 위하는 생각이 없었다. 그러면서 기드온이 300명으로 미디안 십이만 대군을 이긴 전과(戰果)를 과소평가하고 있었다.

그리고 기회주의자가 되어 세바와 살문나가 살아나면(전세가 곧 역전되어 그들이 살 것이라고 믿은 것 같다. 그것은 그들이 너무나 오랫동안 이스라엘을 지배했기 때문이다. 그래서 그들이 그렇게 쉽게 무너지리라는 것을 생각할 수 없었던 것이다.) 그 우상의 나라 사람들에게 빌붙어서라도 살려고 기드온과 그 용사들에게 떡을 주지 않았던 것이다. 그들은 자기들이 우상을 섬기더라도 편안하게 먹고 살면 그뿐이라고 생각하고 있었다. 그러한 자들에게 기드온과 300 용사들은 철저히 무시당하고 있었다.

여기서 우리는 이 시대에도 진정한 이기는 자의 길을 가려면 이러한 사람들의 무시도 받을 수 있어야 함을 본다. 그것도 소위 하나님의 백성임을 자처하는 동족의 무시와 천대이다. 브누엘(야곱의 브니엘과 동일 지명임) 사람들도 기드온을 숙곳 사람들과 동일하게 대하였다. 이것이 당시 이스라엘에 편만한 분위기였다. 그러나 300명의 이기는 자들은 개의치 않고 싸워 이겼다. 그들은 많은 사람들로부터 도움과 부축을 받지 못했다. 곳곳에서 그들을 무시하고 시기할 뿐이었다. 또 피곤함과 배고픔을 견디어야 했다. 그러나 그들은 남은 적군을 멸하기까지 끝까지 좇아가 싸웠다.

기드온은 숙곳 사람들을 징벌하겠다고 공언했다. **"그러면 여호와께서 세바와 살문나를 내 손에 넘겨주신 후에 내가 들가시와 찔레로 너희 살을 찢으리라"**[7절]. 마찬가지로 브누엘 사람들도 징벌하겠다고 했다. **"기드온이 또 브누엘 사람들에게 말하여 이르되 내가 평안히 돌아올 때에 이 망대를 헐리라 하니라"**[8절].

물론 그 두 지방 사람들은 기드온을 과소평가하여 그의 말에 콧방귀를 뀌었을 것이다. 기드온은 나머지 일만오천의 미디안 군을 죽이고 두 왕 세바와 살문나를 사로잡았다. 그렇게 해서 전쟁은 종료되었다.

기드온은 숙곳에 돌아와서 한 소년을 잡아 숙곳 장로들 77명의 명단을 입수했는데, 징벌하기 위해서였다. 기드온은 '어떻게 너희가 감히 그들을 잡겠다고 큰 소리 치느냐' 하던 그들에게 세바와 살문나(사로잡은 채)를 보여주고 들가시와 찔레로 그들을 많이 괴롭게 하였다. 그들을 교육하기 위한 것이다. 그렇지만 극도로 반대하고 멸시했던 브누엘 사람들 일부는 죽임을 당하였다[17절]. 브누엘 망대는 기드온에 의해 헐렸는데, 그 망대는 그들이 하나님을 의지하지 않고 나름대로 자신을 지키며 평안히 살겠다는 교만과 안주의 상징이었을 것이다.

기드온은 미디안 대적에 의해 자신의 동생들을 잃어버렸다. 즉 이스라엘에 대한 미디안 대적의 공격이 심해서 기드온의 경우는 자기 동생들까지 잃어버리게 된 것이다. 그 동생들이 다볼 산이라는 곳에 숨어 있었는데 이 세바와 살문나가 기드온의 동생들을 잔인하게 쳐 죽였다. 기드온에게는 미디안 대적이 자기 개인의 대적일 뿐 아니라(밀을 숨어서 타작해야 했다) 나라(이스라엘 전체)의 대적이요 자기 가정의 대적이었다(동생들을 잃어버렸다). 하나님은 언제든지 원수에게 수많은 기만과 고통을 당한 사람을 일으키시어 싸워 이기게 하신다. 그들은 불의한 재판장에게 원한을 갚아달라고 밤낮으로 청원하는 과부와 같이 너무나 오랫동안 원수에게 해를 당해 왔다. 그러한 원한을 가진 사람들이 이기는 자들로서 영적 전쟁에 임하여 원수를 처리한다.

기드온은 미디안 두 왕에게 다볼에서 죽인 사람들이 어떻게 생겼더냐고 묻는다. 그들은 너와 같이 모두가 왕자의 모습을 지녔다고 말했다. 이 말에서 우리는 기드온의 모습이 어떠했는가를 알 수 있다. 그의 모습은 하나님의 왕자 같았다. 위엄과 기품과 거룩함이 배어 있었던 것이다. 그에게는 하나님의 형상을 나타내는 그 무엇이 있었다. 그러한 거룩한 하나님의 왕자들이 우상숭배자들과 비열한 족속의 사람들에게 죽임을 당한 것이다. 기드온은 그들이 동생들을 살려주었더라면 그들을 죽이지는 않았을 것이라고 말했다. 그러나 그들은 동생들을 죽였다. 그들은 하나님의 왕자 같은 모습을 보면서도 경외함이나 동정심이 없이 하나님의 백성을 멸시하는 마음으로 그들을 죽였던 것이다. 그러므로 그러한 자들에게 돌아갈 것은 죽음뿐이었다.

기드온은 그들이 자기 어머니의 아들들임을 확인한 후에 그의 장자 여델에게 칼을 들어 그들을 치라고 명했다. 그러나 아들이 아직 어려서 치지 못하고 두려워했다. 그때 죽임을 당할 자들이 기드온더러 직접 죽여달라고 청했다. 기드온이 그 말대로 그들을 처리했으며, 그들이 타던 낙타목에서 초승달 모양의 장식들을 떼어서 취했다. 그것은 우상숭배와 관련이 있을 것이고 기드온은 그러한 우상숭배자들에게 하나님의 왕자들인 동생들이 당한 것을 철저히 처리하기 위해 그것들을 떼어서 취했을 것이라 생각된다. 그러나 기드온이 그것을 취한 것은

큰 실수였다. 그것은 장래 이스라엘로 우상에 빠지게 하는 올무가 되었다.[26절]

22-28절, **"때에 이스라엘 사람들이 기드온에게 이르되 당신이 우리를 미디안의 손에서 구원하셨으니 당신과 당신의 아들과 당신의 손자가 우리를 다스리소서… 기드온의 청한바 금귀고리 중수가 금 일천칠백 세겔이요 그 외에 또 새 달 형상의 장식과 패물과 미디안 왕들의 입었던 자색 의복과 그 약대 목에 둘렀던 사슬이 있었더라…기드온이 그 금으로 에봇 하나를 만들어서 자기의 성읍 오브라에 두었더니 온 이스라엘이 그것을 음란하게 위하므로 그것이 기드온과 그 집에 올무가 되니라 미디안이 이스라엘 자손 앞에 복종하여 다시는 그 머리를 들지 못하였으므로 기드온의 사는 날 동안 사십 년에 그 땅이 태평하였더라".**

기드온은 사심이 없고 개인적인 야욕이 없었던 사람이다. 그는 지위와 권세에 관심이 없었다. 그만큼 순수한 사람이었다는 말이다(8:1-3). 미디안을 대항하여 큰 승리를 거두고 이스라엘을 구한 장군에게 백성들은 이제 자기들을 다스려달라고 요청했다. 그러나 기드온은 "내가 너희를 다스리지 아니하겠고 나의 아들들도 다스리지 아니하리라"고 하면서 여호와께서 너희를 다스리실 것이라고 하였다.

그러나 사람이 온전하기란 얼마나 어려운지! 그는 지위와 권세는 탐하지 않았지만 종교적인 열심이 있었다. 그는 에봇을 하나 만들기 원했다. 기드온은 백성들에게 탈취한 귀고리를 달라고 요청하였고, 그들은 기꺼이 기드온에게 주었다. 그들은 겉옷을 펴고 즉시 금을 거두었는데, 그 금과 함께 많은 우상들이 거두어졌다. 기드온이 그 우상들을 어떻게 처리했는지는 알 수 없지만 그 금들을 모아 에봇을 하나 만들었다. 그리고 그것을 자기의 성읍 오브라에 두었는데 온 이스라엘이 그것을 음란하게 섬겼다.

기드온은 이스라엘을 위하여 모든 일을 마친 후에 돌아가서 자기 집에 거하였다. 그는 높아진 자신의 위상을 이용하여 고대광실로 이사하지 않았다. 그러나 그는 다른 면에서 여유를 부렸는데, 아내들을 많이 둔 것이다. 그들에게서 태어난 아들들이 70명이나 되었다. 특히 세겜에 있는 첩에게서 난 아비멜렉이라는 아들이 있었는데, 그가 후에 문제를 크게 일으키게 된다. 참으로 모든 면에서 온전한 사람을 찾기란 얼마나 어려운지! 그는 어떤 면에서는 좋았지만 다른 면에서는 좋지 않았다. 그가 70 명의 자식을 둔 것은 지나친 것이다. 결국 그는 죽었고 오브라에 묻혔다.

기드온이 죽은 후에 이스라엘은 속히 변했다. 그들은 다시 바알을 섬기고 바알브릿을 자기들의 신으로 삼았다. 바알브릿은 전에 들어보지 못한 새로 나온 신의 이름이다. 새로운 시대가 열리고 새로운 문화가 일어나면 새로운 우상이 사람들 마음속에 생겨난다. 그리고 그들은 은혜를 쉽게 망각하여 기드온의 집에 대하여 고마운 마음을 갖지 않았다. 기드온의 가정에 감사하며 후대하는 마음이 없어진 것이다. 사람들의 마음은 얼마나 쉽게 변하는지![29-35절]

9장

사사들의 활약(6) - 아비멜렉

기드온은 70명의 아들을 두었고 아비멜렉은 그중 첩의 소생이다. 그는 세겜 사람이며 아버지 기드온이 죽자 그의 고향에 가서 가족들을 충동시켜 왕이 되려 한 인물이다. 그의 아버지 기드온은 이스라엘 백성들이 요청하는데도 그들을 다스리는 왕이 되는 것을 거절하면서 하나님이 통치하셔야 한다고 말했지만, 그의 첩의 아들인 아비멜렉은 아버지의 믿음과 충성으로 얻은 능력의 역사함으로 받게된 외적 영예만을 탐한 것이다.

아비멜렉은 사람들의 약점을 이용했다. 여룹바알의 아들 70명이 너희를 다스리는 것과 한 사람(자기 자신을 의미함)이 너희를 다스림이 어느 것이 너희에게 나으냐 또 나는 너희의 골육지친임을 기억하라고 말했다. 그 어미의 형제들(즉 아비멜렉의 외삼촌들)은 아비멜렉의 말에 찬동하여 세겜에 다니며 사람들에게 그의 말을 전파했다. 그의 말은 효력이 있어서 들은 사람들이 바알브릿의 묘에서 은 칠십 개를 내어 아비멜렉에게 소위 정치자금으로 주었다. 협조하겠으니 잘해보라는 이야기이다. 아비멜렉은 그 돈으로 건달들과 폭력배들을 사서 그들과 함께 오브라에 있는 기드온의 칠십 아들들을 한 반석에다 모으고 다 죽여 버렸다. 그중 말째 아들 요담만이 도망가서 목숨을 구했다. 이와 같이 하나님께서 권위를 주셔서 자연스럽게 정권을 잡는 경우가 아닐 때에는 피를 부르게 된다. 세겜 사람들과 밀로 사람들이 아비멜렉을 왕으로 세웠다.[1-7절]

어떤 상황에서 말을 할 수 있는 사람이 있는 것과 없는 것은 차이가 크다. 아비멜렉이 기드온의 아들 70명을 죽일 때 맨 말째 아들인 요담이 살아남았다. 그러므로 그가 뭔가 말할 수 있었던 것이다.

그는 축복의 말을 하는 산인 그리심으로 올라갔다. 그리고 아비멜렉의 일을 비유로 서술했다. 세겜 사람들이 아비멜렉의 일로 하나님 앞에 합당하지 않은 위치에 섬으로 하나님께서 그들의 말을 듣지 않으시게 되었다고 말해주는 것이다. 이것을 소위 입장이라고 한다. 입장이란 그들이 서야 할 위치를 말한다. 과연 그들은 하나님 앞에 죄를 지었으며, 요담의 말을 들어야 했다.

요담이 비유로 한 이야기는 이러하다. 나무들이 하루는 감람나무에게 가서 우리의 왕이 되어 달라고 했다. 그러자 감람나무는 "나의 기름은 하나님과 사람을 영화롭게 하나니 내가 어찌 그것을 버리고 가서 나무들 위에 우쭐대리요"(흠정역 참조) 하면서 사양했다. 또 무화과나무와 포도나무에게 왕이 되어달라고 했을 때에도 동일하게 사양했다. 이 세 나무의 어조는 모두 "내가 어찌…우쭐대리요"이다. 이것은 아비멜렉의 말이 거짓임을 드러낸다. 기드온의 70 아들들 중에는 출중한 사람들이 있어서 충분히 왕이 되어 감람기름이나 무화과나 포도를 산출할 역량을 가지고 있었지만, 그들은 그것이 하나님의 기뻐하시는 바가 아님을 알고 거절한 것이다. 아비멜렉은 그들 70명이 왕이 되는 것보다 자기 한 사람이 왕이 되어 다스리는 것이 낫다고 하였는데, 요담은 자기 형제들이 오브라에 있을 때 결코 왕이 되려 한 적이 없다는 것을 밝혔다.

요담은 또한 아비멜렉이 왕이 되려는 것은 가시나무가 왕이 되려는 것과 같으며 가시나무가 다른 나무에게 줄 수 있는 것은 불(멸망)밖에 없다는 것을 알려주고 있다. 그러면서 요담은 이스라엘인들(특히 세겜 사람들)을 백향목에 비유했다. 이는 요담이 그래도 동족을 사랑한다는 뜻이다. 그는 그들이 아비멜렉에게 속임당하고 사로잡혀 그런 죄를 지은 것뿐이라고 말해주고 있다. 그들을 백향목에 비유한 것에는 세겜 사람들에게 아직 소망을 두고 있다는 것과 그들이 회개하기를 바라는 마음이 담겨 있다. 또 만일 그렇지 않으면 불이 나와 그들을 사르게 될 것이라고 경고한다. 그런 말을 하고는 요담이 그 형제 아비멜렉을 두려워하여 달려 도망하여 브엘로 가서 거기 거하였다.

동시에 요담은 세겜 사람들의 양심을 깨우는 말을 했다. **"이제 너희가 아비멜렉을 세워 왕을 삼았으니 너희 행한 것이 과연 진실하고 의로우냐 이것이 여룹바알과 그 집을 선대함이냐 이것이 그 행한 대로 그에게 보답함이냐 우리 아버지가 전에 죽음을 무릅쓰고 너희를 위하여 싸워 미디안의 손에서 너희를 건져내었거늘 너희가 오늘날 일어나서 우리 아버지의 집을 쳐서 그 아들 칠십 인을 한 반석 위에서 죽이고 그 여종의 아들 아비멜렉이 너희 형제가 된다고 그를 세워 세겜 사람의 왕을 삼았도다 만일 너희가 오늘날 여룹바알과 그 집을 대접한 것이 진실과 의로움이면 너희가 아비멜렉을 인하여 즐길 것이요 아비멜렉도 너희를 인하여 즐기려니와"**[7-21절].

하나님은 그러한 비정상적인 상황과 비정상적인 권세를 삼 년이나 그대로 두셨다. 여기서 우리는 어떤 일이 하나님이 매우 기뻐하지 않으시는 상태에 있다 하더라도 상당히 오랫동안 그대로 유지된다는 것을 알 수 있다.

3년이 되었을 때 하나님께서는 그 상황을 더 이상 그대로 두지 않으셨다. 하나님께서 그들이 기드온의 70 아들을 죽인 것에 대해 복수하신 것이다. 먼저 세겜 사람들이 아비멜렉을 배신했다. 남을 배신하고 거역한 사람은 언젠가 자기가 배신을 당하게 된다. 세겜 사람들의 배반 행위는 이러하다. 산꼭대기에 사람을 매복시켜 아비멜렉을 엿보게 하고 그리로 지나가는 사람을 다 겁탈하였다. 그리고 그런 상황이 아비멜렉에게 알려지게 하였다. 배반의 상황은 곧 알려지게 마련이다.

배역의 행위에는 언제나 주도자가 있게 되는데, 가알이란 사람이 바로 그런 자였다. 아비멜렉과 가알은 둘 다 자신들이 이룩하지 않은 위치를 취하려는 야심가인 면에서 같다. 그렇다 하더라도 아비멜렉은 자기 아버지의 후광을 사용할 근거가 조금이라도 있었던 반면, 가알과 같은 인물은 업적으로나 족보로나 아무런 근거가 없다.

27절은 그들이 밭에 가서 포도를 거두어다가 밟아 짜서 연회를 배설하고 산당에 들어가서 먹고 마시며 아비멜렉을 저주했다고 말한다. 이들의 주제는 단연 아비멜렉이었다. 그가 얼마나 나쁜가, 어떠어떠한 악한 일들을 많이 저질렀는가

하는 것을 말할수록 서로의 공감대가 형성되었다. 악한 거역의 기운이 최고조에 달했을 때 가알이 말했다. **"아비멜렉은 누구며 세겜은 누구기에 우리가 아비멜렉을 섬기리요 그가 여룹바알의 아들이 아니냐 그의 신복은 스불이 아니냐 차라리 세겜의 아버지 하몰의 후손을 섬길 것이라 우리가 어찌 아비멜렉을 섬기리요 이 백성이 내 수하에 있었더라면 내가 아비멜렉을 제거하였으리라"**[27-28절].

거역의 말이 절정에 달했다. 이때 가알은 세겜 사람들의 생각에서 아비멜렉의 권위적인 존재를 완전히 말살해버린다. 그는 세겜의 순수한 혈통이 아닌 아비멜렉(아비에셀 사람 기드온과 세겜 여인 사이에서 태어난)보다는 세겜의 원 조상인 하몰(Hamor, 창 33:19)의 자손 중에서 인도자가 있으면 그를 섬기겠다고 했다. 그것은 곧 자기 자신이 아비멜렉을 죽이고 왕이 되고 싶다는 뜻이다[29절].

아비멜렉의 군대, 그 성읍(세겜) 장관 스불이 그 말을 듣고 노했다(anger burned). 자신들도 실상 불법 정부이면서 이러한 거역의 말을 들을 때 혈압이 최고도로 오르게 된 것이다. 그러나 그는 상당히 냉철하게 대처했다. 세겜 사람들로 먼저 죽임당하도록 하기 위해서이다. 먼저 스불은 한 사람을 시켜 가알의 반역 소식을 아비멜렉에게 전했다.

36절에서 아비멜렉과 그를 좇은 백성이 일어나서 네 떼로 세겜 성을 향하여 매복하였다. 가알이 성 입구에 설 때 아비멜렉 군이 일어났다. 그때 가알이 그것을 보고 스불에게 백성이 산꼭대기에서 내려온다고 했고 스불은 네가 산 그림자를 사람으로 보았다고 하면서 속였다. 가알은 두려움 가운데 이곳저곳에서 나타나는 복병들을 보았다. 그때서야 스불은 가알에게 말한다. "자신만만하던 그 입이 어디 있느냐?" "이제 나가서 그들과 싸우라." 가알은 크게 패하였고 성에서 쫓겨나는 신세가 되었다. 아비멜렉은 세겜 성을 불로 사르고 소금을 뿌렸다. 소금을 뿌렸다는 것은 그 성을 폐허로 만들었다는 표시이다.

46절부터 49절까지는 세겜 망대 사람들 일천 명이 엘브릿 신당에 모였다가 아비멜렉에게 살륙당한 내용이다. 세겜 망대 사람들은 6절에 나오는 밀로 사람들이다. 그들도 아비멜렉을 왕으로 세웠다가 배신한 사람들이다. 그들은 세겜 사람들이 아비멜렉에게 당했다는 말을 듣고 바알 신당에 숨었다. 아비멜렉은 그 말을 듣고 손에 도끼를 가지고 나무를 해서 어깨에 메고 백성들도 그처럼 따라 하게 했다. 그리고 많은 나뭇가지를 그 보장(inner chamber)에 놓고 불을 질렀다. 그래서 그 큰 신당의 방에 모여 있던 남녀 일천 명이 다 죽임을 당하였다. 아비멜렉의 잔인성을 보여주는 대목이다. 아비멜렉은 겉으로 보기에 반란군에 대항하여 승승장구를 하는 것 같았다.

아비멜렉이 데베스에 진격한 것은 그 성의 사람들도 그에게 반역했기 때문이다. 그는 데베스를 진격하여 그 성 역시 취하였다. 그 성중 사람들 남녀가 모두 견고한 망대로 도망하여 문을 잠그고 망대 꼭대기로 올라갔는데, 아비멜렉은 전과 같이 불을 지르려고 그 망대 가까이 나아갔다. 그때 한 여인이 맷돌 위짝을 그에게 내리던지니 그의 두골이 깨졌다. 아비멜렉은 그의 병기 맡은 자를 급히 불러 자기를 찌르라고 했는데, 이는 마지막까지 보여준 그의 헛된 자존심이었다.

아비멜렉이 죽자 무리는 흩어졌다. 결국 하나님께서는 아비멜렉과 세겜 성 사람들이 기드온의 70 아들들을 죽인 악행을 이같이 갚으셨다. 또한 여룹바알의 살아남은 말째 아들 요담의 저주가 그들에게 응한 것이다[57절]. 그의 저주는 이유 없는 저주가 아니었기 때문이다. 왕관을 탐내던 아비멜렉의 머리가 여인이 던진 맷돌에 의해 깨졌다. 하나님은 공의로 심판하심으로 자신을 나타내시며, 악인은 자신이 만든 덫에 스스로 걸려든다. 사악함은 잠시 번성하지만 영원히 지속되지는 못한다.[50-57절]

10장

사사들의 활약(7) - 돌라, 야일

아비멜렉은 정식 사사로 볼 수 없고 정식 왕으로도 볼 수 없다. 그는 스스로 왕이 된 자일 뿐이며 잠시 이스라엘을 어지럽고 소란스럽게 한 자이다. 돌라라는 사람은 잇사갈 사람이며 도도의 손자요 부아의 아들로서 아비멜렉의 학정으로 인하여 어지러워진 이스라엘을 바로잡고 평화를 가져왔다. 성경에서 돌라의 일에 대하여 침묵하니 세세한 그의 공적은 알 수 없지만 외적과의 싸움보다는 내치에 중점을 두었을 것이다. 돌라가 사사로서 치리한 연수는 23년이다. 돌라 다음은 야일이며, 사사 야일에 대하여도 기록이 간단하다. 야일은 22년을 치리하였는데 그에게는 아들이 삼십이 있었고 어린 나귀 삼십을 탔고 성읍 삼십을 두었다고 기록한다. 이는 야일 사사가 부귀를 누렸음을 기술하는 것이다. 삼십 아들을 둔 것이나 삼십 나귀를 둔 것은 모두 당시 야일 사사가 부와 명예를 가졌음을 나타내며 삼십 성읍을 소유했다는 것도 그러하다. 야일은 특별히 길르앗 사람이라고 되어 있는데, 길르앗은 요단 동편이며 그는 아마 므낫세 지파의 사람일 것이다. 그가 소유했던 성읍들은 하봇야일이라 하여 야일의 성읍이라고 불리웠다. 사사 중에는 특기할 만한 사건이 없이 다스려 나가는 사람들이 있는데 돌라나 야일이 그러한 사람이었던 것 같다. 그는 죽어 가몬이라는 곳에 장사되었다.[1-5절]

이스라엘은 야일이 죽자 다시 여호와의 목전에 악을 행하여 바알들과 아스다롯과 아람의 신들과 시돈의 신들과 모압, 암몬, 블레셋의 신들을 섬기고 여호와를 버렸다. 그러므로 여호와께서는 이스라엘에 대하여 진노하시고 그들을 블레셋 사람과 암몬 자손의 손에 파셨다.[6-9절]

결국 이스라엘 자손은 여호와께 회개하며 부르짖었다. 그들은 자신들이 하나님을 버리고 바알들을 섬김으로 주께 범죄하였음을 고백했다. 여호와께서는 그들의 죄과가 결코 작은 것이 아님을 상기시키신다. 그들은 오랫동안 하나님의 마음을 상당히 근심케 하였다. **"여호와께서 이스라엘 자손에게 이르시되 내가 애굽 사람과 아모리 사람과 암몬 자손과 블레셋 사람에게서 너희를 구원하지 아니하였느냐 또 시돈 사람과 아말렉 사람과 마온 사람이 너희를 압제할 때에 너희가 내게 부르짖으므로 내가 너희를 그들의 손에서 구원하였거늘 너희가 나를 버리고 다른 신들을 섬기니 그러므로 내가 다시는 너희를 구원치 아니하리라 가서 너희가 택한 신들에게 부르짖어서 너희 환난 때에 그들로 너희를 구원하게 하라"**[11-14절].

시돈 사람이 이스라엘을 압제한 것은 언제인지 알 수 없으나 가나안 사람들이 압제할 때 그들이 관여했을 가능성이 있다. 마온 사람은 이스라엘을 공격한 적이 없으므로 해석에 어려움이 있다. 그러나 하나님은 이런 상황에서 그분이 아시는 대로 말씀하시니 틀림없는 사실일 것이다.

15절은 이스라엘의 진심어린 회개이다. 하나님은 사람이 진심으로 회개할 때 일흔 번씩 일곱 번이라도 용서하신다. “이스라엘 자손이 여호와께 여짜오되 우리가 범죄하였사오니 주의 보시기에 좋은 대로 우리에게 행하시려니와 오직 주께 구하옵나니 오늘날 우리를 건져내옵소서”. 그들은 그들의 죄과를 생각할 때 하나님께서 그들에게 어떻게 하셔도 다 받아야 한다고 생각했다. “주의 보시기에 좋은 대로 우리에게 행하시려니와”란 그들이 죽어 마땅하다는 뜻이다. 그러면서도 이스라엘은 “오직 주께 구하옵나니 오늘날 우리를 건져내옵소서”라고 하였다. 그들은 그들의 범죄를 시인하면서 그들이 죽어 마땅하고 하나님께서 그들을 어떻게 처분하셔도 아무 할 말이 없는 자들임을 자백하였다. 그러나 이스라엘은 또한 그 동안의 과정을 통해 어느 정도 긍휼과 사랑의 하나님을 알았다. 그리고 자기들 가운데서 이방신들을 제하여 버리고 여호와를 섬겼다.

16절은 “여호와께서 이스라엘의 곤고를 인하여 마음에 근심하시니라”고 말한다. 여기서 근심하셨다는 말은 원문에서 ‘견딜 수 없어 하시는 것(impatient)’을 의미한다. 즉 이스라엘의 고통당함을 보시고 견딜 수 없는 긍휼의 마음을 가지신 것이다.

당시 암몬 사람이 길르앗에 진을 쳤고 이스라엘도 대항하기 위해서 미스바에 진을 쳤다. 그런데 당시 이스라엘에는 전투에 앞장서는 사람이 없었다. 길르앗 백성들과 장로들은 앞장서서 싸우는 자가 나오면 그를 길르앗 거민의 머리로 삼겠다고 조건을 내걸었다. 이때의 사사는 하나님이 미리 예비하신 것이 아니라 백성이 천거했다. 이전의 사사들-에훗, 바락, 기드온 등-은 먼저 하나님의 세우심을 받고 나아갔다. 그러나 입다의 경우는 사람들이 천거하고 다음에 하나님이 기름을 부어 세우셨다. 하나님이 사람을 세우시는 방식은 획일적이지 않음을 볼 수 있다.[10-18절]

11장

사사들의 활약(8) - 입다

길르앗 사람이란 길르앗 땅에 사는 거민을 가리키거나 아니면 므낫세 지파 중 마길의 아들인 길르앗 가문의 후손을 가리킬 것이다(민 26:29). ‘입다’라는 이름의 뜻은 '열린 자'이며, 그는 이름대로 열린 생각을 가진 자였다. 입다는 길르앗에게서 태어났는데 정실부인의 소생이나 첩의 소생도 아닌 기생에게서 태어난 자였다. 즉 출생신분이 좋지 않았다. 그런데 입다는 여러 면에서 다른 아들들보다 뛰어났던 것 같다. 그는 비록 기생의 아들이었지만 장자이었을 것이고 부친의 기업을 유업으로 얻는 데 가장 유리한 위치에 있었을 것이다. 그러므로 정실부인의 아들들이 위협을 느껴 입다를 쫓아내지 않으면 안 되겠다고 생각한 것이다. 모든 면에서 입다에게 미치지 못한 다른 길르앗의 아들들은 단체의 힘으로 입다를 몰아내는 데 성공했다.

능력 있는 자는 어디를 가도 그 능력을 발휘한다. 그가 돕 땅으로 갔는데 그곳에서 잡류들이 그에게 모여들었다. 여기서 잡류란 문자 그대로 무가치한 사람들(worthless fellows-R.S.V)이며 일정한 직업이 없이 떠도는 불량배들을 가리킨다. 그들은 입다를 보고 의지할 만한 사람으로 여겼던 것 같다.

그때 마침 암몬 자손이 이스라엘을 공격하는 일이 발생하였다. 그때는 막 이스라엘이 회개하여 우상을 버리고 하나님께로 돌이켰으며 하나님께서는 그들의 곤란한 상황을 보시고 근심하며 마음 아파하시던 상황이었다. 그때 다급해진 이스라엘 장로들은 그들의 군대장관으로서 입다를 생각해냈다. 전에 그들에게 별 필요성이 느껴지지 않을 때에는 식구들에 의해 돕 땅으로 쫓겨가는 것을 방관하고 또 일면 찬성하고 있었지만 지금 그들의 상황이 다급해지니 입다가 생각났던 것이다. 그가 장군이 되어 싸우면 암몬을 대적할 수 있다고 여겼다.

장로들은 입다에게 하기 어려운 말을 하였다. "우리가 암몬 자손과 싸우려 하나니 당신은 와서 우리의 장관이 되라". 입다는 한 마디로 거절하였다. "너희가 전에 나를 미워하여 내 아버지 집에서 쫓아내지 아니하였느냐 이제 너희가 환난을 당하였다고 어찌하여 내게 왔느냐". 장로들은 입다를 쫓아내는 일에 직접 가담하지는 않았다 하더라도 책임이 없다고 말할 수 없었다. 입다는 이렇게 할 말을 장로들에게 담대히 하였다. 그러자 장로들이 말했다. "이제 우리가 당신을 찾아온 것은 우리와 함께 가서 암몬 자손과 싸우게 하려 함이니 그리하면 우리 길르앗 모든 거민의 머리가 되리라". 입다는 장로들의 말을 확인하였다. "너희가 나를 데리고 본향으로 돌아가서 암몬 자손과 싸우게 할 때에 만일 여호와께서 그들을 내게 붙이시면 내가 과연 너희 머리가 되겠느냐". 여기서 입다가 그들의 머리가 되겠느냐고 재차 물은 것은 하나의 확인이지 그가 그 지위를 원하는 것으로 해석할 필요가 없다. 어쨌든 출신이 천하다지만 입다는 그의 모든 일을 여호와께 기도로 아뢰었다[1-11절].

1절에서 입다를 큰 용사(a valiant warrior)라고 한 것은 특히 이곳[12-28절]에서 나타난다. 물론 그는 이미 돕 땅에 가서 잡류들을 모아 우두머리 노릇을 하고 있었기 때문에 옛날 일을 생각하면 얼마든지 그를 쫓아낸 길르앗의 아들들에게 복수할 수 있었다. 아비멜렉 같으면 벌써 일을 벌이고 사람을 여럿 죽였을 것이다. 그러나 입다는 그렇지 않았다. 그는 자신을 쫓아낸 사람들에게 보복할 만한 힘이 있었지만 그렇게 하지 않았다.

그럴 뿐 아니라 그들이 와서 그들을 위해 싸워달라고 할 때에도 거절하지 않았다. 결국은 허락했다. 물론 그가 그들의 머리가 되려는 목적으로 싸운 것은 아니다. 그는 비록 태생이 비천했지만 그릇만큼은 작지 않았다. 그는 과연 열린 자였다. 하나님은 사람을 외모로 보지 않고 중심을 보신다.

또 한 가지, 그가 큰 사람이라는 것은 암몬 왕에게 한 말에서 나타난다. 첫째로 그는 자기가 힘이 있다고 해서 싸움을 최선의 방책으로 취하지 않았다. 그는 대화로 해결할 수 있기를 원했다. 그는 암몬 왕에게 이렇게 말했다. "네가 나와 무슨 상관이 있기에 내 땅을 치러 왔느냐?"

이 부분에서 우리는 입다의 귀한 점들을 발견한다. 첫째로, 그는 하나님의 말씀을 잘 알고 지키고 있었으며 또한 조상들의 역사를 잘 알고 있었다. 그가 만일 이스라엘의 역사를 잘 알지 못했다면 암몬 왕의 말에 효과적으로 대항할 수 없었을 것이다. 입다는 비록 기생의 아들이었지만 말씀과 영적 지식에 있어서는 매우 탁월하였다. 암몬 왕이 말한 아르논에서 얍복과 요단까지는 암몬의 땅이라고 말할 수 없다. 아마도 암몬 왕이 말한 것은 그들이 아모리 사람들에게 빼앗긴 '암몬 자손의 땅 절반 곧 랍바 앞의 아로엘까지'를 가리킬 것이다(수 13:25).

입다가 큰 사람이라는 것은 또한 끝까지 포기하지 않고 대화해 나간 것에서 볼 수 있다. 그는 할 수 있는 대로 대화로 상황을 풀어보려 했으며 암몬 왕이 되지 않은 이유를 들고 나와도 포기하지 않고 또 답변을 보냈다. 입다는 암몬 왕의 주장이 맞지 않다고 말한다. 보통 사람 같으면 말도 안 되는 소리라고 하면서 더 이상 그런 사람과는 말할 필요도 없다고 할 것이다. 그리고 무력으로 물리치는 길밖에 없다고 할 것이다. 그러나 큰 용사 입다는 다시 한 번 상황을 소상히 설명한다. 그 설명이 15절부터 27절까지이다. 대부분의 사람들이 이런 상황에서 사자를 보내어 자기 땅을 탈취하려는 적장에게 이런 식으로 길게 말하지 않을 것이다. 도저히 안 되겠다면서 싸울 준비를 할 것이다. 그러나 입다가 큰 용사인 것은 싸움을 잘하는 것에만 있지 않고 일을 처리하는 데에 있다. 거기서 그가 큰 그릇임이 나타나는 것이다.

입다는 다시 사람을 보내어 이스라엘이 그들의 땅을 취하였다는 암몬 왕의 말을 부정한다. "입다가 암몬 자손의 왕에게 다시 사자를 보내어 그에게 이르되 입다가 말하노라 이스라엘이 모압 땅과 암몬 자손의 땅을 취하지 아니하였느니라"[15절]. 그리고 16절부터는 그렇게 말하는 이유를 상세하게 말한다. 첫째로, 이스라엘이 다른 민족을(에돔이나 모압) 침략하여 땅을 빼앗은 적이 없다는 것을 말하는데(이는 하나님의 말씀을 지키기 위한 것이었음[16-18절]), 헤스본 왕 곧 아모리 왕 시혼과도 이스라엘이 싸우고자 한 것이 아니라 그들이 먼저 싸우러 온 것이며 그들이 이스라엘의 길을 막고 선제공격을 해왔기 때문이라고 말한다. 그러므로 하나님께서 시혼과 그 모든 백성을 이스라엘 손에 붙이시어 이스라엘의 땅이 되게 하신 것이다. 그렇게 해서 아르논에서부터 얍복까지와 광야에서부터 요단까지 아모리 사람의 온 지경을 이스라엘이 취하게 된 것이다. 즉 입다의 말은 그 땅은 하나님께서 주신 것이고 일이 그렇게 된 것은 이스라엘의 침략에 의한 것이 아니라 그들의 공격에 의한 것이었다는 뜻이다. 그렇게 해서 하나님이 주신 땅은 우리의 땅이며, 같은 원칙으로 암몬 왕에게 그들의 신 그모스가 주어 그들로 얻게 한 땅이 있다면 그 땅을 얻으라고 말했다. 또한 입다는 모압 왕 발락을 언급하면서 암몬 왕에게 "네가 발락보다 나으냐"고 묻는다. 사실 모압 왕 발락은 이스라엘이 두려워 감히 공격할 생각도 못하고 다만 발람을 고용하여 이스라엘을 저주하려 하였다.

여기서 입다는 모압과 암몬을 같이 취급한다. 그들은 원래 롯과 그 딸들의 근친상간으로 인하여 태어난 족속으로서 모압이 앞서 있으므로 그모스(모압의 신)를 암몬 사람들에게 대입한 것이고 모압 왕 발락도 언급한 것이다. 그리고 입다는 이스라엘이 헤스본에 거한 지가 300년이 되었는데 지금까지 조용하다가 이제 와서 그 땅을 자기 것이라고 주장하는 의도가 무엇이냐고 물었다.

27절은 그의 위대함을 보여주는 매우 인상적인 구절이다. "내가 네게 죄를 짓지 아니하였거늘 네가 나를 쳐서 내게 악을 행하고자 하는도다 원컨대 심판하시는 여호와는 오늘날 이스라엘 자손과 암몬 자손의 사이에 판결하시옵소서". 입다는 어디까지나 하나님을 심판자와 중재자로 모시고 말했다. 물론 암몬 왕은 입다의 말을 듣지 않았다[28절]. 그의 거만함과 강퍅함은 멸망을 자초했다.

29-40절, "이에 여호와의 신이 입다에게 임하시니…암몬 자손에게로 나아갈 때에 그가 여호와께 서원하여 가로되 주께서 과연 암몬 자손을 내 손에 붙이시면 내가 암몬 자손에게서 평안히 돌아올 때에 누구든지 내 집 문에서 나와서 나를 영접하는 그는 여호와께 돌릴 것이니 내가 그를 번제로 드리겠나이다 하니라 이에 입다가 암몬 자손에게 이르러 그들과 싸우더니 여호와께서 그들을 그 손에 붙이시매 아로엘에서부터 민닛에 이르기까지 이십 성읍을 치고 또 아벨 그라밈까지 크게 도륙하니 이에 암몬 자손이 이스라엘 자손 앞에 항복하였더라 입다가 미스바에 돌아와 자기 집에 이를 때에 그 딸이 소고를 잡고 춤추며 나와서 영접하니 이는 그의 무남독녀라 입다가 이를 보고 자기 옷을 찢으며 가로되 슬프다 내 딸이여 너는 나로 참담케 하는 자요 너는 나를 괴롭게 하는 자 중의 하나이로다 내가 여호와를 향하여 입을 열었으니 능히 돌이키지 못하리로다 딸이 그에게 이르되 나의 아버지여 아버지께서 여호와를 향하여 입을 여셨으니 아버지 입에서 낸 말씀대로 내게 행하소서 이는 여호와께서 아버지를 위하여 아버지의 대적 암몬 자손에게 원수를 갚으셨음이니이다 아비에게 또 이르되 이 일만 내게 허락하사 나를 두 달만 용납하소서… 내가 나의 동무들과 함께 산에 올라가서 나의 처녀로 죽음을 인하여 애곡하겠나이다 이르되 가라 하고 두 달 위한(爲限)하고 보내니 그가 그 동무들과 함께 가서 산 위에서 처녀로 죽음을 인하여 애곡하고 두 달 만에 그 아비에게로 돌아온지라 아비가 그 서원한 대로 딸에게 행하니 딸이 남자를 알지 못하고 죽으니라 이로부터 이스라엘 가운데 규례가 되어 이스라엘 여자들이 해마다 가서 길르앗 사람 입다의 딸을 위하여 나흘씩 애곡하더라".

길르앗은 르우벤과 갓의 땅이고 므낫세 반 지파의 땅은 바산이었다. 입다가 길르앗과 므낫세를 지나 길르앗 미스베로 나아간 것은 이스라엘 군을 모집하기 위한 것이었을 터이고 길르앗 미스베는 암몬 군과 대치하기 위한 곳이었다(10:17).

많은 신학자들이 입다가 출애굽기의 내용을 잘 아는(15-26절 참조) 사사로서, 또 하나님의 영을 받은 사람으로서 율법에서 금한 인간 제물을 드리기로 서약했다는 점을 믿을 수 없다고 말한다(레 18:21, 20:1-5, 신 12:29-32, 18:9-12). 학자들은 또한 이 전투를 앞두고 그의 행한 바를 미루어볼 때 침착한 성격의 입다가 그런 서원을 했을 리 만무하다고 말한다. 그러나 우리는 이 내용에 관하여 본문대로 해석하는 것이 자연스럽다고 믿는다. 우리는 기드온이나 삼손이나 다른 사사들의 경우에 그들이 하나님께 쓰임받았던 귀한 점과 더불어 그들의 불완전성 또한 그대로 기록된 것을 본다.

하나님은 사람이 완전하다고 사용하시는 것은 아니다. 하나님은 그분이 세우신 사람에게 약점이 있다 하더라도 어떤 특별하고 귀한 점을 들어 사용하신다. 하나님의 백성은 반드시 이것을 알아야 한다. 그러므로 어떤 사람이 훌륭한 점이 있다 해서 다른 약점을 좋게 포장할 필요가 없다. 이것은 그 반대의 논리도 성립된다. 어떤 사람이 여러 면에서 좋지 않다 해서 좋은 점까지 나쁘게 해석할 필요는 없다. 이런 입다의 마음을 이해하지 못하는 바는 아니지만 이는 분명 지나치게 고양된 심리에서 나온 잘못된 헌신이었다. 여기서 우리는 영적 능력을 가진 사람이라 하더라도 냉철하지 못하고 조심하지 않으면 실수할 수 있음을 본다.

만일 성전에서 수절하며 봉사하는 것이라면 35절, 36절의 말씀과 37절부터 40절까지의 말씀을 이해하기 어렵다. 즉 그들의 반응이 지나치다는 것이다. 입다가 승전한 후 집에 돌아왔을 때 그 딸이 소고를 잡고 춤추며 나와 영접하자 자기 옷을 찢었다. 인간 제물을 바친 것이라고 해석하는 사람으로서는 교부 중에 적어도 어거스틴과 오리겐, 개혁자 루터와 주석가 매튜 헨리가 있다. 그가 그런 성급하고 무모한 서원을 한 것이 잘못이라 하더라도 이스라엘에 대한 그의 충성과 열의는 영원히 기억될 만한 일이다. 이런 유사한 일은 사울의 전쟁기에서도 찾을 수 있다. 사무엘 상 14장 24절에서 사울은 블레셋과의 전쟁에서 이길 때까지 아무 식물이라도 먹는 자는 저주를 받을 것이라 맹세하여 자기 아들 요나단을 죽이지 않으면 안 될 상황에 처했던 적이 있다[44-45절]. 이런 맹세 또한 사울의 과격하고 성급한 발언에서 나온 것이다.

"여호와를 향하여 입을 열었으니 돌이키지 못하리로다"[35절]. 스펄젼은 이 말씀에 대하여 "그는 성급한 서원을 하였는데, 그런 일들은 지키기보다 깨는 것이 훨씬 좋다"고 하였다. 그는 덧붙이기를, "어떤 사람이 범죄를 하기로 서원을 하였다면 그런 그의 서원은 본질상의 죄이고, 그의 서원을 행하는 것은 배나 더 죄가 된다."고 하였다. 그는 "어떤 사람이 도적질하기로, 간음하기로, 또는 살인하기로 서약하고서 자신이 서약하였기 때문에 이행하는 것이 정당하다고 할 수 없다."고 하였다. 그러므로 우리는 어떤 일에 있어서 성급하게 잘못 서원을 했다면 그것을 지키려고 애를 써서는 안 된다. 어쨌든 여호와께서 암몬을 입다의 손에 붙이시매 야로엘에서부터 민닛에 이르기까지 이십 성읍을 쳤고 아벨 그라밈까지 크게 도륙하여 암몬 자손의 항복을 받아냈다.

12장

에브라임의 거듭된 야심과 큰 피해

1-7절, **"에브라임 사람들이 모여 북으로 가서 입다에게 이르되 네가 암몬 자손과 싸우러 건너갈 때에 어찌하여 우리를 불러 너와 함께 가게 하지 아니하였느냐 우리가 반드시 불로 너와 네 집을 사르리라 입다가 그들에게 이르되 나와 나의 백성이 암몬 자손과 크게 다툴 때에 내가 너희를 부르되 너희가 나를 그들의 손에서 구원하지 아니한 고로…입다가 이스라엘 사사가 된 지 육년이라 길르앗 사람 입다가 죽으매 길르앗 한 성읍에 장사되었더라"**.

그들은 입다와 그를 따르는 한 무리가 18년 이상 괴롭혀온 암몬을 토벌하기 위해 수고하고 힘든 대가를 지불한 것은 아랑곳하지 않고 그들이 지금 얻은 명성과 지위만을 크게 본 것이다. 그들은 사람들의 칭찬과 명성과 지위가 마땅히 자기들에게 돌아와야 할 것이라고 생각했다. 그런데 입다가 자기들을 제치고 혼자 싸움에 나가서 그것을 가로챘다는 것이다. 그렇게 생각하자 에브라임 사람들은 매우 화가 났다- "에브라임 사람들이 모여 북으로 가서 입다에게 이르되 네가 암몬 자손과 싸우러 건너갈 때에 어찌하여 우리를 불러 너와 함께 가게 하지 아니하였느냐 우리가 반드시 불로 너와 네 집을 사르리라"[1절].

입다의 답변을 보면 입다는 사전에 분명히 그들을 불렀다. 그런데 그들이 오지 않은 것이다. **"입다가 그들에게 이르되 나와 나의 백성이 암몬 자손과 크게 다툴 때에 내가 너희를 부르되 너희가 나를 그들의 손에서 구원하지 아니한 고로 내가 너희의 구원치 아니하는 것을 보고 내 생명을 돌아보지 아니하고 건너가서 암몬 자손을 쳤더니 여호와께서 그들을 내 손에 붙이셨거늘 너희가 어찌하여 오늘날 내게 올라와서 나로 더불어 싸우고자 하느냐"**[2절].

입다의 말은 사실이었을 것이다. 그는 성격상 매우 사실적이고 객관적으로 말하는 사람임을 알 수 있다. 사실이 아니라면 따지러 온 그들에게 그렇게 분명히 말할 수 없었을 것이다. 다만 그들이 그때는 싸우러 가는 데에 피동적이었고 그 말을 못들은 척한 것이다. 그러나 이제 전공을 나누고 탈취물을 분배하는 시점에서는 에브라임이 양보할 수 없었던 것이다.

입다의 대답은 매우 정상적이고 합당한 것이었다. "내가 너희의 구원치 아니하는 것을 보고 내 생명을 돌아보지 아니하고 건너가서 암몬 자손을 쳤더니 여호와께서 그들을 내 손에 붙이셨거늘 너희가 어찌하여 오늘날 내게 올라와서 나로 더불어 싸우고자 하느냐". 입다는 생명을 돌아보지 않고 싸웠다. 그가 비록 어려운 처지에서 성급하게 과도한 서원을 했지만, 그런 서원의 배후에는 그가 심히 절박한 심정으로 전쟁에 나아간 정황이 있다. 그는 자신도 살아 돌아올지 모르는 형국에 처해 있었다. 10장 31절은 그의 심정을 보여준다. "내가 만일 암몬 자손에게서 평안히 돌아온다면…" 그는 당시에 에브라임이고 뭐고 생각할 여지가 없었다.

입다는 기드온과 같이 만만하지 않았다. 에브라임은 그 전 기드온의 때처럼 착각했다. 이전 기드온은 그들이 나중에라도 참여한 전공을 높이 평가해주고 자기를 낮추었다. 그래서 에브라임이 수그러들었던 것이다. 그런데 이번에도 에브라임은 수고도 없이 입다 앞에 나타나 전공만 챙기려고 했다. 입다는 기드온과 달리 입장을 분명히했다. 더욱이 에브라임은 입다와 길르앗 사람들의 분을 격발시키는 말을 했다. "에브라임의 말이 너희 길르앗 사람은 본래 에브라임에서 도망한 자로서 에브라임과 므낫세 중에 있다 하였음이라". 이것은 분명 입다를 격하시키기 위해 한 말이다. 그들은 입다가 사사가 되는 것을 매우 경계했기 때문에 입다의 신분 문제를 들고 나왔다. 길르앗 사람 모두가 에브라임에게서 도망한 자라는 것은 역사적으로 납득할 수 없는 말인 고로 그들이 길르앗 사람 운운한 것은 입다를 겨냥하여 한 말일 것이다. 입다는 에브라임 중에서 도망한 사람에 불과하다는 말이다. 그러나 입다는 실상 길르앗에서 쫓겨났던 사람이지 도망한 사람이 아니다. 그를 도망한 사람이라고 하는 것은 거짓이고 인신공격성 발언인 셈이다.

입다와 길르앗 사람들은 그 말을 듣고 더 이상 참을 수 없었다. 결국 동족 상잔의 비극적인 전쟁이 벌어졌다. 사실 에브라임은 싸울 준비까지는 하지 않고 다만 실리만 챙기려고 했던 것 같다. 그러나 입다는 참지 않았다. 그들은 기드온 때 손쉽게 얻었던 대의명분과 실리를 챙기지 못한 채 입다와 길르앗의 공격을 마주해야 했다. 에브라임 사람들은 사실 외적인 지위와 평판을 위해 목숨까지 걸 마음은 없었을 것이다. 그러나 그들은 사태가 그쯤 되자 싸움에 응하지 않을 수도 없었다. 가만히 있는 입다와 길르앗에게 와서 분을 내며 싸움을 건 것이 자기들이었기 때문이다. 막상 싸움이 터지자 그들은 도망가기에 바빴다. 암몬을 정복하고 돌아온 용맹한 길르앗 병사들은 요단 나루턱을 지키고 있다가 도망하는 에브라임 사람들을 하나하나 잡아 죽였다. 길르앗 사람들은 도망가는 길목에 지켜 서서 강을 건너려는 사람들에게 에브라임 사람이냐고 물었다. 에브라임은 철저히 수사를 당하고 수치를 당했다. 그들은 도리어 자신들의 지파를 숨기고 도망하는 꼴이 되었다. 에브라임 사람이 아니라고 하면, '쉽볼렛'(Shibboleth:시냇물 혹은 곡식 이삭이라는 뜻)을 발음해보게 하여 그가 쉽볼렛을 발음하지 못하고 '씹볼렛'(Sibboleth)이라고 하면 에브라임 사람으로 인정하고 그를 죽였다. 그때 죽은 에브라임 숫자가 42,000명이었다. 그들은 헛된 영광과 명예를 추구하고 시기심으로 쟁투하다가 동족에게 엄청난 살육을 당하게 된 것이다.

입다의 치세 기간은 다른 사사에 비해 짧았다(6년). 그는 자녀도 없이 매우 외롭게 살다가 죽었을 것이다. 그는 죽어 길르앗 한 성읍에 장사되었다.

사사들의 활약(9) - 입산, 엘론, 압돈

8-15절, "그의 뒤에는 베들레헴 입산이 이스라엘의 사사이었더라 그가 아들 삼십과 딸 삼십을 두었더니 딸들은 타국으로 시집 보내었고 아들들을 위하여는 타국에서 여자 삼십을 데려왔더라 그가 이스라엘 사사가 된 지 칠년이라 입산이 죽으매 베들레헴에 장사되었더라 그의 뒤에는 스불론 사람 엘론이 이스라엘의 사사가 되어 십 년 동안 이스라엘을 다스렸더라 스불론 사람 엘론이 죽으매 스불론 땅 아얄론에 장사되었더라 그의 뒤에는 비라돈 사람 힐렐의 아들 압돈이 이스라엘의 사사이었더라 그에게 아들 사십과 손자 삼십이 있어서 어린 나귀 칠십 필을 탔었더라 압돈이 이스라엘의 사사가 된 지 팔년이라 비라돈 사람 힐렐의 아들 압돈이 죽으매 에브라임 땅 아말렉 사람의 산지 비라돈에 장사되었더라".

입산은 베들레헴 사람인데, 어느 베들레헴(유다 지파의 베들레헴도 있고 스불론 지파의 베들레헴도 있다)인지는 분명치 않다. 그의 특징은 자녀가 많다는 것인데, 아들 삼십과 딸 삼십을 두었으며 딸들은 타국으로 시집을 보내었고 아들들을 위해서는 타국에서 며느리들을 데려왔다. 여기서 타국이라 함은 단순히 외지를 의미한다고 보는 것이 타당하다. 그는 동족 간의 단합을 위하여 다른 지파와의 결혼을 추진했던 것 같다.

입산 다음은 스불론 사람 엘론이 사사가 되어 10년을 다스렸다. 그에 대하여는 특별한 기록이 없다. 다만 그가 스불론 사람이라는 것이다. 엘론 다음에 사사가 된 비라돈 사람 힐렐의 아들 압돈은 에브라임 지파일 것이다. 비라돈이 에브라임 지파의 구역이기 때문이다. 그에 대해서도 어떤 자세한 역사가 없다. 압돈은 아들이 사십이고 손자가 삼십이었는데 어린 나귀 칠십 필을 탔었다고 말한다. 이는 그가 누린 부와 지위를 말한다. 압돈이 마지막 소(小) 사사이다. 압돈 다음은 삼손이다. 압돈의 장지(葬地)는 그의 고향인 비라돈이다.

13장

나실인 삼손의 출생에 관하여

1-7절, "이스라엘 자손이 다시 여호와의 목전에 악을 행하였으므로 여호와께서 그들을 사십년 동안 블레셋 사람의 손에 붙이시니라 소라 땅에 단 지파의 가족 중 마노아라 이름하는 자가 있더라 그 아내가 잉태하지 못하므로 생산치 못하더니

여호와의 사자가 그 여인에게 나타나시고…그 용모가 하나님의 사자의 용모 같아서 심히 두려우므로 어디서부터 온 것을 내가 묻지 못하였고 그도 자기 이름을 내게 이르지 아니하였으며 그가 내게 이르기를 보라 네가 잉태하여 아들을 낳으리니 포도주와 독주를 마시지 말며 무릇 부정한 것을 먹지 말라 이 아이는 태에서 나옴으로부터 죽을 날까지 하나님께 바치운 나실인이 됨이라 하더이다".

삼손은 단 지파 출신이다. '단'이라는 이름이 사사 또는 심판이라는 의미를 갖고 있다(창 30:6). 창세기 49장 17절은 "단은 이스라엘의 한 지파같이 그 백성을 심판하리로다"라고 말한다. 단 지파에 관한 야곱의 예언은 삼손에게서 이루어졌다고 볼 수 있다. 우리는 사사기에서 가장 주목할 만한 사사가 삼손임을 인정한다. 열왕 시대에 유다 지파가 왕의 지파요 그 대표가 다윗이라면, 사사시대에 주목할 만한 지파는 단 지파요 그 대표는 삼손이다. 많은 사람들이 사사 삼손을 다소 소홀히 대우한다. 그러나 사사기는 삼손에 대하여 가장 많은 장을 할애하고 있다. 큰 용사인 기드온이나 입다보다도 삼손에 대해 가장 자세하고 길게 기술했다.

삼손과 같은 나실인 사사도 없으며 그렇게 특별한 잉태도 없다. 다른 사사들에 대해서는 그렇게 자세하게 서술하지 않는다. 삼손같이 끝까지 자신의 목숨을 다하여 충성한 사사가 없다. 그는 과연 사사들의 대표가 될 만하다.

그가 사사로서 일을 수행한 장소인 소라(Zorah)는 처음에는 단 지파에 속했으나(수 19:41) 후일에는 유다 지파에 속했다(대하 11:10). 단 지파는 수함 가족 하나뿐이었으므로(민 26:42-43) 지파라고도 할 수 있고 가족이라고도 할 수 있다. 단 지파에서는 삼손의 나타남이 가장 주목할 만한 일이다. 그러므로 야곱이 단 지파가 이스라엘을 심판한다고 예언한 것은 작은 일이 아니다. 유다 지파에서 다윗이 출중한 인물이듯이 단 지파에서는 삼손이 가장 출중한 인물이다. 나실인에 대하여는 민수기 6장을 참고해야 한다.

8-23절, **"마노아가 여호와께 기도하여 가로되 주여 구하옵나니 주의 보내셨던 하나님의 사람을 우리에게 다시 임하게 하사 그로 우리가 그 낳을 아이에게 어떻게 행할 것을 우리에게 가르치게 하소서 하나님이 마노아의 목소리를 들으시니라 여인이 밭에 앉았을 때에 하나님의 사자가 다시 그에게 임하셨으나 그 남편 마노아는 함**

께 있지 아니한지라 여인이 급히 달려가서…마노아가 이에 그가 여호와의 사자인 줄 알고 그 아내에게 이르되 우리가 하나님을 보았으니 반드시 죽으리로다 그 아내가 그에게 이르되 여호와께서 우리를 죽이려 하셨더면 우리 손에서 번제와 소제를 받지 아니하셨을 것이요 이 모든 일을 보이지 아니하셨을 것이며 이제 이런 말씀도 우리에게 이르지 아니하셨으리이다 하였더라".

삼손 시대에는 이스라엘이 너무나 오랫동안 타락 가운데 있었기 때문에 고통 중에 부르짖지도 않았다. 그러므로 하나님께서 먼저 그들을 위하여 역사를 시작하셨다. 이는 마치 그리스도의 초림과 재림 시점을 연상케 한다. 이스라엘이 아무리 부패하고 타락했어도 하나님은 여전히 경건하고 신실한 부부를 남겨두시어 그분의 명령에 귀 기울일 수 있게 하셨다. 극심한 타락의 때에도 하나님은 여전히 그분의 사람들을 갖고 계신다. 삼손의 부모가 여호와의 사자를 대한 것을 보면 그들이 매우 경건한 가정이었음을 알 수 있다. 이는 은혜 시대를 여는 그리스도의 출생을 연상케 하기에 충분하다.

24-25절, **"여인이 아들을 낳으매 이름을 삼손이라 하니라 아이가 자라매 여호와께서 그에게 복을 주시더니 소라와 에스다올 사이 마하네단에서 여호와의 신이 비로소 그에게 감동하시니라".** '삼손'은 태양, 강한 자 등의 뜻을 갖고 있다. 그가 사사의 일을 훌륭하게 수행할 수 있었던 것은 여호와의 신이 그를 감동하셨기 때문이다.

14장

삼손의 결혼

14장에는 삼손의 결혼에 관한 기록이 있다. 그는 블레셋 딤나의 한 여자를 보고 결혼할 마음을 가졌다. 그리고 그를 아내로 취하게 해달라고 부모에게 말했다. 삼손의 부모는 당연히 반대하였는데, 이는 이스라엘 사람에 대한 하나님의 명령에 위배될 뿐 아니라 더욱이 사사이자 나실인으로 헌신한 사람이 이방 여인과 혼인한다는 것은 생각할 수 없는 일이었기 때문이다. 자녀의 결혼이 부모의 허락 아래 이루어지는 것은 성경적이며 또한 부모가 자녀의 결혼에 대해 합당치 않다고 여겨 반대 의사를 표하는 것도 가한 일이다. 삼손은 간곡한 부모의 권면에도 불구하고 그녀를 사랑하니 데려다 달라고 고집하였다. 그의 부모는 어쩔 도리가 없었다. 4절은 "그 부모는 이 일이 여호와께로서 나온 것인 줄은 알지 못하였더라"고 말한다. 삼손의 역사는 처음부터 파격이다.[1-4절]

5-20절, **"삼손이 그 부모와 함께 딤나에 내려가서 딤나의 포도원에 이른즉 어린 사자가 그를 맞아 소리지르는지라 삼손이 여호와의 신에게 크게 감동되어 손에 아무 것도 없어도 그 사자를 염소 새끼를 찢음같이 찢었으나 그는 그 행한 일을 부모에게도 고하지 아니하였고 그가 내려가서 그 여자와 말하며 그를 기뻐하였더라 얼마 후에 삼손이 그 여자를 취하려고 다시 가더니 돌이켜 그 사자의 주검을 본즉 사자의 몸에 벌 떼와 꿀이 있는지라…여호와의 신이 삼손에게 크게 임하시매 삼손이 아스글론에 내려가서 그곳 사람 삼십 명을 쳐죽이고 노략하여 수수께끼 푼 자들에게 옷을 주고 심히 노하여 아비 집으로 올라갔고 삼손의 아내는 삼손의 친구 되었던 그 동무에게 준 바 되었더라".**

어떤 사람들은 5절에서 삼손의 부모가 함께 딤나로 내려갔는데 삼손이 사자를 만나 찢어 죽인 것을 부모가 알지 못했다고 말한 것을 놓고 이 사건의 역사적 진실성을 의심하는데, 부모가 삼손과 함께 딤나에 간 것이 한 가지 사건이고 삼손이 딤나의 포도원에 이른 것이 또 하나의 사건이라고 이해하면 된다. 부모가 딤나에 함께 간 것이 사실이지만 포도원에는 삼손만 갔다고 볼 수 있기 때문이다. 삼손의 은사의 첫 번째 표출이다. 어린 사자란 젊은 사자(young lion)로서 완전히 자란 힘이 가장 좋은 사자를 말한다. 삼손은 포도원에 나타나 그를 향해 표호하는 사자를 염소 찢듯이 찢었다. 이는 삼손이 장차 이스라엘을 위하여 블레셋을 찢을 것을 암시하는 사건으로 볼 수 있다. 신구약 성경 많은 곳에서 이스라엘을 포도원에 비유하셨고 또한 대적을 사자로 비유하셨다. 삼손의 은사는 사자를 찢는 일로 표출되었다. 이는 그가 어떤 능력을 가진 사람이라는 것을 보여준 사건이다.

15장

삼손의 블레셋 공격

1-8절, **"얼마 후 밀 거둘 때에 삼손이 염소 새끼를 가지고 그 아내에게로 찾아가서 가로되 내가 침실에 들어가 아내를 보고자 하노라 장인이 들어오지 못하게 하고 가로되 네가 그를 심히 미워하는 줄로 내가 생각한 고로 그를 네 동무에게 주었**

노라 그 동생이 그보다 더욱 아름답지 아니하냐…삼손이 가서 여우 삼백을 붙들어서 그 꼬리와 꼬리를 매고 홰를 취하고 그 두 꼬리 사이에 한 홰를 달고…곡식과 감람원을 사른지라 블레셋 사람이 가로되 누가 이 일을 행하였느냐 혹이 대답하되 딤나 사람의 사위 삼손이니 장인이 삼손의 아내를 취하여 그 동무 되었던 자에게 준 연고니라 블레셋 사람이 올라가서 그 여인과 그의 아비를 불사르니라 삼손이 그들에게 이르되 너희가 이같이 행하였은즉 내가 너희에게 원수를 갚은 후에야 말리라 하고 블레셋 사람을 크게 도륙하고 내려가서 에담 바위 틈에 거하니라".

삼손이 아내에게 염소새끼를 가지고 간 것은 화해를 위한 것이었다. 지난 번 삼손은 아내의 배신으로 수수께끼에서 지게 되었고, 블레셋 사람을 쳐서 삼십 벌의 옷을 노략하여 혼인집 친구들에게 주었다. 그리고 그는 노하여 아비 집으로 갔다. 여기서 삼손은 다시 아내와 화해할 목적으로 온 것이다. 그런데 아내의 아버지가 이미 그녀를 지난 번 잔치에 참석했고 어쩌면 수수께끼에 참여했을 한 남자에게 주어버렸다. 장인이 보기에 비록 삼손이 힘이 장사라고 하지만 그들(블레셋)이 더욱 세력이 있고 의지할 만했을 것이다. 또한 그들에게 자기 딸을 맡기는 것이 안전하다고 판단했을 것이다. 그리고 장인은 다시 찾아온 삼손을 들어오지 못하게 거절하면서 "네가 그를 심히 미워하는 줄로 내가 생각한 고로 그를 네 동무에게 주었노라"고 하였다. 어쩌면 그 동무라고 하는 자는 수수께끼의 일로 그녀를 접촉하여 압박하고 겁을 주던 자였을 것이다. 그렇다고 해서 장인은 힘이 강한 삼손도 함부로 대할 수 없었으므로 타협적으로 동생을 취할 것을 제의했다. 그리고 삼손은 이 일을 핑계로 해서 블레셋에 여러 가지 피해를 줄 수 있었다. 여우 삼백 마리의 꼬리에 불을 붙여 많은 농작물에 해를 주고, 아내 집이 불사름을 당하게 하고, 블레셋 사람을 크게 도륙하였다.

11-13절, "유다 사람 삼천 명이 에담 바위 틈에 내려가서 삼손에게 이르되 너는 블레셋 사람이 우리를 관할하는 줄을 알지 못하느냐 네가 어찌하여 우리에게 이같이 행하였느냐 삼손이 그들에게 이르되 그들이 내게 행한 대로 나도 그들에게 행하였노라 그들이 삼손에게 이르되 우리가 너를 결박하여 블레셋 사람의 손에 붙이려고 이제 내려왔노라 삼손이 그들에게 이르되 너희는 친히 나를 치지 않겠다고 내게 맹세하라 그들이 삼손에게 일러 가로되 아니라 우리가 다만 너를 단단히 결박하여 그들의 손에 붙일 뿐이요 우리가 결단코 너를 죽이지 아니하리라 하고 새 줄 둘로 결박하고 바위 틈에서 그를 끌어내니라".

당시 유다 사람들은 사사와 함께 블레셋을 치는 것은 고사하고 삼천 명이나 되는 사람들이 에담 바위틈에 내려가서 삼손을 결박하여 블레셋에 넘겼다. 삼손 시대에는 유다 사람들이 대적에게 완전히 적응하고 굴복하여 그들의 손에서 벗어날 생각도 하지 않을 뿐더러 사사를 잡아 대적의 손에 넘겨주는 상황이었다. 그러므로 삼손은 스스로 핑계거리를 만들어 블레셋을 쳐야 했던 것이다. 이렇게 이해하지 않으면 삼손에 대한 합당한 이해를 가질 수 없다.

14-20절, **"삼손이 레히에 이르매 블레셋 사람이 그에게로 마주 나가며 소리지르는 동시에 여호와의 신의 권능이 삼손에게 임하매 그 팔 위의 줄이 불탄 삼과 같아서 그 결박되었던 손에서 떨어진지라 삼손이 나귀의 새 턱뼈를 보고 손을 내밀어 취하고 그것으로 일천 명을 죽이고…내가 일천 명을 죽였도다 말을 마치고 턱뼈를 그 손에서 내어던지고 그곳을 라맛 레히라 이름하였더라 삼손이 심히 목마르므로 여호와께 부르짖어 가로되…하나님이 레히에 한 우묵한 곳을 터치시니 물이 거기서 솟아나오는지라 삼손이 그것을 마시고 정신이 회복되어 소생하니 그러므로 그 샘 이름은 엔학고레라 이 샘이 레히에 오늘까지 있더라 블레셋 사람의 때에 삼손이 이스라엘 사사로 이십 년을 지내었더라"**.

유다 사람들은 삼손을 묶어 블레셋 사람들에게로 데려갔다. 그때 삼손에게 여호와의 영의 권능이 임하여 그 팔 위의 줄이 불탄 삼과 같아서 그 결박되었던 손에서 떨어져나갔다. 그리고 삼손은 나귀의 새 턱뼈를 보고 손을 내밀어 취하여 그것으로 일천 명을 죽였다. 나귀의 턱뼈는 문자 그대로 아무것도 아닌 것이다. 결코 싸우기에 좋은 무기가 될 수 없다. 그러나 그러한 하찮은 도구로 일천 명의 블레셋 사람을 쳐 죽인 것이다.

관건은 하나님께서 함께하시는가에 있지 우리의 가진 도구나 솜씨나 재능에 있지 않다. 우리는 얼마나 많은 때 우리의 가진 도구나 재능이 보잘것없어서 하나님의 일에 효과가 없다고 생각하는가! 하나님께서 함께하시면 나귀의 턱뼈로도 큰일을 행할 수 있다. 아낫의 아들 삼갈이 소 모는 막대기로 블레셋 사람 육백 명을 죽인 일이 있다(3:31). 여기서 나귀의 턱뼈나 소 모는 막대기는(우리의 가진 것이나 재능) 아무것도 아니지만 하나님의 함께하심이('여호와의 신의 권능이 삼손에게 임하매') 큰 능력을 나타내는 것이다.

16장

삼손이 가사에 가다

1-3절, "삼손이 가사에 가서 거기서 한 기생을 보고 그에게로 들어갔더니 혹이 가사 사람에게 고하여 가로되 삼손이 여기 왔다 하매 곧 그를 에워싸고 밤새도록 성문에 매복하고 밤새도록 종용히 하며 이르기를 새벽이 되거든 그를 죽이리라 하였더라 삼손이 밤중까지 누웠다가 그 밤중에 일어나 성문짝들과 두 설주와 빗장을 빼어 그것을 모두 어깨에 메고 헤브론 앞산 꼭대기로 가니라".

겉으로는 삼손이 여자를 좋아하는 사람으로 보인다. 그러나 그의 행위 내면에는 블레셋을 치고자 하는 의도가 숨겨져 있다. 대적 블레셋은 밤새 그를 포위하여 새벽이 오면 죽이리라고 하였다. 그것을 기화로 삼손은 밤중에 일어나서 성문짝들과 두 설주와 빗장을 빼어 헤브론으로 갔다. 대적에게 해를 크게 준 것이다.

삼손과 들릴라

4-17절, "이후에 삼손이 소렉 골짜기의 들릴라라 이름하는 여인을 사랑하매 블레셋 사람의 방백들이 그 여인에게로 올라와서 그에게 이르되 삼손을 꾀어서 무엇으로 말미암아 그 큰 힘이 있는지 우리가 어떻게 하면 그를 이기어서 결박하여 곤고케 할 수 있을는지 알아보라 그리하면 우리가 각각 은 일천일백을 네게 주리라… 들릴라가 삼손에게 이르되 당신이 이때까지 나를 희롱하여 내게 거짓말을 하였도다 내가 무엇으로 하면 당신을 결박할 수 있을는지 내게 말하라 삼손이 그에게 이르되 그대가 만일 나의 머리털 일곱 가닥을 위선에 섞어 짜면 되리라 들릴라가 바디로 그 머리털을 단단히 짜고 그에게 이르되 삼손이여 블레셋 사람이 당신에게 미쳤느니라 하니 삼손이 잠을 깨어 직조틀의 바디와 위선을 다 빼어내니라…날마다 그 말로 그를 재촉하여 조르매 삼손의 마음이 번뇌하여 죽을 지경이라 삼손이 진정을 토하여 그에게 이르되 내 머리에는 삭도를 대지 아니하였나니 이는 내가 모태에서 하나님의 나실인이 되었음이라 만일 내 머리가 밀리우면 내 힘이 내게서 떠나고 나는 약하여져서 다른 사람과 같으리라". 들릴라는 아마 블레셋 여인이었을 것이다. 성경에는 그가 블레셋 여인이라는 것이 명기되어 있지 않지만 적어도 그녀는 블레셋 편의 사람이었다. 그녀는 전적으로 블레셋 사람들에게 이용당하고 있었고 삼손은 그녀에게 농락당하고 있었다.

18-31절, "들릴라가 삼손의 진정을 다 토함을 보고 보내어 블레셋 사람의 방백들을 불러 가로되 삼손이 내게 진정을 토하였으니 이제 한 번만 올라오라 블레셋 방백들이 손에 은을 가지고 여인에게로 올라오니라 들릴라가 삼손으로 자기 무릎을 베고 자게 하고 사람을 불러 그 머리털 일곱 가닥을 밀고 괴롭게 하여 본즉 그 힘이 없어졌더라…삼손이 여호와께 부르짖어 가로되 주 여호와여 구하옵나니 나를 생각하옵소서 하나님이여 구하옵나니 이번만 나로 강하게 하사 블레셋 사람이 나의 두 눈을 뺀 원수를 단번에 갚게 하옵소서 하고 집을 버틴 두 가운데 기둥을 하나는 왼손으로, 하나는 오른손으로 껴 의지하고 가로되 블레셋 사람과 함께 죽기를 원하노라 하고 힘을 다하여 몸을 굽히매 그 집이 곧 무너져 그 안에 있는 모든 방백과 온 백성에게 덮이니 삼손이 죽을 때에 죽인 자가 살았을 때에 죽인 자보다 더욱 많았더라 그의 형제와 아비의 온 집이 다 내려가서 그 시체를 취하여 가지고 올라와서 소라와 에스다올 사이 그 아비 마노아의 장지에 장사하니라 삼손이 이스라엘 사사로 이십 년을 지내었더라".

삼손은 여기서 철저히 패배한 것 같다. 블레셋 여인과 결혼한 것이나 기생에게 들어간 것이나 들릴라를 사랑하여 결국 그녀에게 그의 힘의 비밀을 누설하게 된 것 등은 삼손이 여자에게 약하여 무너진 것처럼 보인다. 그럼에도 삼손은 태어날 때부터 하나님의 택하심을 입은 나실인이었고, 그의 중심은 하나님의 백성을 대적 블레셋에서 구출하는 데 있었다. 그러므로 비록 대적 블레셋에게 사로잡혀 눈이 뽑히고 조롱거리가 되었을지라도 끝까지 그의 위임을 잃지 않고 "블레셋 사람과 함께 죽기를 원하노라" 하면서 집을 버틴 두 기둥을 안고 힘을 다하여 몸을 굽혔다. 그 집에는 블레셋 방백들과 남녀가 삼천 명 가량이 있었는데, 그 모든 사람들 위에 집이 무너져 덮이니 삼손이 죽을 때에 죽인 자가 살았을 때 죽인 자보다 더 많았다. 신약 히브리서 기자는 믿음으로 행한 선진들을 열거할 때 삼손을 언급했다.(11:32)

17장

사사 시대의 종교적 타락—미가의 산당

1-6절, "에브라임 산지에 미가라 이름하는 사람이 있더니 그 어미에게 이르되 어머니께서 은 일천일백을 잃어버리셨으므로 저주하시고 내 귀에도 말씀하셨더니 보소서 그 은이 내게 있나이다 내가 그것을 취하였나이다 어미가 가로되 내 아들이

여호와께 복 받기를 원하노라 하니라 미가가 은 일천일백을 그 어미에게 도로 주매 어미가 가로되 내가 내 아들을 위하여 한 신상을 새기며 한 신상을 부어 만들 차로 내 손에서 이 은을 여호와께 거룩히 드리노라 그러므로 내가 이제 이 은을 네게 도로 돌리리라 미가가 그 은을 어미에게 도로 주었으므로 어미가 그 은 이백을 취하여 은장색에게 주어 한 신상을 새기며 한 신상을 부어 만들었더니 그 신상이 미가의 집에 있더라 이 사람 미가에게 신당이 있으므로 또 에봇과 드라빔을 만들고 한 아들을 세워 제사장을 삼았더라 그때에는 이스라엘에 왕이 없으므로 사람마다 자기 소견에 옳은 대로 행하였더라".

에브라임 산지라면 팔레스타인의 거의 중심부이다. 이 지파 경내에 실로의 장막이 있었고(그렇게 멀지 않았을 것이다), 이때만 하더라도 그곳에 법궤가 있었고, 이스라엘 사람들은 제사를 드리기 위해서 실로로 가야 했다(삼상 1:3). 그런데 결론적으로 미가는 자기 집에 신당을 만들어 또 다른 경배의 장소를 만든 것이다. 이것은 종교적 타락의 행태이다. 어미가 자식의 장래를 생각해서 종교적인 일을 통해 돈과 명예를 얻게 하려는 것이었다. 이것은 이 어미의 자식에 대한 각별한 애정(아들을 위하여 신상을 만들었음-2, 3절 참조)으로 보아 알 수 있다. 어미는 축복할 줄도 알고 저주할 줄도 알며 여호와께 무언가를 거룩히 구별하여 드리는 것도 아는 것으로 보아 어느 정도 종교심을 갖고 있었다. 동시에 그녀는 자기 집이 이스라엘 사람들이 종교적으로 신뢰하고 따르는 경배의 중심지가 되기를 원했고, 자식이 거룩한 제사장이 되고 사람들이 우러러 볼 수 있는 존재가 되기를 원했다. 돈을 들여 신상만 만들어 놓으면 그 목적이 이루어지리라고 본 것이다.

당시 미가의 집은 매우 넉넉한 편이었다. 적어도 은 일천 일백이 있었고, 그 중 이백을 신상을 만드는 데 썼다 하더라도 은 900이 남았다. 10절에서 미가가 레위인을 제사장으로 고용하고 일 년에 은 열씩을 준다고 하였으니 은 하나가 제사장 사례금의 한 달분인 셈이다. 지금 돈으로 환산하면 은 하나가 최소한 1,200만원은 된다. 그것이 900개 이상 있었으니 제사장 사례비 100년분은 갖고 있었다고 할 수 있다. 미가의 집의 큰 재산과 신당이 레위인 하나를 고용하는 조건과 이유가 된 것이다.

당시 유다 베들레헴의 한 소년은 레위인으로서 하나님을 섬길 줄 아는 지식이 있고 교육을 받았으나 마땅히 사역할만한 자리가 없었다. 먹을 것도, 입을 것도, 거할 형편도 여의치 않았다. 그래서 그 레위인은 거할 곳을 찾아 방황하다가 미가의 집에 이르게 되었다. 미가는 그가 레위인인 것을 알고 그에게 아비와 제사장이 되어 달라고 요청했다. 그러면서 해마다 은 열과 의복 한 벌과 먹을 것을 주겠다고 하였다. 레위인은 그 집에 들어가 그들과 함께 거하기를 기뻐했는데, 그 이유는 그의 모든 생계 문제가 해결되었기 때문이다. 그 레위인은 이스라엘의 제사장이 된 것이 아니라 미가의 집의 제사장이 되어 그 집에서 매달 사례비를 꼬박꼬박 받은 것이다.[7-13절]

18장

미가 집의 제사장이 단 지파의 제사장으로 승진하다

1-6절, "그때에 이스라엘에 왕이 없었고 단 지파는 이때에 거할 기업의 땅을 구하는 중이었으니 이는 그들이 이스라엘 지파 중에서 이때까지 기업의 땅 분배함을 얻지 못하였음이라 단 자손이 소라와 에스다올에서부터 자기 온 가족 중 용맹 있는 다섯 사람을 보내어 땅을 탐지하고 살피게 하며 그들에게 이르되 너희는 가서 땅을 살펴보라 하매 그들이 에브라임 산지에 가서 미가의 집에 이르러 거기서 유숙하니라 그들이 미가의 집에 가까이 올 때에 레위 소년의 음성을 알아듣고 그리로 돌이켜 가서 그에게 이르되 누가 너를 이리로 인도하였으며 네가 여기서 무엇을 하며 여기서 무엇을 얻었느냐 그가 그들에게 이르되 미가가 여차여차히 나를 대접하여 나를 고빙하여 나로 자기 제사장을 삼았느니라 그들이 그에게 이르되 청컨대 우리를 위하여 하나님께 물어 보아서 우리의 행하는 길이 형통할는지 우리에게 알게 하라 그 제사장이 그들에게 이르되 평안히 가라 너희의 행하는 길은 여호와 앞에 있느니라".

앞의 17장 6절에 "그때에 이스라엘에 왕이 없었다"는 말이 반복되고 있다. 이는 왕정의 필요성을 암시하고 있다. 왕이 없기에 그들이 소견대로 행하여 우상 숭배에 빠질 뿐 아니라 처리할 길도 없다. 이제 기업을 잃어버린 단 지파의 경우 어떻게 찾을 수 있는가? 왜 잃어버렸는가? 첫째는 하나님을 잃어버렸기 때문이다. 이제 그 타락의 정도가 심하여 하나님과의 정상적인 관계를 회복하여 찾기는 어렵고 이스라엘 가운데 왕이라도 있어야 찾을 수 있게 된 것이다.

여기서 단 지파 사람들의 가나안 정복은 비록 늦었지만 여호수아의 정복사를 회상하게 한다. 정탐을 보낸 것이 그러하고 그 다섯 정탐의 적극적인 보고가 그러하다. 그들은 여호수아 시대의 정복사를 다만 흉내낸 것이라고 볼 수는 없다. 그들이 라이스 사람들의 상태가 염려 없고 한가하며 평안하더라고 한 것은 그들을 자세히 살핀 결과이다. 심지어 그들의 대화 내용도 들어보고 얼굴빛까지도 살폈다는 얘기다. 또한 그들의 정치 체제도 보았고 그들의 경제 상황도 보았다. 라이스는 팔레스틴의 가장 북쪽에 위치해 있고 헬몬 산에 가려 아람과 단절되어 있고 레바논에 의해 페니키아와도 단절되어 있다. 이스라엘 지경을 말할 때 단에서 브엘세바까지라고 한다. 이는 단이 반드시 그곳을 점령해야 말할 수 있는 이름인 것이다. 그들은 그 지형과 사람들을 잘 살폈다. 강한 권력자가 없어서 사람들이 편안하고 안정되어 있었다. 그들의 이웃들과의 교역과 연락관계가 어떠한가도 살폈다. 시돈과는 거리가 멀어서 관련이 없었고 다른 아무와도 상관이 없는 백성들이었다. 그들은 정탐을 잘하였고 보고도 좋았다. 한 마디로 그들은 단 지파가 먹기에 좋은 밥이었다.

그들이 돌아와서 묻는 형제들에게 대답했다. “일어나서 그들을 치러 올라가자 우리가 그 땅을 본즉 매우 좋더라 너희는 가만히 있느냐 나아가서 그 땅 얻기를 게을리 말라 너희가 가면 평안한 백성을 만날 것이요 그 땅은 넓고 그곳에는 세상에 있는 것이 하나도 부족함이 없느니라 하나님이 너희 손에 붙이셨느니라”. 이는 정말로 믿음이 있는 적극적인 대답이다. 주님은 모세를 통하여 단에 대해 좋은 예언의 말씀을 하신 적이 있다. 이는 틀림없이 이러한 때의 광경을 두고 한 말이다. “단은 바산에서 뛰어나오는 사자의 새끼로다”(신 33:22). 하나님은 그분의 자녀들에 대하여 조금이라도 좋은 것이 있으면 그것을 보고 기뻐하신다. 단은 가장 연약한 믿음의 지파였고 분배해주신 땅을 지키지 못하고 빼앗겼으며 뒤늦게 견디다 못해 할당된 기업의 땅을 취하러 나섰다. 그러나 하나님은 그들의 이런 상황을 자랑스러워하시며 그들이 바산에서 뛰어나오는 사자새끼라고 하신다.

“그 땅 얻기를 게을리 말라…그 땅은 넓고…세상에 있는 것이 부족한 것이 없느니라…하나님이 너희 손에 붙이셨느니라” 등의 말은 믿음이 있는 사람들의 말이요 과연 단의 용맹한 자들이다. 하나님의 백성들 가운데는 언제나 아무리

연약한 무리 가운데일지라도 용맹한 자들이 감춰어 있다.

싸우러 나선 사람의 수는 600명이었고 그들은 소라와 에스다올을 떠났다. 그들이 진친 곳이 기랏여야림인데, 그곳은 나중에 하나님의 언약궤가 오랫동안 머물렀던 곳이다. 그들이 그곳에서 에브라임 산지 미가의 집에 이르렀다. 정탐들이 왔던 길 그대로 온 것이다.[7-13절]

다섯 정탐의 영성은 한 면에서는 좋았지만 모든 면에서 완전히 좋지는 않았다. 이것이 또한 사사시대의 혼잡한 영적상태를 말해주는 것이기도 하다. 그들은 미가의 집에 오자 이전에 레위인 제사장이 적극적인 예언을 해준 것을 기억했다. 그리고 그것의 근원이 에봇과 드라빔과 부어 만든 신상에 있는 줄로 알았다. 그들은 그 물건들을 취하고자 했고 또 레위인 제사장을 데려가고자 했다. 그들은 하나님이 보이지 않는 전능하신 하나님이라는 것을 인식하지 못했다. 그들은 제사장의 겉옷인 에봇이나 드라빔이나 신상만 있으면 하나님을 모시는 것이라고 생각했다. 그들은 하나님을 어떤 것에 의지하여 존재하시는 분으로 생각하였다. 그러니 어떤 것을 취하면 하나님을 취하는 것으로 여긴 것이다. 이것이 곧 우상 숭배적인 발상이다.

단 지파 사람들은 큰 싸움을 앞에 두고 도움이 필요하여 그것들을 취하고자 했고, 미가의 집 사람들은 자신들의 안녕과 평안한 미래를 위해 그것들을 간직하고자 했다. 그런데 힘은 단 지파에게 있었다. 단 지파의 사람들은 레위인을 고용한 것이나 그 에봇이 한 가정에 있는 것 등이 그렇게 합법적이고 정통성을 지닌 것이 아니라는 것을 알았을 것이다. 그렇게 해서 그 미가의 집 제사장은 단 지파의 제사장으로 승진 고용이 된 것이다.[14-26절]

27-31절, **"단 자손이 미가의 지은 것과 그 제사장을 취하고 라이스에 이르러 한가하고 평안한 백성을 만나 칼날로 그들을 치며 불로 그 성읍을 사르되 그들을 구원할 자가 없었으니 그 성읍이 베드르홉 가까운 골짜기에 있어서 시돈과 상거가 멀고 상종하는 사람도 없음이었더라 단 자손이 성읍을 중건하고 거기 거하며 이스라엘의 소생 그 조상 단의 이름을 따라 그 성읍을 단이라 하니라 그 성읍의 본 이름은 라이스더라 단 자손이 자기를 위하여 그 새긴 신상을 세웠고 모세의 손자 게르손의**

아들 요나단과 그 자손은 단 지파의 제사장이 되어 이 백성이 사로잡히는 날까지 이르렀더라 하나님의 집이 실로에 있을 동안에 미가의 지은 바 새긴 신상이 단 자손에게 있었더라". 결국 미가의 신당의 우상은 후일 단의 금송아지 산당의 시초가 되었다. 모든 죄가 작은 죄악에서 시작된다.

"한가하고 평안한 백성들을 만나"-이렇게 자부심이 강하고 자신들만이 최고라고 생각하는 사람들은 결국 버림받은 자신을 발견하게 될 것이다. 그들의 모든 확신에도 불구하고 그들은 과거의 모든 확신과 자부심이 꿈꾸는 것에 지나지 않음을 발견하게 될 것이다. 스펄젼은 "나는 자기 확신을 가지고 있다가 버림을 당하느니 차라리 항상 의심을 품더라도 하늘로 가기를 원한다. 나 자신이 축복받은 사람들 중에 있는 줄 알고 있다가 나 자신이 지옥에 있는 것을 발견하게 되는 것보다 차라리 내 영의 비탄한 가운데 날마다 자신이 신실한 자인가, 그렇지 못한 자인가를 알기 위해 부르짖는 것이 더 나을 것이다."라고 하였다. 어떤 사람은 자신이 구원을 받지 못하였는데도 구원을 받은 것으로 확신하는 경우가 있다. 이런 사람들은 스스로 구원의 문을 닫아 놓고 있는 어리석음을 범하는 사람이다. 잘못하면 라이스 성의 사람들처럼 걱정 없이 살고 있다가 예기치 못할 때 파멸이 우리 문 안으로 들어오게 된다. 조심하고 경성해야 한다.

19장

사사 시대의 도덕적 타락 - 어떤 레위 사람과 그의 첩

17장과 18장은 레위인의 종교적 타락을 보여주고, 19장과 20장은 레위인의 도덕적 타락을 보여준다. 하나님은 그분의 백성의 영적 상태를 매우 관심하시며, 그들의 영적 상태를 보려면 먼저 레위인의 상태를 보아야 한다.

이 부분의 기록도 '이스라엘에 왕이 없을 때'로 시작한다. 사사시대의 이러한 하락은 왕의 필요성을 시사한다. 성령께 순종함이 없이 육체의 세력에 굴복한 교회 가운데서는 수없는 부패의 상황이 일어나게 되어 있다. 어떤 권위도 없기 때문에 죄악의 상황이 생겨나도 해결할 길이 없는 것이다. 이 일이 일어난 곳도 미가의 신당이 있었던 에브라임 산지이다. 그곳에 사는 레위인 하나가 유다 베들레헴에서 첩을 취하였다. 레위 사람이 첩을 취한 것 자체가 당시 레위 사람들의 부패를 말해준다. 2절은 이 첩이 행음하고서 남편을 떠났다고 한다. 레위기 21장 7절을 보면 여호와의 집에서 봉사하는 모든 레위 사람은 기생이나 부정한 여인을 취하지 못하게 되어 있다.

그 첩이 그녀의 아비 집에 가서 넉 달을 지냈는데, 그 레위인 남편은 이 여자에게 다정히 말하여 다시 그 여자를 집으로 데려가고자 했다. 그리고 그녀의 아비는 사위를 보고 환영하면서 극진히 접대하였다. 이 모든 상황이 하나님의 백성의 부패와 좋지 않은 도덕성을 나타낸다. 그녀는 모세의 법에 의하면 돌에 맞아 죽어야 했고, 용서를 빌어도 마땅히 죄를 지은 여자가 빌어야 하는 법인데 남편이 찾아가서 '다정히 말하고' 그 맘을 풀어주어서 데려오려 했다는 것은 법이 없는 이방인들의 행함은 되어도 하나님의 백성, 그것도 레위인들 가운데는 절대 있을 수 없는 일이다.

교회 가운데서도 성도들이 죄를 짓고 불순종하는 상황에서 사역자들이 그들을 붙잡아 놓기 위해 다정히 말하는 것이 있다면 이는 극히 한심한 상황이라고 말하지 않을 수 없다. 많은 경우 그들은 다정한 말을 들을 것이 아니라 심한 책망을 들어야 한다. 그러한 것은 초기 교회의 상태와 너무 다르다. 교회가 산산이 분열되어 서로 오라고 하고 붙잡으려 하니 신자들은 사역자들의 호된 책망을 결코 들으려 하지 않고 사역자들도 책망할 용기를 갖지 못한다. 책망했다가는 맘이 상해 교회를 떠나기 때문이다. 이들은 조용히 떠나는 것도 아니고 사역자에 대한 거짓 풍설을 만들어 자기 죄를 가리며, 사람들을 부추겨 여럿을 데리고 떠나기도 하고 남은 성도들에게 악한 말을 퍼뜨려 교회를 황폐하게 만들어버리기도 한다. 그러기에 목회자들은 그런 일을 한두 번 겪고 나면 두려워서 어떤 잘못을 해도 강하게 책망을 못하고 오히려 잘못한 성도의 눈치를 살피며 오랜 시간 후에 다정하게 돌아오라고 타이르게 된다. 여기서 레위인은 하나님의 제사장 지파 사람으로서의 기세와 격을 완전히 잃었다. 이것이 사사 시대의 종교적, 도덕적 타락상이다.

그러한 가운데서 그가 삼 일 간 머물며 환대를 받은 것도 과도한 일인데, 장인이 붙잡는다고 하루를 더 머물고 그렇게 해서 다섯째 날까지 날이 저물도록 장인의 환대와 붙잡는 말에 붙들려 있었다고 하는 것은 있을 수 없는 일이다. 이 레위인은 분명한 계획이 없고 목적이 뚜렷하지 않은 사람이다. 이런 사람이 무슨 하나님의 종이며 사역자란 말인가! 이렇게 할 일 없고 게으른 사람들이 죄악에 휘말리게 된다. 결국 다섯째 날 저녁에서야 장인 집을 떠나 길을 나섰다. 그때까지 그는 장인에게 붙잡혀 있었다. 이렇게 한 사람 레위인의 느슨한 행함이 한 지파가 몰살당하는 비참한 결과를 가져온 것이다. 하나님을 섬기는 사람의 언행심사는 이렇게 중요한 것이다. 주님을 섬기는 사람에게는 중요한 순간에 내려야 하는 단호한 결단(definite decision)이 매우 중요하다.

17, 18장은 한 레위인의 잘못으로 단 지파 가운데 우상 숭배의 장소가 생긴 것을 말하며, 그 장소는 오랜 후까지 하나님의 집과 대립해서 또 하나의 경배 중심지가 되어버렸다. 19, 20장에서는 또 한 명의 레위인의 부정하고 해이한 생활이 그야말로 끔찍한 상황을 초래했다. 지파와 지파 간 전쟁이 일어나서 한 지파가 거의 몰살당하는 불상사가 일어난 것이다. 당시 장인의 지나치게 붙잡는 환대도 문제가 있었다. (죄는 정면으로 처리해야 한다. 회개할 것은 회개하고 보상할 것은 보상하며 책망할 것은 책망하며 심판할 것은 심판해야 한다. 좋은 접대로 무마하려는 것은 그리스도인의 자세가 아니다.) 또 끈끈하게 붙잡혀 떠나지 못하는 것도 문제가 있다.

하나님은 우리를 적당히 봐주는 식으로 구원하지 않으셨다. 그분의 사랑하는 독자를 십자가에 매달고 그 참담한 심판을 담당하게 하신 것이다. 이는 공의의 하나님의 죄에 대한 분명한 태도이다. 그렇지만 부패한 도덕성을 지닌 이들은 죄에 대하여 분명한 태도를 보여주지 못한다. 오늘날 기독교의 상태가 사사시대의 마지막 때와 같다는 나의 생각은 틀리지 않을 것이다.

이 레위 사람의 사환은 그에게 여부스 사람들에게 들어가서 쉬자고 하였다. 그러나 레위인은 이방인의 도시로 들어가기를 싫어했다. 이런 말은 그가 부패하였으면서도 나름대로 하나님의 말씀을 지키려는 의지였다. 이와 같이 당시 그들의 영적 상태는 혼잡되어 있었다. 혼잡된 사람들은 속에는 불순종과 거역이 있으면서도 작은 일들에서는 하나님의 계명을 순종하는 척하면서 스스로 위안을 삼는다. 그러나 그런 종교적인 일부 순종은 그를 지켜주지 않았다. 중심에서 순종치 않는 사람이 하나님의 보호하심과 긍휼을 기대할 수 있겠는가? 이것이 바로 말라기 시대의 이스라엘 상태였고 라오디게아 교회도 마찬가지였다. 전적인 헌신이 없는 것이다. 실상 이런 싹은 사사시대를 거쳐 이사야 시대에는 큰 줄기로 자라났고(사 1장 참조) 말라기 시대에는 열매를 맺었다(말 1, 3장 참조). 그들은 결국 여부스가 아닌 기브아로 가서 유숙하려 하였는데 아무도 영접하는 사람이 없었다. 혹 종의 말대로 차라리 이방의 도시인 여부스로 갔다면 좀 나았을 수도 있다.

16-21절, **"이미 저물매 한 노인이 밭에서 일하다가 돌아오니 그 사람은 본래 에브라임 산지 사람으로서 기브아에 우거하는 자요 그곳 사람들은 베냐민 사람이더라 노인이 눈을 들어 성읍 거리에 행객이 있는 것을 본지라 노인이 묻되 그대는 어디로 가며 어디서 왔느뇨 그가 그에게 이르되 우리는 유다 베들레헴에서 에브라임 산지 구석으로 가나이다 나는 그곳 사람으로서 유다 베들레헴에 갔다가 이제 여호와의 집으로 가는 중인데 나를 자기 집으로 영접하는 사람이 없나이다 우리에게는 나귀들에게 먹일 짚과 보리가 있고 나와 당신의 여종과 당신의 종 우리들과 함께한 소년의 먹을 양식과 포도주가 있어 무엇이든지 부족함이 없나이다 노인이 가로되 그대는 안심하라 그대의 모든 쓸 것은 나의 담책**(맡아서 책임을 지다)**이니 거리에서는 자지 말라 하고 그를 데리고 자기 집에 들어가서 나귀에게 먹이니 그들이 발을 씻고 먹고 마시니라"**.

기브아 사람들은 한 사람도 날이 저물어 밤을 지낼 곳이 없는 나그네를 접대할 사람이 없었다. 이스라엘 백성들은 나그네를 사랑하고 잘 대접하라는 계명을 갖고 있는데(신 10:19) 이때 그들의 영적인 상태는 매우 하락되어 그 밤에 성읍거리에 앉았으나[15절] 영접하는 자가 없었다. 이는 그들이 하나님의 명령을 개의치 않고 개인과 자신들의 편안한 삶만을 관심한 증거이다.

그때 한 노인이 그를 보았다. 그 노인은 고향이 에브라임 산지로서 이 레위인과 동향이었다. 노인은 그에게 사정을 묻고 자기 집으로 안내하였다. 레위인은 여호와의 집으로 가는 중이라고 했는데, 이는 실로의 하나님의 궤가 있는 곳을 일컫는 말이다. 하나님의 궤가 있는 실로, 여호와의 집에서 섬기는 사람의 영적 상태가 이런 정도에 떨어졌다는 것은 참으로 개탄할 일이다.

그 레위인은 쓸 것을 풍족하게 가지고 있으니 잠만 재워주면 된다고 하였고,

이 노인은 모든 쓸 것을 다 담당해서 접대하겠다고 했다. 이 노인은 선한 마음으로 하나님의 계명대로 그렇게 하였다. 노인은 레위인을 성심성의껏 접대하였다. 나귀도 씻겨주고 발도 씻게 해주고 마음을 다해 영접했다.

22-30절, **"그들이 마음을 즐겁게 할 때에 그 성읍의 비류들이 그 집을 에워싸고 문을 두들기며 집주인 노인에게 말하여 가로대 네 집에 들어온 사람을 끌어내라 우리가 그를 상관하리라 집주인 그 사람이 그들에게로 나와서 이르되 아니라 내 형제들아 청하노니 악을 행치 말라 이 사람이 내 집에 들었으니 이런 망령된 일을 행치 말라…그 집에 이르러서는 칼을 취하여 첩의 시체를 붙들어 그 마디를 찍어 열두 덩이에 나누고 그것을 이스라엘 사방에 두루 보내매 그것을 보는 자가 다 가로되 이스라엘 자손이 애굽 땅에서 나온 날부터 오늘날까지 이런 일은 행치도 아니하였고 보지도 못하였도다 생각하고 상의한 후에 말하자 하니라"**.

이 부분의 글에는 당시 이스라엘 기브아 사람들의 악행을 그대로 기록하고 있다. 이 비극이 일어난 시각은 그 노인과 레위인 객이 서로 "마음을 즐겁게 할 때"였다. 그는 노인과 동향인인 고로 할 말이 많았다. 주거니 받거니 하며 먹고 마시고 있었다. 동향의 소식도 서로 묻고 말하며 즐거운 시간을 가졌을 것이다. 그때 밖에서 왁자지껄하는 소리가 나며 소동이 일어났다. 그 성읍의 비류들이 레위인을 상관하겠다고 내놓으라는 것이다. 그들은 남색하는 자들이었다. 이를 소돔의 죄(sodomy-男色)라고 부른다. 소돔은 이러한 죄악으로 심판을 받은 바 있다. 이런 소돔의 악이 하나님의 백성들에까지 퍼진 것이다. 그때 노인은 레위인을 보호하고 나섰다. 자기의 딸과 그 레위인의 첩을 내어주겠다고 제안했다. 그러자 레위인이 자기의 첩을 그들에게 내어주었다. 일단 레위인은 자기의 첩을 내어줌으로써 주인의 딸은 보호한 것이다. 그들은 그 첩을 붙들고 밤새 행음을 하고 새벽 미명에 놓았는데 동 틀 때에 여인이 레위인이 머문 집 문에 이르러 엎드러져 누워 있었다. 그 레위인이 일찍이 일어나 떠나려고 일어나라고 하는데 대답이 없자 그 첩이 이미 죽은 것을 알았다.

그는 그녀를 나귀에 싣고 자기 집까지 가서 그 시체를 칼로 마디마디 열두 덩이로 나누었다. 그리고서는 그것을 각 지파에 보내면서 그의 억울함을 호소했다. 그는 기브아 사람들의 이 죄악을 그냥 묵인하고 지나갈 수 없다고 생각했다. 그들은 지나가는 객을 접대하기는 고사하고(한 사람도 영접하지 않았다) 그나마 접대하는 노인 집에 쫓아가서 이런 악을 행한 것이다. 나그네를 접대하라는 것은 하나님의 명령이고 이를 행하지 않는 것은 불순종이다. 그들은 그런 악에다 악을 더해서 극악한 음란의 죄를 범한 것이다. 악은 악을 불러오는 법이다. 각 지파는 그 사실을 알고 매우 격분하게 되었다. **"그것을 보는 자가 다 가로되 이스라엘 자손이 애굽 땅에서 나온 날부터 오늘날까지 이런 일은 행치도 아니하였고 보지도 못하였도다 생각하고 상의한 후에 말하자 하니라".**[30절]

20장

이스라엘이 베냐민 지파를 거의 전멸시키다

1-11절, **"이에 모든 이스라엘 자손이 단에서부터 브엘세바까지와 길르앗 땅에서 나왔는데 그 회중이 일제히 미스바에서 여호와 앞에 모였으니 온 백성의 어른 곧 이스라엘 모든 지파의 어른들은 하나님 백성의 총회에 섰고 칼을 빼는 보병은 사십만이었으며 이스라엘 자손의 미스바에 올라간 것을 베냐민 자손이 들었더라 이스라엘 자손이 가로되 이 악한 일의 정형을 우리에게 고하라 레위 사람 곧 죽임을 당한 여인의 남편이 대답하여 가로되 내가 내 첩으로 더불어 베냐민에 속한 기브아에 유숙하러 갔더니 기브아 사람들이 나를 치러 일어나서 밤에 나의 우거한 집을 에워싸고 나를 죽이려 하고 내 첩을 욕보여서 그로 죽게 한지라…백에 열, 천에 백, 만에 천을 취하고 그 백성을 위하여 양식을 예비하고 그들로 베냐민의 기브아에 가서 그 무리의 이스라엘 중에서 망령된 일을 행한 대로 징계하게 하리라 하니라 이와 같이 이스라엘 모든 사람이 하나같이 합심하여 그 성읍을 치려고 모였더라".**

먼저 미가의 신당의 일(17장 부터)과 레위 사람 첩의 사망 사건(19장)이 시대적으로 언제인가 하는 문제이다. 대부분의 학자들이 마지막 사사 이후가 아닐 것이라는 데에 동의한다. 즉 초기 사사 시대이다. 그 이유는 아론의 손자 엘르아살의 아들 비느하스가 이때 살아 있었고(20:28) 비느하스는 여호수아 시대에 생존했던 사람이며 요단 동편으로 가다가 오해할 만한 단을 쌓은 사건이 있을 때 열 지파의 방백과 함께 여호수아에 의해 파송된 적이 있기 때문이다(수 22:10-14).

온 이스라엘이 미스바에 함께 모여 이 일을 해결하기 원했다. 이스라엘의 어른들이 모두 모였고 그들은 여호와 앞에 있었다. 이것은 불의를 용납지 않으려는 진지한 모임이었다. 칼을 빼서 싸울 수 있는 장정은 사십만이었다. 그 모인 자들은 그 일을 자세하게 들을 양으로 그 레위 사람, 죽임을 당한 여인의 남편을 불러 정황을 다시 한 번 들었다. 레위 사람은 그 정황을 비교적 정확하게 말했다. 비교적 정확하다고 한 것은 그를 죽이려 한 것이 아니라 그들이 그를 남색하려 한 것이고 대신 그녀를 자기가 내어준 것 등이다. 그는 이런 점들은 상세하게 말하지 않았다.

이때 이스라엘은 모여서 어떻게 할 것인가 방책을 구했다. 그리고 그 끔찍한 죄악이 일어난 일에 대하여 응징하자고 결의했다. 그들은 모든 지파가 십분지 일의 군사를 내어 제비를 뽑아 베냐민의 망령된 일을 징계하기를 결의했다. 구체적인 문제, 싸울 사람들의 양식 조달 문제도 해결했다.

이때 베냐민도 연락을 받았을 것이고 모든 지파가 모인다는 것을 들었다. 그들은 이스라엘이 자기들의 죄를 심판하기 위해 모인다는 것을 알았지만 완고했다. 그들이 만일 정상적이었다면 응당 자신들 가운데 있었던 죄악을 자복하고 스스로 심판하며 용서를 구했을 것이다. 그렇게 했다면 양상은 달라졌을 것이다. 그러나 그들은 교만하고 완고한 마음을 먹고 오지 않았다. 그들은 지파심이 도덕심이나 하나님 앞에서의 관계성보다 더 우선하고 있었다. 그들은 자신의 지파의 명예와 단합을 위해서 그들 자신의 잘못도 감싸고자 했다. 이것이 오늘날도 이 시대의 상황이다. 잘못한 사람들이 더 강하게 따지고 덤비며 의인들을 때려눕히려 한다. 당시 베냐민은 도덕적으로 가장 타락되어 있었고, 따라서 그들은 다른 이스라엘 지파들과도 함께 하려는 마음도 적었다. 온 하나님의 백성을 위한 것이 아닌 자기 단체만을 위한 종파성은 구약에서나 신약에서나 악한 육체이다(갈 5:19-20).

12-17절, **"이스라엘 지파들이 베냐민 온 지파에 사람들을 보내어 두루 행하며 이르기를 너희 중에서 생긴 이 악이 어찜이뇨 그런즉 이제 기브아 사람 곧 그 비류를 우리에게 붙여서 우리로 죽여 이스라엘 중에 악을 제하여 버리게 하라 하나 베냐민 자손이 그 형제 이스라엘 자손의 말을 듣지 아니하고 도리어 각 성읍에서 기브아에 모이고 나가서 이스라엘 자손과 싸우고자 하니 그때에 성읍들에서 나온 베냐민 자손의 수는 칼을 빼는 자가 모두 이만 육천이요 그 외에 기브아 거민 중 택한 자가**

칠백인데 이 모든 백성 중에서 택한 칠백 명은 다 왼손잡이라 물매로 돌을 던지면 호리도 틀림이 없는 자더라 베냐민 자손 외에 이스라엘 사람의 칼을 빼는 자의 수는 사십만 명이니 다 전사라".

온 이스라엘은 그들을 심판하기 전에 베냐민 지파에 사람을 보냈다. 그리고 그들 중 잘못한 기브아 사람들 곧 비류를 보내어 그들만을 죽여 심판하게 하라고 했다. 이는 매우 합당한 조치였다. 그러나 베냐민은 이스라엘 어른들의 합당한 권면을 받지 않았다. 그들은 그들 가운데 있는 부정을 감싸고 이스라엘과 한판 싸울 것을 결의했다. 베냐민 군사도 만만치 않은 전력이었다. 그들이 뭔가 실력이 있다는 것이 문제였다. 그들 가운데 칼을 빼서 전투할 용사가 이만 육천 명이었다. 그 외에 기브아 거민 중 택한 자가 칠백이었다. 기브아는 그 끔찍한 죄를 지은 도시인데 그 사람들은 회개는커녕 싸움 잘하는 왼손잡이 칠백 명을 뽑아 이스라엘과 맞붙을 요량으로 보냈다. 그들은 물맷돌을 얼마나 잘던지는지 던지기만 하면 틀림없이 목표물을 맞추는 실력자들이었다. 그들은 그러한 물맷돌을 다윗과 같이 대적을 잡는 데 쓴 것이 아니라 형제들을 치는 데 사용하려 했다. 대적을 잡아야 할 용사들이 서로를 대적하여 전쟁을 벌이고 있었던 것이다.

18-25절, **"이스라엘 자손이 일어나 벧엘에 올라가서 하나님께 묻자와 가로되 우리 중에 누가 먼저 올라가서 베냐민 자손과 싸우리이까 여호와께서 가라사대 유다가 먼저일지니라 이스라엘 자손이 아침에 일어나 기브아를 대하여 진을 치니라 이스라엘 사람들이 나가서 항오를 벌이고 거기서 그들과 싸우고자 하매 베냐민 자손이 기브아에서 나와서 당일에 이스라엘 사람 이만 이천을 땅에 엎드러뜨렸으나 이스라엘 사람들이 스스로 용기를 내어 첫날 항오를 벌였던 곳에 다시 항오를 벌이니라 이스라엘 자손이 올라가서 여호와 앞에서 저물도록 울며 여호와께 묻자와 가로되 내가 다시 나아가서 나의 형제 베냐민 자손과 싸우리이까 여호와께서 가라사대 올라가서 치라 하시니라 그 이튿날에 이스라엘 자손이 베냐민 자손을 치러 나아가매 베냐민도 그 이튿날에 기브아에서 그들을 치러 나와서 다시 이스라엘 자손 일만 팔천을 땅에 엎드러뜨렸으니 다 칼을 빼는 자였더라".**

그들은 벧엘에 올라가서 하나님께 물었다. "우리 중에 누가 먼저 올라가서 베냐민 자손과 싸우리이까". 그들은 그렇게 죄를 범한 베냐민, 말을 해도 듣지 않는 베냐민을 징벌하는 것은 당연한 일로 결론을 내린 상태였다. 그들은 그 자체를 묻기에는 너무 많이 나아갔고 분이 충천해 있었다. 주님은 그들이 어떻게 물으면 어떻게 대답을 해주셨다. "유다가 먼저 일지니라". 어떤 학자들은 이 말을 그들이 여호와로부터 들은 것이 아니라 스스로의 확신이라고 생각한다. 즉 과거부터 그렇게 해온 것이므로 그런 식으로 생각했을 것이라는 말이다. 하나님은 동족 간에 싸우는 것 자체를 좋아하실 리가 없다.

그들이 나아가 싸웠지만 기브아에서 나온 베냐민 자손이 이스라엘 자손 이만 이천 명을 엎드러뜨렸다. 불법과 육적인 힘도 크게 힘을 발휘한다. 이스라엘은 스스로 용기를 내어 첫날 항오를 벌렸던 곳에 다시 항오를 벌렸다. 그리고 저물도록 울며 기도했다. "내가 다시 나아가서 나의 형제 베냐민 자손과 싸우리이까?" 그때 여호와께서 대답하시기를, "올라가서 치라!" 하셨다.

이 기도는 순서가 바뀐 감이 있다. 두 번째 기도를 먼저 했어야 한다. 그러나 이들은 첫 번째의 결정은 자신들이 했다. 너무나 분개할 일이고 징벌해야 마땅한 일이라고 여겼기 때문이다. 그러나 그들이 심하게 패하자 혹 주님이 베냐민과 싸우는 것을 원치 않으시는 것은 아닌가 하고 흔들렸다. 그래서 하루 종일 울면서 기도한 것이다. 그때 주님은 올라가서 치라고 하셨다. 두 번째 나아갔을 때도 그들은 패했다. 일만 팔천 명을 잃어버렸다. 분이 나서 하는 일은 옳은 일이라도 하나님께서 함께하시지 않는다. 하나님은 사람의 혈기가 그친 곳에서 역사를 시작하신다.

26-48절, **"이에 온 이스라엘 자손 모든 백성이 올라가서 벧엘에 이르러 울며 거기서 여호와 앞에 앉고 그날이 저물도록 금식하고 번제와 화목제를 여호와 앞에 드리고 여호와께 물으니라 (그때에는 하나님의 언약궤가 거기 있고 아론의 손자 엘르아살의 아들 비느하스가 그 앞에 모셨더라) 이스라엘 자손이 묻자오되 내가 다시 나가 나의 형제 베냐민 자손과 싸우리이까 말리이까 여호와께서 가라사대 올라가라 내일은 내가 그를 네 손에 붙이리라…이 날에 베냐민의 칼을 빼는 자의 엎드러진 것이 모두 이만 오천이니 다 용사더라 베냐민 육백 명이 돌이켜 광야로 도망하여 림몬 바위에 이르러 거기서 넉 달을 지내었더라 이스라엘 사람이 베냐민 자손에게로 돌아와서 온 성읍과 가축과 만나는 자를 다 칼날로 치고 닥치는 성읍마다 다 불살랐더라"**.

여기서 우리는 주 하나님께서 그래도 베냐민 편에 계시지 않고 온 이스라엘

편에 계셨다는 것을 알 수 있다. 베냐민 사람들도 당시 나름대로 옳은 이론이 있었을 것이다. 명분 없이 그 많은 용사들을 모을 수 없다. 그들은 어쩌면 단(라이스)에 세운 우상을 트집 잡았을 수도 있다. 그들은 부도덕한 죄를 지었지만 종교적으로 하나님을 바꾸는 우상을 세우는 일을 하지 않았다고 주장했을 수도 있다. 또한 그들의 잘못을 국문하기 위해 미스바에 베냐민 지파를 부르고 조사하는 과정에서 그들 존재를 상당히 무시했다고 불평했을 수도 있다. 그들의 상당한 논리와 주장이 있었겠지만, 하나님은 그래도 언약궤와 전체 이스라엘을 중심으로 하는 보편적인 입장에 서 계셨다.

물론 여기서 이스라엘은 성급했다. 그들은 두 번을 패하고 사만 명을 잃어버리고서 하나님 앞에 심각하게 무릎을 꿇었다. 두 번을 패배한 후 그들의 회개는 매우 좋았다. 거기에는 번제도 있고 화목제도 있으며 금식도 있고 눈물도 있었다. 그들은 또한 분열의 위치가 아닌, 언약궤와 함께 하나님의 집의 정통성 있는 제사장 엘르아살의 아들 비느하스와 함께하고 있었다. 그들은 또한 비록 사만 명이 죽었지만 반드시 원수 베냐민에게 보복해야겠다고 부르짖지도 않았다. 그들은 싸우는 일 자체도 내려놓았다. 그들은 하나님이 하지 말라시면 그만둘 수도 있다고 말씀드렸다. 그러므로 온 종일 그들은 아무것도 하지 않고 여호와 앞에 있었던 것이다. "여호와여 싸우리이까 말리이까?" 주님은 이때 분명하게 대답하셨다. "여호와께서 가라사대 올라가라 내일은 내가 그를 네 손에 붙이리라". 처음부터 이렇게 하지 않은 것이 유감스럽지만 그래도 그들은 좋았다. 베냐민은 계속 싸우러 나오지만 기도하고 회개한 기록이 없다. 그들의 부정과 육체와 고집이었다. 그 결과는 멸망인 것이다.

여기서 주님이 '내일은'이라고 하신 말씀을 생각해보면 이전 두 번의 싸움에서는 베냐민을 그들 손에 붙이지 않으셨다는 말도 된다. 그러므로 거기에는 어느 정도 이스라엘 사람들의 인본주의 요소가 들어간 것이라고 생각할 수 있다.

그들은 하나님께 기도하고 승리의 확신을 가졌지만 인간 편에서도 자세하고 치밀하며 주도면밀한 작전을 구사했다. 하나님 없이 두 번을 거듭 승리한 베냐민은 자신들을 신뢰하기에 충분했다. 하나님 앞에 모든 것을 비우고 기도하고 금식하며 회개한 이스라엘은 어떻게 해야 할 것을 너무나 잘 알게 되었다. 그들은 실패한 것에 대해서도 알게 되고 베냐민이 어떻게 나올 것도 잘 알게 되었다. 온당한 자들은 실패를 통해서도 전략을 얻는 법이다. 오늘 날 실패학이라는 것이 있다. 심지어 스웨덴에는 실패 박물관도 생겼다. 그리스도인의 인생에서도 실패를 통해 배우는 지혜야 말로 너무나 귀한 것이다.

그러므로 이번 전투는 그 이전과 달랐다. 군사를 기브아 사면에 매복시켰다. 이것은 베냐민이 자신들의 승리를 믿고 성읍을 쉽게 빠져 나올 것을 예상했기 때문이다. 기브아 성읍은 결국 그 죄과로 인하여 가장 먼저 참혹하게 복병들에 의해 칼로 살륙당했다(37, 40절). 그들은 먼저 삼십여 명을 치고서 지난 번처럼 또 이기고 있다고 생각했다. 그래서 성읍을 빠져 나왔는데, 기브아 앞 동편에서 일만 팔천을 잃고 림몬 바위 쪽에서 오천 명, 기돔에서 이천 명, 도합 이만 오천의 용사가 다 죽었다. 림몬 바위 쪽으로 도망하던 사람들은 '이삭 줍기 하듯' 죽임을 당하였으니 반항도 못하고 죽임을 당했다는 뜻이다. 간단히 말해서 베냐민은 이스라엘의 작전에 휘말렸다. 그리고 무참하게 패했다. 처음에는 자기들이 당하는 것을 모르고 있었다. 이제 성읍에 연기가 기둥처럼 일어나고 도망가는 척하던 이스라엘이 돌이키고 복병들이 일어나니 베냐민은 그제서야 큰일이 난 줄을 알았다. 자신을 신뢰하는 교만한 사람들은 자신들이 이미 패했는데도 그것을 모른다. 나중에 완전히 패배하였을 때에서야 현주소를 알게 된다. 교만과 고집이 사람을 멸망케 한다. 결국 베냐민 용사 육백 명만 남겨놓고 다 죽었다. 그들은 림몬 바위 곁에 숨어 넉 달을 지냈다. 베냐민 사람들의 성읍은 가축까지 모조리 불살라지고 칼로 죽임을 당했다.

21장

베냐민 자손에게 아내를 만들어주다

1-15절, "이스라엘 사람들이 미스바에서 맹세하여 이르기를 우리 중에 누구든지 딸을 베냐민 사람에게 아내로 주지 아니하리라 하였더라 백성이 벧엘에 이르러 거기서 저녁까지 하나님 앞에 앉아서 대성 통곡하여 가로되 이스라엘의 하나님 여호와여 오늘날 이스라엘 중에 어찌하여 한 지파가 이즈러졌나이까 하더니 이튿날에 백성이 일찌기 일어나서 거기 한 단을 쌓고 번제와 화목제를 드렸더라 이스라엘 자손이 가로되 이스라엘 온 지파 중에 총회와 함께하여 여호와 앞에 올라오지 아니

한 자가 누구뇨 하니 이는 그들이 크게 맹세하기를 미스바에 와서 여호와 앞에 이르지 아니하는 자는 반드시 죽일 것이라 하였음이라 이스라엘 자손이 그 형제 베냐민을 위하여 뉘우쳐 가로되 오늘날 이스라엘 중에 한 지파가 끊쳤도다 그 남은 자들에게 우리가 어떻게 하면 아내를 얻게 하리요 우리가 전에 여호와로 맹세하여 우리 딸을 그들의 아내로 주지 아니하리라 하였도다 또 가로되 이스라엘 지파 중 미스바에 올라와서 여호와께 이르지 아니한 자가 누구뇨 하고 본즉 야베스 길르앗에서는 한 사람도 진에 이르러 총회에 참여치 아니하였으니 백성을 계수할 때에 야베스 길르앗 거민이 하나도 거기 없음을 보았음이라 회중이 큰 용사 일만 이천을 그리로 보내며 그들에게 명하여 가로되 가서 야베스 길르앗 거민과 및 부녀와 어린아이를 칼날로 치라 너희의 행할 일은 모든 남자와 남자와 잔 여자를 진멸할 것이니라 하였더니 그들이 야베스 길르앗 거민 중에서 젊은 처녀 사백 인을 얻었으니 이는 아직 남자와 자지 아니하여서 남자를 알지 못하는 자라 그들이 실로 진으로 끌어오니라 이는 가나안 땅이더라 온 회중이 림몬 바위에 있는 베냐민 자손에게 보내어 평화를 공포하게 하였더니 그때에 베냐민이 돌아온지라 이에 이스라엘 사람이 야베스 길르앗 여인 중에서 살려둔 여자를 그들에게 주었으나 오히려 부족하므로 백성들이 베냐민을 위하여 뉘우쳤으니 이는 여호와께서 이스라엘 지파들 중에 한 지파가 궐이 나게 하셨음이더라".

죄는 밉지만 형제는 사랑해야 한다. 이스라엘은 그들이 보편적인 하나님의 백성의 위치에 있었기에 전쟁 후에 승리의 자축을 벌인 것이 아니라 한 지파의 이즈러짐에 대하여 슬퍼했다. 이것이 옳은 것이다. 이것은 보편적인 교회 성도들의 축복이다. 종파적이고 이단적이며 육체적인 성향을 가진 단체의 사람들은 이러한 감각을 갖지 못한다. 그들은 그저 이긴 것을 기뻐할 것이다. 그러나 당시 이스라엘 전체를 대표한 백성들은 이기고도 애통한 마음을 가졌다. 그리고 일찍이 일어나서 단을 쌓고 번제와 화목제를 드렸다. 이는 전체 교회의 위치에 서 있는 것이 얼마나 중요한지에 대한 또 하나의 그림이다. 이처럼 하나님의 백성들은 무엇을 하는 것 이상으로 어디에 서 있는가가 중요하다.

패전한 베냐민 지파 중에 림몬 바위로 피한 600명만 살아남았다. 그러므로 이스라엘에 한 지파가 궐이 나는 위기를 맞았다. 이스라엘은 미스바에 모여 아무도 베냐민에게 딸을 주지 않기로 맹세한 바 있다. 결과는 한 지파가 사라지는 위기를 맞은 것이다. 그때 온 이스라엘은 통곡하며 슬퍼하며 울었다. 그들은 아침에 일찍 일어나서 번제와 화목제를 드렸다. 인간이 잘한 일 가운데도 지나친 것이 있을 수 있다. 그들은 베냐민을 징벌하였지만 잘했다는 느낌보다는 죄를 지었다는 느낌, 하나님의 백성 한 지파가 궐이 나는 데 이르게 한 죄책감에 사로잡혔다. 모든 지파가 하나님께 소중하고 제사장의 흉패에는 열 두 보석이 물려 있었다. 그들 모든 지파가 야곱과 모세의 예언적인 축복을 받았다. 그러니 그들은 사생결단을 하면서 전쟁에 승리하고도 축배의 잔을 들 수 없었다.

이스라엘 지파 중에서는 맹세하여 베냐민에게 딸을 주지 않기로 하였으므로 베냐민의 보존책으로 베냐민과의 전쟁에 참여하지 않았던 야베스 길르앗을 쳐서 응징하고(그들은 베냐민을 치러갈 때 함께하지 않고 참여하지 않은 벌을 받았다.) 따라서 많은 부녀와 어린아이들이 칼날로 침을 당하고 처녀 400 명은 베냐민에게 주어졌다. 기드온이나 입다나 하나님을 위해 큰일을 하다보면 지나친 맹세를 하게 된다. 여기 이스라엘의 맹세도 일종의 지나친 것이다. 그렇지만 이스라엘은 전쟁이 끝난 후 하나님께 번제와 화목제를 드린 후 마음에 평안을 찾고 베냐민에 살아남은 600명(림몬 바위로 피한 자들)에게 평화를 선포했다. 이는 그들의 주님 앞에서의 회개와 제물 드림이 진정이었음을 증명한다. 그들은 그나마 600명이라도 도망하여 살아 남아준 것이 고마웠다. 그들로 말미암아 한 지파가 존속될 수 있기 때문이었다. 이스라엘은 길르앗 야베스를 징계하여 남자들과 남자들을 아는 여자들은 다 죽이고 남자들을 알지 못하는 400명의 처녀들을 600명의 베냐민 사람들에게 아내로 주었다. 그럼에도 200여 명의 여자들이 부족했다. 그들은 그런 과정을 거치며 베냐민을 위하여 뉘우쳤다. 그들을 연민하게 된 것이다. 이것이 한 피 받아 한 몸 이룬 형제자매들의 관계이다. 이것이 없다면 어떻게 형제 자매라 할 수 있겠는가!

16-25절에는 베냐민 지파 사람 200명에게 아내를 구해주는 내용이 기록되어 있다. 이스라엘 장로들은 베냐민 지파 남은 사람 200명에게 실로의 들에서 매년 열리는 무도회에 나오는 처녀들을 붙잡아 아내를 삼도록 허용했다. 그 춤은 아마도 초막절을 기념하는 경건하고 정숙한 무용이었을 것이다. 이스라엘 장로들은 베냐민 200명의 사람들에게 포도원에 숨어서 지켜보라고 하였다. 그리고 마음에 드는 여인을 붙들어가지고 베냐민 땅으로 들어가라고 훈수했다. 그럴 때 그 아비나 형제가 와서 이 일로 쟁론하면 이스라엘 장로들이 그들에게 은혜

를 베풀어 달라고 말하고 이는 자의로 딸들을 준 것이 아니니 죄가 당신들에게 돌아가지 않을 것이라 하겠노라고 했다. 그러므로 베냐민은 그대로 했고 그들의 수효대로 여인들을 붙들어 가지고 자기들의 기업의 땅으로 돌아가서 성읍들을 중건하고 그곳에 거주하게 되었다.

이렇게 해서 베냐민에 대한 심판의 일이 끝났다. 그들은 부패한 죄악에 대하여 참담하리만큼 큰 심판을 받았다. 그들만이 아니라 온 이스라엘이 베냐민을 위하여 고통을 당하며 무진 애를 쓰지 않으면 안 되는 상황을 겪었다. 이와 같이 죄란 자기를 망치고 남을 괴롭히며 다른 사람들 또한 크나큰 실수와 죄악을 범하는 데로 이끈다. 그러므로 성도들은 어찌하든 죄를 피해야 한다.

혼란의 원인이 다시 한 번 설명된다. "그때에 이스라엘에 왕이 없으므로 사람이 각각 그 소견에 옳은 대로 행하였더라". 이 말씀을 결론으로 사사기가 끝난다. 이러한 혼란의 원인은 "이스라엘에 왕이 없으므로"라고 했다. 사무엘 상을 읽어보면 사무엘과 하나님은 이스라엘 장로들이 왕을 세워달라고 할 때 기뻐하지 않았다(삼상 8:6-8). 그런데 여기 사사기에는 반복적으로 이스라엘에게 왕이 꼭 필요한 것처럼 말한다.

길르앗 야베스 사람들은 동족 가운데 심각한 죄가 있어서 온 이스라엘이 난리를 하는데도 전연 개의치 않고 그 문제를 함께 고민하면서 바로잡으려 하지 않는 무관심때문에 심판을 받은 것이다. 죄는 반드시 심판받아야 한다(고전 5:1-13). 그러나 그때 그들은 두려움과 온유함이 부족했다. 결론적으로 말하면 이때 이스라엘은 각기 소견대로 행하고 하나님의 율법을 준수하지 못했으며, 그러니만큼 베냐민 지파에 대한 이스라엘의 처사도 옳게 행한 것이 있는 반면 잘못 행한 일도 있었다. 사사 시대에는 모든 것이 온전치 않았다. 부분적으로 옳고 상대적으로 나은 점들이 있었을 뿐이다.

룻기

서문

이 책의 내용은 모압 여자 룻에 대한 기록이기 때문에 '룻기'라고 부른다. 성경 중 두 권의 책, '에스더'와 '룻기'는 여자의 이름을 제목으로 했다. 이는 성도로서 가장 영예로운 일 중 하나이다. 이 책의 저자는 분명치 않으나 사무엘로 추정된다. 이는 이 책을 기록한 사람이 사사 시대의 기록을 알고 다윗을 아는 사람일 것이기 때문이다(4:17). 이 책의 내용은 사사기의 일부처럼 느껴지기 때문에 사사기의 부록이라고도 한다. 사사기는 어둡고 침침한 분위기가 지배적인 반면, 룻기는 밝고 섬세하고 아름다운 정서를 지닌바 어두운 시대에 샛별과 같다고 할 수 있다.

이 책이 망라하고 있는 기간은 11년 정도이며 주전 1322년부터 1312년까지이다. 이 사건의 발생지는 모압 땅과 가나안 땅이다. 이 책은 풍성한 영적 의미를 포함하고 있는 것 외에도 탁월한 문학적 가치가 있다. 룻과 결혼한 보아스는 이스라엘의 가나안 정탐꾼을 받아들였던 라합의 아들이었다. 라합의 남편이며 보아스의 아버지인 살몬은 유다 사람으로서 역대 상 2장 11, 51, 54절에 나오는 살마와 동일인이다. 그리스도의 계보에 라합이나 룻과 같은 이방인들이 오르게 된 것은 우리 같은 이방 죄인들도 믿음이 있고 갈망이 있고 간구가 있다면 그 신성한 그리스도의 나라에 분깃이 있을 것임을 시사해 주며 소망과 용기를 준다.

1장

나오미라는 여인

룻기 시대는 그래도 이스라엘에 왕이 없어 혼란스러운 때가 아니고 사사들이 있어서 치리하던 때였다. 하나님의 백성들에게 흉년이 들었다는 것은 하나님의 율법을 지키지 않은 것에 대한 심판의 표시였다. "그러나 너희가 내게 청종치 아니하여 이 모든 명령을 준행치 아니하며 나의 규례를 멸시하며 마음에 나의 법도를 싫어하여 나의 모든 계명을 준행치 아니하며 나의 언약을 배반할진대… 너희 수고가 헛될지라 땅은 그 산물을 내지 아니하고 땅의 나무는 그 열매를 맺지 아니하리라"(레 26:14, 15, 20).

여기에 유다 베들레헴의 한 사람의 이야기가 나오는데, 그의 이름은 엘리멜렉이고 그 아내의 이름은 나오미이며 말론과 기룐이라는 두 아들이 있었다. 엘리멜렉이라는 이름의 뜻은 '하나님이 나의 왕이시다'이며, 나오미의 뜻은 '유쾌함' 또는 '온후함'이다. 말론과 기룐은 각각 '병약함', '소모'라는 뜻이니 엘리멜렉은 흉년과 가난함 가운데 병약하여 기르기 힘든 두 아들을 낳았던 것이다. 이는 이스라엘에 대한 심판의 상황이 그 가정에도 미쳤음을 알 수 있다. 그들이 베들레헴에 사는 동안 흉년이 들었는데, 그때만 해도 그 가정은 그렇게까지 경제사정이 나쁘지는 않았던 것 같다(21절 참조). 그들은 어렵더라도 함께 그 땅을 지키며 살았어야 했고 여호와 하나님의 율법과 규례를 떠남으로 받는 재앙을 돌이키기 위해 합심하여 회개했어야 했다. 그러나 그 가정은 그들만의 생활의 안전을 찾아 떠났다. 그리고 이는 더 큰 심판과 징계를 초래했다. 이것은 많은 그리스도인에게 경고가 되어야 한다.

그리스도인들은 환경이 어렵다 하여 쉽게 위치를 바꾸거나 이주하려 해서는 안 된다. 이는 옳지 않은 일이다. 반드시 주님과 함께 움직여야 하고 주님을 따라 움직여야 한다. 그 중심에 주님이 계시고 그분의 움직임이 있어야 한다. 그렇지 않고 개인의 유익과 편리를 위하여 움직이게 되면 거기에 심판이 있게 된다. 이들을 움직이게 한 것은 그야말로 양식이었던 것이 분명하다(6절, "그가 모압 지방에 있어서 여호와께서 자기 백성을 권고하사 그들에게 양식을 주셨다 함을 들었으므로 이에 두 자부와 함께 일어나 모압 지방에서 돌아오려 하여").

결국 엘리멜렉은 모압 땅에서 죽고 두 아들은 결혼하여 아내들을 얻었지만 그들도 십여 년이 지난 뒤 모압 땅에서 시름시름 앓다가 죽었다. 나오미는 이러한 주님의 징계의 손을 통과하면서 배우게 된 것 같다(1:20-21 참조). 하나님은 때로 한 사람을 얻으시기 위해 이렇게 많은 환경을 사용하신다(롬 8:28). 나오미는 전에 남편을 따라 별 느낌이 없이 모압 땅에 갔을 것이고 당시만 하더라도 그녀는 그다지 하나님을 많이 체험하지 못했던 것 같다. 그러나 그녀는 모압 땅에서 10년이라는 징계 기간을 통해서 많이 배웠고 룻과 같은 훌륭한 이방 여인을 양육하여 다윗과 주 예수님의 조상이 되게 하는 데 일조했다.

룻이 나오미를 따르겠다고 간청하다

엘리멜렉이 모압 땅에 가서 그 땅 백성들과 함께 살며 그 땅 여인들을 며느리로 삼은 것은 선민으로서의 입장을 견지했다고 말할 수 없다. 그들은 모압 땅에 가지 않았으면 좋을 뻔하였다. 그러나 그들이 그곳에 간 것조차도 하나님은 사용하셨다. 믿는 이들의 실패까지도 하나님께서 사용하여 일하시는 경우는 허다하다. 나오미는 그곳에서 그리스도의 조상이 된 여인 룻을 얻은 것이다. 그렇지만 그녀는 하나님이 허락하시지 않은 땅에 들어가서 사는 바람에 남편을 잃고 두 아들을 잃었다. 사실 그녀는 남편이 죽은 뒤에 곧 경고를 받았어야 했다. 그러나 그녀는 남편이 죽고 한 아들이 죽고 또 한 아들이 죽은 후에야 가나안 땅에 양식이 있다는 말을 듣고 움직이기 시작했다.

하나님의 백성인 우리는 떠나고 머무는 일에 있어서 주님의 주권을 신뢰해야 한다. 많은 그리스도인들이 주님을 섬긴다고 하나 대개의 경우 생계나 직업이나 자녀 교육 등의 필요 때문에 이주하곤 한다. 그리스도는 우리의 중심과 으뜸이시다. 그분이 우리의 모든 삶을 지배하고 인도하셔야 한다. 그분의 필요를 따라 움직이는 것이 마땅하다.

나오미는 떠나기에 앞서 두 자부에게 자유로이 선택하게 했다. 여기서부터 나오미의 영성이 빛을 발하기 시작한다. 영적인 사람은 그 누구든지 사람을 함부로 자기에게로 끌려고 하거나 붙잡지 않는다. 주님을 따르는 것도 마찬가지이다. 주님은 사람이 환경이나 인정 때문에 마지못해 그분을 따르는 것을 원치 않으시고 기꺼이 단 마음으로 그분을 선택하여 따르는 것을 기뻐하신다. 하나님은 사람이 그분을 믿고 선택하는 것을 기뻐하시지만, 만일 원치 않는 마음이 있다면 다른 우상을 섬기는 것도 선택하라고 하신다(수 24:15). 그만큼 하나님은 사람의 자유 의지를 귀하게 여기시고 자의적으로 그분을 따르기를 원하신다. 하나님은 사람이 자의적으로 선택하여 따를 만한 인격의 하나님이시다.

14절에서 오르바라는 여인은 그 말을 듣고 시모에게 입 맞추었다. 그들 둘은 다 울기는 울었지만 마음은 서로 달랐다. 룻은 시어머니에게서 본 것이 있었다. 즉 시어머니가 섬기는 하나님이 참 하나님이시라는 것, 그 백성이 그 하나님의 긍휼과 은혜를 얻은 백성이라는 것을 안 것이다. 비록 나오미가 하나님의 손이 그녀를 치셨다고 고백했으나 룻에게는 그런 말이 오히려 복음으로 부럽게 들린 것이다. 위대하신 하나님께서 자신의 백성들을 징계하신다는 것은 그들을 매우 사랑하신다는 표시이다. 그 자체가 하나님의 사랑도, 징계나 간섭도 없이 사는 이방인에게는 부러움의 요소일 것이다. 전에 부모 없이 사는 한 가난한 소년이 도시에 와서 공부하다가 한 친구를 사귀었는데, 그는 장군의 아들이었다. 그 친구가 조금 잘못했는데도 장군인 그 아버지는 매우 노하여 꾸중을 했다고 말했다. 그때 부모 없는 그 소년은 그 말을 들으면서 눈물을 지었다. 그것은 그 친구가 너무 부러웠기 때문이다. '저 친구는 자기가 잘못할 때 꾸짖고 야단칠 위대한 아버지를 갖고 있다!' 그 소년은 자기 같으면 그런 아버지한테 많이 맞아도 아프지 않을 것이라고 독백했다. 이것이 룻의 인식이었을 것이다.

반면에 오르바는 시어미의 말을 받아들이고 떠났다. 나오미는 붙잡고 따르는 룻에게 다시 권했다. "보라, 네 동서는 그 백성과 그 신에게로 돌아가나니 너도 동서를 따라 돌아가라." 그러자 룻은 성경에서 가장 감동적이고 탄복할 만한 말을 여기서 했다. "룻이 가로되 나로 어머니를 떠나며 어머니를 따르지 말고 돌아가라 강권하지 마옵소서 어머니께서 가시는 곳에 나도 가고 어머니께서 유숙하시는 곳에서 나도 유숙하겠나이다 어머니의 백성이 나의 백성이 되고 어머니의 하나님이 나의 하나님이 되시리니 어머니께서 죽으시는 곳에서 나도 죽어 거기 장사될 것이라 만일 내가 죽는 일 외에 어머니와 떠나면 여호와께서 내게 벌을 내리시고 더 내리시기를 원하나이다". 이 구절은 아무리 읽어도 그 감동이 사라지지 않는, 영원히 그리스도인들의 마음에서 아름다운 시정(詩情)을 자아내는 말이다. 사람이 주님과 진리를 따르는 데 있어서, 교회의 길을 감에 있어서 가장 중요한 것이 있다. 그것은 끝까지 변치 않고 죽는 날까지 목숨을 다해 그분을 따르는 일이다. 세상에 이보다 중요한 일은 없다. 여기서 룻은 그러한 성도의 가장 귀중한 본이 되었다. 사람의 신분과 과거는 중요치 않다. 어떻게 일생을 헌신하여 주를 따랐는가, 그 좁은 길, 한 길을 걸었는가가 중요하다.

But Ruth said, "Entreat me not to leave you or to return from following you; for where you go I will go, and where you lodge I will lodge; your people shall be my people, and your God my God; where you die I will die, and there will I be buried. May the LORD do so to me and more also if even death parts me from you."

나오미의 베들레헴 귀환

19-22절, **"이에 그 두 사람이 베들레헴까지 갔더라 베들레헴에 이를 때에 온 성읍이 그들을 인하여 떠들며 이르기를 이가 나오미냐 하는지라 나오미가 그들에게 이르되 나를 나오미라 칭하지 말고 마라라 칭하라 이는 전능자가 나를 심히 괴롭게 하셨음이니라 내가 풍족하게 나갔더니 여호와께서 나로 비어 돌아오게 하셨느니라 여호와께서 나를 징벌하셨고 전능자가 나를 괴롭게 하셨거늘 너희가 어찌 나를 나오미라 칭하느뇨 하니라 나오미가 모압 지방에서 그의 며느리 모압 여인 룻과 함께 돌아왔는데 그들이 보리 추수 시작할 때에 베들레헴에 이르렀더라"**.

베들레헴에 돌아온 나오미와 룻은 온 성읍 사람들에게 영접을 받았다. 그녀는 사람들이 나오미가 아니냐고 말할 때 마라라 칭하라고 하였다. 그녀는 풍족한 상태에서 남편과 두 아들과 함께 나갔다가 다 잃고 이방인 며느리 하나만 데리고 초라하게 돌아온 것이다. 그녀는 돌아와서 사람들에게 자신이 하나님께 징벌을 받았고 전능자가 자기를 심판하셨다고 고백했다. 이 또한 믿음의 용기요 겸손하게 낮아진 사람의 언사이다. 많은 사람들이 이런 때 여러 영적인 말로 자신이 믿음이 그렇게 나쁘지 않으며 그러한 일을 통하여 얼마나 하나님의 주권을 체험했는가를 말하면서 자신의 입장을 변명하는 데 급급할 것이다. 그러나 나오미는 그러한 징계의 손을 통하여 확실히 은혜와 유익을 얻었다. 그것은 배움이 있는 자의 어조이다. 우리를 겸손케 하시는 하나님의 섭리를 당하여서는 우리의 심령을 겸손케 해야 하며 우리의 형편이 낮아졌을 때에는 우리의 마음도 낮아져야 한다. 단순한 고통이 아니라 정당하게 초대된 고통은 우리에게 유익을 준다.

2장

룻이 보아스를 만나다

1-3절, **"나오미의 남편 엘리멜렉의 친족 중 유력한 자가 있으니 그의 이름은 보아스더라 모압 여인 룻이 나오미에게 이르되 원하건대 내가 밭으로 가서 내가 누구에게 은혜를 입으면 그를 따라서 이삭을 줍겠나이다 하니 나오미가 그에게 이르되 내 딸아 갈지어다 하매 룻이 가서 베는 자를 따라 밭에서 이삭을 줍는데 우연히 엘리멜렉의 친족 보아스에게 속한 밭에 이르렀더라".**

룻기의 또 하나의 주인공 보아스가 소개되는 장면이다. 친족이란 가까운 자, 특별히 기업을 무를 의무를 지닌 혈족 관계에 있는 사람을 가리킨다. 유력한 자란 히브리어로 '이쉬 깁보르 하일'로서 '용사(깁보르)' 또는 '재물이 많은 자(하일)'의 뜻을 가지고 있으니 보아스는 재물이 많으며 다른 사람의 어려움을 도울 수 있는 역량을 지닌 사람이었다는 뜻이다. 룻은 시어미 나오미에게 밭으로 가서 이삭 줍는 일을 하게 해달라고 구했다. 이는 룻의 효성과 부지런함을 나타내는 말이다. 기회는 어느 누구에게나 찾아오는 것이 아니라 오직 충성되고 부지런한 사람에게 찾아온다. 그녀의 이러한 귀한 효심과 근면성이 유력자 보아스를 만나 장래 그리스도의 조상이 되는 영예를 차지할 기회를 얻게 한 것이다.

3절에서 룻은 이삭을 줍다가 우연히 엘리멜렉의 친족이 되는 보아스에게 속한 밭에 이르렀다. 여기서 '우연히'라는 말은 히브리어로 '일이 맞아 떨어지다'라는 뜻이다. 그리스도인에게는 사실상 우연이 없다. 모든 것은 하나님의 뜻에 따른 것이다. 참새 한 마리도 하나님의 허락하심이 없이는 땅에 떨어지지 않는다. 사람들은 우주와 하늘과 해와 달과 땅과 만물이 우연히(by chance) 생겨났다고 믿는다. 모든 것을 우연으로 생각하는 사람은 신앙을 갖지 못한다. 그러나 모든 일의 배후에 전지전능하신 분의 뜻과 섭리가 있다고 믿는 것이 신앙의 시작이다. 당신이 그것이 우연일지 하나님의 섭리일지 어떻게 분명히 알 수 있는가? 그야말로 그것을 확실히 안다면 당신이 전지한 존재이다.

성경에는 우연이 없다고 말씀한다. 하나님은 사람의 머리털까지도 세고 계신다고 말한다. 참새 한 마리가 떨어지는 것도 하나님의 허락하심이라고 말하고 있는 것이 성경이다. 모든 것이 우연이라고 생각하는 것은 깊지 않은 어리석은 생각이다. 우리는 우연히 이 땅에 태어난 존재가 아니라 창세 전부터 그리스도 안에서 하나님의 선택하심과 예정하심을 입은 자들이다. 하나님께서는 수천만의 사람들을 영원 전에 미리 아시고 그들을 예정하셨다. 우리는 우연히 예수 믿고 신자가 된 것이 아니다.

대개 하나님께서는 어떤 사람들을 매우 자연스런 방식으로 우리에게 인도하신다. 여러분이 배우자를 만나게 된 일, 태어난 자녀들, 인생을 살면서 우연히 만난 사람, 우연히 들은 소식, 우연히 닥친 환경인 것 같았지만 많은 세월이 지난 후에 돌아다보면 거기에 하나님의 주권적인 손길이 개입되어 있음을 깨닫게 된다. 룻도 이때 하나님이 자신을 인도하시는 손길을 느끼지 못하고 있었을 뿐 당시 일어난 일이 결코 우연은 아니었다.

벌써 룻은 삶 가운데서 하나님을 신뢰하는 법을 배우고 있었다. "내가 뉘게 은혜를 입으면 그를 따라서 이삭을 줍겠나이다". 이는 하나님을 경외하고 하나님의 섭리를 인정하는 믿음이다. "네가 밭에서 곡식을 벨 때에 그 한 뭇을 밭에 잊어버렸거든 다시 가서 취하지 말고 객과 고아와 과부를 위하여 버려두라 그리하면 네 하나님 여호와께서 네 손으로 하는 범사에 복을 내리시리라"(신 24:19-22). 그녀는 하나님의 백성 가운데 이러한 법이 있음을 알았다. 그리고 가서 이삭을 줍다 보면 경건하여 말씀을 준행하는 자가 자기에게 자비를 베풀 것이라는 신뢰를 갖고 있었다.

4-16절, "마침 보아스가 베들레헴에서부터 와서 베는 자들에게 이르되 여호와께서 너희와 함께하시기를 원하노라 그들이 대답하되 여호와께서 당신에게 복 주시기를 원하나이다 보아스가 베는 자들을 거느린 사환에게 이르되 이는 뉘 소녀냐 베는 자를 거느린 사환이 대답하여 가로되 이는 나오미와 함께 모압 지방에서 돌아온

모압 소녀인데…룻이 이삭을 주우러 일어날 때에 보아스가 자기 소년들에게 명하여 가로되 그로 곡식 단 사이에서 줍게 하고 책망하지 말며 또 그를 위하여 줌에서 조금씩 뽑아 버려서 그로 줍게 하고 꾸짖지 말라 하니라".

보아스의 경건성

우리는 여기서 보아스의 경건성과 신앙 인격을 대하게 된다. 그는 먼저 축복과 감사와 기도를 쉬지 않는 사람이었다(4, 12절). 그들의 상호 인사 내용이 매우 인상적이다. 보아스는 베들레헴에서 와서 자기 밭에서 일하는 인부들에게 말한다. "여호와께서 너희와 함께하시기를 원하노라". 그러자 일꾼들이 주인인 보아스에게 답한다. "여호와께서 당신에게 복 주시기를 원하나이다".

보아스는 낯선 젊은 여인을 발견하고 사환에게 누구냐고 물었다. "이 소녀는 누구냐?" 그녀는 분명 이방 여인이요 자격이 없는 모압 여인이었다. 하나님의 총회에 들어올 자격이 없는 여자였던 것이다. 오늘 우리 말로 하면 "나는 죄인 가문의 출신이요 진노의 자녀입니다. 나의 본성은 타락하였고 간악합니다." 라고 해야 한다. 그녀는 보아스를 보며 속으로 이렇게 생각했을 것이다. "오, 선생이여, 만일 당신이 내가 나의 절망적인 상태, 버림받은 상태에 대하여 느끼는 감정을 안다면 이삭을 줍게 허락하지 않을 것입니다. 나는 너무도 오랫동안 하나님께 이방인으로 살아왔으며 이스라엘 연방으로부터 떨어져서 살아왔기 때문입니다." 사환은 묻는 보아스에게 답변하기를, 그녀는 모압에서 온 소녀인데 "나로 베는 자를 따라 단 사이에서 이삭을 줍게 해달라."고 부탁하였고 아침부터 와서는 잠시 집에서 쉰 것 외에 지금까지 계속 이삭을 줍고 있다고 했다. 즉 그녀의 열심과 근면성을 말한 것이다. 그때 보아스가 룻에게 말했다. "내 딸아 들으라 이삭을 주우러 다른 밭으로 가지 말며 여기서 떠나지 말고 나의 소녀들과 함께 있으라 그들의 베는 밭을 보고 그들을 따르라 내가 그 소년들에게 명하여 너를 건드리지 말라 하였느니라 목이 마르거든 그릇에 가서 소년들의 길어 온 것을 마실지니라". 보아스는 참으로 경건한 심성을 갖고 있었다. 그는 룻에게 다른 곳에 가지 말고 자기 밭에서 계속 이삭을 주우라고 하면서 배려해주었다. 실상 그리스도를 예표하는 보아스는 이런 사람을 만나러 보내심을 받은 것이다. 주님은 룻과 같이 자신에 대해 낮은 평가를 갖는("내가 무엇이관대 당신의 목전에서 은혜를 얻을 수 있나이까? 나는 이방인일 뿐이옵니다.") 사람에게 말할 것이다. "나는 바로 너 같은 자를 구원하기 위하여 보내심을 받았다."

그는 룻이 예쁘장한 여인인 것을 보고 그곳 남자들에게 함부로 대하지 않도록 말해 두었고, 그녀가 목이 마를 때는 물을 마실 수 있도록 조치해 주었다. 보아스는 확실히 하나님의 율법을 지키는 자였다. 실상 경건(godliness)이란 하나님을 표현하는 삶이다. 보아스는 하나님의 계명이 그의 인격과 삶을 통해 빛으로 나타나는 삶을 살고 있었다. 그는 불쌍한 과부나 고아를 돌아보고 가난한 자를 동정하는 마음을 갖고 있었으며 자비롭고 자상한 성품을 지니고 있었다. 이 모두가 하나님의 속성들이다.

보아스의 이러한 황송한 배려에 룻이 답한다. "룻이 땅에 엎드려 절하며 그에게 이르되 나는 이방 여인이어늘 당신이 어찌하여 내게 은혜를 베푸시며 나를 돌아보시나이까". 많은 학자들이 보아스는 그리스도를 예표하며 룻은 이방 죄인인 우리를 예표한다고 말한다. 나는 그것이 아주 귀한 해석이라고 믿는다. 우리는 주님으로부터 은혜를 받을 수 없는 이방 죄인의 위치에 있었다. 그런 우리에게 주님이 찾아오셔서 사랑과 은혜를 베푸신 것이다. 우리 또한 룻처럼 주님께 고백할 수밖에 없다. "우리는 죽을 수밖에 없는 이방 죄인인데 어찌하여 우리에게 이렇게 큰 은혜를 베푸시나이까?"

그런데 놀랍게도 보아스는 룻에 대하여 이미 알고 있었다. 이는 하나님이 우리를 미리 알고 계셨던 것과 같다. "보아스가 그에게 대답하여 가로되 네 남편이 죽은 후로 네가 시모에게 행한 모든 것과 네 부모와 고국을 떠나 전에 알지 못하던 백성에게로 온 일이 내게 분명히 들렸느니라 여호와께서 네 행한 일을 보응하시기를 원하며 이스라엘의 하나님 여호와께서 그 날개 아래 보호를 받으러 온 네게 온전한 상 주시기를 원하노라". 이 또한 보아스의 축복 기도 중 하나이다. 그는 기도와 감사와 축복의 사람이었다. 누구든지 하나님의 은혜의 날개 아래 보호하심을 받으러 온 사람을 주님은 결코 거절하지 않으신다(요 6:37). 주님은 사마리아 여인을 만나기 전부터 그녀를 다 알고 계셨으며 또한 삭개오를 알고 계셨다. 하나님은 당신을 알고 계시며 나를 알고 계신다. 그분은 우리가 무슨 일을 했으며 어떤 행동을 했는가를 아시며 특히 주님을 위해 착한 일들을 행한 것을 아신다. 계시록 2, 3장에 의하면, 주님은 일곱 교회의 상태를 다 알고 계셨다. "내가 네 행위와 수고와 인내를 알고", "또 네가 참고 내 이름을 위하여 견디고 게으르지 아니한 것을 아노라". 이와 같이 주님이 우리의 모든 것을 알고 계심은 우리에게 너무나 큰 격려가 된다. 세상이 몰라줘도 주님은 우리를 아신다.

보아스의 여유와 은혜로움

17-23절, "룻이 밭에서 저녁까지 줍고 그 주운 것을 떠니 보리가 한 에바쯤 되는지라 그것을 가지고 성읍에 들어가서 시모에게 그 주운 것을 보이고 그 배불리 먹고 남긴 것을 내어 시모에게 드리매 시모가 그에게 이르되 오늘 어디서 주웠느냐 어디서 일을 하였느냐 너를 돌아본 자에게 복이 있기를 원하노라 룻이 누구에게서 일한 것을 시모에게 알게 하여 가로되 오늘 일하게 한 사람의 이름은 보아스니이다 나오미가 자부에게 이르되 여호와의 복이 그에게 있기를 원하노라 그가 생존한 자와 사망한 자에게 은혜 베풀기를 그치지 아니하도다 나오미가 또 그에게 이르되 그 사람은 우리의 근족이니 우리 기업을 무를 자 중 하나이니라 모압 여인 룻이 가로되 그가 내게 또 이르기를 내 추수를 다 마치기까지 너는 내 소년들에게 가까이 있으라 하더이다 나오미가 자부 룻에게 이르되 내 딸아 너는 그 소녀들과 함께 나가고 다른 밭에서 사람을 만나지 아니하는 것이 좋으니라 이에 룻이 보아스의 소녀들에게 가까이 있어서 보리 추수와 밀 추수를 마치기까지 이삭을 주우며 그 시모와 함께 거하니라".

룻은 저녁까지 열심히 주운 것을 떨었다. 곧 이삭을 추수한 것이다. 그녀는 자기의 업무를 성실히 수행하는 본이 되었다. 그녀는 비록 적은 분량이지만(보리 한 에바는 열두 되 가량 된다. 이삭을 줍는 형편으로는 그래도 큰 수확이었다), 성실히 추수하여 시모에게 가지고 갔다. 나오미는 누군가 룻을 도와주지 않으면 그런 분량의 곡식을 가지고 돌아올 수 없다는 것을 곧 알 수 있었다. 그래서 룻에게 물었다. "오늘 어디서 주웠느냐 어디서 일을 하였느냐 너를 돌아본 자에게 복이 있기를 원하노라". "룻이 누구에게서 일한 것을 시모에게 알게 하여 가로되 오늘 일하게 한 사람의 이름은 보아스니이다".

나오미는 이미 보아스를 알고 있는 터였다. 그녀는 그의 이름이 보아스라고 하자 하나님을 찬미하며 그를 축복하는 말을 했다. "나오미가 자부에게 이르되 여호와의 복이 그에게 있기를 원하노라 그가 생존한 자와 사망한 자에게 은혜 베풀기를 그치지 아니하도다". 나오미는 보아스가 룻을 선대한 것이 자기의 죽은 남편인 엘리멜렉과 남은 유족인 자기에 대한 선한 배려임을 알았다. 그녀는 이어서 룻에게 보아스가 자신의 친족이며 기업을 무를 자 중에 하나라고 말해주었다. 그러자 룻이 나오미에게 보아스가 한 말을 한 마디 더 했다. "그가 내게 또 이르기를 내 추수를 다 마치기까지 너는 내 소년들에게 가까이 있으라 하더이다". 보아스는 추수를 마치기까지 룻이 그의 밭에서 이삭줍기 할 것을 배려해준 것이다.

"나오미가 자부 룻에게 이르되 내 딸아 너는 그 소녀들과 함께 나가고 다른 밭에서 사람을 만나지 아니하는 것이 좋으니라". 나오미는 오래된 신자의 냄새를 갖고 있다. 오래된 신자는 경험을 갖고 있으며 따라서 뭔가를 예측할 수 있다. 이것이 어린 신자들과 다른 점이다. 그녀는 여기에 뭔가 하나님의 섭리가 있음을 읽을 수 있었다. 성도들은 많은 시간 그리스도인의 길을 걸어온 경험 있는 성도들의 조언을 멸시하지 말아야 한다.

3장

나오미의 조언

1-5절, "룻의 시모 나오미가 그에게 이르되 내 딸아 내가 너를 위하여 안식할 곳을 구하여 너로 복되게 하여야 하지 않겠느냐 네가 함께하던 시녀들을 둔 보아스는 우리의 친족이 아니냐 그가 오늘밤에 타작마당에서 보리를 까불리라 그런즉 너는 목욕하고 기름을 바르고 의복을 입고 타작마당에 내려가서 그 사람이 먹고 마시기를 다 하기까지는 그에게 보이지 말고 그가 누울 때에 너는 그 눕는 곳을 알았다가 들어가서 그 발치 이불을 들고 거기 누우라 그가 너의 할 일을 네게 고하리라 룻이 시모에게 이르되 어머니의 말씀대로 내가 다 행하리이다 하니라".

나오미는 영적인 생명의 노선을 아는 사람이었다. 그녀는 룻을 생각할 때 그녀의 남편감으로 보아스가 적합하다는 것을 알았다. 그녀는 되어가는 일이 성령께서 그렇게 인도하고 계심을 직감했다. 그녀는 끝까지 룻을 자기 곁에 붙잡아 두려고 하지 않았다. 그녀는 시모인 자신을 따라 이국땅에 온 룻의 장래를 생각했다. 그리고 결혼을 시켜주어야 한다고 판단했다. "내 딸아 내가 너를 위하여 안식할 곳을 구하여 너로 복되게 하여야 하지 않겠느냐". 그리고 그 남편감으로는 이미 접촉이 있던 보아스임을 알려준다.

나오미는 보아스의 상황을 다 알고 있었다. 오늘밤 그들이 타작마당에서 보리를 까불릴 것이니 룻에게 목욕하고 기름을 바르고 의복을 입고 타작마당에 내려가서 그 사람이 먹고 마시기를 다 할 때까지는 그에게 보이지 말고 그가 누울 때 그 눕는 곳을 알았다가 그 발치 이불을 들고 거기에 누우라고 하였다. 그러면 보아스가 그녀의 할 일을 알려주리라고 하였다. 룻은 시모에게 어머니의 말씀대로 행하겠다고 하였다.

이는 그리스도와 연합하는 우리의 형편을 잘 묘사해주고 있다. 우리는 룻과 같이 자격 없는 이방 죄인이다. 우리의 생명과 재산을 다 잃어버리고 아무것도 없는 공허한 인생이다. 성령님은 그런 우리를 그리스도께 중매하고 계신다(고후 11:1-2). 그리스도는 우리의 잃어버린 기업을 무를 친족이시다(아 5:1, 요 20:17). 누구든지 자신이 잃어버린 바 된 불쌍한 자임을 깨닫고 근족이신 그리스도께서 그 날개로 덮어주시기를 구하면 그분은 우리를 감싸주시며 덮어주신다.

6-14절에서 룻은 시모의 명대로 타작마당에 내려가서 보아스가 먹고 마시고 즐거워하다가 노적가리 곁에 눕는 것을 보고 가서 발치 이불을 들고 거기에 누웠다. 밤중에 보아스는 한 여인이 자기 발치에 누워 있는 것을 보고 누구냐고 물었다. 룻은 대답했다. “나는 당신의 시녀 룻이오니 당신의 옷자락으로 시녀를 덮으소서 당신은 우리 기업을 무를 자가 됨이니이다”. 하나님의 율법대로 하면 보아스가 룻의 기업을 무를 보호자라는 사실을 깨우쳐준 것이다. 그녀는 마치 이렇게 말하는 듯하다. “당신은 쇠퇴해가는 한 가족의 생명과 재산을 구해줄 권리가 있는 분이므로 우리의 성공과 파멸은 당신 손에 달렸나이다. 그러하오니 당신의 옷자락으로 나를 덮으시어 나를 기꺼이 아내로 맞아 주소서.” 이와 같이 우리는 우리 자신을 구해줄 근족이신 예수 그리스도께 맡기고 그가 우리를 모으셨으므로 그 날개 밑에 와서 “그 옷자락으로 우리를 덮으소서.”라고 간청해야 한다.

룻은 보아스에게 잘 영접되었다. 보아스는 룻에게 말했다. “내 딸아 여호와께서 네게 복 주시기를 원하노라 네가 빈부를 물론하고 연소한 자를 좇지 아니하였으니 너의 베푼 인애가 처음보다 나중이 더하도다 내 딸아 두려워 말라 내가 네 말대로 네게 다 행하리라 네가 현숙한 여자인줄 나의 성읍 백성이 다 아느니라". 보아스는 그녀의 선행을 다 알고 있었다. 여전히 보아스는 기도의 사람이었다. "내 딸아 여호와께서 네게 복 주시기를 원하노라". 그는 룻이 비록 여인으로서 지금 오해받을 만한 위치에 있지만 그녀의 중심을 알고 있었다. 그래서 그녀가 현숙한 여인인 것을 온 성읍이 다 알고 있다고 말한 것이다. 보아스의 이러한 이해력은 칭찬할 만하다. 우리 주님은 사람을 외모로 보지 않고 그 중심을 보신다.

이때 룻은 젊고 아름다운 여인이었던 것 같다. 그러므로 원하기만 한다면 젊은 신랑감을 구할 수도 있었다. 보아스는 룻이 '빈부를 물론하고 연소한 자를 좇지 아니하였음'을 칭찬하였다. 보아스는 과거 룻의 선행을 다 알고 있었다. 지난날 그녀가 죽은 남편이나 시부에게 잘했다고 소문이 난 것이다. 그리고 지금 룻이 하고 있는 일은 그들의 잃어버린 가문의 기업을 속량하기 위한 선행임을 칭찬하고 있다. "너의 베푼 인애가 처음보다 나중이 더하도다". 이는 그녀가 젊고 아름다운 여인임에도 불구하고 나이 든 자기에게 시집오려고 한 것은 순전히 그 가족의 기업을 회복하기 위한 것임을 치하한 것이다. 성도들은 갈수록 헌신과 충성이 더해야 한다.

보아스의 아름답고 온당한 결정

"내 딸아 두려워 말라 내가 네 말대로 네게 다 행하리라 네가 현숙한 여자인줄 나의 성읍 백성이 다 아느니라"[11절]. 이는 보아스의 허락하는 말이다. 그러나 그는 조건부의 약속을 했다. **"참으로 나는 네 기업을 무를 자나 무를 자가 나보다 더 가까운 친족이 있으니 이 밤에 여기서 머무르라 아침에 그가 기업 무를 자의 책임을 네게 이행하려 하면 좋으니 그가 그 기업 무를 자의 책임을 행할 것이니라 만일 그가 기업 무를 자의 책임을 네게 이행코자 아니하면 여호와의 사심으로 맹세하노니 내가 기업 무를 자의 책임을 네게 행하리라"**[12-13절].

보아스보다 룻과 나오미를 위하여 재산을 무를 권리를 갖고 있는 더 가까운 친족이 있었던 고로 보아스는 그 자리에서 완전한 승낙을 할 수 없고 우선권자에게 물어서 그가 거부하면 그때 반드시 그 일을 행하겠다고 한 것이다. 보아스는 이런 일에 있어서도 한 치의 치우침이 없었다. 의에 있어서도 완전한 입장을 갖겠다고 한 것이다.

이 밤에 여기서 머무르라고 한 말에서 보아스의 사려 깊은 성품이 다시 한 번 엿보인다. **"룻이 새벽까지 그 발치에 누웠다가 사람이 피차 알아보기 어려울 때에 일어났으니 보아스의 말에 여인이 타작마당에 들어온 것을 사람이 알지 못하여야 할 것이라 하였음이라"**[14절].

15-18절, **"보아스가 가로되 네 겉옷을 가져다가 펴서 잡으라 펴서 잡으니 보리를 여섯 번 되어 룻에게 이워주고 성으로 들어가니라 룻이 시모에게 이르니 그가 가로되 내 딸아 어떻게 되었느냐 룻이 그 사람의 자기에게 행한 것을 다 고하고 가로되 그가 내게 이 보리를 여섯 번 되어 주며 이르기를 빈손으로 네 시모에게 가지 말라 하더이다 이에 시모가 가로되 내 딸아 이 사건이 어떻게 되는 것을 알기까지 가만히 앉아 있으라 그 사람이 오늘날 이 일을 성취하기 전에는 쉬지 아니하리라"**.

보아스는 룻에게 겉옷을 펴서 잡으라 하고 보리를 여섯 번 되어 주었다. 보아스의 여유 있는 훈훈한 성품을 보여준다. 우리 주님이 바로 이렇게 인자와 긍휼이 넘치는 분이시다. 룻이 시모에게 가니 시모가 어떻게 되었느냐고 물었다. 룻이 그가 보리를 여섯 번 되어 주며 시모에게 빈손으로 가지 말라고 했다면서 그가 행한 일을 전하자 나오미는 사건이 어떻게 되는 것을 알기까지 가만히 앉아 있으라고 했다. 경건한 사람 보아스는 과부를 돌보는 일에도 세심했다. 나오미는 보아스의 자비롭고 온전한 성품을 알기에 그 일이 성취되는 과정을 믿음으로 기대하며 지켜보라고 했다. "그 사람이 오늘날 이 일을 성취하기 전에는 쉬지 아니하리라".

4장

보아스의 공정함

1-8절, **"보아스가 성문에 올라가서 거기 앉았더니 마침 보아스의 말하던 기업 무를 자가 지나는지라 보아스가 그에게 이르되 아무여 이리로 와서 앉으라 그가 와서 앉으매 보아스가 성읍 장로 십 인을 청하여 가로되 당신들은 여기 앉으라 그들이 앉으매 보아스가 그 기업 무를 자에게 이르되 모압 지방에서 돌아온 나오미가 우리 형제 엘리멜렉의 소유지를 관할하므로…기업 무를 자가 가로되 나는 내 기업에 손해가 있을까 하여 나를 위하여 무르지 못하노니 나의 무를 권리를 네가 취하라 나는 무르지 못하겠노라 옛적 이스라엘 중에 모든 것을 무르거나 교환하는 일을 확정**

하기 위하여 사람이 그 신을 벗어 그 이웃에게 주더니 이것이 이스라엘의 증명하는 전례가 된지라 이에 그 기업 무를 자가 보아스에게 이르되 네가 너를 위하여 사라 하고 그 신을 벗는지라".

당시 성문은 민간의 소송이나 난제들을 해결해주는 장소였다(신 21:19, 수 20:4, 시 127:5). 보아스는 당시 베들레헴의 유력자였으니 어쩌면 오늘날의 시장(市長) 정도의 지위를 가진 듯하다. 그는 그날 성문에 앉아 있었고 그때 마침 그가 룻에게 말한 기업 무를 자가 지나가고 있었다. 그러므로 그는 그 사람을 불러 자리에 앉히고 성읍의 장로 십 인을 불렀다. 아마도 보아스는 장로 중 하나였을지 모른다. 보아스가 기업 무를 자격 있는 사람을 불러 자리를 지정해준 것이나 열 명의 장로들을 불러 '여기 앉으라'고 한 것을 볼 때 그가 성읍에서 어느정도 위치를 가진 사람이었을 것이라고 추정해볼 수 있다. 또 실제로 그는 유다 지파의 족장이었던 나손(민 7:12)의 손자였으므로 그 가문이 출중했다. 결국 이 가문은 다윗의 가문이요 이 가계를 통하여 구주가 나셨다.

보아스는 자기보다 그 기업을 무를 자격이 더 있는 자에게 우선권을 부여했다. 3절의 '나오미가 엘리멜렉의 소유지를 관할하므로'에서 '관할하므로'는 히브리어에서 '팔다'의 과거형이다. 그렇지만 여기 문맥을 보면 이미 팔았다기보다는 팔려고 내놓았다는 표현이 더 어울린다. 따라서 팔았다는 것보다는 팔려고 결심했다는 편이 더 적합할 것이다. 그래야 3절의 '우리 형제 엘리멜렉의 소유지를 나오미가 관할하므로'를 이해하기가 쉽다. 이 일에서 가까운 근족이 그 땅을 사게 되면 그 땅이 다른 지파에게 넘어가지 않고 유다 지파 안에 남아 있게 된다. 그러므로 보아스는 먼저 우선권을 가진 한 친족(여기서 이름이 나와 있지 않다)에게 그 일을 제시했다. 즉 어떤 사람이 가난하여 그 기업의 땅을 팔 경우 반드시 그 땅을 친족, 곧 기업 무를 자(히, 고엘-무르다, 되찾다, 구속하다)가 사야 한다는 규례에 근거한 것이다.

보아스는 엘리멜렉의 근족이 되는 그 사람에게 '네가 무르려면 무르려니와'라고 하면서 네 다음은 나요 그 외에는 무를 자가 없다고 하였다. 4절에서 그 근족은 보아스의 말을 듣고 일단 사겠다고 말하였다. "그가 가로되 내가 무르리라". 그는 일단 자기 자신의 재산이 증식될 수 있다는 소망을 가지고 그렇게 대답했을 것이다. 보아스는 계속해서 "네가 나오미의 손에서 그 밭을 사는 날에 곧 죽은 자의 아내 모압 여인 룻에게서 사서 그 죽은 자의 기업을 그 이름으로 잇게 하여야 할지니라"고 말했다. 즉 나오미의 남편, 엘리멜렉과 말론의 재산이 되게 해야 한다는 뜻이다. 보아스의 말은 이 일이 그렇게 간단하지 않음을 부언한 것이다.

그는 이 땅을 나오미에게서 사려면 룻에게서 사고 룻과 결혼하여 그 기업을 엘리멜렉의 아들 기룐의 아내인 룻의 자녀에게 계승시켜야 한다고 했다. 즉 계대 결혼을 하라는 것이다(신 25:5). 엘리멜렉과 두 아들이 죽었고 한 며느리는 돌아갔으니 이 집의 상속권은 룻에게 있었다. 그러니 자신의 재산에 손해가 가더라도 이 일을 승낙하려면 룻을 사랑하여 거두어주는 일이 전제조건이 되지 않으면 안 되는 것이다.

그러자 우선권이 있던 그 친족은 첫 번째 제안에는 승낙을 했다가 두 번째 제안을 듣자 마음이 변했다. 친족의 기업을 사도 자손이 없는 경우는 자기의 것이 되어 자기 기업이 확장되니까 문제가 없지만 룻과 결혼하여 그 자녀에게 기업이 돌아가면 그 기업은 엘리멜렉 가의 재산이 되어 결국 자기 기업에는 감소가 있게 되므로 거부한 것이다. 이는 신명기 25장의 계대 결혼의 확대 해석이다. 처음 모세의 법이 세워진 것은 형제의 경우였다. 형제가 결혼하여 아들이 없이 죽은 경우는 그 아내가 다른 데 시집가서는 안 되고 그 남편의 형제가 그를 취하여 아내로 삼고 그 죽은 남편의 의무를 다 해야 했다. 그리고 그 여인의 첫 아들로 그 죽은 자의 후사를 잇게 해야 했다. 그래서 이스라엘에서 대가 끊어지지 않게 하는 것이다. 그러나 후에 이 법은 확대적용이 된 듯하다. 즉 형제가 없는 경우는 어떻게 하느냐는 것이다. 그럴 때는 가장 가까운 친족이 형제의 의무를 하는 것이다.

엘리멜렉의 친족 중에는 보아스 말고 더 가까운 자가 있었다. 그 가장 가까운 친족은 나오미의 재산만 무르면 단순히 자기 재산이 증식되는 줄 알고 승낙했는데, 더 설명을 들으니 룻과 결혼하여 그 재산이 룻이 낳은 아들에게로 돌아간다고 하니까(결국 엘리멜렉 가의 재산이 된다), 자신에게 유익이 아니라 손해가 될 것 같으니 포기하고 그 계대 권리를 보아스에게 넘긴 것이다. 6절의 대답이 그것이다. "그 기업 무를 자가 가로되 나는 내 기업에 손해가 있을까 하여 나를 위하여 무르지 못하노니 나의 무를 권리를 네가 취하라 나는 무르지 못하겠노라". 이렇게 해서 보아스는 정당하게 룻을 아내로 맞아들이고 그 기업을 룻의 자손에게 물려주는 일을 한 것이다.

모세의 율법에서 계대 결혼을 거부하는 자의 신을 벗기는 것은 모욕적인 행위였다(신 25:5-10). 그러나 언제부터인지는 몰라도 그 여자가 거절하는 자의 얼굴에 침을 뱉는다든가 그 집을 신 벗기운 자의 집이라 칭하는 행습은 없어진 것 같고 다만 신을 벗음으로 자신의 권리를 포기한다는 것을 공적으로 표명했던 것 같다. 8절에서 우선권을 가졌던 그 근족이 보아스에게 "네가 너를 위하여 사라"고 하면서 신을 벗은 것은 그의 권리이양을 공적으로 선포한 것이다. 주님이 우리 죄인을 구속하신 것은 그분이 우리를 사랑하심으로 기꺼이 손해를 입기 원하셨기에 가능했다. 그분은 우리를 구속하시기 위해 우리의 죄값을 감당하시려고 해를 입으셨으며 우리를 구속하신 방법도 매우 공정하고 의로웠다.

보아스의 공정한 판결과 공포

9-12절, **"보아스가 장로들과 모든 백성에게 이르되 내가 엘리멜렉과 기룐과 말론에게 있던 모든 것을 나오미의 손에서 산 일에 너희가 오늘날 증인이 되었고 또 말론의 아내 모압 여인 룻을 사서 나의 아내로 취하고 그 죽은 자의 기업을 그 이름으로 잇게 하여 그 이름이 그 형제 중과 그곳 성문에서 끊어지지 않게 함에 너희가 오늘날 증인이 되었느니라 성문에 있는 모든 백성과 장로들이 가로되 우리가 증인이 되노니 여호와께서 네 집에 들어가는 여인으로 이스라엘 집을 세운 라헬, 레아 두 사람과 같게 하시고 너로 에브랏에서 유력하고 베들레헴에서 유명케 하시기를 원하며 여호와께서 이 소년 여자로 네게 후사를 주사 네 집으로 다말이 유다에게 낳아 준 베레스의 집과 같게 하시기를 원하노라"**.

여기서 보아스는 공적으로 이루어진 일에 대하여 장로들과 모든 백성들에게 선언한다. "보아스가 장로들과 모든 백성에게 이르되 내가 엘리멜렉과 기룐과 말론에게 있던 모든 것을 나오미의 손에서 산 일에 너희가 오늘날 증인이 되었고 또 말론의 아내 모압 여인 룻을 사서 나의 아내로 취하고 그 죽은 자의 기업을 그 이름으로 잇게 하여 그 이름이 그 형제 중과 그곳 성문에서 끊어지지 않게 함에 너희가 오늘날 증인이 되었느니라". 특히 보아스가 여기서 "또 말론의 아내 모압 여인 룻을 사서 나의 아내로 취하고"라고 한 것은 매우 인상 깊다. 주님은 우리를 그분의 피 값으로 사셨다. 우리는 마땅히 주님께 이렇게 말씀드려야 한다. "주님, 감사합니다. 주님은 우리를 사랑하심으로 손해와 어려움을 개의치 않으시고 자신의 피값을 지불하여 우리를 사셨고 우리의 잃어버린 기업을 되찾아 주셨습니다."

장로들의 축복

그때 성문에 앉아 있던 장로들과 백성들은 기업을 무르려는 보아스의 결정에 대하여 증인이 되고 그에게 복을 빌어주었다. 그것은 그가 취하는 룻이 라헬과 레아같이 되고 보아스 자신은 그녀로 말미암아 유력하게 되고 유명하게 되며 또 룻의 후손은 베레스의 가문과 같이 되게 해달라는 것이었다. 그 축복은 그대로 이루어졌다. "성문에 있는 모든 백성과 장로들이 가로되 우리가 증인이 되노니 여호와께서 네 집에 들어가는 여인으로 이스라엘 집을 세운 라헬, 레아 두 사람과 같게 하시고 너로 에브랏에서 유력하고 베들레헴에서 유명케 하시기를 원하며 여호와께서 이 소년 여자로 네게 후사를 주사 네 집으로 다말이 유다에게 낳아준 베레스의 집과 같게 하시기를 원하노라".

룻을 라헬과 레아 같게 해달라는 것은 그녀가 비록 이방 여인이지만 그 나라 백성으로 온전히 받아들여질 뿐 아니라 더욱이 이스라엘 지파들의 어미 같게 해달라는 것이다. 또한 보아스가 에브랏에서 유력하고(wealth) 베들레헴에서 유명하게(became famous) 되기를 원한다고 했다.

보아스와 룻의 아들 - 오벳

13-17절, **"이에 보아스가 룻을 취하여 아내를 삼고 그와 동침하였더니 여호와께서 그로 잉태케 하시므로 그가 아들을 낳은지라 여인들이 나오미에게 이르되 찬송할지로다 여호와께서 오늘날 네게 기업 무를 자가 없게 아니하셨도다 이 아이의 이름이 이스라엘 중에 유명하게 되기를 원하노라 이는 네 생명의 회복자며 네 노년의 봉양자라 곧 너를 사랑하며 일곱 아들보다 귀한 자부가 낳은 자로다 나오미가 아기를 취하여 품에 품고 그의 양육자가 되니 그 이웃 여인들이 그에게 이름을 주되 나오미가 아들을 낳았다 하여 그 이름을 오벳이라 하였는데 그는 다윗의 아비인 이새의 아비였더라".**

룻의 속량자이며 '고엘(기업을 무른 친족)'인 보아스는 결국 룻을 아내로 맞아들였고 동침하여 아들을 낳았다. 아이를 낳자 여인들이 찬양을 하였다. "여인들이 나오미에게 이르되 찬송할지로다 여호와께서 오늘날 네게 기업 무를 자가 없게 아니하셨도다 이 아이의 이름이 이스라엘 중에 유명하게 되기를 원하노라 이는 네 생명의 회복자며 네 노년의 봉양자라 곧 너를 사랑하며 일곱 아들보다 귀한 자부가 낳은 자로다". 여기서 정식으로 기업을 무를 자가 태어난 것이다. 이는 합법적으로 엘리멜렉의 기업을 되찾아 자신의 가문의 기업을 이어나갈 자이다. 그의 이름이 오벳이다. 물론 14절의 기업 무를 자(고엘)는 보아스를 지칭하는 것으로 보아도 무방하다. 또 아들 오벳으로 보아도 틀리지 않다.

아이를 낳자 여인들은 나오미에게 축하하면서 룻을 '너를 사랑하며 일곱 아들보다 나은 자'라고 칭찬했다. 그 낳은 아이에 대하여는 '네 생명의 회복자요 네 노년의 봉양자'라고 하였다. 많은 경우 주위에서 바라보는 보통 이웃들의 말이 참되다. 그들은 특히 같은 동네에서 사는 이웃사촌들이었다. 그 아들은 나오미가 품에 안고 키우게 되었다. 나오미는 그리스도의 가계를 이어갈 중요한 인물을 품에 안고 기르는 영예를 얻었다. 그 아들의 이름 '오벳'은 그 이웃 여인들이 지어준 것이다. 그 소년은 자라서 나오미를 섬기는 자가 되었다. '오벳'이라는 이름의 뜻이 '섬기는 자'이다. 사람은 이렇게 주위에서 칭찬과 존귀를 받을만한 일을 많이 해야 한다. 많은 경우 주위 사람들의 그러한 칭찬과 축복과 존영은 그대로 그에게로 돌아간다.

18절에서 22절까지는 다윗 왕의 계보를 기록한다. 이는 이방 모압 여인인 룻이 낳은 아들이 이스라엘의 가장 훌륭한 왕 다윗의 조상이 되었음을 증거하는 것이다. 또한 이 기록은 후에 그리스도의 계보에도 그대로 적용되었다. 한 이방 여인 룻의 충성된 삶과 보아스의 경건성, 나오미가 겪은 고난의 경험과 지혜의 협력, 이 모든 것이 합하여 그리스도께서 이 땅에 출생하시는 길을 열었다.

| 사무엘상 |

1장

사무엘 아버지 엘가나의 가정과 한나의 기도

사무엘서를 읽다 보면 사무엘이 자기 집이 있는 라마로 돌아갔다는 말이 종종 나온다. 여기서 에브라임 사람 엘가나라고 하는데, 사실 그는 에브라임, 즉 요셉 지파가 아닌 레위 지파 사람이다(대상 6장 참조). 당시 그가 에브라임 산지에 살았지만 원래는 레위 지파 중에서도 고핫 지파 사람이었다.

엘가나라는 레위 지파의 남자는 한나와 브닌나라는 두 아내를 두었다. 그런데 브닌나는 자식이 있고 한나는 무자했다. 엘가나가 매년 실로에 올라가서 제사를 드리는 날에는 제물의 분깃을 그 아내 브닌나와 그 모든 자녀에게 주고 한나에게는 갑절을 주었는데 이는 그녀를 사랑하기 때문이었다. 한나에게 자식이 없으니 자식이 있는 브닌나가 그녀를 심히 격동하여 번민하게 했다. 브닌나는 자기가 자식을 많이 낳았는데도 남편의 마음이 한나에게 있는 것을 보고 질투심으로 그랬을 것이다.

매년에 한나가 여호와의 집에 올라갈 때마다 남편이 그같이 하니 브닌나가 그를 격동시키므로 한나가 울고 먹지 않았다. 매번 심하게 격동시키니 결국 견딜 수 없는 상태에 이른 것이다. 그 남편 엘가나는 최선을 다해 한나를 위로했다. "내가 그대에게 열 아들보다 낫지 아니하뇨?" 조금 위로는 되지만 그런 말이 한나에게 근본적인 해결책이 되지는 않았을 것이다[8절].

"때에 제사장 엘리는 여호와의 전 문설주 곁 그 의자에 앉았더라"[9절]. 이때 엘리 제사장은 이미 어두워졌고 두 아들 홉니와 비느하스가 함께 있었다. 한나가 마음이 괴로워서 여호와께 기도하고 통곡하며 서원하였다. **"만군의 여호와여 만일 주의 여종의 고통을 돌아보시고 나를 생각하시고 주의 여종을 잊지 아니하사 아들을 주시면 내가 그의 평생에 그를 여호와께 드리고 삭도를 그 머리에 대지 아니하겠나이다"**[10-11절].

한나가 처한 고통스러운 상황은 하나님으로 말미암은 것이다. 하나님의 역사하시는 원칙은 사람이 자원해서 기도하고 간구할 때 하나님께서 응답하시는 방식이므로 하나님께서는 한나가 그렇게 간구할 수밖에 없는 상황을 만드신 것이다. 한나는 첫째 오래 기도하고, 둘째 속으로 기도했다. 엘리는 눈이 어두워 한나가 취한 줄로 오해했다.

한나의 기도는 교리적인 기도도 아니고 가볍고 외식적인 기도도 아니다. 마음에 맺힌 한을 하나님 앞에 토로하는 기도이다. 그래서 그 기도하는 모습이 술 취한 여자가 중얼중얼하는 것처럼 보였던 것이다. **"엘리가 대답하여 가로되 평안히 가라 이스라엘의 하나님이 너의 기도하여 구한 것을 허락하시기를 원하노라"**[17절]. 엘리는 그녀의 말을 듣자 그렇게 절실한 기도는 하나님께서 응답하실 것을 알았다. 현재는 그가 눈 멀고 둔해졌지만 오랜 동안 하나님을 섬겨온 경력이 있기 때문에 한나의 기도가 참되다는 것을 안 것이다.

사무엘의 출생

18절, **"당신의 여종이 당신께 은혜 입기를 원하나이다 하고 가서 먹고 얼굴에 다시는 수색이 없으니라"**.

한나는 엘리의 확증해 주는 말을 믿고 돌아가서 다시는 근심하지 않았다.

이것은 자기가 드린 기도를 하나님이 들으시고 응답하셨다는 것을 믿은 것이다. 아직 잉태하지도, 낳지도 않았지만 하나님께서 그의 기도를 응답하셨다는 확신을 가질 때 더 이상 근심이 없었다.

20절에서 한나는 기도한 대로 잉태하고 때가 이르니 아들을 낳았으며 이름을 사무엘이라고 지었다. 엘가나와 그 온 집이 여호와께 매년제와 그 서원제를 드리러 올라갈 때에 한나는 올라가지 아니하고 그 남편에게 "아이를 젖 떼거든 내가 그를 데리고 가서 여호와 앞에 뵈게 하고 거기 영영 있게 하겠다"고 하였다. 엘가나는 아내의 소견에 선한 대로 하여 그를 젖 떼기까지 기다리라고 하며 "오직 여호와께서 그 말씀대로 이루시기를 원하노라"고 하였다. 한나는 사무엘의 젖 떼기까지 기다리다가 젖을 뗀 후에 수소 셋과 가루 한 에바와 포도주 한 가죽 부대를 가지고 실로 여호와의 집에 나아갔는데 아이가 어렸다.

여호와의 집에서 그들은 수소를 잡고, 아이를 데리고 엘리에게 가서 그녀의 기도한 대로 아들을 여호와께 드렸다. 여기서 사무엘은 어리지만 그 어머니 한나가 엘리 앞에서 자기의 서원을 지키는 장면에서 조용히 순종하며 여호와께 경배했다

2장

한나의 감사 찬미

한나가 기도하여 가로되 **"내 마음이 여호와를 인하여 즐거워하며 내 뿔이 여호와를 인하여 높아졌으며 내 입이 내 원수들을 향하여 크게 열렸으니 이는 내가 주의 구원을 인하여 기뻐함이니이다"**[1절]. 한나는 기도하면서 찬양과 감사를 하나님께 드린다. 누구든지 성도들이 한나처럼 진실하게 기도하고 부르짖는다면 하나님은 들으신다. 세월이 조금 걸릴지 모르지만 마침내 하나님의 응답하심을 보게 될 것이다. 그럴 때 여러분도 한나처럼 하나님을 찬미할 것이다.

2절, **"여호와와 같이 거룩하신 이가 없으시니 이는 주밖에 다른 이가 없고 우리 하나님 같은 반석도 없으심이니이다"**. 한나의 기도로 미루어 알 수 있는 것은 억울하고 답답한 상황에서 그녀가 붙잡은 것은 하나님밖에 없었다는 것이다.

3절, **"심히 교만한 말을 다시 하지 말 것이며 오만한 말을 너희 입에서 내지 말지어다 여호와는 지식의 하나님이시라 행동을 달아보시느니라"**. 한나는 하나님과 거래하면서, 기도하고 응답받으면서 하나님이 어떠한 분이신가를 알았다. 과거 브닌나한테 무시당하고 괴롭힘을 당할 때에는 몰랐지만 그런 상황에서 간구하고 응답받는 과정에서 한나는 하나님이 지식의 하나님이시며, 사람의 행동을 저울로 달아보시는 분이라는 것을 안 것이다.

4절, **"용사의 활은 꺾이고 넘어진 자는 힘으로 띠를 띠도다"**. 용사란 힘 있고 능력 있는 사람, 소위 성공한 사람이다. 그런 사람들의 활은 꺾인다고 했다. 그러나 넘어진 자, 실패한 것처럼 보이는 자는 오히려 힘으로 띠를 띤다고 했다. 사실 한나는 원래 실패한 여자였다. 이스라엘 백성들 가운데서 아들을 못 낳는 여자는 수치를 당하기 때문이다. 그러나 그런 여자일지라도 하나님 앞에 진실하게 나아갈 때 하나님께서 일으켜 주시고 힘 있게 하신다는 것이다.

5절, **"유족하던 자들은 양식을 위하여 품을 팔고 주리던 자들은 다시 주리지 않도다 전에 잉태치 못하던 자는 일곱을 낳았고 많은 자녀를 둔 자는 쇠약하도다"**. 한나는 결국 여섯 자녀를 낳았는데, 시(詩)이기 때문에 여기서 완전 숫자 일곱(7)을 쓴 것이다. 그러나 많은 자녀를 둔 브닌나 같은 여자는 도리어 쇠하게 되었다.

6절, **"여호와는 죽이기도 하시고 살리기도 하시며 음부에 내리게도 하시고 올리기도 하시는도다"**. 한나가 체험한 하나님은 죽이기도 하시고 살리기도 하시며 음부에 내리게도 하시고 올리기도 하시는 분이다.

7절, **"여호와는 가난하게도 하시고 부하게도 하시며 낮추기도 하시고 높이기도 하시는도다"**. 하나님이 여러분을 높이기 원하면 높이시고 부하게 만들고자 하면 부하게 해주신다.

8절, **"가난한 자를 진토에서 일으키시며 빈핍한 자를 거름더미에서 드사 귀족들과 함께 앉게 하시며 영광의 위를 차지하게 하시는도다 땅의 기둥들은 여호와의 것이라 여호와께서 세계를 그 위에 세우셨도다"**.

9절, **"그가 그 거룩한 자들의 발을 지키실 것이요 악인으로 흑암 중에서 잠잠케 하시리니 힘으로는 이길 사람이 없음이로다"**. 하나님은 그 거룩한 자들의 발을 지키신다. 경건하고 신실한 성도라고 해서 한 번도 넘어지지 않는다는 보장이 없다. 때로는 발을 헛디딜 때도 있다. 그러나 하나님께서는 그런 자들의 발을 지키신다.

10절, **"여호와를 대적하는 자는 산산이 깨어질 것이라 하늘 우레로 그들을 치시리로다 여호와께서 땅 끝까지 심판을 베푸시고 자기 왕에게 힘을 주시며 자기의 기름 부음을 받은 자의 뿔을 높이시리로다"**.

뒤로 갈수록 한나의 기도는 예언의 성질이 있다. 한나는 자기의 억울하고 답답한 상황 때문에 기도하다가 하나님의 필요를 만졌고, 이제 아들을 얻고서 하나님께 감사하고 찬미하다가 하나님의 계획을 말했다. 사실 여기 10절에 있는 왕이나 기름 부음 받은 자는 멀게는 예수 그리스도를, 가깝게는 사무엘을 통해 세워질 다윗 왕을 가리킨다. 한나는 원래 자신의 필요 때문에 기도를 시작했지만 기도하면서 성령의 감동을 통해 하나님의 필요를 만지게 되었고 하나님의 필요를 위해 구하게 되었으며, 또 자기의 기도에 응답하사 아들을 주심으로 대적 브닌나 앞에서 자기를 일으켜 주신 하나님께 감사드리다 보니 결국 하나님께도 대적이 있으며 하나님께서 그 대적을 쳐부수시고 왕 노릇 하시는 것을 보게 된 것이다.

우리의 삶 가운데서 일어나는 크고 작은 모든 문제들을 가지고 하나님께 나아가 기도할 때 하나님은 기묘하게도 그 일들을 통해 크신 하나님의 일을 이루어나가시는 것을 볼 수 있다. 그러므로 믿는 이들의 삶 속에서 일어나는 크고 작은 일들은 하나님 앞에서 뜻 없는 것이 없다. 그런 일들 가운데서 정말로 진지하게 하나님과 거래하다 보면 뜻하지 않게 우리가 크고 비밀하신 하나님의 역사를 이루는 하나님의 도구들이 되는 것을 볼 것이다. 마침내 하나님은 기름부음 받은 자의 뿔을 높이신다. 그러므로 여러분도 아무리 답답하고 비참한 상태에 있는 것 같을지라도 소망을 잃지 말라. 여러분을 오래토록 그런 상황에 두셨다면 그것은 장래 여러분의 뿔을 높이셔서 하나님을 찬미하게 하려고 하시는 것이다.

11절, **"엘가나는 라마의 자기 집으로 돌아가고 그 아이는 제사장 엘리 앞에서 여호와를 섬기니라"**. 여기에 하나님의 주권과 섭리가 있다. 원래 엘리의 아들들이 자동적으로 제사장 직분을 물려받게 되어 있었다. 당시 제사장 직분은 세습제였기 때문이다. 그러나 엘리의 아들들이 불량했기 때문에 하나님께서는 그들에게 기대를 거실 수 없었다. 그런 상황에서 하나님은 사무엘을 엘리 밑에 두어 배우게 하신 것이다. 한나를 통해 완전히 하나님께 드려진 한 아이를 얻으셔서 그를 엘리 아래서 자라게 하시는 하나님의 섭리는 참으로 신묘막측하다.

12절, **"엘리의 아들들은 불량자라 여호와를 알지 아니하더라"**. '불량자'라는 말의 히브리어 원뜻은 '아래의 아들들', 또는 '무가치한 사람들'이다. 엘리의 아들들은 태생으로는 대제사장 집안, 즉 하나님을 섬기는 데 있어서 가장 중요한 위치에 있었음에도 불구하고 불량자였다. 그들은 "여호와를 알지 아니하였다".

13-16절, **"그 제사장들이 백성에게 행하는 습관은 이러하니 곧 아무 사람이 제사를 드리고 그 고기를 삶을 때에 제사장의 사환이 손에 세살 갈고리를 가지고 와서 그것으로 남비에나 솥에나 큰 솥에나 가마에 찔러 넣어서 갈고리에 걸려 나오는 것은 제사장이 자기 것으로 취하되 실로에서 무릇 그곳에 온 이스라엘 사람에게 이같이 할 뿐 아니라 기름을 태우기 전에도 제사장의 사환이 와서 제사 드리는 사람에게 이르기를 제사장에게 구워 드릴 고기를 내라 그가 네게 삶은 고기를 원치 아니하고 날것을 원하신다 하다가 그 사람이 이르기를 반드시 먼저 기름을 태운 후에 네 마음에 원하는 대로 취하라 하면 그가 말하기를 아니라 지금 내게 내라 그렇지 않으면 내가 억지로 빼앗으리라 하였으니"**.

당시 엘리의 두 아들의 악행을 서술하고 있다. 엘리는 사사시대 끝 무렵, 즉 어둠이 깊은 시대에 제사장이었는데 그 두 아들 홉니와 비느하스의 행실이 너무 좋지 않았다. (당시에 언약궤가 실로에 있었고 제사장은 그곳에서 하나님을 섬기고 있었다.) 그들 역시 제사장들로서 거기서 섬겼는데 어떤 사람이 실로에 와서 제사를 드리고 고기를 삶을 때 그 사환들을 시켜 고기를 삶는 솥에나 가마에 세 살 갈고리를 찔러 넣어 갈고리에 걸려 나오는 것은 무엇이든지 제사장의 몫으로 취했다는 것이다. 제물을 드리는 데 있어서 제사장의 몫은 따로 있었다. 그러나 홉니와 비느하스는 자신들의 최고의 지위를 이용해서 오만방자하게 행한 것이다. 또 반드시 기름을 태워 하나님께 드린 후에 제사장이 자기 몫을 취해야 했지만 그들은 삶은 고기는 싫으니 구워 먹게 날것을 그냥 달라고 하면서 억지를 부렸다.

17절, "이 소년들의 죄가 여호와 앞에 심히 큼은 그들이 여호와의 제사를 멸시함이었더라".

이 소년들이란 엘리의 두 아들들이다. 그들은 하나님께 드리는 제사를 멸시했고 자기들 욕심대로 제물을 함부로 취했다. 우리는 출애굽기에서(32장 참조) 레위 지파가 하나님을 섬기도록 세워졌고 그중에서도 아론의 가문은 대제사장 가문으로 선택된 것을 볼 수 있다. 그런데 엘리 때에 이르러 그러한 대제사장 직분의 영예는 마치 저물어가는 해와 같았다. 그럼에도 아직 그 지위나 권력은 어느 정도 남아 있어서 엘리의 두 아들은 그 외적인 지위와 권력을 이용해서 백성들이 드리는 제사를 유린하고 있었다.

어린 사무엘이 실로에 머물다

18절, "사무엘이 어렸을 때에 세마포 에봇을 입고 여호와 앞에 섬겼더라".

여기서 우리가 한 가지 생각해 볼 것이 있다. 엘리의 두 아들 홉니와 비느하스는 원래 대제사장 가문에서 태어났다. 그들의 위치는 백성들 가운데서 가장 영예로운 것으로서 그들은 하나님을 가까이서 섬길 수 있는 특권을 가진 자들이었다. 그러나 이들은 그 귀한 직분을 소홀히 여기고 망령되이 행함으로써 하나님을 섬기는 일을 비천하게 만들어 버렸다. 그렇다고 해서 하나님께 길이 없는가? 그렇지 않다. 하나님께서는 이러한 상황을 대치할 국면을 만들고 계셨다. 하나님께서는 한나라는 여인을 억울하고 답답한 데 처하게 하심으로 절실하게 기도하게 하셨고 한나의 기도를 통해 사무엘이 태어났는데, 이 사람이 바로 하나님을 위해 일어날 사람이었다.

사무엘은 레위 지파 사람이지만 아론의 가문에 속한 사람이 아닌 엘가나라는 평범한 사람의 아들이었다. 그런데 그는 나실인으로 자신을 온전히 하나님께 드림으로 하나님을 섬길 수 있는 특권을 부여받은 것이다. 여기 두 사람이 있는데, 하나는 기울어져 가고 있고 하나는 떠오르고 있다. 세마포 에봇은 제사장의 의복으로서 구약 시대에 제사장들은 적어도 서른 살이 되어야 정식으로 제사장 직분을 수행할 수 있었고, 그에 앞서 이십오 세부터 5년 동안은 견습생으로서 제사장의 일을 배워야 했는데, 여기 사무엘은 아주 어린 나이부터 에봇을 입고 엘리 아래서 하나님 섬기는 것을 배우고 있었다. 모세 시대에 고핫의 후손인 고라는 제사장 직분을 비정상적인 방식(거역)으로 탐하다가 죽었으나 여기 또 하나의 고핫 자손인 사무엘은 어머니의 간절한 기도와 간구를 통해 그 고귀한 제사장 직분을 얻을 수 있었다.

19절, **"그 어미가 매년제를 드리러 그 남편과 함께 올라갈 때마다 작은 겉옷을 지어다가 그에게 주었더니"**.

어머니 한나는 남편과 함께 실로에 갈 때마다 사무엘을 위해 작은 겉옷을 지어다가 주었는데, 그것은 어머니로서의 사랑이었고 또 최소한의 의무였을 것이다. 엘리가 제사장으로서 저물어가는 해와 같았을지라도 그의 눈에 비친 사무엘 어머니 한나의 행실은 아주 아름다웠을 것이다. 사실 한나가 자기 아들을 여호와께 드린 행위는 결코 작은 것이 아니다. 엘리는 비록 영적으로 둔감하고 밝지 않은 상태에 있었지만 엘가나와 한나의 신앙이 귀하다는 것을 알아보았다.

여기서 한 마디 한다면, 정말로 좋은 성도는 부족한 주의 종의 눈에도 귀하게 보인다. 심지어는 육신적인 사람의 눈에도 좋게 보인다. 이때 엘리는 엘가나와 한나를 축복하면서 "여호와께서 이 여인으로 말미암아 네게 후사를 주사 이가 여호와께 간구하여 얻어 드린 아들을 대신하게 하시기를 원하노라"고 했다.

20-21절, **"여호와께서 한나를 권고하사 그로 잉태하여 세 아들과 두 딸을 낳게 하셨고 아이 사무엘은 여호와 앞에서 자라니라"**. 엘리가 비록 하나님의 기쁨을 온전히 얻지 못한 종이었지만 그는 하나님께 기도했고 하나님은 그의 기도를 들으셨다. 또 엘가나와 한나는 엘리가 대제사장으로서 그리 충성스럽지 않다는 것을 보았을지라도 그의 축복을 겸손한 마음으로 받아들였다. 그들은 참으로 하나님의 법도를 알고 권위를 아는 자들이었다. 결국 하나님은 한나에게 사무엘 외에 세 아들과 두 딸을 더 주셨다. 그리고 아이 사무엘은 여호와 앞에서 자라났다.

엘리와 그 아들들의 부패한 행실

22절, **"엘리가 매우 늙었더니 그 아들들이 온 이스라엘에게 행한 모든 일과 회막문에서 수종드는 여인과 동침하였음을 듣고"**. "엘리가 매우 늙었더니". 사람의 나이는 시사하는 바가 크다. 나이가 어려도 하는 일에 제한이 있고 너무 늙어도 할 수 없는 것이 있다.

우리는 여기서 잠시 엘리의 말을 분석해 볼 필요가 있다. 그의 말이 틀린 말인가? 틀린 말이 아니다. 그런데 그의 말에서는 단호함이나 엄중함이 느껴지지 않는다. **"사람이 사람에게 범죄하면 하나님이 판결하시려니와 사람이 여호와께 범죄하면 누가 위하여 간구하겠느냐 하되 그들이 그 아비의 말을 듣지 아니하였으니 이는 여호와께서 그들을 죽이기로 뜻하셨음이었더라"**[25절].

"아이 사무엘이 점점 자라매 여호와와 사람들에게 은총을 더욱 받더라"[26절]. 한편은 점점 죄로, 심판으로 나아가고 있고, 다른 한편은 점점 더 하나님의 은혜로, 의로, 생명으로 나아가고 있다.

엘리 집에 내린 저주

27-28절, **"하나님의 사람이 엘리에게 와서 그에게 이르되 여호와의 말씀에 너희 조상의 집이 애굽에서 바로의 집에 속하였을 때에 내가 그들에게 나타나지 아니하였느냐 이스라엘 모든 지파 중에서 내가 그를 택하여 나의 제사장을 삼아 그로 내 단에 올라 분향하며 내 앞에서 에봇을 입게 하지 아니하였느냐 이스라엘 자손의 드리는 모든 화제를 내가 네 조상의 집에 주지 아니하였느냐"**.

이제 하나님의 사람이 엘리 제사장에게 왔다. 이름은 밝히지 않았지만 엘리에게 경고하기 위해 하나님께서 보내신 사람이다. 엘리는 특권을 부여받은 가문 출신으로서 이스라엘 중에서도 복된 위치에 있는 사람이라는 것을 일깨워주고 있다. 사실 하나님을 섬기는 직분보다 귀하고 복된 일이 없다.

29절, **"너희는 어찌하여 내가 나의 처소에서 명한 나의 제물과 예물을 밟으며 네 아들들을 나보다 더 중히 여겨 내 백성 이스라엘의 드리는 가장 좋은 것으로 스스로 살찌게 하느냐"**.

이들의 죄는 무엇인가? 하나님의 처소에서 예물과 제물을 짓밟고 그의 아들들을 하나님보다 더 중히 여기며 가장 좋은 것으로 스스로 살찌게 한 것이다. 이런 경고는 특히 하나님을 섬기는 사람들에 대한 것이다. 여기서 엘리의 두 아들과 사무엘의 일을 보면서 우리가 배워야 할 것은 하나님을 위한 활동이나 예배나 모임이나 섬기는 일을 가볍게 여기지 말고 중하게 대해야 한다는 것이다.

30절, **"나를 존중히 여기는 자를 내가 존중히 여기고 나를 멸시하는 자를 내가 경멸히 여기리라".**

이것이 하나님의 말씀이다. 참으로 두려운 말씀이 아닐 수 없다. 우리는 하나님을 대할 때 두려워해야 한다. 함부로 행하거나 경거망동해서는 안 된다. 교회 안의 모든 활동, 모든 봉사를 대할 때 우리는 이 모든 것이 하나님을 섬기는 것이라고 여겨야 한다. 그리고 조심해야 한다.

31절, **"보라 내가 네 팔과 네 조상의 집 팔을 끊어 네 집에 노인이 하나도 없게 하는 날이 이를지라".**

이것이 엘리 집에 이르게 될 저주이다. 원래는 그들로 영영히 하나님 앞에서 섬길 수 있게 했지만 이제는 그 뜻을 돌이키시겠다는 것이다. 그들이 하나님을 멸시할 때 하나님도 그들을 경멸하신다.

32-33절, **"이스라엘에게 모든 복을 베푸는 중에 너는 내 처소의 환난을 볼 것이요 네 집에 영영토록 노인이 없을 것이며 내 단에서 내가 끊어 버리지 아니할 너의 사람이 네 눈을 쇠잔케 하고 네 마음을 슬프게 할 것이요 네 집에 생산하는 모든 자가 젊어서 죽으리라".**

이스라엘 모든 사람이 축복을 받는 가운데 엘리 집은 환난을 당할 것이라는 말이다. 앞으로 엘리 집안에서는 모든 기쁨이 사라질 것이고 저주만 임할 것이라고 하셨다. **"네 두 아들 홉니와 비느하스가 한 날에 죽으리니 그 둘의 당할 그 일이 네게 표징이 되리라"**[34절]. 두 아들이 블레셋 전쟁에서 한 날에 죽는다.

충실한 제사장을 일으킬 것을 예언하심

35절, **"내가 나를 위하여 충실한 제사장을 일으키리니 그 사람은 내 마음 내 뜻대로 행할 것이라 내가 그를 위하여 견고한 집을 세우리니 그가 나의 기름 부음을 받은 자 앞에서 영구히 행하리라".**

하나님은 마땅히 섬겨야 할 위치에 있는 사람들이 함부로 행하고 죄를 범할 때 그러한 사람들을 물리치시고 충실한 제사장을 새로 일으키신다. 마지막으로 엘리 집의 남은 사람들은 그저 은 한 조각과 떡 한 덩이 때문에 '나에게 제사장 직분을 맡겨 달라'고 할 것이라 하신다. 근근하게 그런 일을 하는 사람도 있을 것이지만 이 모든 것이 다 저주의 상황이다.

3장

사무엘 상 3장과 4장을 통해서 어린 사무엘이 하나님 앞에서 일으켜지는 과정과 엘리 제사장이 어떻게 하나님의 심판을 받고 비참한 죽음을 당하는지를 보게 된다.

엘리 시대에 하나님의 말씀이 희귀함

1-3절, "아이 사무엘이 엘리 앞에서 여호와를 섬길 때에는 여호와의 말씀이 희귀하여 이상이 흔히 보이지 않았더라…하나님의 등불은 아직 꺼지지 아니하였으며 사무엘은 하나님의 궤 있는 여호와의 전 안에 누웠더니".

우리는 먼저 이 구절들을 통해 엘리 제사장 말기에 하나님의 말씀이 희귀했다는 것을 알 수 있다. 하나님께서는 하나님의 백성들이 하나님을 중심 삼고 하나님의 말씀을 받을 수 있고 순종할 수 있을 때에는 말씀하시지만 그들이 하나님을 경홀히 여길 때에는 별로 말씀하시지 않는다는 것을 알 수 있다. 당시 대제사장이었던 엘리는 늙고 눈이 어두워 침침한 상황에 있었다. 그는 육신적으로만 아니라 영적으로도 그러했다. 그래서 그는 자기의 처소에 누워 있었다. 이 말은 사무엘이 하나님의 궤가 있는 여호와의 전 안에 누워 있었다는 것과 대비된다. 엘리는 마치 은퇴한 사람처럼 자기 처소에 누워 있었고 사무엘은 어리지만 하나님이 주신 책무를 감당하기 위해서 하나님의 언약궤 옆에 자리하고 누워 있었다.

사무엘에게 말씀하심

여기서 우리는 하나님이 사무엘을 부르시는 것을 볼 수 있는데, 사무엘은 줄곧 엘리가 부르는 줄로 알고 엘리에게로 달려갔다. 그러나 세 번째 사무엘이 엘리에게 왔을 때 엘리는 그것이 여호와께서 사무엘을 부르시는 음성인 것을 깨닫고 사무엘에게 "그가 너를 부르시거든…여호와여 말씀하옵소서 주의 종이 듣겠나이다 하라"고 일러주었다. 그러면 하나님은 어떤 사람에게 말씀하시는가? 먼저는 하나님이 택하신 사람일 뿐 아니라 또한 자신을 하나님께 드린 사람이다. 그리고 하나님을 기다리며 앙망하는 사람이다. 사무엘은 여호와의 전 안의 하나님의 궤 옆에 누워 있었다.

지금 하나님은 사무엘을 일으키고 계시는데, 첫 번째로 사무엘에게 나타나셔서 하시는 말씀이 엘리 집을 심판하시겠다는 것이다. 이것은 너무나 두려운 일이어서 듣는 자마다 두 귀가 울릴 것이라 하셨다. 하나님은 경험 많은 엘리에게 그 심판에 대해 직접 말씀하시지 않고 아직 어리고 주님의 음성도 분간하지 못하는 사무엘을 불러 이 엄청난 사실을 말씀하셨다.

우리는 여기서 우리 하나님이 인격의 하나님이시며 한 번 제쳐놓으신 사람에게는 더 이상 말씀하지 않으신다는 것을 알 수 있다. 엘리는 자기 아들들이 그렇게 엄청난 악행을 저질렀을 때 그들을 철저히 징계하지 않음으로 하나님을 노하시게 했다. 하나님은 엘리에 대해 심히 실망하시고 더 이상 기대를 하지 않으시는 듯하다.

13-14절, "내가 그 집을 영영토록 심판하겠다고 그에게 이른 것은 그의 아는 죄악을 인함이니 이는 그가 자기 아들들이 저주를 자청하되 금하지 아니하였음이니라 그러므로 내가 엘리의 집에 대하여 맹세하기를 엘리 집의 죄악은 제물이나 예물로서 영영히 속함을 얻지 못하리라 하였노라".

죄라고 해서 다 같은 것이 아니다. 어떤 죄는 사함을 얻지 못한다. 엘리의 집의 죄악은 제물이나 예물로나 영영히 속함을 얻지 못한다고 하셨다. 어떤 사람들은 죄를 지어도 회개만 하면 된다고 생각한다. 모든 죄가 불의이지만 어떤 죄는 사망에 이르는 죄도 있고 어떤 죄는 사망에 이르지 않는 죄가 있다. 사망에 이르지 않는 죄에 대해서는 구해서 생명을 얻게 하라고 했지만, 사망에 이르는 죄를 범한 자들에 대해서는 간구할 필요가 없다고 했다.

사무엘은 그가 듣고 본 이상을 엘리에게 알게 하기를 두려워했다. 그는 엘리의 축복으로 태어났고 그 동안 엘리 밑에서 하나님 섬기는 것을 배운 사람이기 때문에 그런 심판에 관한 말씀을 알려주기란 당연히 어려운 일이었을 것이다. 사무엘이 엘리 집 사람들에게 문제가 있다는 것을 몰랐을 리 없다. 그러나 그의 위치는 엘리 집의 심판에 관한 말씀을 아무 주저함 없이 쉽게 말할 수 있는 것은 아니었다. 이것 또한 매우 합당한 태도라고 생각된다.

선지자의 자질

여기서 우리는 하나님의 선지자로서의 자질(資質)을 볼 수 있다. 첫째는 하나님의 말씀을 들을 수 있는 근면함과 깨어있는 상태가 필요하고, 또 합당한 위치에 설 줄을 아는 것이 필요하며, 또 한 가지는 하나님의 음성을 들었을 때 함부로 발설하지 않는 것이다. 언제 말하고 어떻게 말해야 할지를 신중하게 고려하는 것이 필요하다.

16절, **"엘리가 사무엘을 불러 가로되 내 아들 사무엘아 하니 대답하되 내가 여기 있나이다".**

사무엘은 늘 엘리가 부르는 즉시 대답했다. 엘리가 눈이 어둡고 또 하나님 앞에서 일을 그릇되게 처리하는 것이 있을지라도 그는 엘리가 부르기만 하면 곧 대답하면서 달려갔다. 이런 태도 또한 매우 복된 태도이다.

나이 많은 엘리는 하나님께서 소년 사무엘에게 틀림없이 뭔가를 말씀하셨다는 것을 알았다. 전날 밤에 여호와께서 사무엘을 부르신 것을 아는데 아침에 일어나서 아무 말이 없자 아마도 그는 직감적으로 그 모든 말씀이 자기 집에 대한 것이라고 느꼈을 것이다. **"사무엘이 세세히 말하고 조금도 숨기지 아니하니 그가 가로되 이는 여호와시니 선하신 소견대로 하실 것이니라 하니라"**[18절].

엘리는 그 엄청난 말을 듣고 나서 "이는 여호와시니 선하신 소견대로 하실 것이니라" 했다. 이 말은 언뜻 듣기에 좋은 것 같지만 사실은 그리 좋지 않다. 한 면으로 하나님을 인정하는 것 같지만, 그러한 상태에 떨어진 자기 집에 대한 처절한 회개나 통곡이 없다. 그냥 종교적으로 말했을 뿐이다. 어쩌면 그는 완전히 체념했을 것이고 돌이키기에는 너무 지나쳐 왔다고 생각했을 것이다. 이런 상태에 떨어진다는 것 자체가 비극이다. 그러므로 우리는 이런 지경까지 이르지 않도록 깨어 있어야 하고 순간순간 돌이키기를 배워야 한다.

19-20절, **"사무엘이 자라매 여호와께서 그와 함께 계셔서 그 말로 하나도 땅에 떨어지지 않게 하시니 단에서부터 브엘세바까지의 온 이스라엘이 사무엘은 여호와의 선지자로 세우심을 입은 줄을 알았더라"**.

사실 선지자는 사람들이 광고할 필요가 없다. 그리고 사람의 손으로 세울 필요도 없다. 사람의 손으로 세워지는 사람은 참 선지자가 아니다. 사무엘은 주님이 그와 함께 계셔서 그의 말을 힘 있게 하시고 확증해주실 때 온 이스라엘이 그가 주님의 선지자로 세우심을 받았다는 것을 알았다.

4장

사무엘의 사역의 시작

1절, **"사무엘의 말이 온 이스라엘에 전파되니라"**.

사무엘의 사역이 시작되었다. 사무엘서는 사사기의 연속이다. 이때 마지막 사사는 엘리이고 바로 그 이전 사사가 삼손이었을 것이다. 삼손 때에 이스라엘을 쳐서 압박했던 대적은 블레셋이었다. 삼손 시대에 이어 블레셋이 여전히 이스라엘을 괴롭혔는데, 아마도 이때는 이스라엘이 블레셋의 굴레에서 스스로 벗어나려고 몸부림을 했던 것 같다. 그러자 블레셋도 이스라엘을 공격하려고 아벡에 진을 쳤다.

블레셋에게 패하다

이때에 이스라엘은 블레셋에게 패했고 군사가 사천 명 가량이나 죽임을 당했다. 마지막 사사 엘리는 전혀 사사로서 기능을 할 수 없었다. "여호와께서 어찌하여 오늘 블레셋 사람들 앞에 패하게 하셨는고". 이스라엘 군사가 사천여 명이나 죽임을 당했지만 이스라엘 장로들은 회개하지 않고 도리어 여호와를 원망했다. 주님께 회개하고 기도하는 것이 아니라 방법을 찾았다. 그들이 생각해낸 방법은 실로에서 언약궤를 가져다가 그들 중에 있게 하여 그것으로 그들을 원수의 손에서 구원하게 하자는 것이었다.

당시 언약궤 덕분에 먹고사는 두 사람이 있었는데, 바로 엘리의 두 아들 홉니와 비느하스였다. 따라서 언약궤가 나가니 이 두 아들도 따라 나가지 않을 수 없었다. 사실 엘리가 정상적인 분별력을 갖고 있었다면 언약궤를 따라가는 것이 아무 소용이 없다는 것을 말해주었을 것이다.

5절은 아주 흥미로운 내용이다. "여호와의 언약궤가 진에 들어올 때에 온 이스라엘이 큰 소리로 외치매 땅이 울린지라". 이스라엘은 블레셋에게 패하여 완전히 기세가 꺾인 상태에서 방법을 하나 찾아냈는데, 바로 언약궤를 가지고 싸우면 이기지 않겠는가 하는 것이었다. 그러자 그들은 힘이 났고 언약궤를 진에 들여올 때에 땅이 울릴 정도로 큰 소리로 외쳤다. 사람들은 실속이 없으면서도 얼마든지 굉장하게 보일 수가 있다. 그들이 땅이 울리도록 소리를 질렀어도 실속은 하나도 없었다. 사람들은 거짓된 믿음을 가지고도 흥분하기도 하고 울기도 한다. 더러 듣는 사람들도 뭐가 있는 줄 알고 놀라기도 한다.

블레셋 사람들은 이스라엘의 신에 대해 뭔가 지식을 갖고 있었다. 애굽인들을 치고 이스라엘을 구원해냈다든가, 광야에서 여러 가지 기적을 베풀었다는가 하는 것을 이미 들어 알고 있었던 것이다. 종교적으로 무지한 이방인들은 그야말로 믿는다는 사람들이 큰 소리로 외치니 두려워했다.

언약궤를 빼앗기다.

전쟁이 붙어서 이스라엘 보병 삼만이 더 죽었고 하나님의 궤는 빼앗겼다. 하나님은 그렇게 사람에게 만홀히 여김을 당하시거나 이용당하시는 분이 아니다. 실제가 없고 중심에서 하나님을 사랑하지 않는 이스라엘 사람들이 외적으로 언약궤를 이용해서 싸움에서 이기려고 할 때 하나님은 그들을 돌아보지 않으시고 그냥 완전히 패하게 두셨다. 사실 언약궤의 내용은 하나님이시다. 그런데 하나님 자신은 제쳐두고 껍데기만 가지고 나가서 싸울 때 하나님은 그들과 함께하지 않으셨다. 하나님께서는 언약궤를 이방인의 손에 빼앗길지언정 하나님께 마음을 두지 않는 이스라엘과 함께하지 않으셨다. 이스라엘의 상태가 하나님 앞에서 합당하지 않을 때 하나님은 자신을 언약궤에서 분리하셨다. 그럴 때 그 언약궤는 하나의 물건일 따름이었다. 그분은 이방인들의 눈에 '하나님의 언약궤는 아무 힘이 없으며 이스라엘의 하나님은 살아계신 하나님이 아니다'라는 오해를 들으실지언정 그분의 백성이 합당한 위치에 있지 않을 때 그들과 함께 역사하지 않으셨다.

지금 엘리는 언약궤를 가지고 나간 것이 뭔가 잘못되었다는 것을 알고 있었다. 그래서 불길한 보고가 들려올 것 같은 마음에 두려워하고 있었던 것이다. 어떤 베냐민 사람이 진에서 달려와서 옷을 찢고 그 머리에 티끌을 쓰고 실로에 와서 엘리에게 전황을 보고했다. 엘리는 당시 98세였고 눈이 어두워 잘 보이지 않았다. 베냐민 사람은 전장에서 도망왔다고 말하며 궁금해하는 엘리에게 이스라엘이 블레셋에게 패했음을 고했다. 엘리는 두 아들이 죽었다고 할 때까지도 아직 쓰러지지 않았는데 하나님의 궤를 빼앗겼다는 말을 듣자 자기 의자에서 자빠져 목이 부러져서 죽었다. 그의 사사 기간은 40년이었다. 그는 너무나 비둔한 사람이었다. 하나님을 섬기는 사람은 육체나 영혼이 비둔해서는 안 된다.

이가봇

엘리 집안은 쓰러져가도 왕가의 가풍이 남아 있다. 비느하스의 아내, 엘리의 며느리도 하나님의 궤를 빼앗겼다는 소식과 그 시부와 남편이 죽었다는 소식을 듣고 그 충격으로 이른 해산을 하게 되었다. 그 가문에게 하나님의 궤를 빼앗겼다는 것은 매우 큰 사건일 것이다. 며느리는 아들을 낳았지만 아무 관심도 없고 기쁨도 없었다. 이 아들이 나와 무슨 상관이냐는 태도였다. 그러면서 이르기를 '영광이 이스라엘에서 떠났다' 하고 그 아들 이름을 '이가봇'이라 했다. '이가봇'이란 뜻이 영광이 이스라엘에서 떠났다는 것이다. 하나님의 영광이 그들 가운데 있었지만 이제는 이스라엘에서 떠났다.

이가봇의 상황은 언제든지 발생할 수 있다. 그러므로 우리는 두려워해야 한다. 우리는 사무엘 상 3장과 4장을 통해서 경계해야 할 것이 있음을 본다. 영적으로 늙는다는 것은 얼마나 위험한 일인가! 느낌이 전혀 없지는 않지만 대세를 거스를 만큼 강하지 못하여 이리 끌리고 저리 끌리다가 결국 죽게 되는 것이다. 그러나 한 사람 사무엘은 달랐다. 그는 하나님의 역사와 항상 함께했다. 하나님이 말씀하시면 즉시 듣고 순종했다. 이런 사람만이 하나님의 은혜를 입어 하나님과 함께 나아갈 수 있다.

하나님은 그분의 간증을 스스로 지키신다

사무엘 상 5, 6, 7장은 하나님의 언약궤의 움직임에 관한 내용으로 연결되어 있다. 여기서 우리는 잠시 언약궤의 역사를 살펴보자. 언약궤는 이스라엘 백성들이 출애굽한 후 시내 산에 이르러 하나님께서 율법을 주시고 성막의 식양을 주셨을 때 그 성막에서 가장 중요한 항목이었다. 지성소가 성막의 중심부라면 언약궤는 지성소의 중심이었다. 대제사장은 일 년 일차씩 제물의 피를 가지고 지성소에 들어가 언약궤 덮개 위에 뿌림으로 백성의 죄를 속했고 또 그 안에는 십계명이 기록된 두 돌판과 금항아리 속에 두어진 만나와 아론의 싹난 지팡이가 있었다. 언약궤의 덮개는 '시은좌(Mercy seat)'로도 불리는데, 결국 이 언약궤는 그분의 백성을 만나기 위해 이 땅에 내려오신 하나님 곧 그리스도를 예표했다.

이스라엘 백성들은 마음속에 우상이 가득하고 실제로는 바알을 섬기면서 막상 전쟁이 벌어져 많은 사람들이 죽고 패하자 이 언약궤를 이용해 전쟁에서 이겨보려고 했다. 그럴 때 하나님은 언약궤를 이방인들에게 빼앗기는 한이 있어도 그들의 전쟁에 함께하지 않으셨다. 우리 하나님은 사람들에게 이용당하지 않으시고 만홀히 여김을 받지 않으신다. 늘 그들의 중심이 어디 있는가를 보신다. 사람의 마음이 어디에 있는가는 얼마나 중요한지! 예배에도 참석하고 봉사도 하고 많은 모임에도 참여하지만, 어떤 사람은 장로가 되려는 의도로 그렇게 하고 어떤 사람은 사교를 위해서, 또 사업을 위해서 그렇게 한다. 사람의 중심이 어디에 있는가는 매우 중요한 것이다.

5장

블레셋 사람들 가운데 있는 언약궤

3절, "아스돗 사람이 이튿날 일찍이 일어나 본즉 다곤이 여호와의 궤 앞에서 엎드러져 그 얼굴이 땅에 닿았는지라 그들이 다곤을 일으켜 다시 그 자리에 세웠더니"

이제부터 언약궤이신 주님은 스스로 그분 자신을 지키고 그분의 권위를 지키며 그분의 존재를 나타내는 일을 하신다.

4절, **"그 이튿날 아침에 그들이 일찍이 일어나 본즉 다곤이 여호와의 궤 앞에서 엎드러져 얼굴이 땅에 닿았고 그 머리와 두 손목은 끊어져 문지방에 있고 다곤의 몸뚱이만 남았더라"**.

첫날 엎드러졌을 때에는 그 얼굴이 땅에 닿아 있어서 아스돗 사람들이 그 다곤을 다시 일으켜 세워 놓았다. 우상이란 바로 이렇게 사람들이 세우는 것이다. 쓰러져 있어도 스스로 어떻게 하지 못하고 사람들이 세워주어야 한다.

다곤이라는 신은 원래 하반신은 고기 모양이고 얼굴과 상반신은 사람 모양을 한 인어 형상이었는데, 아스돗 사람들이 다음날 일찍이 일어나서 가보니 이렇게 머리와 두 손목이 끊어져 버리고 몸뚱이만 나뒹그러져 있었다.

다곤의 머리와 손목이 끊어져서 문지방에 있었기 때문에 이들은 이곳을 신성시하여 밟지 않았다고 한다. 이처럼 우상을 섬기는 사람들은 눈이 멀고 사고 자체가 합리적이지 않다. 사고 체계가 파괴된 사람들이다. 어떻게 사람이 이렇게 어두울 수가 있을까 하겠지만 오늘날에도 이런 일은 일어나고 있다. 이성적으로 판단할 때 이렇게 힘없이 쓰러져 나뒹그러진 신상은 무력하고 무익하다. 그런데도 일단 그들의 생각이 우상의 관념에 사로잡혔기 때문에 거기서 벗어나지 못하는 것이다.

6절, **"여호와의 손이 아스돗 사람에게 엄중히 더하사 독종의 재앙으로 아스돗과 그 지경을 쳐서 망하게 하니"**. 이렇게 하신 것은 하나님께서 그들에게 복음을 전해주신 것이다. 즉 참 하나님이 누구신지 깨닫게 하시려는 것이다. 그러나 이들은 돌이키지 않았고 도리어 배척했다.

7절, **"아스돗 사람들이 이를 보고 가로되 이스라엘 신의 궤를 우리와 함께 있게 못할지라 그 손이 우리와 우리 신 다곤을 친다 하고"**. 이제 아스돗 사람들은 이스라엘 신의 궤가 그들 중에 있기 때문에 이런 재앙들이 일어난다는 것을 알았다.

이들은 다곤 신당에 두었기 때문에 문제가 생겼나 해서 멀리 가드라는 곳으로 이 언약궤를 옮겨갔다. 그랬더니 이제 여호와의 손이 그 가드 성을 치심으로 그 성읍의 큰 자나 작은 자나 다 독종이 나게 되었다[8-9절].

그러자 이제 하나님의 궤를 에그론으로 보내기로 했다. 그러자 에그론 사람들이 이스라엘의 신의 궤를 본처로 돌려보내서 우리 백성의 죽임을 면케 하자 하였다. 하나님의 손이 엄중하게 역사하셔서 그 궤를 가져가는 도시마다 사망의 환난을 당했다. 그리고 죽지 않은 사람들도 독종으로 치심을 받아 그 부르짖음이 하늘에 사무쳤다고 했다[11-12절].

6장

언약궤의 여정

이 언약궤가 이스라엘에게서 블레셋 사람 손에 들어온 지 7개월이 되었다. 여기에는 기록되어 있지 않지만 이들이 궤를 돌려보내면서 속건제를 드리는 것을 보면 독종의 재앙뿐 아니라 쥐의 재앙이 있었던 것 같다. 추측건대, 이 일곱 달 동안 궤를 이 성읍 저 성읍에 갖다 놓을 때마다 사람들에게 독종이 생겨나서 죽자 들판에 갖다 놓았을 것이다. 그러니까 이제 쥐들이 성하여 농사지어 놓은 온갖 곡식을 다 망치는 것이다. 우연이겠지 하면서 다른 들판에 옮겨다 놓아도 여전히 쥐가 성하게 되자 이제 그들은 더 이상 길이 없어서 궤를 본래 있던 곳으로 돌려보낼 것을 상의했다. 여기서 이스라엘은 하나님의 궤를 되찾아오기 위해 무슨 일을 했다는 기록이 없다.

2절, **"블레셋 사람이 제사장들과 복술자들을 불러서 이르되 우리가 여호와의 궤를 어떻게 할꼬 그것을 어떻게 본처로 보낼 것을 우리에게 가르치라".**

블레셋 사람들은 이 일이 종교적인 문제라고 생각하고 종교인들을 불러 상의했다. 블레셋의 종교인들은 약간의 지식이 있어서 속건제를 드려야 한다고 했다[3절]. 속건제란 원래 이스라엘 백성이 죄를 범했을 때 하나님께 드리는 제사였다.

4절, **"그들이 가로되 무엇으로 그에게 드릴 속건제를 삼을꼬 가로되 블레셋 사람의 방백의 수효대로 금독종 다섯과 금쥐 다섯이라야 하리니 너희와 너희 방백에게 내린 재앙이 일반임이니라".**

이 말은 그 나라 제사장들이 블레셋 사람들에게 하는 말이다. 우상의 제사장들도 어쨌든 종교인들이기 때문에 이스라엘의 종교에 대해서 알고 있었고 애굽인과 바로의 역사까지도 알고 있었다. 그들은 이스라엘의 출애굽 상황을 언급하면서 **"애굽인과 바로가 그 마음을 강팍케 한 것같이 어찌하여 너희가 너희 마음을 강팍케 하겠느냐 그가 그들 중에서 기이하게 행한 후에 그들이 백성을 가게 하므로 백성이 떠나지 아니하였느냐"**[6절]라고 했다. 아마 당시 블레셋 사람들 중에는 그 궤를 보내지 말자고 하는 사람도 있었을 것이다. 그러니까 '붙잡아 두려고 고집부리지 말고 빨리 보내는 것이 옳다. 만일 더 붙잡아 두려고 하면 더 재앙이 임할 것이다.'라고 충고한 것이다.

7절, "그러므로 새 수레를 만들고 멍에 메어 보지 아니한 젖 나는 소 둘을 끌어다가 수레를 소에 메우고 그 송아지들은 떼어 집으로 돌려보내고".

블레셋 제사장들의 건의이다. 원래 언약궤는 레위 자손 중에서도 고핫 자손이 어깨에 메게 되어 있었다. 수레에는 성막의 다른 품목들, 말뚝이나 휘장 같은 것들을 실었다. 그러나 이들은 궤를 돌려보내기 위해 나름대로 방법을 고안해내었다.

블레셋의 종교인들은 끝까지 의심을 풀지 않고 한 번 시험을 해보자고 한다. 소가 그 궤를 싣고 본 지경 길로 올라가서 벧세메스로 가면 이제까지의 재앙이 이스라엘 신이 그들에게 내린 것이고 그렇지 않으면 그 재앙은 우연히 임한 것이니 개의치 말자는 것이다[8-9절].

그들이 젖 나는 소 둘을 끌어다가 수레를 메우고 송아지를 집에 가두고 여호와의 궤와 금쥐와 그들의 독종의 형상을 담은 상자를 수레 위에 실으니 암소가 벳세메스 길로 바로 가며 좌우로 치우치지 않았다. 블레셋 방백들은 혹시나 하고 벧세메스까지 따라갔다. 벧세메스 경계까지 따라간 이유는 혹시나 이 소가 수레를 끌고 가다가 돌아올까 하여 그런 것이다. 이 암소들은 젖 먹이는 새끼들을 집에다 두고 왔기 때문에 자연적이라면 새끼들 때문에 돌아올 것이었다. 이들 생각에 정말 이 궤 때문에 그 모든 재앙이 임한 것이라면, 그럼에도 불구하고 이 암소들이 궤를 실은 수레를 끌고 이스라엘 본 지경으로 갈 것이라는 것이었다.[10-12절]

벧세메스 사람들은 골짜기에서 밀을 베다가 언약궤 수레가 돌아오는 것을 보고 매우 기뻐했다. 여호수아의 밭 큰 돌이 있는 곳에 이르러 수레가 멈추었다. 무리가 수레의 나무를 패고 그 소로 여호와께 번제로 드렸다. 또 레위인은 여호와의 궤와 그 궤와 함께 있는 금 보물 담긴 상자를 내려다가 큰 돌 위에 놓았고 그날 벧세메스 사람들이 여호와께 번제와 다른 제를 드렸다. 블레셋 방백들은 벧세메스 사람들이 언약궤를 다시 찾아 하나님께 제사 드리는 것을 보고 에그론으로 돌아갔다. [13-16절]

17-18절, **"블레셋 사람이 여호와께 속건제로 드린 금독종은 이러하니 아스돗을 위하여 하나요 가사를 위하여 하나요 아스글론을 위하여 하나요 가드를 위하여 하나요 에그론을 위하여 하나이며 드린 바 금쥐는 여호와의 궤를 놓은 큰 돌에 이르기까지의 모든 견고한 성읍과 시골 동리 곧 다섯 방백에게 속한 사람의 모든 성읍의 수효대로였더라 그 돌은 벧세메스 사람 여호수아의 밭에 오늘까지 있더라"**

하나님께서는 블레셋 사람들이 궤를 수레에 싣고 올 때 화를 내리지 않으셨고 또 속건제 드리는 방식도 맞지 않지만 그냥 두셨다. 그렇다고 해서 그것을 열납하셨다는 뜻은 아닐 것이다.

벧세메스 사람들은 궤가 돌아오자 기뻐하면서 제사도 드리고 했지만 여호와의 궤를 부주의하게 대했다. 그들은 단순한 호기심을 가지고 궤를 들여다보다가 죽임을 당했다. 어떤 학자들은 그때 오만 명 이상이 죽었다고 말하지만 당시 벧세메스 인구가 이만이 넘지 않았을 것이라고 보기 때문에 칠십 명 가량 죽었다고 보는 것이 옳을 것이다.[19절]

20절, **"벧세메스 사람들이 가로되 이 거룩하신 하나님 여호와 앞에 누가 능히 서리요 그를 우리에게서 뉘게로 가시게 할꼬 하고"**.

벧세메스 사람들에 대해서 조금 더 이야기해보겠다. 우선 이들은 골짜기에서 밀을 베고 있었던 것으로 보아 열심히 일했다. 또 여호와의 궤가 오는 것을 보고 기뻐하기도 했고 여호와께 제사도 드렸다. 모든 것이 좋지만, 완전히 좋지는 않다. 그냥 일반적으로 좋을 뿐이다. 그러한 분위기이기 때문에 단순하게 호기심으로 궤를 들여다보려고 하는 사람들이 생겨났고 그런 사건도 일어난 것이다. 오늘 하나님의 아들 그리스도에 대한 우리의 태도는 어떠한가?

벧세메스 사람들의 이야기는 오늘날 그리스도인들에게 큰 교훈을 준다. 많은 사람들이 가볍게 주님을 대하고 주님의 일을 대한다. 그들의 마음이 온전히 주님께 있지 않으면서도 자기 일을 해가면서 부담 없이 즐겁게 신앙생활을 한다. 마치 지금은 여호와의 궤가 거룩한 처소에서 나와 떠돌아다니시는 것 같다. 그렇다고 해서 우리가 그분을 함부로 대할 수 있는 것이 아니다.

일단 실로의 장막을 떠난 언약궤는 이리저리 정처 없이 여행하고 있다. 블레셋 사람의 손에 들어가기도 하고 거기서도 이리저리 옮겨다니고 또 벧세메스로 와서도 정착하지 못하고 다시 떠나야 했다. 이 땅에 오신 예수님이 꼭 그러한 모습이셨다고 느껴진다. 지극히 거룩하시며 하늘 보좌에 계시던 그리스도께서 우리를 위해 하늘 보좌를 떠나 이 낮고 낮은 땅에 사람으로 오셔서 이곳저곳을 다니셨을 때 사람들은 그분을 어떻게 대했는가? 어떤 사람들은 그분을 만나 생명을 얻지만 어떤 사람들은 그분을 잘못 대하여 죽게 된다. 그들의 예수 그리스도에 대한 태도에 따라 생명이냐 사망이냐가 결정되는 것이다.

벧세메스 사람들은 기럇여아림 거민에게 사자를 보내어 여호와의 궤를 그곳으로 옮겨가라고 했다. 이 기럇여아림이라는 곳은 실로에서 가깝다.

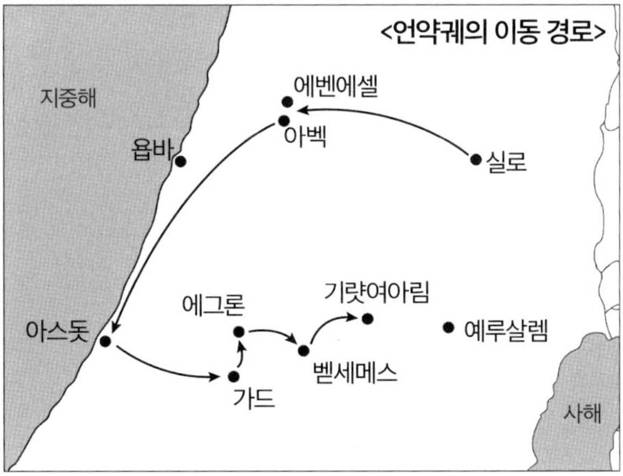

7장

언약궤로 인한 축복

1-2절, "기럇여아림 사람들이 와서 여호와의 궤를 옮겨 산에 사는 아비나답의

집에 들여놓고 그 아들 엘리아살을 거룩히 구별하여 여호와의 궤를 지키게 하였더니 궤가 기럇여아림에 들어간 날부터 이십 년 동안을 오래 있은지라 이스라엘 온 족속이 여호와를 사모하니라"

기럇여아림 사람들은 와서 여호와의 궤를 옮겨 산에 사는 아비나답의 집에 들여놓고 그 아들 엘리아살을 거룩히 구별하여 여호와의 궤를 지키게 했다. 그런데 한 가지 놀라운 일은 언약궤가 이 기럇여아림 아비나답의 집에 들어가서 무려 사십 년 간이나 있게 된다는 것이다. 아비나답이라는 사람은 당시 그렇게 유력한 사람이 아니었을 것이다. 평범한 레위인으로 형편도 그리 좋지 않고 해서 외따로 산에서 살고 있는 사람이었을 것이다. 이런 보통 사람의 집에 언약궤가 들어온 것이다.

2절에서는 언약궤가 이십 년 동안 아비나답의 집에 있었다고 했는데, 이것은 사무엘이 이 책을 쓸 당시까지를 계산한 것이다. 그 후로 다윗이 왕이 되어 다윗 성을 짓고 궤를 옮겨올 때까지를 계산하면 사십 년이다. 사무엘 하 6장 2-4절을 읽어보자. **"일어나서 그 함께 있는 모든 사람으로 더불어 바알레유다로 가서 거기서 하나님의 궤를 메어 오려 하니 그 궤는 그룹들 사이에 좌정하신 만군의 여호와의 이름으로 이름하는 것이라 저희가 산에 있는 아비나답의 집에서 하나님의 궤를 싣고 나올 때에 아효는 궤 앞에서 행하고"**. 이때까지도 궤는 아비나답의 집에 있었던 것이다.

"궤가 기럇여아림에 들어간 날부터 이십 년 동안을 오래 있은지라 이스라엘 온 족속이 여호와를 사모하니라". 이제 백성의 마음이 주님께로 향하게 되었다. 다시 말하지만, 아비나답 같은 사람의 집에 궤가 올 수 있었던 것은 궤가 실로에서 나왔기 때문이다. 실로에서 나와 이리저리 옮겨다니다보니 여기까지 온 것이다. 그렇지 않으면 어떻게 감히 궤를 자기 집에 모실 수 있겠는가? 아비나답의 집은 마치 신약의 베다니 집 같고 삭개오의 집 같고 마태의 집 같다. 작지만 너무나 귀한 집들이다. 주 예수님이 낮은 모양으로 오셨기 때문에 사람들은 그분을 귀히 여기지 않고 합당한 대우를 하지 않았지만 이렇게 낮은 마음을 가진 사람들은 기꺼이 그분을 모셔들였다. 만일 예수님이 상당한 지위와 힘과 명예를 갖고 오셨다면 어떻게 그런 문둥이 집이나 가난한 마리아 집이 그분을 차지할 수 있었겠는가?

벧세메스 사람들이 언약궤를 부담스럽게 여겨 밀어냄으로 궤가 아비나답의 집에까지 올 수 있게 되었고, 그럴 때 아비나답은 감사함으로 귀하게 언약궤를 모셨을 것이다. 그러면서 이스라엘 백성의 마음도 조금씩 주님께로 향하게 되었다. 그러므로 주님을 모시는 사람들의 역할은 참으로 중요하다. 알게 모르게 그 분위기가 퍼져나가기 때문이다. 그들이 중심에서 주님을 사랑하는 마음으로 그 궤를 모셨기 때문에 백성들의 마음도 주님을 사모하게 된 것이다. 사역은 사람이 무엇을 많이 하는 것이 아니라 중심에 그리스도를 모시고 그분을 사랑하는 것이다. 즉 그 언약궤를 모시고 있는 것 자체이다. 그 오랜 동안 모시고 있는 삶이 자연히 백성들의 마음을 움직였고 주님께 돌아오게 하는 효과를 낳은 것이다.

3절, "사무엘이 이스라엘 온 족속에게 일러 가로되 너희가 전심으로 여호와께 돌아오려거든 이방 신들과 아스다롯을 너희 중에서 제하고 너희 마음을 여호와께로 향하여 그만 섬기라 너희를 블레셋 사람의 손에서 건져내시리라"

언약궤가 실로를 떠난 지 이십여 년이 흘렀다. 사무엘은 그 오랜 기간 동안 어쩌면 실로에 있었을 것이고 궤가 없이 비어있는 하나님의 집에서 기도를 많이 했을 것이라고 생각한다. 그런데 여기서 한 가지 질문이 생겨날 수 있다. 왜 사무엘은 그 궤를 다시 찾아와 여호와의 집에 두려고 하지 않았는가 하는 것이다. 이에 대한 답변은 나중에 나오겠지만 어쨌든 사무엘은 이스라엘 백성들이 주님을 사모하게 되었을 때 사역을 시작했다. 사실 아무 때나 사역을 할 수 있는 것은 아니다. 주님이 예비하신 때가 있다. 그때 비로소 사역을 시작하는 것이다.

여기서 사무엘의 말을 보면 아직도 이스라엘은 블레셋의 압제 아래 있다. 그리고 그들이 여호와를 사모하게 되었지만 여전히 그들 가운데에는 우상들이 섞여 있다. 여호와를 사모하지만 온전하지 않은 상태에 있는 것이다. 그러므로 사무엘은 어느 정도 때가 되었다고 여겨질 때 "너희가 전심으로 여호와께 돌아오려거든 이방 신들을 제하라"고 하면서 백성의 마음을 일깨워준다. 쉽게 말해서 이제 회개를 촉구해도 될 시점이라고 여겨질 때 사무엘은 백성이 오직 여호와만 향하도록 사역하고 있는 것이다.

4절, "이에 이스라엘 자손이 바알들과 아스다롯을 제하고 여호와만 섬기니라".

이때서야 '여호와만'이라는 말이 나온다. 이제 이들이 우상들을 다 제하고 여호와만 섬기게 된 것이다. 진정한 회개란 우리 마음속에 자리잡고 있는 하나님 외의 것들을 하나하나 완전히 제하는 것이다.

이때 비로소 사무엘은 그의 직분을 발휘하기 시작한다. **"온 이스라엘은 미스바로 모이라 내가 너희를 위하여 여호와께 기도하리라"**[5절]. 첫째로 그는 아직 블레셋의 압제 아래 있는 이스라엘이 거기서 벗어나도록 기도했을 것이다.

6절, "그들이 미스바에 모여 물을 길어 여호와 앞에 붓고 그날에 금식하고 거기서 가로되 우리가 여호와께 범죄하였나이다 하니라 사무엘이 미스바에서 이스라엘 자손을 다스리니라".

그들이 물을 길어 여호와 앞에 부은 것은 상징적인 행위로서 회개를 뜻하기도 하고 씻음을 뜻하기도 하고 자신들을 그렇게 온전히 부어 드린다는 의미도 있을 것이다. 그러면서 그들은 그날에 금식하며 여호와 앞에 죄를 범했다고 자백했다. 그 동안 언약궤를 이용하려고 하다가 빼앗긴 일, 하나님 외에 다른 신을 섬긴 일, 하나님을 귀히 여기지 않고 경홀히 대한 일, 주님 앞에서 바르지 않게 행한 일 등을 하나하나 회개했을 것이라 믿는다.

7-9절, "이스라엘 자손이 미스바에 모였다 함을 블레셋 사람이 듣고 그 방백들이 이스라엘을 치러 올라온지라 이스라엘 자손이 듣고 블레셋 사람을 두려워하여 사무엘에게 이르되 당신은 우리를 위하여 우리 하나님 여호와께 쉬지 말고 부르짖어 우리를 블레셋 사람의 손에서 구원하시게 하소서 사무엘이 젖 먹는 어린양을 취하여 온전한 번제를 여호와께 드리고 이스라엘을 위하여 여호와께 부르짖으매 여호와께서 응답하셨더라".

이럴 때 비로소 여호와께서 응답하셨다. 사실 사무엘서는 사사기의 연속이다. 사무엘이 마지막 사사이기 때문이다. 사무엘 이후로는 왕정 시대이다. 사무엘 이전 사사가 삼손이라고 볼 수 있는데, 삼손은 이스라엘을 블레셋의 손에서 완전히 벗어나게 하지는 못했다. 그 상황이 사무엘 때에 이르기까지 지속되었고 사무엘이 일어나 다스릴 때 비로소 블레셋에서 벗어났으며, 그와 동시에 사사 시대가 끝나고 왕정 시대가 시작되었다.

삼손이나 사무엘이나 나실인으로서 사사였지만 사무엘의 사역은 보다 진일보하여 이스라엘을 회개하도록 했다. 그러나 우리는 삼손의 사역이 있었기에 사무엘이 그 위에서 뭔가를 더할 수 있었으리라고 믿는다. 삼손 때만 해도 그렇게 이스라엘을 향해서 회개를 촉구할 분위기가 되지 못했다. 사무엘 때 와서 언약궤의 사건과 블레셋에 대패하는 사건이 있으면서 이스라엘 백성의 생각에 변화가 일어난 듯하다.

이스라엘은 사무엘의 회개하라는 촉구를 통해서 자신들이 여호와께 범죄했다는 것을 자백했으며, 사무엘은 그들의 회개를 근거로 해서 여호와께 온전한 번제를 드렸다. 그리고 이스라엘을 위해서 기도했을 때 하나님이 응답하셔서 블레셋의 손에서 그들을 구원하셨다. 그런 사사의 직분을 성공적으로 수행하는 것이 바로 사무엘의 일이었다.

10절, **"사무엘이 번제를 드릴 때에 블레셋 사람이 이스라엘과 싸우려고 가까이 오매 그날에 여호와께서 블레셋 사람에게 큰 우레를 발하여 그들을 어지럽게 하시니 그들이 이스라엘 앞에 패한지라"**.

이미 하나님께서는 이스라엘을 구원할 채비를 하고 계시는데 마침 블레셋이 공격하러 왔기에 적시에 구원하시게 된 것이다.

11-12절, **"이스라엘 사람들이 미스바에서 나가서 블레셋 사람을 따라 벧갈 아래에 이르기까지 쳤더라 사무엘이 돌을 취하여 미스바와 센 사이에 세워 가로되 여호와께서 여기까지 우리를 도우셨다 하고 그 이름을 에벤에셀이라 하니라"**.

하나님께서 다 이기게 해놓으셨기 때문에 이스라엘 사람들은 미스바에서부터 블레셋 사람들을 쫓아가면서 쳤다. 벧갈 아래 센까지 가서 블레셋을 쳐 완전히 이기게 되자 사무엘은 돌을 취하여 미스바와 센 사이에 세우고 '에벤에셀'이라 이름했는데, 그것은 '여호와께서 여기까지 우리를 도우셨다'는 뜻이다.

이스라엘은 이제 블레셋에서 완전히 벗어나게 되었다. 여기서 한 가지 생각해 볼 것이 있다. 에벤에셀이란 '여호와께서 여기까지 우리를 도우셨다'는 뜻이다. 그러나 성경 기록을 보면 이 에벤에셀에서 이스라엘은 언약궤를 빼앗겼고 제사장 홉니와 비느하스도 거기서 죽었다. 즉 에벤에셀은 이스라엘의 비참한 실패가 있는 곳이다.

그러나 이제 미스바에 모여 하나님께 회개하고 자백했을 때, 그리고 우상을 다 제하고 마음을 온전히 주님께 향했을 때 하나님께서는 이스라엘 백성으로 블레셋에게 이기게 하셨다. 거기서부터 이스라엘은 블레셋을 쫓아가 벧갈 아래까지 이르렀는데, 그때 사무엘은 돌을 취하여 에벤에셀이라 이름했다.

"사무엘이 사는 날 동안에 이스라엘을 다스렸으되 해마다 벧엘과 길갈과 미스바로 순회하여 그 모든 곳에서 이스라엘을 다스렸고 라마로 돌아왔으니 이는 거기 자기 집이 있음이라 거기서도 이스라엘을 다스렸으며 또 거기 여호와를 위하여 단을 쌓았더라". 사무엘에 대해서 약간 기록했다. 왕정으로 넘어가는 과도기의 사사여서 그런지 사무엘은 다른 사사들에 비해 다스리는 일을 많이 한 것 같다.

8장

이스라엘 백성이 왕을 요구하다

우리는 앞에서 언약궤의 역사를 보았다. 언약궤는 다른 말로 법궤라고도 하고 증거궤라고도 한다. 하나님께서 이스라엘을 선택하신 이유는 그들로 하여금 주 하나님의 간증을 짊어지는 나라가 되게 하려는 것이었다.

"사무엘이 늙으매 그 아들들로 이스라엘 사사를 삼으니"[1절]. 훌륭한 주님의 종이라 할지라도 나이에 제한을 받을 수밖에 없다. 늙는 것은 사람의 역할을 제한한다. 그럴 때 그는 그의 아들들을 이스라엘의 사사로 삼았다. 우리가 여기서 잠시 사사에 대해 생각해보자. 사사기에서 사사는 여호수아 이후 옷니엘부터 시작해서 삼손까지 열두 명이 있었다(바락을 더하여 13명이다). 그러나 사무엘서를 보면 사무엘이 사사이고 사무엘의 아들들까지도 사사로 세워졌다. 물론 사무엘의 아들들은 정식으로 사사의 일을 수행한 사사들이라고 말할 수 없다.

3절, **"그 아들들이 그 아비의 행위를 따르지 아니하고 이(利)를 따라서 뇌물을 취하고 판결을 굽게 하니라"**.

그들이 브엘세바에서 사사가 되었는데, 브엘세바는 라마에서 80킬로미터 정도 떨어진 곳으로 이스라엘 남쪽에 위치했다. 이들은 아버지의 손이 미치지 않는 곳을 맡아서 사사의 일을 수행했던 것 같다. 그런데 이들은 아버지 사무엘처럼 공평과 정의로 판결을 한 것이 아니라 이익을 따라서 뇌물을 받고 판결을 굽게 했다. 우리는 이것을 통해 아버지가 훌륭하다고 해서 반드시 그 자식들도 훌륭한 것은 아니라는 것을 보게 된다. 아버지 사무엘은 어릴 때부터 헌신된 사람으로서 엘리 아래서 많은 연단과 배움을 통해 사사로 세워졌다. 그러나 그 아들들은 아버지의 후광 때문에 사람들 눈에 그럴 듯하게 보였을 것이고 그런 직분을 당연하게 물려받았을 것이다. 이렇게 주님으로부터 철저하고 엄격하게 배우지 않은 사람들은 결국 이 세상 물질을 따라가게 되고 눈이 어두워져 판결할 때 치우치게 된다.

4-5절, "이스라엘 모든 장로가 모여 라마에 있는 사무엘에게 나아가서 그에게 이르되 보소서 당신은 늙고 당신의 아들들은 당신의 행위를 따르지 아니하니 열방과 같이 우리에게 왕을 세워 우리를 다스리게 하소서 한지라".

이때 이스라엘 장로들이 모여 라마에 있는 사무엘에게 나아가 이제 그들에게도 열방과 같이 왕을 세워 그들을 다스리게 해달라고 청했다.

6절, "우리에게 왕을 주어 우리를 다스리게 하라 한 그것을 사무엘이 기뻐하지 아니하여 여호와께 기도하매".

사무엘은 이스라엘 장로들이 와서 이제 우리에게도 왕이 있어야 하겠다는 말을 할 때 기뻐하지 않았다. 이스라엘은 하나님의 선택된 백성으로서 하나님께서 특수하게 관리하시고 친히 다스리시는 나라여야 했다. 그런데 열방과 같이 왕을 세워달라고 하니 사무엘은 당연히 기쁘지 않은 것이다.

7절, "여호와께서 사무엘에게 이르시되 백성이 네게 한 말을 다 들으라 그들이 너를 버림이 아니요 나를 버려 자기들의 왕이 되지 못하게 함이니라".

사실 백성들이 사무엘을 존중한다면 사무엘에게 물어야 했다. '당신은 나이가 드시고 당신의 아들들은 당신의 행사를 따르지 아니하는데 이런 상태로 계속 나가도 되겠습니까?' 그래도 사무엘이 이스라엘을 더 생각하고 하나님의 뜻을 더 헤아릴 수 있을 것이기 때문이다. 그런데 그들은 먼저 뜻을 정하고 와서 왕을 세워달라고 촉구하듯이 말했다. 사무엘은 이 장로들의 요구를 기뻐하지 아니하여 하나님께 기도했다. '주님, 이 백성들이 지금에 와서 열방의 정치 제도를 도입하려고 하는데 어떻게 해야 할지 모르겠습니다.' 그때 하나님께서는 사무엘에게, "백성이 네게 한 말을 다 들으라 그들이 너를 버림이 아니요 나를 버려 자기들의 왕이 되지 못하게 함이라"고 하셨다. 어떤 경우에 사람들이 하나님의 종을 버리는 것은 사실상 하나님을 버리는 것이다. 하나님께서는 '그들이 너를 버리는 것이 아니라 실상 나를 버려 자기들의 왕이 되지 못하게 하는 것이다.' 라고 하신다.

원래 하나님이 원하시는 정치 형태는 하나님의 직접 통치이다. 즉 신정국가가 하나님이 원하시는 국가이다. 하나님께서 직접 다스리시는 것이다. 이것은 오늘날 교회 안에서도 동일하다. 하나님은 어떠한 교회를 가장 기뻐하시는가? 사람의 주장이 없고 성령께서 머리가 되시어 각 사람을 주장하시는 교회이다. 그리하여 거기에 조화가 생겨나고 봉사가 생겨나고 역사도 생겨나는 것이다.

8절, **"내가 그들을 애굽에서 인도하여 낸 날부터 오늘날까지 그들이 모든 행사로 나를 버리고 다른 신들을 섬김같이 네게도 그리하는도다"**.

하나님께서 사무엘을 위로하시는 말씀이다. 하나님은 사무엘을 통해서 그들이 원하는 것을 다 해주되 왕을 세울 때 있게 될 문제점들을 일러주라고 하시면서 첫째는 왕이 그들의 아들들을 취해서 그들의 병거와 말을 몰게 할 것이라고 하셨다. 말하자면 왕이 그들의 아들들을 종 삼는다는 뜻이다.

왕을 세우게 되면 그를 위해서 군인 노릇도 해야 하고 농사도 지어야 하고 많은 병기와 병거의 제구도 만들어야 하며 또 그들의 딸들은 왕을 위해 부엌일을 해야 한다. 그리고 왕은 자기만 아니라 그 신하들을 위해서도 가장 좋은 곡식들을 다 취해갈 것이며 그들의 노비 중 가장 준수한 사람들을 뽑아다가 왕을 위해 일하게 할 것이다. 더욱이 그들은 왕에게 모든 소출의 십분의 일을 조세로 바쳐야 할 것이다. 왕을 세울 때 이러한 대기를 지불하게 되는데 과연 이런 것을 알고 왕을 세워달라는 것이냐고 묻고 있다.

19절, **"백성이 사무엘의 말 듣기를 거절하여 가로되 아니로소이다 우리도 우리 왕이 있어야 하리니"**.

하나님은 왕을 세워달라는 이스라엘 백성의 말을 들어주라고 하셨다. 우리는 하나님이 허락하신 일이라고 해서 그것이 최선이라고 여기지 말아야 한다. 이것은 매우 두려운 일이다.

20-22절, **"우리도 열방과 같이 되어 우리 왕이 우리를 다스리며 우리 앞에 나가서 우리의 싸움을 싸워야 할 것이니이다 사무엘이 백성의 모든 말을 듣고 여호와께 고하매 여호와께서 사무엘에게 이르시되 그들의 말을 들어 왕을 세우라 하시니 사무엘이 이스라엘 사람들에게 이르되 너희는 각기 성읍으로 돌아가라 하니라"**.

사무엘은 끊임없이 하나님께 기도하는 사람이었다. 결국 하나님께서는 그들의 말대로 왕을 세우라고 하셨다.

9장

사무엘이 사울을 만나다

1절, **"베냐민 지파에 기스라 이름하는 유력한 사람이 있으니 그는 아비엘의 아들이요 스롤의 손자요 베고랏의 증손이요 아비야의 현손이라 베냐민 사람이더라"**.

여기의 기스라고 하는 사람이 이스라엘 초대 왕 사울의 아버지이다. 그는 재물도 있고 지위도 있는 사람이었다. 사사기 끝부분에 베냐민 지파가 크게 살육당한 이야기가 있는데, 그 일로 베냐민 지파의 남자는 육백 명밖에 남지 않았다. 그러나 후에 이스라엘이 돌이켜 베냐민의 남은 자들을 위해서 아내들을 구하여 줌으로 베냐민 지파는 사라지지 않고 존속하게 되었다. 그러한 지파 가운데서 이스라엘의 초대 왕이 나왔다는 것은 기이하다. 여기서 사무엘서는 사울이라는 청년의 내면보다는 외모를 묘사했는데, 그는 잘생기고 키도 컸다고 한다. 뭔가 남들에게 그럴듯하게 보이는 외모를 지니고 있었다는 말이다.

그런데 사울의 아버지 기스가 암나귀들을 잃은 사건이 일어났다. 나귀는 당시에 고관대작들이 타는 짐승이었고 또 부(富)나 지위의 측정 기준이 되기도 했다. 이 나귀들을 잃어버린 사건 때문에 사울은 사무엘을 만나게 된다. **"그가 에브라임 산지와 살리사 땅으로 두루 다니되 찾지 못하고 사알림 땅으로 두루 다니되 없고 베냐민 사람의 땅으로 두루 다니되 찾지 못하니라"**[4절]. 사울은 잘생겼을 뿐 아니라 순종적이었던 것 같다. 아버지의 명대로 나귀들을 찾아 이곳저곳 두루 돌아다녔다.

사울은 나귀들을 찾으려고 두루 다니다가 못 찾자 나귀는 고사하고 아버지가 아들 때문에 걱정하겠다고 하면서 사환에게 돌아가자고 했다. 그는 기본적으로 무난한 성품을 가진 사람이었다. 그는 그래도 남보다 좀 나은 점이 있기에 왕으로 세워질 수 있었을 것이다. 그때 사울의 사환이 사울에게 '우리 한 번 하나님의 사람한테 가봅시다. 그는 굉장히 존중히 여김을 받는 사람인데 그가 말한 것은 다 이루어진다고 합니다. 그가 우리의 갈 길을 가르쳐줄지도 모릅니다.' 하고 제안했다.

여기서도 사울의 성품을 엿볼 수 있는데, 하나는 비록 작은 사환의 말일지라도 신중하게 귀담아 듣는다는 것이다. 사울은 그의 말을 듣고 무시하지 않고 생각했다. "그러면 그에게 무엇을 예물로 드리느냐?" 하나님의 사람에게 어떻게 빈손으로 가서 물어볼 수가 있느냐는 것이다. 이렇게 볼 때 사울은 예의도 있고 자상하기도 하고 겸손하기도 하다. 즉 인간적으로 출세할 수 있는 상당히 좋은 성품을 가지고 있다. "사환이 사울에게 다시 대답하여 가로되 보소서 내 손에 은 한 세겔의 사분 일이 있으니 하나님의 사람에게 드려 우리 길을 가르치게 하겠나이다". 물론 사무엘은 이것을 받지 않았을 것이다. 그러나 사환은 이것이라도 있으니 가서 물어보자고 사울을 설득하고 있다.

9절, "(옛적 이스라엘에 사람이 하나님께 가서 물으려 하면 말하기를 선견자에게로 가자 하였으니 지금 선지자라 하는 자를 옛적에는 선견자라 일컬었더라)".

선견자란 뭔가를 먼저 보는 사람이라는 뜻이고 선지자란 뭔가를 먼저 아는 사람이라는 뜻이다. 당시에 사람들은 뭔가를 알기 위해 선견자에게 가서 묻곤 했다.

사울과 그 사환은 사무엘이 사는 성으로 가다가 물 길러 나오는 소녀들을 만나 선견자가 그곳에 있는지 물었다. 소녀들은 그날 마침 백성이 산당에서 제사 드리는 날이어서 사무엘도 그곳에 와 있다고 일러주었다. 전에 언약궤가 실로에 있을 때에는 백성들이 제사를 드리러 실로에 오곤 했다. 그러나 언약궤가 실로를 떠난 후로 산당이 이곳저곳에 세워졌고 백성들은 제사를 드리기 위해 산당으로 갔다. 사무엘의 고향은 라마인데 사무엘은 그곳에다가 여호와를 위해 단을 쌓고 예배했다(7:17). 그러므로 이때는 산당이 우상을 숭배하는 곳이 아니고 하나님께 예배할 수 있는 곳이었다.

물 길러 나오는 소녀들은 대답했다. **"당신들이 성으로 들어가면 그가 먹으러 산당에 올라가기 전에 곧 만나리이다 그가 오기 전에는 백성이 먹지 아니하나니 이는 그가 제물을 축사한 후에야 청함을 받은 자가 먹음이라 그러므로 지금 올라가소서 금시로 만나리이다"**[13절]. 이렇게 해서 사울과 사무엘이 만나게 되었다.

사울이 오기 전 날 여호와께서는 사무엘에게 미리 알게 하셨다. **"내일 이맘때에 내가 베냐민 땅에서 한 사람을 네게 보내리니 너는 그에게 기름을 부어 내 백성 이스라엘의 지도자를 삼으라 그가 내 백성을 블레셋 사람의 손에서 구원하리라 내 백성의 부르짖음이 내게 상달하였으므로 내가 그들을 돌아보았노라"**[16절].

여기서 우리가 얻는 교훈은 하나님께서는 사람들의 사소한 일을 통해서도 큰 역사를 이루실 수 있다는 것이다. 그러므로 하나님의 자녀들은 사소한 일이라도 신중하게 처리하는 습관을 기르는 것이 좋다. 사울은 아버지가 암나귀들을 잃어버렸을 때 그것들을 찾으려고 돌아다녔으며 또 작은 사환의 제안도 무시하지 않고 고려하고 따르는 중에 결국 사무엘을 만나 일생이 바뀌게 되었다.

17절, **"사무엘이 사울을 볼 때에 여호와께서 그에게 이르시되 보라 이는 내가 네게 말한 사람이니 이가 내 백성을 통할하리라 하시니라"**.

사무엘은 사울을 보면서 여호와께 물었을 것이다. '이 사람입니까?' 그럴 때 여호와께서 그에게 대답하셨다. "보라, 이는 내가 네게 말한 사람이다." 이것은 사무엘이 사울에 대해서 계속 기도하고 있었다는 뜻이다. 사무엘은 늘 하나님께 기도하는 사람이었고 하나님의 응답을 기다리는 사람이었다.

18절, **"사울이 성문 가운데 사무엘에게 나아가 가로되 선견자의 집이 어디인지 청컨대 내게 가르치소서"**. 이때까지 사울은 사무엘을 알아보지 못했다. 사울은 사무엘에게 사무엘의 집이 어디냐고 묻고 있다.

19-20절, **"사무엘이 사울에게 대답하여 가로되 내가 선견자니라 너는 내 앞**

서 산당으로 올라가라 너희가 오늘날 나와 함께 먹을 것이요 아침에는 내가 너를 보내되 네 마음에 있는 것을 다 네게 말하리라 사흘 전에 잃은 네 암나귀들을 염려하지 말라 찾았느니라 온 이스라엘의 사모하는 자가 누구냐 너와 네 아비의 온 집이 아니냐".

사울은 당시 그 마음속에 잃어버린 암나귀들을 찾아야겠다는 생각도 있고 또 왕이 되어 이스라엘을 블레셋에서 구원하고자 하는 마음도 있었던 것 같다. 어쨌든 백성 가운데서 상당히 준수한 인물이다 보니 그런 생각도 가질 수 있었을 것이다.

21절, **"사울이 대답하여 가로되 나는 이스라엘 지파의 가장 작은 지파 베냐민 사람이 아니오며 나의 가족은 베냐민 지파 모든 가족 중에 가장 미약하지 아니하니이까 당신이 어찌하여 내게 이같이 말씀하시나이까"**.

사울은 사무엘의 이 엄청난 말을 듣고 이렇게 대답했다. 이 구절 또한 사울의 겸손한 성품을 보여준다.

23절, **"사무엘이 사울과 그 사환을 인도하여 객실로 들어가서 청한 자 중 수석에 앉게 하였는데 객은 삼십 명 가량이었더라 사무엘이 요리인에게 이르되 내가 네게 주며 네게 두라고 말한 그 부분을 가져오라"**. 사무엘은 요리인에게 미리 제물의 어떤 부분을 주며 따로 두라고 일렀다. 사무엘은 왕 될 사람이 오면 주려고 제물의 가장 좋은 부분을 간직해두고 기다린 것이다. 하나님의 종들은 무엇이든지 하나님의 분부를 행하는 데에 늘 신실하고 주의 깊다. 이때 사무엘은 이스라엘을 위하여 한 지도자를 세우는 일을 성실하게 행하고 있다. 사울은 사무엘과 담화를 하면서 그 성에서 하룻밤을 지냈다. 그리고 다음날 아침 함께 밖으로 나가서 성읍 끝에 이르러 사무엘은 사울더러 사환을 조금 앞서 가게 하고 잠깐 서 있으라 하면서 하나님의 말씀을 그에게 들려주겠다고 했다.

10장

사울이 왕으로 기름부음 받다

1절, **"사무엘이 기름병을 취하여 사울의 머리에 붓고 입 맞추어 가로되 여호와께서 네게 기름을 부으사 그 기업의 지도자를 삼지 아니하셨느냐"**.

사무엘이 사울에게 이스라엘 왕으로 기름을 붓는 장면이다.

2절부터는 사무엘이 사울에게 하나님께서 그를 왕으로 삼으신 것이 틀림없다는 확증으로 세 가지 사건을 미리 말해준다. 그 첫 번째 사건이 가다가 베냐민 경계 셀사에 있는 라헬의 묘실 곁에서 두 사람을 만날 텐데 그들이 사울에게 암나귀들을 찾았다고 말해줄 것이며, 사울의 아버지가 암나귀들은 찾아서 염려를 놓았는데 이제 아들 때문에 걱정한다고 말해줄 것이라는 것이다. 이것이 두 번째 사건으로 사울에게 확증을 줄 것이다. 이러한 일이 생기면 하나님께서 그를 왕으로 세우신 것이 확실하다는 말이다. 다음은 하나님의 영이 임하여 사울이 예언을 하게 되는 것이 세 번째 확증이 될 것이다.

사무엘은 이러한 징조가 임하면 사울에게 기회를 따라 행하라고 말하며 먼저 길갈로 내려가라고 했다. 길갈이란 오늘날로 말하면 대통령 취임식을 하는 곳이다. 그곳에서 사울은 이스라엘 왕으로서 공공연히 세워지고 선포될 것이었다. 어쨌든 사무엘은 사울더러 길갈로 가서 칠 일을 기다리라고 했다. 그러면 그가 사울에게로 내려가서 번제와 화목제를 드리고 사울이 행할 바를 가르칠 것이라고 했다. 사무엘은 사울에게 그가 이스라엘 왕으로 기름부음을 받았다는 확신을 주려고 세 가지 일을 미리 말해주었는데, 그 징조가 다 응했다. 우리도 신약에서 하나님의 기름부음을 받은 왕 같은 제사장인데 이에 대한 확신이 필요하다. 성령과 능력과 확신이 있어야 하는 것이다(살전 1:5). 또 하나님께서는 사울에게 새 마음을 주셨다. 이전의 사울이 아닌 새로운 위임을 가진 사울로서 그 마음과 생각이 달라진 것이다. 하나님은 사람에게 새 마음과 새 영을 주실 수 있는 분이다(겔 36:26).

하나님의 신이 사울에게 크게 임하므로 그가 예언을 했다. 그러자 전에 사울을 알던 사람들이 사울은 원래 평범한 사람인데 이제 선지자들 중에서 예언을 하니 도대체 무슨 일이 일어난 것이냐고 놀랐다. **"사울도 선지자들 중에 있느냐?"**[11절].

사울이 이렇게 선지자들 중에서 예언을 하는 것은 그들에게 매우 기이하고 낯선 행동이었다. 어쨌든 사울은 달라졌다. 그는 예언하기를 마치고 산당으로 올라갔다. 사울의 숙부가 사울과 그 사환에게 어디 갔었는지를 묻고 사무엘을 만났다면 무슨 말을 들었느냐고 물었다. 그러나 암나귀 이야기 외에 나라의 일은 고하지 않았다. 사울이 신중한 사람인 것은 분명하다. 중요한 일은 가까운 사람에게도 함부로 누설하지 않았다.

사울이 왕으로 뽑히다

이제 사무엘이 할 일은 사울을 백성 앞에서 왕으로 나타나게 하는 것이다. 일단 비밀스럽게 사울에게 기름을 부었지만 그렇게만 해서는 사울이 왕 노릇 할 수가 없다. 그래서 이스라엘 백성을 다 미스바로 모아서 공개적으로 그의 왕 된 것을 확증하려고 하는 것이다. 사무엘은 다시 한 번 그들이 왕을 세워달라고 하는 것은 하나님을 버린 일이라는 것을 분명히 일깨워주고 그렇더라도 왕을 세워주겠으니 각 지파대로 천 명씩 나오라고 했다.

사무엘은 사울에게 기름을 부었지만 백성들 앞에서 다시 제비를 뽑아 하나님의 세우심을 확증하는 일을 한다. 이는 사람이 개인적으로 하나님의 세우심을 받았을지라도 하나님의 백성들 가운데 확증이 될 수 있어야 하는 원칙을 말해준다. **"사무엘이 이에 이스라엘 모든 지파를 가까이 오게 하였더니 베냐민 지파가 뽑혔고 베냐민 지파를 그 가족대로 가까이 오게 하였더니 마드리의 가족이 뽑혔고 그중에서 기스의 아들 사울이 뽑혔으나 그를 찾아도 만나지 못한지라 그러므로 그들이 또 여호와께 묻되 그 사람이 여기 왔나이까 여호와께서 대답하시되 그가 행구 사이에 숨었느니라"**[20-22절].

사울은 이미 자기가 뽑힐 것을 알고 행구 사이에 숨었다. 그는 제법 겸손할 줄 아는 사람이었다. **"그들이 달려가서 거기서 데려오매 그가 백성 중에 서니 다른 사람보다 어깨 위나 더 크더라 사무엘이 모든 백성에게 이르되 너희는 여호와의 택하신 자를 보느냐 모든 백성 중에 짝할 이가 없느니라 하니 모든 백성이 왕의 만세를 외쳐 부르니라"**[23-24절]. 이것은 다 외모에 관한 것인데, 이스라엘 백성은 그의 외모를 보고 왕 만세를 외쳐 불렀다. 사람은 외모를 본다. 이것이 인간의 연약함이다. 그러나 하나님은 사람의 중심을 보신다. 이렇게 이스라엘의 첫번째 왕은 외모 중심으로 선임되었다.

25-27절, **"사무엘이 나라의 제도를 백성에게 말하고 책에 기록하여 여호와 앞에 두고 모든 백성을 각기 집으로 보내매 사울도 기브아 자기 집으로 갈 때에 마음이 하나님께 감동된 유력한 자들은 그와 함께 갔어도 어떤 비류는 가로되 이 사람이 어떻게 우리를 구원하겠느냐 하고 멸시하며 예물을 드리지 아니하니라 그러나 그는 잠잠하였더라"**. 이것은 일종의 하나님의 적극적인 역사인데, 하나님의 역사가 있을 때 거기에는 하나님께 감동되어 이런 역사를 찬성하고 동의하고 협력하는 사람이 있는가 하면 반드시 비류도 있게 된다. 즉 소극적으로 반대하고 멸시하는 사람들이 있게 되는 것이다. 사울은 그들의 멸시하는 언행을 보고도 잠잠했다.

11장

사울이 암몬을 치다

이때 마침 전쟁이 일어났는데, 암몬과의 전쟁이다. 암몬 사람 나하스가 길르앗 야베스라는 곳을 치려고 진을 친 것이다. 길르앗 야베스는 사사기 21장과 22장에서 이스라엘이 전부 일어나 베냐민을 칠 때 참여하지 않은 사람들이다. 당시 베냐민 사람들이 레위인의 첩을 욕보이고 죽게 한 사건으로 인해 모든 이스라엘 지파는 결코 베냐민에게는 딸을 주지 않기로 맹세했었다. 그런데 베냐민 지파가 다 도륙당하고 남자 600명만 남게 되자 그들은 비로소 후회하면서 이스라엘 중 한 지파가 사라지게 되었다고 한탄했다. 그때 묘책이 바로 길르앗 야베스 사람의 딸들을 베냐민 남자들에게 주어 아내를 삼게 하자는 것이었다. 왜냐하면 그들은 베냐민을 치는 전쟁에 참여하지 않았고 따라서 딸들을 주지 않겠다는 맹세와도 관계가 없었기 때문이다. 그래서 베냐민 지파의 족보를 거슬러 올라가보면 어머니 쪽이 길르앗 야베스 사람이다.

야베스란 '말라비틀어진, 약해진'이라는 뜻인데, 암몬의 나하스가 바로 이 길르앗 야베스를 치려고 하자 야베스 사람들은 나하스에게 '우리와 언약을 해주십시오. 그러면 우리가 당신들을 섬기겠습니다.'라고 말했다. 이들은 너무 약하고 힘이 빠져 싸울 힘도, 마음도 없었다. 그저 해나 끼치지 않으면 섬기겠다는 생각이었다. 나하스는 그냥은 언약을 해줄 수 없고 그들의 한쪽 눈을 다 뺀 다음 언약을 해주겠다고 모욕적인 말을 했다.

야베스 장로들은 7일만 유예기간을 달라고 했고, 암몬 사람 나하스가 칠 일의 유예 기간을 준 것 같다. 아마 칠 일이 지나도 별 수 없을 것이라고 생각했기 때문일 것이다. **"이에 사자가 사울의 기브아에 이르러 이 말을 백성에게 고하매 모든 백성이 소리를 높여 울더니 마침 사울이 밭에서 소를 몰고 오다가 가로되 백성이 무슨 일로 우느냐 그들이 야베스 사람의 말로 고하니라 사울이 이 말을 들을 때에 하나님의 신에게 크게 감동되매 그 노가 크게 일어나서"**[4-6절]. 하나님의 일을 하는 사람들은 이렇게 영에 감동되어 크게 노가 일어나는 경우가 있다.

7절부터는 사울이 군대를 소집하는 장면이다. 사울이 왕이 된 것과 때를 같이 하여 전쟁이 일어났는데, 이 전쟁에서 이기면 사울의 왕권이 강화될 것이었다. 때마침 암몬 나하스가 쳐들어온 것도 하나님의 주권에 속한 일이었을 것이다. 사울은 한 겨리 소를 각을 떠서 그것을 사자의 손으로 이스라엘 온 지경에 두루 보냈다. 그러면서 누구든지 나와서 사울과 사무엘을 좇지 아니하면 그 소들도 이렇게 할 것이라고 말했다. 그때 여호와의 두려움이 백성에게 임하자 그들이 한 사람같이 나아왔다.

8-9절, **"사울이 베섹에서 그들을 계수하니 이스라엘 자손이 삼십만이요 유다 사람이 삼만이더라 무리가 온 사자들에게 이르되 너희는 길르앗 야베스 사람에게 이같이 이르기를 내일 해가 더울 때에 너희가 구원을 얻으리라 하라 사자들이 돌아가서 야베스 사람들에게 고하매 그들이 기뻐하니라"**.

많은 사람이 군대로 모집되었다. 이들은 사기충천하여 야베스에서 온 사자들에게 내일 해가 더울 때에 길르앗 야베스 사람들을 구원할 것이라고 전하라 했다. 이때 사울과 함께한 이스라엘은 암몬에 대하여 대승을 거두었다.

12절, **"백성이 사무엘에게 이르되 사울이 어찌 우리를 다스리겠느냐 한 자가 누구니이까 그들을 끌어내소서 우리가 죽이겠나이다"**.

이렇게 훌륭한 왕에 대해 비류들이 함부로 멸시하는 말을 했으니 그들을 다 죽이겠다는 것이다.

13절, **"사울이 가로되 이 날에는 사람을 죽이지 못하리니 여호와께서 오늘날 이스라엘 중에 구원을 베푸셨음이니라"**.

14-15절, **"사무엘이 백성에게 이르되 오라 우리가 길갈로 가서 나라를 새롭게 하자 모든 백성이 길갈로 가서 거기서 여호와 앞에 사울로 왕을 삼고 거기서 여호와 앞에 화목제를 드리고 사울과 이스라엘 모든 사람이 거기서 크게 기뻐하니라".**

12장

사무엘의 마지막 말

사무엘은 이스라엘 백성 앞에서 자기의 사역을 매듭짓는 아주 중요한 말을 선포하고 있다.

2절, **"내가 어려서부터 오늘날까지 너희 앞에 출입하였거니와".**

사무엘은 정말 어려서부터 이스라엘 백성 앞에 출입했다. 엘리 아래서 작은 세마포 옷을 입고 섬기기 시작해서 오늘에 이른 것이다. 아마 이때 적어도 육십 세는 되었을 것이다. 그런데 이제 와서 이스라엘 백성은 사무엘을 버리고 왕을 세워달라고 하여 새 왕을 세웠다. 이때 사무엘은 그들이 근거 없는 말들을 퍼뜨릴 여지를 없애기 위해 한 가지 한 가지를 확인해가며 말했다. 다른 사람이 사무엘을 위해 이것들을 증거하면 좋겠지만 사무엘 외에는 이런 일을 생각하거나 말할 사람이 없었다. 그래서 사무엘이 이것을 말하지 않으면 안 되었던 것이다.

3절, **"내가 여기 있나니 여호와 앞과 그 기름부음을 받은 자 앞에서 내게 대하여 증거하라".**

사역자 되는 사람이 사람들 앞에 있는 것과 없는 것은 커다란 차이를 발생시킨다. 그가 있다는 것은 하나님께서 세우신 간증이 존재하고 있다는 의미이다. 그럴 때 그를 통해서 하신 하나님의 역사와 말씀이 살아서 효력을 발할 수 있기 때문이다.

여기서 사무엘은 첫째로 "내가 뉘 소를 취하였느냐 뉘 나귀를 취하였느냐"고 물었다. 사람들이 사역자를 비판하는 데 있어서 첫 번째가 재물에 관한 것이다. 이러한 말을 분명히 짚고 넘어가지 않으면 상당히 위험한 결과를 초래할 수 있다. 왜냐하면 사무엘의 아들들은 이미 뇌물을 받고 판결을 굽게 한다고 평이 나 있기 때문이다. 이런 말이 가다 보면 아버지 사무엘까지도 의심받을 수 있다. 돈 문제로 사람을 평가하는 것은 아주 무서운 힘을 갖고 있다는 것을 알아야 한다.

두 번째는 "누구를 속였느냐 누구를 압제하였느냐"고 했는데, 이것은 사람들에 대한 처신의 문제이다. 백성을 속이고 압제하는 사람은 백성을 섬기는 하나님의 사역자라 할 수 없다. 그러므로 사무엘은 백성들 앞에서 '과연 내가 여러분을 그렇게 대한 적이 있느냐?'고 물으면서 그렇다면 그의 앞에서 증거하라고 촉구하고 있다. 모함하는 사람들은 다 뒤에서 말하지 앞에서는 말하지 않는다. 왜냐하면 그런 말들이 거짓이기 때문이다. 특히 참된 하나님의 사역자들에 대한 비판의 말들은 그 인격을 손상시킴으로 사역을 무너뜨리기 위해 뒤에서 행해진다. 사도 바울도 똑같은 일을 당했다.

또 사무엘은 담대하게 "내 눈을 흐리게 하는 뇌물을 뉘 손에서 취하였느냐 그리하였으면 내가 그것을 너희에게 갚으리라"고 말했다. **"사무엘이 백성에게 이르되 너희가 내 손에서 아무 것도 찾아낸 것이 없음을 여호와께서 너희에게 대하여 증거하시며 그 기름 부음을 받은 자도 오늘날 증거하느니라 그들이 가로되 그가 증거하시나이다"**[5절]. 백성들은 사무엘에게 공개적으로 어떤 문제도 없었다는 것을 증거했다. 사람이 말을 하려면 이런 공적인 자리에서 해야 한다. 만일 이 자리에서 하지 않고 뒤에서 한다면 그것은 잘못된 말이요 공정하지 않은 것이다.

6-10절, **"사무엘이 백성에게 이르되 모세와 아론을 세우시며 너희 열조를 애굽 땅에서 인도하여 내신 이는 여호와시니 그런즉 가만히 섰으라 여호와께서 너희와 너희 열조에게 행하신 모든 의로운 일에 대하여 내가 여호와 앞에서 너희와 담론하리라 야곱이 애굽에 들어간 후 너희 열조가 여호와께 부르짖으매 여호와께서 모세와 아론을 보내사 그 두 사람으로 너희 열조를 애굽에서 인도하여 내어 이곳에 거하게 하셨으나 그들이 그 하나님 여호와를 잊은지라 여호와께서 그들을 하솔 군장 시스라의 손과 블레셋 사람의 손과 모압 왕의 손에 붙이셨더니 그들이 치매 백성이 여호와께 부르짖어 가로되 우리가 여호와를 버리고 바알들과 아스다롯을 섬기므로 범죄하였나이다 그러하오나 이제 우리를 원수들의 손에서 건져내소서 그리하시면 우리가 주를 섬기겠나이다 하매"**.

모세의 인도하에 애굽에서 나와 광야를 지나서 가나안에 들어온 후 사사 시대까지 있었던 일을 상기시키는 것이다.

11절, **"여호와께서 여룹바알과 베단과 입다와 나 사무엘을 보내사 너희를 너희 사방 원수의 손에서 건져내사 너희로 안전히 거하게 하셨거늘"**. 여룹바알은 기드온의 다른 이름이고 베단은 아마 바락일 것이다.

12절, **"너희가 암몬 자손의 왕 나하스의 너희를 치러 옴을 보고 너희 하나님 여호와께서는 너희의 왕이 되실지라도 너희가 내게 이르기를 아니라 우리를 다스릴 왕이 있어야 하겠다 하였도다"**[12절].

이스라엘 장로들이 사무엘에게 왕을 세워달라고 했던 근본적인 이유가 여기서 드러난다. 그들은 암몬의 나하스가 그들을 치려 하자 두려워서 왕을 구한 것이다. 하나님께서는 그들이 왕을 세워달라고 해서 왕을 세워주셨지만 이것이 하나님의 마음에 기뻐하시는 바는 아니었다. 다만 차선책으로 허락하신 것뿐이다. 그렇더라도 하나님은 그들을 내버려두지 않으시고 차선책 안에서의 길을 제시하셨다. 그들과 그들의 왕이 여호와를 경외하고 섬기며 그 음성을 듣고 여호와의 명령을 거역하지 않으면 잘될 것이지만 만일 그렇지 않으면 여호와의 손이 그들의 조상들을 치신 것같이 치실 것이라고 경고하신다[13-15절].

16-17절, **"너희는 이제 가만히 서서 여호와께서 너희 목전에 행하시는 이 큰일을 보라 오늘은 밀 베는 때가 아니냐 내가 여호와께 아뢰리니 여호와께서 우레와 비를 보내사 너희가 왕을 구한 일 곧 여호와의 목전에 범한 죄악이 큼을 너희로 밝히 알게 하시리라"**.

이스라엘에서 밀 베는 때는 오월 중순에서 유월 중순까지인데 그 시기에는 결코 우레가 울리거나 비가 내리는 법이 없었다. 그런데 이때 우레가 울리고 비가 내린다는 것은 사무엘의 말을 하나님께서 확증하신다는 표시였다. 즉 그들이 왕을 구한 일이 여호와의 목전에 큰 죄를 범한 것임을 알게 하는 것이다. 이스라엘 장로들이 사무엘에게 왕을 세워달라고 요청한 사건은 8장에서 시작되었는데, 12장에 이르러서도 여전히 이 일이 언급되고 있는 것으로 보아 이는 결코 작은 일이 아니라는 것을 알 수 있다.

18-25절, **"이에 사무엘이 여호와께 아뢰매 여호와께서 그날에 우레와 비를 보**

내시니 모든 백성이 여호와와 사무엘을 크게 두려워하니라 모든 백성이 사무엘에게 이르되 당신의 종들을 위하여 당신의 하나님 여호와께 기도하여 우리로 죽지 않게 하소서 우리가 우리의 모든 죄에 왕을 구하는 악을 더하였나이다 사무엘이 백성에게 이르되 두려워 말라 너희가 과연 이 모든 악을 행하였으나 여호와를 좇는 데서 돌이키지 말고 오직 너희 마음을 다하여 여호와를 섬기라 돌이켜 유익하게도 못하며 구원하지도 못하는 헛된 것을 좇지 말라 그들은 헛되니라 여호와께서는 너희로 자기 백성 삼으신 것을 기뻐하신 고로 그 크신 이름을 인하여 자기 백성을 버리지 아니하실 것이요 나는 너희를 위하여 기도하기를 쉬는 죄를 여호와 앞에 결단코 범치 아니하고 선하고 의로운 도로 너희를 가르칠 것인즉 너희는 여호와께서 너희를 위하여 행하신 그 큰일을 생각하여 오직 그를 경외하며 너희의 마음을 다하여 진실히 섬기라 만일 너희가 여전히 악을 행하면 너희와 너희 왕이 다 멸망하리라".

이것이 사무엘의 마지막 사역이다. 이스라엘 백성들은 결국 "너희가 여전히 악을 행하면 너희와 너희 왕이 다 멸망하리라"는 말씀대로 되었다. 왕도 악을 행하고 백성도 악을 행하여 유다와 이스라엘이 모두 망하게 된 것이다. 그것이 열왕기 하의 역사이다. 사무엘에게서 우리가 배울 수 있는 것은 끝까지 사람들로 하나님을 향하게 하려고 힘을 다한다는 것이다. 또 그는 '너희를 위하여 기도하기를 쉬는 죄를 여호와 앞에 결단코 범치 않겠다'고 말했다. 참된 하나님의 종이라면 성도들을 위해서 기도하는 사람이다. 그리고 의롭고 선한 도로 백성을 가르치며 진실하게 하나님을 섬기라고 격려하는 사람이다.

13장

사울이 블레셋과 싸우다

1절, "사울이 왕이 될 때에 사십 세라 그가 이스라엘을 다스린 지 이년에".

13장 1절 말씀은 번역본마다 좀 차이가 있다. 한글 개역 성경에도 '사십'이 작은 글씨로 되어 있다. 그것은 원문에는 '사십'이라는 말이 없다는 뜻이다. 따라서 사울이 왕이 되었을 때가 사십인지 오십인지는 알 수 없다. 그런데 히브리어 원문에는 한 해 된 아들이라고 되어 있으며, 어떤 번역본에서는 사울이 왕이 되었을 때 한 해 된 아이 같았다고 번역했다. 사울이 왕이 되었지만 어린애 같았다는 말이다. 또 흠정역에서는 일 년을 다스렸다고 번역했다. 여러 성경 번역자들이나 성경 주석가들이 흠정역의 이 번역을 합당하게 여겨 채택하는데, '한 해

된 어린아이 같았다'는 번역도 일리는 있다. 왜냐하면 이후로 사울의 행적을 살펴보면 줄곧 영적으로 어린애 같은 행동을 했기 때문이다.

2절, "이스라엘 사람 삼천을 택하여 그중에서 이천은 자기와 함께 믹마스와 벧엘 산에 있게 하고 일천은 요나단과 함께 베냐민 기브아에 있게 하고 남은 백성은 각기 장막으로 보내니라".

이 년째에 사울이 한 일 중 하나가 상비군을 만든 것이다. 이스라엘 사람 삼천 명을 군사로 뽑되 그중에서 이천 명은 자기와 함께 있게 하고 나머지 천 명은 자기 아들 요나단과 함께 있게 해서 서로 거리를 두었다. 기브아는 사울의 고향이다.

사울의 아들 요나단이 게바에 있는 블레셋 사람의 수비대를 쳤다(3절). 아마 사울의 명령에 따라 쳤을 것이다. 요나단은 용맹한 군인이었다. 요나단의 공격에 대하여 블레셋 사람들이 듣고서 전쟁 준비를 했다. 그때 사울이 온 땅에 나팔을 불어서 히브리 사람들을 모았다.

4-7절, "온 이스라엘이 사울의 블레셋 사람의 수비대를 친 것과 이스라엘이 블레셋 사람의 가증히 여김이 되었다 함을 듣고 길갈로 모여 사울을 좇으니라…어떤 히브리 사람들은 요단을 건너 갓과 길르앗 땅으로 가되 사울은 아직 길갈에 있고 그를 좇은 모든 백성은 떨더라".

이스라엘과 블레셋이 전쟁하려고 하는데, 블레셋과 이스라엘은 군사의 숫자로나 무기로나 비교가 되지 않았다. 블레셋은 병거가 삼만이요 마병이 육천인데 사울의 군사는 다 합쳐도 삼천밖에 되지 않았다. 그런 상황에서는 싸움 자체가 되기 어려웠다. 그러자 이스라엘 사람들은 위급함을 느끼고 굴에 숨기도 하고 은밀한 곳에 숨기도 하고 웅덩이에 숨기도 했다. 또 어떤 사람들은 요단을 건너서 길르앗 땅으로 도망가 버렸다. 그러나 사울은 아직 길갈에 있었고 그를 좇은 백성은 다 두려움에 떨고 있었다.

사실 이스라엘 백성들이 왕을 세워달라고 한 것은 블레셋이나 암몬 같은 적들이 쳐들어올 때에 앞에 나서서 싸워줄 왕이 없으니 너무 불안하다는 것 때문이었다. 그래서 사울을 왕으로 세웠는데, 이때 블레셋과의 전쟁이 일어났다. 그려면 왕이 세워졌으니 전보다 안전하고 왕이 적의 위협에서 그들을 잘 보호해주었는가? 여기서 그들은 사무엘 아래 있을 때보다 훨씬 더 못난 모습을 연출했다. 전에는 그래도 이렇게 굴이나 수풀이나 웅덩이에 숨었다는 기록은 없다. 이런 상황에서 이스라엘은 아마도 사무엘에 대해 다시 생각해보았을 것이다.

이들은 얼마 전에 사무엘 앞에서 '아, 당신만 믿고 있기가 좀 불안해요' 하는 식으로 말했었다. 물론 사무엘을 통해서도 그들이 승리를 거둔 적은 있지만 그 전쟁은 순전히 하나님이 하신 것이었다. 사무엘이 기도할 때 천둥과 우박을 보내 대적을 물리치신 것이다. 그럴 때 백성들은 한 면으로는 좋았지만 또 한 면으로는 뭔가 좀 더 확실하고 보장된 안전장치가 있기를 바랐다. 그래서 열방처럼 왕을 세워달라고 한 것이다. 그런데 막상 왕이 세워지니 그들은 더 의지할 것이 없는 상태에 떨어져 버리고 말았다.

8절, **"사울이 사무엘의 정한 기한대로 이레를 기다리되 사무엘이 길갈로 오지 아니하매 백성이 사울에게서 흩어지는지라"**.

10장 8절에서 사무엘이 사울에게 "너는 나보다 앞서 길갈로 내려가라 내가 네게로 내려가서 번제와 화목제를 드리리니 내가 네게 가서 너의 행할 것을 가르칠 때까지 칠 일을 기다리라"고 했다. 이때의 말과 여기 8절에 있는 이 말이 같은 사건을 두고 한 것인지는 이해하기 어렵지만, 이 구절이 10장 8절과 연결된 것이라면 즉위식과 관계된 것이고 그렇지 않다면 이것은 일 년 뒤에 있었던 블레셋 전투와 관계된 것이다. 많은 학자들이 후자의 견해를 채택한다. 10장 8절의 사건 외에 일 년 후에 있었던 또 다른 블레셋 전투를 앞두고 있었던 일이라는 것이다.

이때까지만 해도 사울의 왕권이 그리 강하지 않았다. 사무엘이 오랫동안 사사의 일을 했기 때문에 사무엘이 함께하지 않은 사울은 백성들이 신뢰하기가 어려웠던 듯하다. 백성이 흩어지자 사울은 다급해져서 사무엘이 오기 전에 번제를 드렸다. **"번제 드리기를 필하자 사무엘이 온지라 사울이 나가 맞으며 문안하매 사무엘이 가로되 왕의 행한 것이 무엇이뇨 사울이 가로되 백성은 나에게서 흩어지고 당신은 정한 날 안에 오지 아니하고 블레셋 사람은 믹마스에 모였음을 내가 보았으므로"**[10-11절]. 다급한 상황인데 사무엘은 오지 않고 백성은 자꾸 흩어지고 해서 번제를 드렸다는 것이다. 그런데 제물 드리는 것을 마치자마자 사무엘이 왔다.

사무엘이 날짜를 어긴 것은 아니고 다만 사울이 생각하는 시간보다 조금 늦게 왔을 뿐이었다.

12절, **"이에 내가 이르기를 블레셋 사람은 나를 치러 길갈로 내려오겠거늘 내가 여호와께 은혜를 간구치 못하였다 하고 부득이하여 번제를 드렸나이다".**

우리는 여기서 사울이라는 사람을 보게 된다. 그리고 다음 14장에서는 요나단을 볼 것이다. 이 사울이라는 사람을 통해 우리는 사람의 육체가 어떤 것인지를 보아야 한다. 인간의 육체란 어떤 양상을 띠며 어떤 경우에 우리가 실패하는지를 보아야 하는 것이다. 첫째, 육체는 조급하다. 육체의 특징은 기다리지 못하는 것이다. 사울은 칠 일까지는 기다렸지만 마지막 몇 시간을 기다리지 못해서 실패하고 만 것이다.

13-14절, **"사무엘이 사울에게 이르되 왕이 망령되이 행하였도다 왕이 왕의 하나님 여호와께서 왕에게 명하신 명령을 지키지 아니하였도다 그리하였더면 여호와께서 이스라엘 위에 왕의 나라를 영영히 세우셨을 것이어늘 지금은 왕의 나라가 길지 못할 것이라 여호와께서 왕에게 명하신 바를 왕이 지키지 아니하였으므로 여호와께서 그 마음에 맞는 사람을 구하여 그 백성의 지도자를 삼으셨느니라 하고".**

이렇게 처음부터 하나님의 명령을 어기고 제멋대로 하는 것을 보니 왕이 될 만한 자질이 없다고 판단하신 것이다. 이 한 가지 사건으로 그의 됨됨이가 드러났고 하나님께서는 이미 하나님의 마음에 맞는 사람을 구하여 그 백성의 지도자를 삼기로 하셨다.

이렇게 되자 원래 그가 데리고 있던 삼천 명도 다 흩어지고 이제 육백 명 정도밖에 남지 않았다. 지도자가 경솔히 육체를 따라 행하고 끝까지 인내하지 않은 결과는 사람들이 흩어지는 것이다.

16절, **"사울과 그 아들 요나단과 그들과 함께한 백성은 베냐민 게바에 있고 블레셋 사람은 믹마스에 진 쳤더니".**

이제 노략꾼들이 이쪽저쪽에서 쳐들어오고 있다.

19-22절, **"때에 이스라엘 온 땅에 철공이 없어졌으니 이는 블레셋 사람이 말하기를 히브리 사람이 칼이나 창을 만들까 두렵다 하였음이라 온 이스라엘 사람이 각기 보습이나 삽이나 도끼나 괭이를 벼리려면 블레셋 사람에게로 내려갔었는데 곧 그들이 괭이나 삽이나 쇠스랑이나 도끼나 쇠채찍이 무딜 때에 그리하였으므로 싸우는 날에 사울과 요나단과 함께한 백성의 손에는 칼이나 창이 없고 오직 사울과 그 아들 요나단에게만 있으니라"**.

이 부분은 간단하게 말해서 블레셋 사람들이 당시에 이스라엘 사람들의 철공소를 다 없애버렸다는 것이다. 그래서 이스라엘 사람들은 낫이나 괭이나 삽을 벼리려면 블레셋 사람에게 내려가곤 했다. 이것은 이스라엘 사람들로 무기를 갖지 못하게 하려는 정책이었다. 그러므로 사울과 요나단 외에는 누구도 손에 무기를 든 사람이 없었다. **"블레셋 사람의 부대가 나와서 믹마스 어귀에 이르렀더라"**[23절]. 블레셋 군대가 맨손인 이스라엘 백성과 싸우려고 온 상황이다.

14장

요나단의 이야기

여기에 사울의 아들 요나단의 이야기가 나오는데, 그는 상당히 비범한 사람이다. 나중에 보겠지만 요나단이라는 인물에게서 우리가 배울 것이 있다. 그는 아버지께 고하지 않고 자기 병기를 든 소년과 함께 블레셋 사람에게로 갔는데, 이때의 전투 상황을 지켜본즉 자기가 뭔가를 하지 않으면 안 되겠다는 판단이 섰기 때문이다[1절]. 아버지 사울에게 적진으로 들어가겠다고 하면 허락지 않을 것 같고 그냥 바라보고 있자니 이스라엘이 완전 낭패를 볼 것 같아서 이렇게 몰래 작전을 짰을 것이다. 사울도 백성도 요나단의 간 것을 알지 못했다. 길갈에서의 사건 후에 사무엘과 사울의 관계는 약간 소연하게 되었을 것이고, 그래서 사울은 뭔가 종교적으로 의지할 사람을 찾다가 그런 때 그런 상황에 어울리는 사람을 발탁했다. 그가 바로 아히야이다. 이 아히야라는 인물은 족보도 괜찮고 명분도 있는 사람이었다.

4-5절, **"요나단이 블레셋 사람의 부대에게로 건너가려 하는 어귀 사이 이편에도 험한 바위가 있고 저편에도 험한 바위가 있는데 하나의 이름은 보세스요 하나의 이름은 세네라 한 바위는 북에서 믹마스 앞에 일어섰고 하나는 남에서 게바 앞에**

일어섰더라".

'보세스'는 미끄럽다는 뜻이고 '세네'는 가시라는 뜻인데, 이들이 통과하려는 곳의 지형이 굉장히 험하다는 것을 묘사해주고 있다.

6절, **"요나단이 자기 병기 든 소년에게 이르되 우리가 이 할례 없는 자들의 부대에게로 건너가자 여호와께서 우리를 위하여 일하실까 하노라 여호와의 구원은 사람의 많고 적음에 달리지 아니하였느니라".**

요나단은 믿음이 있는 사람이었다. 그래서 혼자였지만 담대하게 적진에 들어갔다. 그는 어쩌다 블레셋을 이긴 것이 아니고 여호와께서 그들을 위해 일하실 것이라는 믿음이 있었기에 이길 수 있었던 것이다. 요나단이 '우리가 저 할례 없는 자들의 부대에게로 건너가자'라고 한 말은 다윗이 골리앗을 물리칠 때 한 말과 똑같다. 다윗도 혈혈단신으로 블레셋의 골리앗과 맞섰을 때 이 표현을 썼다. 그러므로 할례란 하나님의 백성의 특징이다.

7절, **"병기 든 자가 그에게 이르되 당신의 마음에 있는 대로 다 행하여 앞서 가소서 내가 당신과 마음을 같이하여 따르리이다".**

역사가 일어나는 곳에는 반드시 이러한 믿음이 있는 사람이 있고 마음을 온전히 하나로 합해서 역사하는 사람이 있다. 이것이 부흥의 징조이다. 어느 시대이고 이렇게 믿음이 있는 사람들이 한 마음 한 뜻이 될 때 역사는 일어난다.

8-10절, **"요나단이 가로되 보라 우리가 그 사람들에게로 건너가서 그들에게 보이리니 그들이 만일 이같이 우리에게 이르기를 우리가 너희에게로 가기를 기다리라 하면 우리는 우리 곳에 가만히 서서 그들에게로 올라가지 말 것이요 그들이 만일 이같이 말하기를 우리에게로 올라오라 하면 우리가 올라갈 것은 여호와께서 그들을 우리 손에 붙이셨음이니 이것이 우리에게 표징이 되리라 하고".**

이 말은 요나단이 거기 가서 블레셋 사람들에게 보일 때 그들이 어떻게 말하는가에 따라서 행할 바가 결정된다는 뜻이다. 즉 그들이 말하는 것을 하나의 징조로 삼아 행동하겠다는 것이다. 그들이 '우리가 너희에게 갈 테니 기다려라'고 하면 이는 좋지 않은 징조이고, 만일 '우리에게 올라오라'고 하면 이는 여호와께서 그들을 요나단 편에 붙이셨다는 징조라는 것이다.

13절, "요나단이 손발로 붙잡고 올라갔고 그 병기 든 자도 따랐더라 블레셋 사람들이 요나단 앞에서 엎드러지매 병기 든 자가 따라가며 죽였으니".

요나단이 손발로 붙잡고 올라갔다는 것은 그 험한 바위산을 기어서 올라갔다는 것이다. "블레셋 사람들이 요나단 앞에서 엎드러지매 병기 든 자가 따라가며 죽였으니". 두 사람밖에 안 되는데 이렇게 험한 곳을 믿음으로 헤쳐나아갈 때 대적이 엎드러지는 것을 볼 수 있다.

14절, "요나단과 그 병기 든 자가 반일경 지단 안에서 처음으로 도륙한 자가 이십 인 가량이라".

'반일경'을 영어로 직역하면 '한 겨리 소가 쟁기질할 수 있는 반 에이커 정도의 땅'이다. 그 정도의 지경에서 요나단과 병기 든 자가 블레셋 사람들을 이십 명 정도 죽였다는 것이다.

15절, "들에 있는 진과 모든 백성 중에 떨림이 일어났고 부대와 노략꾼들도 떨었으며 땅도 진동하였으니 이는 큰 떨림이었더라".

요나단이 믿음으로 그렇게 행동할 때 하나님께서 그 블레셋 진에 떨림과 두려움이 있게 하셨다. 땅이 진동하였다는 것은 초자연적인 하나님의 역사이다. 그때 블레셋 사람들은 크게 두려워 떨었다.

16-18절, "베냐민 기브아에 있는 사울의 파수꾼이 바라본즉 허다한 블레셋 사람이 무너져 이리저리 흩어지더라 사울이 자기와 함께한 백성에게 이르되 우리에게서 누가 나갔는지 점고하여 보라 하고 점고한즉 요나단과 그의 병기 든 자가 없어졌더라 사울이 아히야에게 이르되 하나님의 궤를 이리로 가져오라 하니 그때에 하나님의 궤가 이스라엘 자손과 함께 있음이라".

사울의 태도를 보라. 자기는 손가락 하나도 까딱하지 않는데 대적이 혼비백산하면서 엎드러지자 전세가 자신에게 유리하게 돌아가고 있다는 것을 알고 과연 누가 나가서 싸우기에 저런 일이 벌어지는지 점고하게 했다. 그러자 자기 아들 요나단과 그 병기 든 자가 없어진 것이었다. 그래서 아히야더러 하나님의 궤를 가져오라고 했는데, 이 기회를 잡아 하나님의 궤까지 동원하여 아예 밀어붙이면 승리할 수 있겠다고 계산한 것이다.

19절, **"사울이 제사장에게 말할 때에 블레셋 사람의 진에 소동이 점점 더한지 라 사울이 제사장에게 이르되 네 손을 거두라 하고"**.

궤를 가져오라고 했다가 가만히 보니까 궤가 없이도 잘 되어가는 듯하자 그 생각을 돌이켜 그냥 두라고 한 것이다. 이 사울은 형세를 따르는 사람, 형세에 좌우되는 사람이다. 자신에게 필요하면 뭔가 하나님을 의지하려 하고 그렇지 않으면 자기 방법대로 하는 그런 사람이다. 이것이 육체의 특징이다. 이제 사울과 그와 함께한 모든 백성이 모여 전장에 가서 보니까 블레셋 사람들이 자기들끼리 서로 칼로 치고 하여 크게 혼란이 일어난 것이었다[20절].

과거에 이스라엘 사람들 가운데 블레셋에 속해 살던 사람들이 있었는데 전세가 뒤집혀 이스라엘에 유리하게 되니까 이스라엘 편으로 돌아선 것이다. 이렇게 되자 블레셋은 더 불리해졌다. **"에브라임 산지에 숨었던 이스라엘 모든 사람도 블레셋 사람의 도망함을 듣고 싸우러 나와서 그들을 추격하였더라"**[22절]. 전세가 이렇게 되니까 구멍에 숨어 있던 사람들이 다 싸우러 나와서 도망하는 블레셋 사람들을 추격하였다. **"여호와께서 그날에 이스라엘을 구원하시므로 전쟁이 벧아웬을 지나니라"**[23절]. 어디서든지 용감한 사람은 한둘이고 나머지는 그 사람 때문에 덕을 보게 된다. 요나단 한 사람 때문에 이스라엘 전체의 전세가 이렇게 뒤집힌 것이다.

24절, **"이 날에 이스라엘 백성이 피곤하였으니 이는 사울이 백성에게 맹세시켜 경계하여 이르기를 저녁 곧 내가 내 원수에게 보수하는 때까지 아무 식물이든지 먹는 사람은 저주를 받을지어다 하였음이라 그러므로 백성이 식물을 맛보지 못하고"**.

이 말 한 마디로 사울은 은연중에 전쟁의 공을 자기에게 돌리려는 것이다. 이것이 인간의 육체 속에 들어 있는 자만심이다.

25-26절, **"그들이 다 수풀에 들어간즉 땅에 꿀이 있더라 백성이 수풀로 들어갈 때에 꿀이 흐르는 것을 보고도 그들이 맹세를 두려워하여 손을 그 입에 대는 자가 없으나"**.

가나안은 원래 젖과 꿀이 흐르는 땅이라고 했는데, 여기 그런 광경이 있다. 그러나 백성들은 맹세를 두려워하여 보고도 꿀을 입에 대는 사람이 없었다.

27절, **"요나단은 그 아비가 맹세로 백성에게 명할 때에 듣지 못하였으므로 손에 가진 지팡이 끝을 내밀어 꿀을 찍고 그 손을 돌이켜 입에 대매 눈이 밝아졌더라"**.

심히 피곤할 때에는 달콤한 것을 조금만 입에 넣어도 눈이 밝아지고 힘이 소생된다.

28-31절, **"때에 백성 중 하나가 고하여 가로되 당신의 부친이 맹세로 백성에게 엄히 명하여 말씀하시기를 오늘날 식물을 먹는 사람은 저주를 받을지어다 하셨나이다 그러므로 백성이 피곤하였나이다 요나단이 가로되 내 부친이 이 땅으로 곤란케 하셨도다 보라 내가 이 꿀 조금을 맛보고도 내 눈이 이렇게 밝았거든 하물며 백성이 오늘 그 대적에게서 탈취하여 얻은 것을 임의로 먹었더면 블레셋 사람을 살륙함이 더욱 많지 아니하였겠느냐 그날에 백성이 믹마스에서부터 아얄론에 이르기까지 블레셋 사람을 쳤으므로 그들이 심히 피곤한지라"**.

이렇게 피곤한데 그런 무모한 맹세만 시키지 않았어도 먹고 힘을 내어 더 많은 대적을 살륙하지 않았겠느냐는 말이다.

사울은 그 행사가 다 혼돈이다. '무신하게 행하였다'는 말은 이스라엘 율법에 피채 먹지 말라는 조항이 있는데 그것을 어겼다는 것이다. 그러면 왜 이들이 피를 먹게 되었는가? 너무 배고프기 때문이었다. 아무것도 먹지 않고 있다가 시간이 지나서 먹을 수 있게 되자 피를 분리해낼 겨를이 없이 마구 먹은 것이다. 한 가지 잘못은 또 다른 잘못을 파생시킨다. 사울의 불필요한 명령이 이런 결과를 가져온 것이다.

34-35절, **"또 가로되 너희는 백성 중에 흩어져 다니며 이르기를 사람은 각기 소와 각기 양을 이리로 끌어다가 잡아먹되 피 있는 채 먹어서 여호와께 범죄하지 말라 하매 그 밤에 모든 백성이 각각 자기의 소를 끌어다가 거기서 잡으니라 사울이 여호와를 위하여 단을 쌓았으니 이는 그가 여호와를 위하여 처음 쌓은 단이었더라"**.

이때 사울이 처음으로 하나님을 위해 단을 쌓았다. 그러나 과연 이 단이 하나님이 기뻐하시는 단이겠는가? 사울은 좌충우돌하면서 나름대로 백성들을 인도한다고 하는데 그 하는 일이 미숙하기 그지없다. 그래서 '한 살짜리 왕'이라는 번역이 나온 것이다. 백성들은 그들이 원해서 왕을 세웠기 때문에 그런 왕 아래서 고생해도 할 말이 없을 것이다. 사울이 더욱 블레셋을 치고 탈취하기 원하자 제사장이 하나님께 나아가 묻자 하여 그 말을 듣고 하나님께 물었는데 하나님은 아무 대답도 하지 않으셨다.

사울은 이 문제가 누구에게 있는가를 알기 위해 점고를 했다. 그는 그 죄가 아들 요나단에게 있다 해도 죽으리라고 했다. 그런데 제비를 뽑은 결과 요나단이 죄인으로 지목된 것이다.

사울은 요나단을 죽이려 했으나 백성이 사울에게 이 전쟁을 승리로 이끈 요나단을 죽여서는 안 된다고 하였다. **"이스라엘에 이 큰 구원을 이룬 요나단이 죽겠나이까 결단코 그렇지 아니하니이다 여호와의 사심으로 맹세하옵나니 그의 머리털 하나도 땅에 떨어지지 아니할 것은 그가 오늘 하나님과 동사하였음이니이다 하여 요나단을 구원하여 죽지 않게 하니라"**[45절]. 백성들이 요나단을 살린 것이다. **"사울이 블레셋 사람 따르기를 그치고 올라가매 블레셋 사람이 자기 곳으로 돌아가니라"**[46절].

사울의 업적과 그 집안

사울이 부족한 사람이지만 하나님께서는 사울을 세워 이스라엘을 구원하기 위한 도구로 삼으셨다. 그가 왕위에 있으면서 모압과 암몬, 에돔과 소바 왕들을 다 이겼다.

49-52절, **"사울의 아들은 요나단과 리스위와 말기수아요 그 두 딸의 이름은 이러하니 맏딸의 이름은 메랍이요 작은 딸의 이름은 미갈이며 사울의 아내의 이름은 아히노암이니 아히마아스의 딸이요 그 군장의 이름은 아브넬이니 사울의 숙부 넬의 아들이며 사울의 아비는 기스요 아브넬의 아비는 넬이니 아비엘의 아들이었더라 사울의 사는 날 동안에 블레셋 사람과 큰 싸움이 있었으므로 사울이 힘 있는 자나 용맹 있는 자를 보면 그들을 불러 모았더라"**.

사울은 힘을 쓸 만하고 용기가 있는 사람들을 보면 불러 모아 군대로 편성했다.

15장

사울의 아말렉 전투

여기서 사무엘이 나타나 마지막으로 사울에게 임무를 주고 있다. 그것은 아말렉을 멸망시키라는 것이다. 아말렉은 이스라엘이 애굽에서 나올 당시 이스라엘을 대적했다. 하나님께서는 이 일을 잊지 않고 계신다. 신명기 25장 17절을 읽어보자. "너희가 애굽에서 나오는 길에 아말렉이 네게 행한 일을 기억하라 곧 그들이 하나님을 두려워하지 아니하고 너를 길에서 만나 너의 피곤함을 타서 네 뒤에 떨어진 약한 자들을 쳤느니라". 출애굽기 17장에 모세가 여호수아를 데리고 아말렉을 쳐부수는 장면이 나오는데, 거기는 이런 자세한 묘사가 없이 다만 아말렉을 쳐부수고 대대로 씨를 말리겠다는 기록만 있다.

어쨌든 아말렉은 이스라엘 백성들이 애굽에서 나올 때 이스라엘을 심히 괴롭혔음에 틀림없다. 가장 피곤하고 힘들 때 뒤에서 약한 사람들을 쳐 죽이는 야비한 일을 한 것이다. 하나님께서는 이러한 아멜렉을 진멸해야 한다는 태도를 갖고 계신다. 조금 후에 보겠지만, 이 아말렉은 사람의 육체를 예표한다.

3-4절, "지금 가서 아말렉을 쳐서 그들의 모든 소유를 남기지 말고 진멸하되 남녀와 소아와 젖 먹는 아이와 우양과 약대와 나귀를 죽이라 하셨나이다 사울이 백성을 소집하고 그들을 들라임에서 계수하니 보병이 이십만이요 유다 사람이 일만이라".

유다 사람은 언제나 따로 계수되는데, 이는 유다가 전쟁에서 앞장서는 지파이기 때문이다.

사울은 그 아말렉을 치기 전에 아말렉 가운데 있는 겐 사람들더러 피하라고 하였다. 겐 사람은 모세 장인의 족속으로서 광야에서 이스라엘의 눈이 되어 주었다. 하나님께서는 이렇게 그분의 백성들이 길을 가는 데 도움을 준 사람들을 결코 잊지 않으신다. 그러므로 하나님의 긍휼을 입으려면 하나님의 백성들이 어려운 상황에 있을 때 길을 잘 가도록 도와야 한다.

7-9절, "사울이 하윌라에서부터 애굽 앞 술에 이르기까지 아말렉 사람을 치고

아말렉 사람의 왕 아각을 사로잡고 칼날로 그 모든 백성을 진멸하였으되 사울과 백성이 아각과 그 양과 소의 가장 좋은 것 또는 기름진 것과 어린 양과 모든 좋은 것을 남기고 진멸키를 즐겨 아니하고 가치 없고 낮은 것은 진멸하니라"[7-9절].

사울은 아멜렉을 쳐서 그들의 모든 소유, 즉 남녀와 소아와 젖 먹는 아이와 우양과 약대와 나귀를 남기지 말고 죽이라고 명령받았는데 아말렉 왕 아각과 양과 소의 가장 좋고 기름진 것들은 남기고 가치 없고 낮은 것들만 진멸했다.

여호와께서 사울을 버리시다

10-11절, "여호와의 말씀이 사무엘에게 임하니라 가라사대 내가 사울을 세워 왕 삼은 것을 후회하노니 그가 돌이켜서 나를 좇지 아니하며 내 명령을 이루지 아니하였음이니라 하신지라 사무엘이 근심하여 온 밤을 여호와께 부르짖으니라".

여기서 사울은 완전히 버림받았다. 하나님의 뜻을 온전히 좇지 않았기 때문이다.

12절, "사무엘이 사울을 만나려고 아침에 일찍이 일어났더니 혹이 사무엘에게 고하여 가로되 사울이 갈멜에 이르러 자기를 위하여 기념비를 세우고 돌이켜 행하여 길갈로 내려갔다 하는지라".

사울은 일단 블레셋을 이겼고 아말렉 전투에서도 이겼기 때문에 자기 업적을 기리기 위해 기념비를 세웠다. 사울은 전쟁을 이기게 하신 하나님을 잊고 승전을 자기를 위한 공으로 인정했다. 이것이 육체의 한 면이다. 그리고서 돌이켜 길갈로 내려갔다.

13절, "사무엘이 사울에게 이른즉 사울이 그에게 이르되 원컨대 당신은 여호와께 복을 받으소서 내가 여호와의 명령을 행하였나이다".

사울은 지금 아주 기분이 좋다. 그는 자신이 일을 매우 잘하고 있다고 생각한다.

사무엘은 즉시 사울에게 물었다. "그러면 지금 내 귀에 들어오는 이 양의 소리와 내 귀에 들리는 소의 소리는 어찜이니이까"[14절]. "사울이 가로되 그것은 무리가 아말렉 사람에게서 끌어온 것인데 백성이 당신의 하나님 여호와께 제사하려 하여 양과 소의 가장 좋은 것을 남김이요 그 외의 것은 우리가 진멸하였나이다"[15절].

16-25절, "사무엘이 사울에게 이르되 가만히 계시옵소서 간 밤에 여호와께서 내게 이르신 것을 왕에게 말하리이다 가로되 말씀하소서 사무엘이 가로되 왕이 스스로 작게 여길 그때에 이스라엘 지파의 머리가 되지 아니하셨나이까 여호와께서 왕에게 기름을 부어 이스라엘 왕을 삼으시고 또 왕을 길로 보내시며 이르시기를 가서 죄인 아말렉 사람을 진멸하되 다 없어지기까지 치라 하셨거늘 어찌하여 왕이 여호와의 목소리를 청종치 아니하고 탈취하기에만 급하여 여호와의 악하게 여기시는 것을 행하였나이까 사울이 사무엘에게 이르되 나는 실로 여호와의 목소리를 청종하여 여호와께서 보내신 길로 가서 아말렉 왕 아각을 끌어왔고 아말렉 사람을 진멸하였으나 다만 백성이 그 마땅히 멸할 것 중에서 가장 좋은 것으로 길갈에서 당신의 하나님 여호와께 제사하려고 양과 소를 취하였나이다 사무엘이 가로되 여호와께서 번제와 다른 제사를 그 목소리 순종하는 것을 좋아하심같이 좋아하시겠나이까 순종이 제사보다 낫고 듣는 것이 수양의 기름보다 나으니 이는 거역하는 것은 사술의 죄와 같고 완고한 것은 사신 우상에게 절하는 죄와 같음이라 왕이 여호와의 말씀을 버렸으므로 여호와께서도 왕을 버려 왕이 되지 못하게 하셨나이다 사울이 사무엘에게 이르되 내가 범죄하였나이다 내가 여호와의 명령과 당신의 말씀을 어긴 것은 내가 백성을 두려워하여 그 말을 청종하였음이니이다 청하오니 지금 내 죄를 사하고 나와 함께 돌아가서 나로 여호와께 경배하게 하소서".

사울의 문제는 백성들을 두려워하는 것이었다. 그는 하나님 앞에서 행해야 했는데 백성을 두려워하여 행한 것이다. 주를 위하여 일하는 것과 주님을 섬긴다 면서 결국 자기를 따르는 자들을 위해 일하는 것은 다르다. 그때 사무엘이 사울에게 말하기를, "왕이 스스로 작게 여길 그때에 이스라엘 지파의 머리가 되지 아니하셨나이까"라고 했다. 그의 겸손함을 보고 왕으로 세웠더니 이제 따르는 사람들이 생기자 그들을 주의하고 주의 말씀과 하나님의 명령을 경홀히 여긴 것이다.

26-29절, "사무엘이 사울에게 이르되 나는 왕과 함께 돌아가지 아니하리니 이는 왕이 여호와의 말씀을 버렸으므로 여호와께서 왕을 버려 이스라엘 왕이 되지 못하게 하셨음이니이다 하고 사무엘이 가려고 돌이킬 때에 사울이 그의 겉옷자락을 붙잡으매 찢어진지라 사무엘이 그에게 이르되 여호와께서 오늘 이스라엘 나라를 왕에게서 떼어서 왕보다 나은 왕의 이웃에게 주셨나이다 이스라엘의 지존자는 거짓이나 변개함이 없으시니 그는 사람이 아니시므로 결코 변개치 않으심이니이다".

결국 이스라엘 왕위는 왕의 이웃인 다윗에게 돌아갈 것이고 하나님께서 사울을 버리신 것은 결코 돌이킬 수 없는 사실이라고 말해준다.

30절, **"사울이 가로되 내가 범죄하였을지라도 청하옵나니 내 백성의 장로들의 앞과 이스라엘의 앞에서 나를 높이사 나와 함께 돌아가서 나로 당신의 하나님 여호와께 경배하게 하소서".**

사울은 아직도 상황 파악을 못하고 이스라엘 위에 자기를 높여 달라고 간청하고 있다. 그는 입으로는 범죄를 했다고 시인하지만 그 일의 엄중함을 깨닫지 못한 채 자기 지위를 잃지 않으려고 안간힘을 쓰고 있다.

"이에 사무엘이 돌이켜 사울을 따라가매 사울이 여호와께 경배하니라"[31절].

사무엘이 아각을 처형하다

31-33절, **"사무엘이 가로되 너희는 아말렉 사람의 왕 아각을 내게로 이끌어오라 하였더니 아각이 즐거이 오며 가로되 진실로 사망의 괴로움이 지났도다 하니라 사무엘이 가로되 네 칼이 여인들로 무자케 한 것같이 여인 중 네 어미가 무자하리라 하고 그가 길갈에서 여호와 앞에서 아각을 찍어 쪼개니라".**

사울은 아말렉 왕 아각을 데려오면서 잘 대우해주었을 것이다. 그러자 그는 마음이 풀어져서 사무엘 앞에 끌려가면서도 아직 자신의 처지를 파악하지 못한다. 사무엘은 길갈에서 여호와 앞에서 아각을 찍어 쪼갰다.

34-35절, **"이에 사무엘은 라마로 가고 사울은 사울 기브아 본집으로 올라가니라 사무엘이 죽는 날까지 사울을 다시 가서 보지 아니하였으니 이는 그가 사울을 위하여 슬퍼함이었고 여호와께서는 사울로 이스라엘 왕 삼으신 것을 후회하셨더라".** 이때부터 사무엘은 사울을 보지 않았다. 우리는 13, 14, 15장을 통해서 사울과 요나단, 그리고 사무엘의 됨됨이를 보았다.

16장

사무엘이 다윗에게 기름을 붓다

16장부터 이제 다윗이 등장하기 시작한다. 우리는 여기서 엄중한 교훈을 하나 배우게 되는데, 하나님이 잠시 쓰시던 사람이라 할지라도 그가 하나님의 뜻에 위반하여 행할 때 버림받을 수 있다는 것이다. 그러므로 우리는 항상 하나님을 두려워하는 마음을 가져야 한다. 참으로 충성스럽게 주님을 잘 따라왔다 하더라도 어떤 돌이킬 수 없는 과오를 범했을 때 하나님께서는 그를 쓰시고 싶어도 더 이상 쓰실 수 없게 된다. 그러므로 특히 하나님을 섬기는 사람들은 죄 범하는 것을 두려워해야 한다. 사울은 초대 이스라엘 왕으로 뽑혀 전쟁에서도 이기고 했지만 하나님의 명령을 어기고 자기 임의로 행했을 때 하나님은 그를 버리셨다. 하나님께서 아말렉을 진멸하라고 하실 때 일부는 순종했지만 거기에 자아를 위한 요소가 남아 있었다. 자기가 보기에 유용하다 싶은 것은 남겨두고 무가치하다 싶은 것만 죽였다. 그러면서도 자기는 하나님께 순종을 했다고 말하고 또 그렇게 생각했다. 그러나 하나님은 그렇게 불완전하고 부분적인 순종을 순종이라고 여기지 않으시고 도리어 거역이라고 하신다. 그는 하나님께 제사를 드리려고 좋은 뜻으로 그렇게 했다고 했지만 하나님께서는 순종이 제사보다 낫다고 하신다.

여기서 거역이란 사술의 죄와 같다고 하였고 완고한 것은 우상에게 절하는 것과 같다고 하였는데 이는 매우 의미가 깊은 말이다. 사람이 우연히 거역하는 것 같지만 그 배후에 공중 권세 잡은 자가 조종하고 있음을 알아야 한다(엡 2:1-3). 거역하는 자들은 사울처럼 자기가 거역한 줄을 모르는 경우가 허다하다. 이 세상에는 불순종의 아들들에게 역사하는 영이 있다. 그는 이미 마귀에게 조종을 당하고 있는 것이다. 마귀는 할 수 있는 대로 삼킬 자를 찾는다. 고라처럼 배역을 하는 자들은 이미 마귀에게 잡힌 자라고 보아야 한다.

오늘날 얼마나 많은 사람들이 좋은 뜻으로, 하나님을 섬긴다는 미명 아래 거역하고 자기 멋대로 행하는지 모른다. 그 결과는 버림받는 것이다. 그런데 여기서 사무엘은 하나님이 그를 버리셨을 때에 많이 슬퍼했다. 왜냐하면 사울은 사무엘에 의해 세워진 사람이기 때문이다. 물론 하나님이 세우셨지만 사울을 만나서 그에게 기름을 부은 사람이 사무엘이다. 그리고 여러 과정을 거쳐 이스라엘을 다스리도록 도와준 사람이 사무엘이다. 그런데 그가 결국 온전히 순종하지 않고 자기 멋대로 행하는 까닭에 하나님께 버림받자 사무엘은 너무 마음이 아팠다. 그럴 때 하나님은 "내가 이미 사울을 버려 이스라엘 왕이 되지 못하게 하였거늘 네가 그를 위하여 언제까지 슬퍼하겠느냐?" 하시면서 "너는 뿔에 기름을 채워 가지고 가라"고 하신다. **"너를 베들레헴 사람 이새에게로 보내리니 내가 그 아들 중에서 한 왕을 예선하였음이라"**[1절].

이때 사무엘이 하나님께 말씀드렸다. "제가 어찌 갈 수 있으리이까 사울이 들으면 나를 죽이리이다". 과거에는 사울이 이렇지 않았다. 선견자 사무엘을 어찌 빈 손으로 찾아보겠느냐고 하면서 예의를 지키려 했고 또 왕으로 뽑혔을 때에도 행구 사이에 숨어 겸양의 자세를 보이기도 했다. 그런데 이제 왕이 되어 세력이 커지자 사무엘 정도는 안중에도 없을 뿐 아니라 심지어 그의 은인을 죽일 수도 있는 사람이 되어 버린 것이다. 어떻게 사람이 이렇게도 변할 수가 있느냐고 하겠지만 이런 사례는 오늘날도 얼마든지 있다.

사무엘이 사울을 두려워하자 하나님께서 한 가지 방법을 알려주셨다. **"베들레헴에 갈 때 암송아지를 끌고 가서 말하기를 내가 여호와께 제사를 드리러 왔다 하고 이새를 제사에 청하라…"**[2-3절]. **"사무엘이 여호와의 말씀대로 행하여 베들레헴에 이르매 성읍 장로들이 떨며 그를 영접하여 가로되 평강을 위하여 오시나이까"**[4절]. 베들레헴은 아주 귀한 곳이다. 지금 하나님께서는 어느 날 그 땅에서 아기로 태어나시기 위해 미리 내다보고 역사하고 계시는 것이다. "오늘날 다윗의 동네(베들레헴)에 구주가 나셨으니"(눅 2:11). 어쨌든 사무엘이 베들레헴에 들어가자 베들레헴 모든 장로들이 떨며 영접했다.

5-6절, **"평강을 위하여 오시나이까?" "가로되 평강을 위함이니라 내가 여호와께 제사하러 왔으니 스스로 성결케 하고 와서 나와 함께 제사하자 하고 이새와 그 아들들을 성결케 하고 제사에 청하니라 그들이 오매 사무엘이 엘리압을 보고 마음에 이르기를 여호와의 기름 부으실 자가 과연 그 앞에 있도다 하였더니"**.

맨 먼저 엘리압이라는 이새의 장남이 왔다. 아주 준수하게 생긴 그를 보자 사무엘은 마음에 '아, 이 사람이 이스라엘의 왕이 될 사람인가 보다.'라고 생각했다.

7절, **"여호와께서 사무엘에게 이르시되 그 용모와 신장을 보지 말라 내가 이미 그를 버렸노라 나의 보는 것은 사람과 같지 아니하니 사람은 외모를 보거니와 나 여호와는 중심을 보느니라"**.

엘리압은 용모가 훤하고 키도 컸던 것 같다. 사울도 사실 용모나 신장에서는 출중한 사람이었다. 사무엘은 첫 번째 왕 사울 때 한 번 속았는데 또 이렇게 속는 것을 보면 사람은 외모를 보는 경향이 있는 것 같다.

"내가 이미 그를 버렸노라". 엘리압은 나타나자마자 버림을 받았다. "나의 보는 것은 사람과 같지 아니하니 사람은 외모를 보거니와 나 여호와는 중심을 보느니라". 뒤에서 우리는 엘리압이 어떤 사람이기에 버림받았는가를 보게 될 것이다. 그리고 또 어떤 종류의 사람이 택함받은 사람인가도 알게 될 것이다. "나 여호와는 중심을 보느니라". 이 중심이라는 말은 굉장히 중요하다. 영어로는 'heart'로서 '마음'이라고 번역할 수 있는데, 여기서는 '중심'이라는 단어가 매우 적절하다.[7절]

12절, "이에 보내어 그를 데려오매 그의 빛이 붉고 눈이 빼어나고 얼굴이 아름답더라 여호와께서 가라사대 이가 그니 일어나 기름을 부으라".

이 사람이 다윗이다. 그는 원래 드러난 사람이 아니었다. 형제들이나 아버지까지도 다윗에 대해 주의하지 않고 그저 부정적인 생각을 가졌던 것 같다(고전 1:26-28).

14절, "여호와의 신이 사울에게서 떠나고 여호와의 부리신 악신이 그를 번뇌케 한지라".

다윗이 새로 기름 부음을 받으면서 대조적인 현상이 일어났다. 한편에게 하나님의 기름부음이 임하자 과거에 쓰임받던 사람은 버림받고 도리어 그에게 악신이 역사한 것이다. 그 결과 사울은 짜증이 심해지고 시기심도 많아지고 입에서 마구 악한 말이 나오는 사람이 되어 버렸다. 이것이 버림받은 표시이다.

사울이 악신에게 시달림을 받고 있다는 것을 그의 신하들도 알아채게 되었다. 사울의 신하들은 음악을 통해서 사울을 괴롭히는 악신이 떠남으로 그가 치유받기를 권했다. 이로 인해 다윗의 재능과 역량이 자연스럽게 나타났다. 그는 악기도 탈 줄 알고 호기도 있고 용감하기도 하고 구변도 있는 사람으로 알려졌다. 이것들 또한 택함받은 사람의 표시이다. 택함받은 사람의 표시에 대해 스펄전은 이렇게 말했다. "믿는 마음을 가진 사람, 묵상하는 마음을 가진 사람, 겸손한 마음을 가진 사람, 거룩한 마음을 가진 사람, 담대한 마음을 가진 사람, 정절이 있는 사람, 신중한 사람, 그의 마음과 태도가 끝까지 변치 않는 사람이 하나님이 택하신 사람이다."

베드로 후서 1장 10절에는 매우 인상적인 한 마디가 있다. "그러므로 형제들아 더욱 힘써 너희 부르심과 택하심을 굳게 하라 너희가 이것을 행한즉 실족하지 아니하리라". 어떤 사람이 부르심을 받은 사람인가? 어떤 사람이 택함을 받은 종인가? 이는 믿음에 덕을, 덕에 지식을, 지식에 절제를, 절제에 인내를, 인내에 경건을, 경건에 형제 우애를, 형제 우애에 사랑을 공급하는 사람이다.

19-22절, **"사울이 이에 사자를 이새에게 보내어 이르되 양치는 네 아들 다윗을 내게로 보내라 하매 이새가 떡과 한 가죽 부대의 포도주와 염소 새끼를 나귀에 실리고 그 아들 다윗의 손으로 사울에게 보내니 다윗이 사울에게 이르러 그 앞에 모셔 서매 사울이 그를 크게 사랑하여 자기의 병기 든 자를 삼고 이새에게 사람을 보내어 이르되 청컨대 다윗으로 내 앞에 모셔 서게 하라 그가 내게 은총을 얻었느니라 하니라"**.

이것 또한 하나님의 주권으로서 하나님이 쓰시는 사람들은 대부분 앞 세대의 하나님의 역사의 현장을 경험한 사람들인데, 그 현장의 중심부에서 모든 것을 배우고 체득함으로 하나님의 새로운 역사를 이어서 발전시킬 수 있게 되는 것이다.

23절, **"하나님의 부리신 악신이 사울에게 이를 때에 다윗이 수금을 취하여 손으로 탄즉 사울이 상쾌하여 낫고 악신은 그에게서 떠나더라"**.

성령으로 충만한 사람이 수금을 탈 때에 악신은 떠날 수밖에 없다. 이렇게 해서 다윗은 사울 곁에서 그를 섬기게 되었고, 사울이 나라를 다스리는 것을 보면서 나라의 통치를 배우게 되었을 것이다.

17장

골리앗의 출현

17장은 이스라엘과 블레셋이 싸우려고 대진한 장면을 묘사하는데 여기에 골리앗이라는 사람이 등장한다. 그 키가 여섯 규빗 한 뼘, 미터로 환산하면 3미터 정도로서 엄청난 거구이다. **"머리에는 놋투구를 썼고 몸에는 어린갑**(scale amour)**을 입었으니 그 갑옷의 중수가 놋 오천 세겔이며 그 다리에는 놋경갑을 쳤고 어깨 사이에는 놋단창을 메었으니 그 창자루는 베틀채 같고 창날은 철 육백 세겔이며 방패 든 자는 앞서 행하더라 그가 서서 이스라엘 군대를 향하여 외쳐 가로되 너희가 어찌하여 나와서 항오를 벌였느냐 나는 블레셋 사람이 아니며 너희는 사울의 신복이 아니냐 너희는 한 사람을 택하여 내게로 내려 보내라"**[5-8절]. 이 골리앗이라는 자가 이스라엘 군대를 향해 자신의 대단한 힘을 과시하면서 이스라엘을 자극하는 언사를 하여 싸움을 걸고 있다. 골리앗은 모든 군사가 다 같이 싸울 것 없이 일대일로 싸워 승부를 내자고 도발한다.

10-11절, **"그 블레셋 사람이 또 가로되 내가 오늘날 이스라엘의 군대를 모욕하였으니 사람을 보내어 나로 더불어 싸우게 하라 한지라 사울과 온 이스라엘이 블레셋 사람의 이 말을 듣고 놀라 크게 두려워하니라"**.

지금 이스라엘은 모든 군대가 함께 싸워도 어렵고 일대일로 싸우려 해도 나설 만한 사람이 없다고 생각했을 것이다.

10-16절, **"다윗은 유다 베들레헴 에브랏 사람 이새라 하는 자의 아들이었는데 이새는 사울 당시 사람 중에 나이 많아 늙은 자로서 여덟 아들이 있는 중 그 장성한 세 아들은 사울을 따라 싸움에 나갔으니 싸움에 나간 세 아들의 이름은 장자 엘리압이요 그 다음은 아비나답이요 제 삼은 삼마며 다윗은 말째라 장성한 삼 인은 사울을 좇았고 다윗은 사울에게로 왕래하며 베들레헴에서 그 아비의 양을 칠 때에 그 블레셋 사람이 사십 일을 조석으로 나와서 몸을 나타내었더라"**.

다윗은 기름부음을 받고 또 사울을 섬기면서도 여전히 양을 쳤다. 다윗의 훌륭한 점이 바로 이것이다. 그는 기름부음을 받고 자기가 왕이 될 사람이라는 것을 알았지만 생각을 높은 데 두지 않고 낮은 마음을 품고 여전히 양을 치고 심부름을 했다. 다윗은 기름부음을 받자 신속히 왕이 된 사울과 달리 오래 참고 기다려야 했다. 다윗은 전장에 나간 형들을 위해 심부름을 했다. 이새는 전장에 나간 아들들 때문에 마음이 안 놓여 아들들을 위해 양식을 보낼 뿐 아니라 그들의 상관에게까지도 예물을 보내면서 아들들의 안부를 살피고 그 증표를 가져오라고 말했다.

"때에 사울과 그들과 이스라엘 모든 사람이 엘라 골짜기에서 블레셋 사람과 싸우는 중이더라…다윗이 그 짐을 짐 지키는 자의 손에 맡기고 군대로 달려가서 형들에게 문안하고 그들과 함께 말할 때에 마침 블레셋 사람의 싸움 돋우는 가드 사람 골리앗이라 하는 자가 그 항오에서 나와서 전과 같은 말을 하매 다윗이 들으니라 이스라엘 모든 사람이 그 사람을 보고 심히 두려워하여 그 앞에서 도망하며…다윗이 곁에 섰는 사람들에게 말하여 가로되 이 블레셋 사람을 죽여 이스라엘의 치욕을 제하는 사람에게는 어떠한 대우를 하겠느냐 이 할례 없는 블레셋 사람이 누구관대 사시는 하나님의 군대를 모욕하겠느냐".

다른 사람들은 두려워하며 떨고 자신들이 살기 위해 급급하였지만 다윗은 달랐다. "블레셋 사람이 누구관대 사시는 하나님의 군대를 모욕하겠느냐?" 이것이 택하심을 받은 자의 표시이다. 즉 용기가 있고 담대하며 하나님의 나라에 대한 열심이 있고 하나님의 대적에 대해 분개심이 있다. 예를 들어, 참 아들 된 자의 아비에 대한 심정은 결정적일 때 드러난다.

27-28절, **"백성이 전과 같이 말하여 가로되 그를 죽이는 사람에게는 여차 여차히 하시리라 하니라 장형 엘리압이 다윗의 사람들에게 하는 말을 들은지라 그가 다윗에게 노를 발하여 가로되 네가 어찌하여 이리로 내려왔느냐 들에 있는 몇 양을 뉘게 맡겼느냐 나는 네 교만과 네 마음의 완악함을 아노니 네가 전쟁을 구경하러 왔도다".**

이 엘리압이라는 형은 다윗에 대해 시기심이 있다. 이것이 택함받지 않은 사람의 특징이다. 남을 시기하는 사람은 택함받은 사람이 아니다. 도리어 택함받은 사람은 시기를 받는 사람 중에 있다. 엘리압이 "나는 네 교만과 네 마음의 완악함을 아노니"라고 했는데, 다윗은 어쩌면 형들 눈에 좀 교만하게 보였을지도 모른다. 자기들은 며칠 동안 두려워 벌벌 떨면서도 나가서 싸우지 않을 수 없어 전전긍긍하고 있는데 막내 동생이 나타나서 그렇게 용감한 말을 발설하니 그들에게는 교만하게 들렸을 것이다. 그러나 다윗은 인간적으로 교만하거나 완악한 것이 아니었다. 다만 하나님께 대한 열심이 있다 보니 그렇게 보인 것뿐이다. 사람 눈에는 교만하고 완악하게 보이지만 하나님 눈에는 그것이 옳은 것이다. 앞에서 이미 하나님은 엘리압에 대해 "내가 그를 버렸노라"고 하셨다. 이런 사람, 즉 대적에 대하여는 벌벌 떨면서 자기가 두려워하는 대적을 제하려는 의기를 가진 동생은 멸시 내지는 시기하는 것이다. 이런 사람이 바로 버림받은 사람이다.

다윗의 대답을 보라. '내가 무엇을 했길래 나한테 교만하다, 완악하다고 하느냐'는 것이다. 그가 이렇게 하는 데는 다 이유가 있다고 말한다. 시기하는 사람들의 한 마디 위협하는 말을 듣고 위축되어 아무 말도 못하고 물러서는 사람은 하나님의 일에 동역하지 못한다. 지금 다윗의 관심은 형들하고 언쟁해서 이겨보려는 데 있지 않다. 그는 오직 이 전쟁에서 골리앗을 거꾸러뜨려야 한다는 생각으로 가득하다. 형들이 한 마디 기분 나쁘게 말한다고 해서 물러설 그가 아니다. 누가 한 마디 한다고 위축되어서 돌아가 버린다면 그는 하나님의 택하신 사람이 아닐 것이다. 하나님이 택하신 사람은 담대한 사람이고 심지가 굳은 사람이다.

31-36절, **"혹이 다윗의 한 말을 듣고 그것을 사울에게 고하였으므로 사울이 다윗을 부른지라 다윗이 사울에게 고하되 그를 인하여 사람이 낙담하지 말 것이라 주의 종이 가서 저 블레셋 사람과 싸우리이다…주의 종이 사자와 곰도 쳤은즉 사시는 하나님의 군대를 모욕한 이 할례 없는 블레셋 사람이리이까 그가 그 짐승의 하나와 같이 되리이다".**

개인의 소유를 지키기 위해서도 사자나 곰을 쳐죽였는데 하나님의 군대를 위해서 이 블레셋 사람 하나 죽이지 못하겠느냐는 말이다.

37절, **"또 가로되 여호와께서 나를 사자의 발톱과 곰의 발톱에서 건져내셨은즉 나를 이 블레셋 사람의 손에서도 건져내시리이다 사울이 다윗에게 이르되 가라 여호와께서 너와 함께 계시기를 원하노라".**

다윗은 용기가 있는 사람이다. 자신의 작은 은사라도 하나님을 위해 사용하고 쓰임받기 원하는 것이 택함받은 자의 특징이다.

38-40절, **"이에 사울이 자기 군복을 다윗에게 입히고 놋투구를 그 머리에 씌우고 또 그에게 갑옷을 입히매 다윗이 칼을 군복 위에 차고는 익숙지 못하므로 시험적으로 걸어 보다가 사울에게 고하되 익숙지 못하니 이것을 입고 가지 못하겠나이다 하고 곧 벗고 손에 막대기를 가지고 시내에서 매끄러운 돌 다섯을 골라서 자기 목자의 제구 곧 주머니에 넣고 손에 물매를 가지고 블레셋 사람에게로 나아가니라".**

우리가 여기서 한 가지 기억할 것은 자기 스타일로 전쟁을 해야 한다는 것이다. 골리앗이 완전 무장을 하고 나오니까 다윗도 사울의 군복을 입고 나가야 할 것 같은데 그것이 아니다. 그것은 다윗에게 익숙한 스타일이 아니다. 그렇게 하면 다윗의 원래 실력이 나오지 않는다. 다윗은 입어보고 익숙지 않자 곧 벗어버렸다.

"다윗이 블레셋 사람에게 이르되 너는 칼과 창과 단창으로 내게 오거니와 나는 만군의 여호와의 이름 곧 네가 모욕하는 이스라엘 군대의 하나님의 이름으로 네게 가노라"[45절]. **"블레셋 사람이 일어나 다윗에게로 마주 가까이 올 때에 다윗이 블레셋 사람에게로 마주 그 항오를 향하여 빨리 달리며 손을 주머니에 넣어 돌을 취하여 물매로 던져 블레셋 사람의 이마를 치매 돌이 그 이마에 박히니 땅에 엎드러지니라"**[48-49절]. **"다윗이 이같이 물매와 돌로 블레셋 사람을 이기고 그를 쳐 죽였으나 자기 손에는 칼이 없었더라 다윗이 달려가서 블레셋 사람을 밟고 그의 칼을 그 집에서 빼어내어 그 칼로 그를 죽이고 그 머리를 베니 블레셋 사람들이 자기 용사의 죽음을 보고 도망하는지라"**[50-51절].

골리앗은 자기의 칼에 죽은 것이다. 대부분 하나님을 대적하는 자들은 자기 꾀에 빠져 망하게 된다.

여기서 유추해 볼 수 있는 것은 첫째로 다윗은 아직 사울의 안중에 없었다는 것이다. 게다가 아브넬도 다윗을 눈 여겨 보지 않았던 듯하다. 또 한 가지는 이때쯤 되어서는 사울에게 정신 분열증 증세가 있지 않았나 한다. 한 가지 일에 집중하지 못하고 정신이 산만하다 보니 아무것도 눈에 들어오지 않았던 것이다. 여기서 사울과 다윗이 정식으로 마주 대하게 된다. 사울은 이미 골리앗을 죽인 자에게 그의 딸과 모든 것을 다 주기로 약속한 바 있는데, 바로 그 골리앗의 머리를 손에 든 채 지금 다윗이 그 앞에 있다. [55-58절]

18장

다윗이 사울에게 주목거리가 되다

1절, **"다윗이 사울에게 말하기를 마치매 요나단의 마음이 다윗의 마음과 연락되어 요나단이 그를 자기 생명같이 사랑하니라"**. 18장에는 주로 다윗과 사울과 요나단의 관계가 나온다. 요나단은 사울의 아들이면서도 다윗을 너무나 사랑했다. 여기서 '생명'이라는 말은 히브리어로 '네피쉬'인데 '혼'이라는 뜻이다. 즉 요나단이 다윗을 자기 혼, 자기 목숨같이 사랑했다는 뜻이다.

이전에는 사울이 악신에게 괴롭힘을 당할 때면 다윗을 불러 수금을 타게 하곤 했지만 이때부터는 다윗을 자기 곁에 계속 머무르게 했다. 다윗이 이전에는 파트 타임으로 사울을 섬겼다면 이제는 전 시간으로 섬기는 것이다. **"요나단은 다윗을 자기 생명같이 사랑하여 더불어 언약을 맺었으며 요나단이 자기의 입었던 겉옷을 벗어 다윗에게 주었고 그 군복과 칼과 활과 띠도 그리하였더라"**[3-4절].

5절, **"다윗이 사울의 보내는 곳마다 가서 지혜롭게 행하매 사울이 그로 군대의 장을 삼았더니 온 백성이 합당히 여겼고 사울의 신하들도 합당히 여겼더라"**.

합당한 인사(人事)는 모든 사람이 합당하게 여기도록 사람을 배치하는 것이다. 다윗이 블레셋 사람을 죽이고 돌아올 때에 여인들이 모든 성에서 나와 노래하며 춤추며 사울 왕을 환영하는데, 그때 결정적으로 블레셋을 쳐부순 사람이 다윗이었기 때문에 여인들은 "사울의 죽인 자는 천천이요 다윗의 죽인 자는 만만이로다" 하고 외치며 노래했다. 이것은 여인들이 사울과 다윗을 비교하여 말한 것이라기보다는 사실 그대로 말했을 뿐이다. 그리고 이 전쟁이 사울의 왕권 아래서 행해졌기 때문에 이 모든 영예와 유익은 사울에게로 돌아가게 마련이었다. 만일 사울이 마음의 여유가 있었다면 좋게 받아들일 수도 있는 일이었다. 그런데 이런 말을 듣자 사울은 불쾌해하고 심히 노하여 곧 다윗을 경쟁 대상으로 보게 되었다. **"그날 후로 사울이 다윗을 주목하였더라"**[9절].

10절, **"그 이튿날 하나님의 부리신 악신이 사울에게 힘 있게 내리매 그가 집 가운데서 야료하는 고로 다윗이 평일과 같이 손으로 수금을 타는데 때에 사울의 손에 창이 있는지라"**. '야료한다'는 것은 헛소리를 하는 것이다. 정신이 온전치 않은 상태에서 횡설수설하는 것이다. **"그가 스스로 이르기를 내가 다윗을 벽에 박으리라 하고 그 창을 넌졌으나 다윗이 그 앞에서 두 번 피하였더라"**[11절].

"여호와께서 사울을 떠나 다윗과 함께 계시므로 사울이 그를 두려워한지라".

만일 우리에게서 하나님이 떠나신다면 그것처럼 비참한 일이 없다. 그러면 여호와께서는 어떤 사람과 함께하시는가? 이렇게 핍박받고 위협당하고 욕을 먹더라도 다른 사람을 미워하지 않고 시기하지 않고 언제나 주님의 뜻에 순종하려는 사람이다. 그러자 사울은 다윗을 더욱 두려워하게 되었다.

그러므로 사울이 다윗을 다루기 시작했는데, 다윗으로 그를 떠나게 하고 천부장을 삼은 것이다. 원래는 왕 바로 아래 경호실장으로 두었는데 이제는 강등시켜서 일개 대대장 정도로 발령을 낸 것이다. 그래도 그는 천부장으로서 사람들 앞에 출입하면서 모든 일을 지혜롭게 잘 수행했고 하나님께서 그와 함께하셨다. 그러므로 사울은 그를 더욱 두려워했으나 온 이스라엘과 유다는 다윗을 사랑했다.

다윗이 사울의 딸 미갈과 결혼하다

17절, **"사울이 다윗에게 이르되 내 맏딸 메랍을 네게 아내로 주리니 오직 너는 나를 위하여 용맹을 내어 여호와의 싸움을 싸우라 하니 이는 그가 생각하기를 내 손을 그에게 대지 말고 블레셋 사람의 손으로 그에게 대게 하리라 함이라"**.

이것은 사울의 두 번째 계략이다. 일단 천부장으로 강등시킨 다음 이제 자기 손을 대지 않고 다윗을 죽게 하는 방법은 블레셋 사람들에게 가서 싸우도록 하는 것이라고 생각했다. 그러면서 싸움에 나가는 조건으로 맏딸 메랍을 주겠다고 했다. 어떤 수단을 써서라도 다윗을 처치하려는 것이다.

사울은 음흉한 간계를 가지고 다윗을 사위 삼겠다고 하는 것이었지만 다윗의 대답은 겸손하고 단일했다. **"내가 누구며 이스라엘 중에 내 친속이나 내 아비 집이 무엇이관대 내가 왕의 사위가 되리이까"**[18절]. 그런 중요한 일을 말해놓고 그 딸 메랍을 다윗에게 줄 때쯤 되어서 가만히 생각해보니 다윗으로 왕의 맏사위가 되게 하는 것은 다윗을 높여주는 셈이 되는 것이다. 그러자 곧 마음을 바꾸어 다른 사람에게 자기 맏딸을 주어버렸다.

"사울의 딸 미갈이 다윗을 사랑하매 혹이 사울에게 고한지라 사울이 그 일을 좋게 여겨". 메랍의 동생 미갈이 다윗을 사랑한 것이다. 어찌하든지 다윗을 자기 손 안에 놓고 다루어서 죽임을 당하게 하는 것이 사울의 의도이기 때문에 자기 딸 미갈이 다윗을 좋아한다니 잘 됐다고 생각한 것이다.

"사울이 그 신하들에게 명하되 너희는 다윗에게 비밀히 말하여 이르기를 보라

왕이 너를 기뻐하시고 모든 신하도 너를 사랑하나니 그런즉 네가 왕의 사위가 되는 것이 가하니라 하라"[22절]. **"사울의 신하들이 이 말로 다윗의 귀에 고하매 다윗이 가로되 왕의 사위 되는 것을 너희는 경한 일로 보느냐 나는 가난하고 천한 사람이로라 한지라"**[23절].

이때도 다윗은 여전히 겸손하다. 그 말을 단순하고 겸손하게 그대로 받아들일 뿐 그 의도를 의심하거나 나름대로 해석하지 않는다. '폐백'이란 일종의 결혼 지참금인데, 당시 중동에서는 아내를 얻으려면 결혼 지참금이 필요했던 것 같다. 여기서 다윗이 '나는 가난하고 천한 사람이라'고 말한 것을 사울은 왕의 사위로서 결혼 지참금을 낼 만한 돈이 없다는 뜻으로 알아들은 것이다. 그래서 사울은 지참금은 필요 없고 다만 블레셋 사람의 양피 일백을 가져오라고 했다.

26-27절, **"사울의 신하들이 이 말로 다윗에게 고하매 다윗이 왕의 사위 되는 것을 좋게 여기므로 만기가 되지 못하여서 다윗이 일어나서 그 종자와 함께 가서 블레셋 사람 이백 명을 죽이고 그 양피를 가져다가 수대로 왕께 드려 왕의 사위가 되고자 하니 사울이 그 딸 미갈을 다윗에게 아내로 주었더라"**.

이렇게 해서 사울은 약속대로 미갈을 다윗에게 주었고 그는 사울 왕의 사위가 되었다. 우리가 여기서 엿볼 수 있는 것은 다윗도 아마 미갈을 사랑하여 결혼하고 싶어했으리라는 것이다.

28-29절, **"여호와께서 다윗과 함께 계심을 사울이 보고 알았고 사울의 딸 미갈도 그를 사랑하므로 사울이 다윗을 더욱 두려워하여 평생에 다윗의 대적이 되니라"**.

사울은 다윗을 대적으로 여겼지만 여호와께서 다윗과 함께하신다는 것을 알았다. 그래서 더욱 다윗을 두려워한 것이다.

30절, **"블레셋 사람의 방백들이 나오면 그들의 나올 때마다 다윗이 사울의 모든 신하보다 더 지혜롭게 행하매 이에 그 이름이 심히 귀중히 되니라"**.

다윗의 행함이 아주 지혜롭고 선하기 때문에 그의 이름이 귀중히 여겨졌다는 것이다.

19장

다윗을 돕는 요나단

하나님이 택하신 사람들은 죽이려고 하는 대적도 있지만 그를 사랑하고 지켜주려고 하는 사람도 있다. 다윗은 하나님의 기름부음 받은 종이다. 장차 그는 왕이 되어야 한다. 그리고 하나님은 그와 함께 계셨다. 그러한 사람에 대한 태도가 사람에 따라서 다르다. 사울이 다르고 요나단이 다르다. 요나단은 왜 다윗을 사랑했는가? 어떻게 해서 다윗을 사랑할 수 있었는가? 육신적으로는 아버지가 훨씬 가깝고, 또 요나단으로 말한다면 잘 되면 사울의 왕권을 물려받아 왕이 될 사람이다. 그런데 어찌하여 요나단은 아버지보다 다윗을 더 사랑했는가?

요나단은 자기 아버지 사울 왕에게 다윗에 대해 잘 말해주면서 다윗에게 범죄하지 말라고 한다. 다윗은 왕께 득죄한 적이 없고 그가 행한 일은 다 선하지 않느냐고 말한다[3-5절].

사울은 시기가 가득한 육체의 사람, 곧 자기의 지위를 위해서 모든 일을 하는 사람이다. 그는 하나님의 뜻이나 이스라엘 백성보다도 오로지 자신의 지위만 그 마음속에 있었다. 이러한 사람이 집권자가 된다면 그 나라는 불행하다.

"요나단이 다윗을 불러 그 모든 일을 알게 하고". 요나단은 다윗에게, '걱정하지 말아라. 내가 아버지에게 이렇게 이야기했더니 아버지가 절대로 그런 일이 없을 것이라고 말했다.'고 했다. 전쟁만 나면 다윗이 나갔고 다윗은 승리하고 돌아왔다[8절].

사울은 요나단에게 맹세했지만 다시 악한 생각이 발동하자 수금을 타고 있는 다윗을 향해 단창을 던졌다. 그래서 다윗은 그 밤에 도망을 갔다[9-10절]. 미갈은 자기 아버지 사울이 남편 다윗을 죽이려고 한다는 것을 알았다. 다윗이 미갈과 살고 있는 그 집에 사울이 자객들을 보낸 것이다. 미갈은 다윗을 살리려고 그를 창에 달아 내려서 도피시켰다. 이때 다윗이 도망가면서 지은 시가 시편 59편이다. 시편 59편은 다윗의 믹담 시인데, '사울이 사람을 보내어 다윗을 죽이려고 그 집을 지킨 때에' 지은 시라고 되어 있다. 시를 통해서 우리는 그 사람의 내면을 알 수 있다.

〈시편 59편〉

1-2절, "나의 하나님이여 내 원수에게서 나를 건지시고 일어나 치려는 자에게서 나를 높이 드소서 사악을 행하는 자에게서 나를 건지시고 피 흘리기를 즐기는 자에게서 나를 구원하소서". 다윗은 그러한 순간에 하나님을 의뢰했다.

3절, "저희가 나의 생명을 해하려고 엎드려 기다리고 강한 자가 모여 나를 치려 하오니 여호와여 이는 나의 범과를 인함이 아니요 나의 죄를 인함도 아니로소이다". 다윗이 죄를 짓고 범죄를 해서 죽이려는 게 아니라는 것이다.

4-5절, "내가 허물이 없으나 저희가 달려와서 스스로 준비하오니 주여 나를 도우시기 위하여 깨사 감찰하소서 만군의 하나님 여호와 이스라엘의 하나님이여 일어나 열방을 벌하소서 무릇 간사한 악인을 긍휼히 여기지 마소서(셀라)". 이때도 다윗의 마음속에서는 사울을 벌하여 달라고 말하지 않고 열방을 벌하여 달라고 한다.

9-11절, "하나님은 나의 산성이시니 저의 힘을 인하여 내가 주를 바라리이다 나의 하나님이 그 인자하심으로 나를 영접하시며 내 원수의 보응받는 것을 나로 목도케 하시리이다 저희를 죽이지 마옵소서 나의 백성이 잊을까 하나이다 우리 방패되신 주여 주의 능력으로 저희를 흩으시고 낮추소서". '저희를 죽이지 마옵소서'란 무슨 말인가? 다윗은 그들이 무죄한 자를 해하려 하다가 결국은 죽을 것을 알았다. 그렇지만 다윗은 한 면으로는 저희를 흩으시고 낮추어 달라고 한다.

12-16절, "저희 입술의 말은 곧 그 입의 죄라 저희의 저주와 거짓말을 인하여 저희로 그 교만한 중에서 사로잡히게 하소서 진노하심으로 소멸하시되 없기까지 소멸하사 하나님이 야곱 중에 다스리심을 땅 끝까지 알게 하소서(셀라) 저희로 저물게 돌아와서 개처럼 울며 성으로 두루 다니게 하소서 저희는 식물을 위하여 유리하다가 배부름을 얻지 못하면 밤을 새우려니와 나는 주의 힘을 노래하며 아침에 주의 인자하심을 높이 부르오리니 주는 나의 산성이시며 나의 환

난 날에 피난처심이니이다". 악인들의 특징은 그 입의 거짓과 저주의 말에 있다. 다윗은 자기를 죽이려고 하는 사람들이 결국은 식물(食物)을 위해서 유리한다고 생각했다. 그래서 배부름을 얻기 위해서 그렇게 행동한다고 생각했다. 그러나 다윗은 주의 힘을 노래하며 아침에 주의 인자하심을 높이 부르겠다고 했다. 만일 그 밤에 자기가 생명을 얻고 살게 된다면 아침에 주님을 찬미하고 주의 인자하심을 높이 부르겠다고 말했다.

17절, **"나의 힘이시여 내가 주께 찬송하오리니 하나님은 나의 산성이시며 나를 긍휼히 여기시는 하나님이심이니이다".** 다윗은 이런 힘든 때에 이렇게 귀한 시를 지었다. "미갈이 다윗을 창에서 달아 내리우매 그가 도망하여 피하니라"(삼상 19:2).

사울은 아주 악독한 사람이다. 물론 미갈은 다윗을 살리려고 거짓말을 했다. 그를 피신시킨 다음에 우상을 취해다가 염소털로 엮은 것을 머리에 씌우고 의복으로 그것을 덮어서 사람처럼 만들어 놓았다. 그리고서 미갈이 '다윗이 병들었다'고 말했더니, 사울은 병들었으면 잘 되었으니 침상째 데려오라고 한 것이다.

"사자들이 들어가 본즉 침상에 우상이 있고 염소털로 엮은 것이 그 머리에 있었더라 사울이 미갈에게 이르되 너는 어찌하여 이처럼 나를 속여 내 대적을 놓아 피하게 하였느냐 미갈이 사울에게 대답하되 그가 내게 이르기를 나를 놓아 가게 하라 어찌하여 나로 너를 죽이게 하겠느냐 하더이다 하니라"[16-17절].

"다윗이 도피하여 라마로 가서 사무엘에게로 나아가서 사울이 자기에게 행한 일을 다 고하였고 다윗과 사무엘이 나욧으로 가서 거하였더라"[18절]. 사울은 다윗이 라마 나욧에 있다 함을 듣고 잡으러 가다가 하나님의 신이 그에게도 임하므로 예언을 했다. **"사울이 라마 나욧으로 가니라 하나님의 신이 그에게도 임하시니 그가 라마 나욧에 이르기까지 행하며 예언을 하였으며 그가 또 그 옷을 벗고 사무엘 앞에서 예언을 하며 종일 종야에 벌거벗은 몸으로 누웠었더라 그러므로 속담에 이르기를 사울도 선지자 중에 있느냐 하니라"**[23-24절].

20장

요나단이 다윗을 돕다

다윗은 요나단의 아버지 사울이 그를 죽이려 한다는 것을 확실히 알고 있다. 그런데 요나단은 '너는 죽지 않을 것이다. 우리 아버지가 너를 죽이지 않을 것이다.'라고 말하고 있다. 다윗은 3절에서 '나와 사망 사이는 한 걸음뿐이다'라고 하면서 그가 언제든지 죽임당할 처지에 있다고 말하고 있다. 다윗은 자기의 현재 상황을 누구보다도 잘 알고 있는데 요나단은 어쨌든 자신의 아버지가 왕이고 함께 살고 있다 보니 그렇게까지 위기라고는 생각하지 못하고 있다. 다윗과 생각의 차이가 있는 것이다. 이 약간의 차이는 왜 생기는 것일까? 그것이 바로 위치와 입장의 문제이다. 매우 미세하지만 그것이 나중에는 큰 차이를 가져온다.

다윗은 사울이 자기를 죽이려 한다는 것을 알고 있는데 요나단은 그래도 그렇지는 않을 것이라는 생각이 있다. 여기서 다윗이 하는 말이 무엇인가? **"다윗이 요나단에게 이르되 네 부친이 혹 엄하게 네게 대답하면 누가 그것을 내게 고하겠느냐"**[10절]. 이 말은 매우 의미가 있다. 즉 '네 아버지가 너에게 나 다윗에 대해 굉장한 적개심을 가지고 그 놈은 반드시 죽여야 한다고 설득력 있게 말하면 너는 어떻게 할 것이냐? 너는 그 아들인데, 그 말을 듣고 너는 어떻게 대응하겠느냐?' 하는 질문이다.

다윗은 그런 상황에서 요나단의 태도를 알고 싶었다. 다윗조차 요나단에 대한 완전한 확신을 갖지 못함이 드러난다. 다윗의 뜻은 이러하다. '지금까지는 네가 나를 위하고 사랑했다. 네 아버지가 그렇게까지 나에 대한 미움의 본심을 드러내지 않았기 때문이다.' 그런데 20장은 사울의 이도가 완전히 드러나는 장이다. '나는 다윗을 죽이고 말 것이다. 분명히 내 손으로 죽일 것이다.'라고 한다. 그러므로 다윗은 요나단에게 '그것을 분명히 알았을 때 나에 대한 너의 태도는 어떠하냐'고 묻는다. 즉 그러한 결정적 시점에 가서는 갈 길과 심지를 굽히는 사람이 많다는 것이다.

이때에 요나단은 아버지가 정말로 다윗을 죽이려고 한다는 것을 알았다. 월

삭 잔치에 하루, 이틀, 사흘 다윗이 나오지 않자 사울은 다윗이 왜 나오지 않는지를 물었다. 요나단이 그가 베들레헴에 갔다고 핑계를 대면서 대답하자 사울은 요나단이 다윗을 숨기고 죽지 않게 하려는 것을 알았다. 그러자 사울은 '이 패역부도의 계집의 소생아'[30절]라고 심하게 욕을 하면서 요나단을 몰아붙였다. 이때에 사울이 노하는 것을 보면서 요나단은 아버지가 다윗을 죽이려고 한다는 것을 확실히 알았다. 그래서 요나단이 다윗을 위해서 매우 슬퍼했다고 기록되어 있다[35절]. 그리고 이제 들에 가서 화살을 쏘아서 다윗에게 신호를 주었다. '가라, 네 갈 길을 가라, 아버지가 너를 분명히 죽이려고 한다.' 하고서 그를 보내게 된다.

그때 이후로 23장에서 잠시 만난 것 외에 요나단과 다윗은 다시 만나지 못하게 된다. 20장에서 다윗과 요나단이 영영 헤어지게 된 것이다. 23장에서 잠시 한 번 만났을 뿐, 후에 다윗은 길보아 전투에서 같은 날 죽은 사울과 요나단의 시체를 거두게 된다[31장]. 요나단이 다윗을 매우 사랑했지만 아버지를 떠나 다윗과 함께 길을 걸어갈 수는 없었다. 그러기에 아버지와 함께 운명하게 된 것이다. 마음은 아버지보다 다윗에게 있었으나 길은 아버지와 함께 갔다. 성도들은 운명적으로 그리스도인의 길을 선택하는 것이 매우 힘든 경우가 있다는 것을 알아야 한다. 그럴 때 성도들은 더욱 간절히 기도하여 하나님께서 역사하시는 시대적 사역과 함께하도록 은혜를 구해야 할 것이다.

21장

다윗의 피신과 고난의 여정

우리는 20장에서 이미 다윗이 사울을 피해서 도망 다니는 신세가 되었다는 것을 보았다. 다윗은 요나단과 작별을 하고서 놉이라는 곳에 갔는데, 그곳에는 당시 제사장 아히멜렉이 있었다. 다윗은 그곳에 가서 자기가 과연 앞으로 어떻게 행해야 할 것인가를 알고 싶었을 것이다. 그런데 아히멜렉은 다윗을 보자 떨면서 영접했다. 이때 다윗은 이미 골리앗도 죽이고 수차례 블레셋과의 전쟁에서 이긴 장군으로서 이스라엘에 널리 알려진 인물이었으므로 갑작스런 다윗의 출현에 아히멜렉은 놀라고 당황스러웠을 것이다. (당시에 사울이 다윗을 죽이려고 한다는 사실을 아히멜렉도 아마 알고 있었을 것이다.) 그런 다윗을 그가 마음 편히 따

뜻하게 영접할 수 없었을 것이고, 그래서 다윗에게 "어찌하여 네가 홀로 있고 함께하는 자가 아무도 없느냐"[1절]하고 물었을 것이다.

2절, **"다윗이 제사장 아히멜렉에게 이르되 왕이 내게 일을 명하고 이르시기를 내가 너를 보내는 바와 네게 명한 바 일의 아무 것이라도 사람에게 알게 하지 말라 하시기로 내가 나의 소년들을 여차여차한 곳으로 약정하였나이다"**.

이 말은 다윗이 지어낸 말이다. 자칫하면 아히멜렉 제사장도 자신을 받아들이지 않을 수 있겠다는 생각이 들자 다윗은 이렇게 둘러댄 것이다.

3절, **"이제 당신의 수중에 무엇이 있나이까 떡 다섯 덩이나 무엇이든지 있는 대로 내 손에 주소서"**.

이때 다윗이 제사장을 찾아간 것은 무엇보다도 배가 고팠기 때문일 것이다. 당시는 누구도 다윗을 영접해서 먹을 것을 줄 수 있는 상황이 아니었으므로 그곳에라도 가면 혹 먹을 것이 있을까 하여 찾아간 것이다.

4절, **"제사장이 다윗에게 대답하여 가로되 항용 떡은 내 수중에 없으나 거룩한 떡은 있나니 그 소년들이 부녀를 가까이만 아니하였으면 주리라"**. 항용 떡이란 보통 때 식사로 먹는 빵을 말하는데, 당시 제사장 집안도 넉넉하지 않았으므로 여분의 음식이 없고 다만 성소의 진설병 상에 진설해 놓았던 떡만 있었던 듯하다. 다윗이 제사장이 아닌데도 아히멜렉은 이때 다윗과 그와 함께한 자들에게 이 진설병을 내주어 먹게 했다. 이 일에 대해 우리는 어떻게 생각해야 하는가?

7절, **"그날에 사울의 신하 한 사람이 여호와 앞에 머물러 있었는데 그는 도엑이라 이름하는 에돔 사람이요 사울의 목자장이었더라"**.

에돔 사람은 에서의 자손으로 이스라엘과 적대 관계에 있었는데 그들 중 하나가 사울의 목자장, 즉 사울의 목축을 기르는 사람이었다. 그 사람이 무슨 일로 마침 제사장의 성소에 와 있다가 다윗과 아히멜렉 제사장의 대화를 엿듣고 또 아히멜렉이 다윗에게 떡을 주고 칼을 주는 것을 보았다.

8절, **"다윗이 아히멜렉에게 이르되 여기 당신의 수중에 창이나 칼이 없나이까 왕의 일이 급하므로 내가 내 칼과 병기를 가지지 못하였나이다"**.

다윗은 계속 아히멜렉에게 거짓말을 하고 있다. 신상에 위협이 느껴지니 칼이라도 하나 있어야겠다는 생각이 들자 아히멜렉에게 이렇게 요청한 것이다.

9절, **"제사장이 가로되 네가 엘라 골짜기에서 죽인 블레셋 사람 골리앗의 칼이 보자기에 싸여 에봇 뒤에 있으니 네가 그것을 가지려거든 가지라 여기는 그 밖에 다른 것이 없느니라 다윗이 가로되 그 같은 것이 또 없나니 내게 주소서".**

원래 그것은 다윗이 골리앗을 죽여 빼앗은 것이므로 다윗이 갖는 것이 마땅하다.

다윗이 도망하여 가드 왕 아기스에게로 가다

10절, **"그날에 다윗이 사울을 두려워하여 일어나 도망하여 가드 왕 아기스에게로 가니".**

이것은 또 다른 단락이다. 다윗은 아히멜렉과 헤어져서 가드 왕 아기스에게로 갔다. 사울의 목자장인 도엑이 성소에까지 들어와서 엿듣고 있고 제사장도 의심스러운 눈으로 다윗을 바라보고 있기 때문에 그런 곳에서 더 어물어물하다가는 사울에게 잡혀죽기가 십상이라고 생각했을 것이다.

11-13절, **"아기스의 신하들이 아기스에게 고하되 이는 그 땅의 왕 다윗이 아니니이까 무리가 춤추며 이 사람의 일을 창화하여 가로되 사울의 죽인 자는 천천이요 다윗은 만만이로다 하지 아니하였나이까 한지라 다윗이 이 말을 그 마음에 두고 가드 왕 아기스를 심히 두려워하여 그들의 앞에서 그 행동을 변하여 미친 체 하고 대문짝에 그적거리며 침을 수염에 흘리매".**

다윗은 미친 척해서 자신을 보호하려 했다.

이때 다윗이 시를 지었는데, 이것이 바로 시편 34편이다. 이 시편에는 '다윗이 아비멜렉 앞에서 미친 체하다가 쫓겨나서 지은 시'라는 부제가 붙어 있다. 아비멜렉은 아기스의 또 다른 이름이다.

〈시편 34편〉

1-3절, **"내가 여호와를 항상 송축함이여 그를 송축함이 내 입에 계속하리로다 내 영혼이 여호와로 자랑하리니 곤고한 자가 이를 듣고 기뻐하리로다 나와 함께**

여호와를 광대하시다 하며 함께 그 이름을 높이세".

미친 체하는 사람이 이런 시를 쓸 수 있다는 것을 상상이나 할 수 있겠는가! 미친 체하는 중에도 다윗의 영혼은 여호와를 자랑하고 사람들을 불러 함께 여호와를 광대하시다 하며 그 이름을 높이자고 노래한다. 어떤 환경이 몰려와도 예수는 여전히 주시다. 그러나 다윗은 자신이 곤고한 것 또한 고백한다.

4절, "내가 여호와께 구하매 내게 응답하시고 내 모든 두려움에서 나를 건지셨도다".

또 자신이 두려워했다는 것도 고백한다. 그의 기도는 두려움에서 그를 건져 주었다.

5-6절, "저희가 주를 앙망하고 광채를 입었으니 그 얼굴이 영영히 부끄럽지 아니하리로다 이 곤고한 자가 부르짖으매 여호와께서 들으시고 그 모든 환난에서 구원하셨도다".

다윗은 곤고한 가운데 미친 척을 하면서도 주님을 앙망하고 부르짖었다. 그럴 때 자신의 얼굴은 주의 광채를 입었고 부끄럽지 않게 되었으며 주님은 그를 모든 환난에서 구원하셨다. 빌립보서 1장의 바울을 연상케 한다(빌 1:17-20).

7-8절, "여호와의 사자가 주를 경외하는 자를 둘러 진 치고 저희를 건지시는도다 너희는 여호와의 선하심을 맛보아 알지어다 그에게 피하는 자는 복이 있도다".

이런 경황 중에도 여호와의 선하심을 맛보아 알라고 말한다. 그는 지금 밖으로는 미친 척하며 위기를 모면하고자 하면서도 여전히 주의 말씀을 가까이 하며 여호와의 선하심을 맛보고 있다는 뜻이다(벧전 2:2-3).

9절, "너희 성도들아 여호와를 경외하라 저를 경외하는 자에게는 부족함이 없도다".

지금 다윗은 다른 성도들을 가르치고 있다. 좋은 상황에 있는 사람만이 성도들을 가르칠 수 있는 것이 아니다. 그는 비록 미친 체하면서 침을 흘리고 대문짝에 그적거리고 있으나 그의 영은 하나님을 높이고 있으며 하나님을 모르는 자들을 위한 열심이 있다. "여호와를 경외하는 자에게는 부족함이 없도다". 그는 심히 위태롭고 곤란한 상황에 있음에도 여호와를 경외함으로 부족함이 없다고 간증한다. 다윗의 시편 23편을 연상케 한다(시 23:1). 이것은 다 믿음의 말이다.

10-14절, **"젊은 사자는 궁핍하여 주릴지라도 여호와를 찾는 자는 모든 좋은 것에 부족함이 없으리로다 너희 소자들아 와서 내게 들으라 내가 여호와를 경외함을 너희에게 가르치리로다 생명을 사모하고 장수하여 복 받기를 원하는 사람이 누구뇨 네 혀를 악에서 금하며 네 입술을 궤사한 말에서 금할지어다 악을 버리고 선을 행하며 화평을 찾아 따를지어다"**.
이 부분은 베드로 전서 3장 10절부터 12절까지에 인용되어 있다. 이런 구절들이 바로 이런 시점에서 씌어졌다는 것을 누가 상상이나 하겠는가!

하나님께서 택하시고 기름 부으신 사람, 하나님이 기뻐하시는 사람은 밖으로 볼 때 실패한 것 같고 버림받은 것 같고 초라해 보이지만 그의 속에서는 주님과의 깊은 사귐이 이루어지고 있다는 것을 기억해야 한다. 그는 피신하여 목숨을 구걸하고 있는 신세이지만 사람들에게 장수하여 복 받는 비결을 가르쳐 주고 있다. **"젊은 사자는 궁핍하여 주릴지라도 여호와를 찾는 자는 모든 좋은 것에 부족함이 없으리로다"**.

14-15절, **"아기스가 그 신하에게 이르되 너희도 보거니와 이 사람이 미치광이로다 어찌하여 그를 내게로 데려왔느냐 내게 미치광이가 부족하여서 너희가 이 자를 데려다가 내 앞에서 미친 짓을 하게 하느냐 이 자가 어찌 내 집에 들어오겠느냐 하니라"**. 여기서 아기스는 다윗을 미친 자로 여겨 그의 집에서 쫓아냈다.

22장

아둘람 굴로, 모압으로, 다시 유다로

1절, **"그러므로 다윗이 그곳을 떠나 아둘람 굴로 도망하매 그 형제와 아비의 온**

집이 듣고는 그리로 내려가서 그에게 이르렀고".

이제 22장에서 다윗은 블레셋 지경을 떠나 아둘람 굴로 도망했다. 그 소식을 듣고 그 형제들과 아버지의 온 가속(家屬)이 그에게로 갔다. 전에는 사울이 다윗만을 시기했는데 다윗 때문에 그 형제들과 가속들까지도 다 목숨이 위태롭게 되자 다윗에게로 가지 않을 수 없었을 것이다.

2절, **"환난당한 모든 자와 빚진 자와 마음이 원통한 자가 다 그에게로 모였고 그는 그 장관이 되었는데 그와 함께한 자가 사백 명 가량이었더라".**

나중에 아기스한테 갈 때에는 함께한 사람들이 육백 명 가량 되었다. 이때부터 다윗은 군사를 모아 세력을 구축하기 시작했다고 본다. 사울은 유력한 사람, 쓸 만한 사람, 지혜로운 사람, 힘 있는 사람은 보는 대로 다 그에게 오라고 했다. 이것이 사울의 진영이다. 사울의 진영에는 당시 인재들이 다 모인 셈이다.

그런데 다윗은 굴 속으로 피신해서 근근이 지내는 신세가 되다 보니 거기 모여든 사람들은 대개 빚진 자들, 환난당한 자들, 마음이 원통한 자들이었다. 그런데 역대 상 11장 15절을 보면 결국 이들 가운데서 다윗 왕국의 장군들이 나왔다. 이 아둘람 굴에 찾아왔던 사람들 중에서 세 사람의 위대한 장군이 나왔다. 그러므로 우리도 주님과 함께 고난받고 고생해야 주님과 함께 왕 노릇 할 것이다(딤후 2:12). 그들은 이 시대에 가난하고 볼품없고 환난 가운데 있는 자들이다(계 1:9).

3-4절, **"다윗이 거기서 모압 미스베로 가서 모압 왕에게 이르되 하나님이 나를 위하여 어떻게 하실 것을 내가 알기까지 나의 부모로 나와서 당신들과 함께 있게 하기를 청하나이다 하고 부모를 인도하여 모압 왕 앞에 나아갔더니 그들이 다윗의 요새에 있을 동안에 모압 왕과 함께 있었더라".**

당시 다윗은 그의 부모를 이스라엘 중에는 위탁할 만한 데가 없고 블레셋은 불안하기에 모압 왕을 찾아간 것이다.

다윗이 아둘람 굴에 있을 때 지은 시가 시편 142편이다.

시 142:1-7 "내가 소리 내어 여호와께 부르짖으며 소리 내어 여호와께 간구하는도다 내가 내 원통함을 그 앞에 토하며 내 우환을 그 앞에 진술하는도다 내

심령이 속에서 상할 때에도 주께서 내 길을 아셨나이다 나의 행하는 길에 저희가 나를 잡으려고 올무를 숨겼나이다 내 우편을 살펴보소서 나를 아는 자도 없고 피난처도 없고 내 영혼을 돌아보는 자도 없나이다 여호와여 내가 주께 부르짖어 말하기를 주는 나의 피난처시요 생존 세계에서 나의 분깃이시라 하였나이다 나의 부르짖음을 들으소서 나는 심히 비천하니이다 나를 핍박하는 자에게서 건지소서 저희는 나보다 강하니이다 내 영혼을 옥에서 이끌어내사 주의 이름을 감사케 하소서 주께서 나를 후대하시리니 의인이 나를 두르리이다"

다윗은 그렇게 고통당하고 굴 속에 도피해 있으면서도 소망을 버리지 않았다. 그는 "주께서 나를 후대하시리니 의인이 나를 두르리이다"고 했다. 그를 후대하실 주님을 끝까지 신뢰했다.

5절, "선지자 갓이 다윗에게 이르되 이 요새에 있지 말고 떠나 유다 땅으로 들어가라 다윗이 떠나 헤렛 수풀에 이르니라".

이제 선지자 갓이 나오는데 아마 사무엘에게 배운 생도 중에 하나일 것이다. 그는 하나님의 선지자로서 다윗에게 충고해주었다. 이국에서 이렇게 도망 다니지 말고 유다 땅으로 들어가라고 했다.

6절, "사울이 다윗과 그와 함께 있는 사람들이 나타났다 함을 들으니라 때에 사울이 기브아 높은 곳에서 손에 단창을 들고 에셀나무 아래 앉았고 모든 신하들은 그 곁에 섰더니".

사울이 당시 이스라엘의 왕이므로 온 이스라엘이 사울의 지배 아래 있었기 때문에 다윗이 나타났다는 정보를 누군가 사울에게 준 것이다. 사울은 언제라도 대적을 죽여야 한다는 생각 때문에 단창을 쥐고 신하들과 함께 있었다.

7절, "사울이 곁에 선 신하들에게 이르되 너희 베냐민 사람들아 들으라 이새의 아들이 너희에게 각기 밭과 포도원을 주며 너희로 천부장, 백부장을 삼겠느냐".

사울은 곁에 서 있는 신하들에게 "너희 베냐민 사람들아 들으라" 하였다. 사울의 심복들은 거의 다 베냐민 사람들이었던 것이다. 그런데 이새의 아들 다윗은 유다 지파이다. "이새의 아들이 너희에게 각기 밭과 포도원을 주며 너희로 천부장, 백부장을 삼겠느냐". 즉 '다윗이 왕이 되면 너희들을 먹여 살리겠느냐? 너희들에게 지위를 주겠느냐?' 하는 것이다.

8절, "너희가 다 공모하여 나를 대적하며 내 아들이 이새의 아들과 맹약하였으되 내게 고발하는 자가 하나도 없고 나를 위하여 슬퍼하거나 내 아들이 내 신하를 선동하여 오늘이라도 매복하였다가 나를 치려 하는 것을 내게 고발하는 자가 하나도 없도다".

지금 사울은 자기의 심복 베냐민 사람들에게 터무니없는 말을 하면서 반대급부로 그들의 동정과 환심을 이끌어 내려고 한다. "너희가 다 공모하여 나를 대적하며". 그들은 공모한 일이 없다.

9절, "때에 에돔 사람 도엑이 사울의 신하 중에 섰더니 대답하여 가로되 이새의 아들이 놉에 와서 아히둡의 아들 아히멜렉에게 이른 것을 내가 보았었는데".

사울이 그렇게 말할 때에 도엑이라는 사람이 대답을 한다. "아히멜렉이 그를 위하여 여호와께 묻고 그에게 식물도 주고 블레셋 사람 골리앗의 칼도 주더이다"[10절]. 도엑은 다윗이 아히멜렉에게 가서 도움을 요청할 때 제사장이 다윗 편에 서서 하나님께 묻고 먹을 것도 주고 칼도 주는 것을 보았다고 한다.

11절, "왕이 보내어 아히둡의 아들 제사장 아히멜렉과 그 아비의 온 집 곧 놉에 있는 제사장들을 부르매 그들이 다 왕께 이른지라".

당시에 제사장들은 놉이라는 도시에 있었다. 제사장 아히멜렉은 엘리 제사장의 손자 정도 될 것이다.

12절, "사울이 가로되 너 아히둡의 아들아 들으라 대답하되 내 주여 내가 여기 있나이다".

아히둡의 아들은 아히멜렉이며 다윗에게 떡과 칼을 주었던 그 제사장이다.

13절, "사울이 그에게 이르되 네가 어찌하여 이새의 아들과 공모하여 나를 대적하여 그에게 떡과 칼을 주고 그를 위하여 하나님께 물어서 그로 오늘이라도 매복하였다가 나를 치게 하려 하였느뇨".

당연히 다윗이 온 것을 그에게 일러바쳐서 다윗을 죽이게 했어야지 왜 그에게 도움을 주었느냐고 한다.

14절, "아히멜렉이 왕에게 대답하여 가로되 왕의 모든 신하 중에 다윗같이 충실한 자가 누구인지요 그는 왕의 사위도 되고 왕의 모신도 되고 왕실에서 존귀한 자가 아니니이까".

아히멜렉은 사울이 얼마나 다윗을 시기하고 미워하여 죽이려고 하는지 알 길이 없었다. 다만 아히멜렉은 자기가 생각하는 대로 사울에게 대답을 한 것이다. 그리고서 덧붙여 말했다. **"내가 그를 위하여 하나님께 물은 것이 오늘이 처음이니이까 결단코 아니니이다 원컨대 왕은 종과 종의 아비의 온 집에 아무 것도 돌리지 마옵소서 왕의 종은 이 모든 일의 대소 간에 아는 것이 없나이다"**[15절].

16절, **"왕이 가로되 아히멜렉아 네가 반드시 죽을 것이요 네 아비의 온 집도 그러하리라 하고"**.

이때에 사울은 극도로 화가 난 상태였기 때문에 아히멜렉 제사장이 하는 모든 말이 다 자기를 대적하는 말로 들렸다.

17-19절, **"왕이 좌우의 시위자에게 이르되 돌이켜 가서 여호와의 제사장들을 죽이라 그들도 다윗과 합력하였고 또 그들이 다윗의 도망한 것을 알고도 내게 고발치 아니하였음이니라 하나 왕의 신하들이 손을 들어 여호와의 제사장들 죽이기를 싫어한지라 왕이 도엑에게 이르되 너는 돌이켜 제사장들을 죽이라 하매 에돔 사람 도엑이 돌이켜 제사장들을 쳐서 그날에 세마포 에봇 입은 자 팔십오 인을 죽였고 제사장들의 성읍 놉의 남녀와 아이들과 젖 먹는 자들과 소와 나귀와 양을 칼로 쳤더라"**.

20절, **"아히둡의 아들 아히멜렉의 아들 중 하나가 피하였으니 그 이름은 아비아달이라 그가 도망하여 다윗에게로 가서"**.

아히둡의 아들 아히멜렉(아히둡은 엘리의 아들이다), 그 아히멜렉의 아들 중 한 사람이 피신하여 살아서 다윗에게로 갔다.

21-23절, **"사울이 여호와의 제사장들 죽인 일을 다윗에게 고하매 다윗이 아비아달에게 이르되 그날에 에돔 사람 도엑이 거기 있기로 그가 반드시 사울에게 고할 줄 내가 알았노라 네 아비 집의 모든 사람 죽은 것이 나의 연고로다 두려워 말고 내게 있으라 내 생명을 찾는 자가 네 생명도 찾는 자니 네가 나와 함께 있으면 보전하리라 하니라"**.

여기에서 다윗의 좋은 점이 있다. 사람을 지켜주는 것이다. 자기의 책임을 통감할 줄 알고, 자기 때문에 불쌍한 처지에 놓인 자를 지켜주려고 하는 것이다. 후에 보면 다윗은 끝까지 아비아달을 지켜주었다. 자기로 인해 일어난 불상사에 대해 끝까지 책임을 지려고 하는 이러한 태도는 참으로 훌륭하다.

이 시점에서 다윗이 쓴 시가 있다.

〈시편 52편〉을 보자.(다윗의 마스길, 영장으로 한 노래, 에돔인 도엑이 사울에게 이르러 다윗이 아히멜렉의 집에 왔더라 말하던 때에)

1절, **"강포한 자여 네가 어찌하여 악한 계획을 스스로 자랑하는고".**

이는 도엑에 대한 말이다.

2-3절, **"하나님의 인자하심은 항상 있도다 네 혀가 심한 악을 꾀하여 날카로운 삭도같이 간사를 행하는도다 네가 선보다 악을 사랑하며 의를 말함보다 거짓을 사랑하는도다(셀라)".**

이처럼 도엑이 거짓으로 사람들을 죽였다.

4-5절, **"간사한 혀여 네가 잡아먹는 모든 말을 좋아하는도다 그런즉 하나님이 영영히 너를 멸하심이여 너를 취하여 네 장막에서 뽑아내며 생존하는 땅에서 네 뿌리를 빼시리로다(셀라)".**

이는 다 도엑에 대한 말이다. 물론 그때 당장은 도엑이 이렇게 죽거나 망하지 않았다. 그렇지만 이것은 다윗이 영감으로 하는 말이다.

6-7절, **"의인이 보고 두려워하며 또 저를 비웃어 말하기를 이 사람은 하나님으로 자기 힘을 삼지 아니하고 오직 그 재물이 풍부함을 의지하며 제 악으로 스스로 든든케 하던 자라 하리로다".**

결국 도엑이 왜 그런 짓을 하는가? 그것은 재물 때문이다. 사울의 편을 들고 사울의 비위를 맞추어서 사울의 대적이라고 하는 사람들을 죽이는 일이 자기를 든든하게 세워서 잘 먹고 잘 살게 만들어 줄 것이라고 생각한다는 것이다.

8절, **"오직 나는 하나님의 집에 있는 푸른 감람나무 같음이여 하나님의 인자하심을 영영히 의지하리로다".**

이는 다윗이 자기 자신에 대해서 하는 말이다.

9절, **"주께서 이를 행하셨으므로 내가 영영히 주께 감사하고 주의 이름이 선함으로 주의 성도 앞에서 내가 주의 이름을 의지하리이다".**

그는 이미 하나님이 '행하셨다'는 과거 시제로 말하고 있다. 그렇게 어렵고 슬프고 곤고하며 억울한 상황에서도 여전히 하나님께 대한 신앙에 견고하게 붙어 있는 다윗의 모습을 볼 수 있다.

23장

다윗이 그일라를 구원했으나 그들의 배신으로 마온 황무지 아라바로 피신하다

1절, **"혹이 다윗에게 고하여 가로되 보소서 블레셋 사람이 그일라를 쳐서 그 타작마당을 탈취하더이다".**

이제 다윗은 유다 땅에 와 있다. 그런데 어떤 사람들이 다윗에게 와서 블레셋 사람들이 그일라라고 하는 유다 땅의 한 읍을 쳐서 타작마당을 탈취한다고 고했다. 당시 타작마당은 매우 중요한 장소였다. (후에 오르난의 타작마당에 성전이 세워진다.) 그곳에서 많은 사람들이 곡식을 타작하여 살아나가기 때문이다. 그런데 블레셋 사람들이 그 타작마당을 탈취했다는 것이다.

2절, **"이에 다윗이 여호와께 묻자와 가로되 내가 가서 이 블레셋 사람을 치리이까 여호와께서 다윗에게 이르시되 가서 블레셋 사람을 치고 그일라를 구원하라 하시니".**

그일라는 이스라엘 사람들이 사는 곳이다. 그런데 지금 다윗은 쫓기는 처지이며 사울에게 죽음의 위협을 받고 있다. 그런 상황에서 갓 선지자가 유다 땅으로 들어가라고 해서 들어왔더니 무슨 일이 생겼는가? 블레셋이 그일라 땅을 치러 들어왔다는 것이다. 다윗이 유다 땅에 들어와 있기 때문에 블레셋과 싸울 수 있는 입지가 생긴 것이다. 블레셋에 피신해 있다면 이런 일을 할 수 없었을 것이다. 그래서 우리는 선지자가 다윗에게 '유다 땅으로 들어가라'고 한 말을 이해할 수 있고 또 그 필요성도 이해할 수 있다.

3절, "다윗의 사람들이 그에게 이르되 보소서 우리가 유다에 있기도 두렵거든 하물며 그일라에 가서 블레셋 사람의 군대를 치는 일이리이까".

다윗의 부하 장군들이 '우리가 지금 유다에 머물러 있는 것 자체도 두려운데 블레셋하고 싸울 정신이 어디에 있습니까?'라고 하는 것이다.

4절, "다윗이 여호와께 다시 묻자온대 여호와께서 대답하여 가라사대 일어나 그일라로 내려가라 내가 블렛셋 사람을 네 손에 붙이리라 하신지라". 이러한 상황에서도 다윗은 이스라엘을 위해 전쟁을 해서 이스라엘 백성들을 블레셋 사람들 손에서 구해야 했다.

5절, "다윗과 그의 사람들이 그일라로 가서 블레셋 사람과 싸워 그들을 크게 도륙하고 그들의 가축을 끌어오니라 다윗이 이와 같이 그일라 거민을 구원하니라".

다윗은 이렇게 사울을 피해 다니는 파리 목숨 같은 신세인데도 이스라엘을 위해서 가장 중요한 일을 하였다.

6-7절, "아히멜렉의 아들 아비아달이 그일라 다윗에게로 도망할 때에 손에 에봇을 가지고 내려왔었더라 다윗이 그일라에 온 것을 혹이 사울에게 고하매 사울이 가로되 하나님이 그를 내 손에 붙이셨도다 그가 문과 문빗장이 있는 성에 들어갔으니 갇혔도다".

지금 사울은 다윗을 적수로 보기 때문에 그가 공을 세울수록 더 마음이 불안하여 그를 죽이려고 했다. 지금 사울의 눈에는 다른 아무것도 보이지 않는다. 다윗이 왜 그일라에 왔는가? 그 백성을 블레셋으로부터 구원하려는 것이다. 그런데 사울은 '잘 되었다, 그는 성에 갇혔다, 여호와께서 다윗을 죽이라고 좋은 찬스를 주신 것이다, 하나님이 그를 내 손에 붙이셨다.'고 말한다.

8절, "사울이 모든 백성을 군사로 불러 모으고 그일라로 내려가서 다윗과 그의 사람들을 에워싸려 하더니".

사울은 블레셋과 싸우는 일에는 관심이 없다. 나라가 망하든 흥하든 관계가 없다. 다윗만 죽이면 되는 것이다. 그래서 사람들을 불러 모아 다윗을 에워싸려고 한다.

9절, **"다윗이 사울의 자기를 해하려 하는 계교를 알고 제사장 아비아달에게 이르되 에봇을 이리로 가져오라 하고"**.

다윗은 사울이 그일라에 자기를 잡으러 온다는 소식을 하나님께 고하고 묻는다. **"그일라 사람들이 나를 그의 손에 붙이겠나이까 주의 종의 들은 대로 사울이 내려오겠나이까 이스라엘의 하나님 여호와여 원컨대 주의 종에게 일러 주옵소서 여호와께서 가라사대 그가 내려오리라 다윗이 가로되 그일라 사람들이 나와 내 사람들을 사울의 손에 붙이겠나이까 여호와께서 가라사대 그들이 너를 붙이리라"**[11-12절]. 다윗은 하나님께 한 가지를 더 물었다. 한 가지 질문은 '사울과 함께한 군사들이 나를 잡으려고 그일라로 내려오겠습니까?'이다. 두 번째 질문은 '사울이 잡으러 내려오면 그일라 거민들이 나를 잡아다가 사울에게 넘기겠습니까?'이다. 하나님께서는 그렇다고 대답하신다. 그일라 거민은 다윗에 의해 구조를 받았는데도 불구하고 그를 붙잡아 사울에게 넘기려 하고 있다.

13절, **"다윗과 그의 사람 육백 명 가량이 일어나 그일라를 떠나서 갈 수 있는 곳으로 갔더니 다윗이 그일라에서 피한 것을 혹이 사울에게 고하매 사울이 가기를 그치니라"**.

그런데 한 가지 기묘한 것은, 다윗이 이때에 하는 일이 어렵게 도망다니는 일인데도 따르는 사람들이 불어났다는 것이다(육백 명). 여기서 다윗은 에봇이 있어서 하나님께 물을 수 있었고 또 하나님의 응답을 얻어 미리 피신할 수 있었다. 다윗이 그일라에서 피한 것을 듣고 사울이 다윗 쫓기를 그쳤다. 오늘 주와 함께 고난받고 참으면 그날 주와 함께 왕 노릇하리라!

14절, **"다윗이 황무지 요새에도 있었고 또 십 황무지 산골에도 유하였으므로 사울이 매일 찾되 하나님이 그를 그의 손에 붙이지 아니하시니라"**.

그 후로도 다윗은 황무지 요새나 산골 등 이곳저곳으로 도망다녔다.

여기서 다윗이 쓴 **시편 109편**을 읽어보자. (다윗의 시, 영장으로 한 노래)

시 109:1-4, **"나의 찬송하는 하나님이여 잠잠하지 마옵소서 대저 저희가 악한 입과 궤사한 입을 열어 나를 치며 거짓된 혀로 내게 말하며 또 미워하는 말로 나를 두르고 무고히 나를 공격하였나이다 나는 사랑하나 저희는 도리어 나를**

대적하니 나는 기도할 뿐이라". 여기에서 4절은 의미가 깊다. "나는 사랑하나 저희는 도리어 나를 대적하니 나는 기도할 뿐이라". 기묘하게 주님 편에서 핍박과 고난을 당하는 자들은 그 속에 미움이 없고 사랑만 있다.

15-16절, **"다윗이 사울의 자기 생명을 찾으려고 나온 것을 보았으므로 그가 십 황무지 수풀에 있었더니 사울의 아들 요나단이 일어나 수풀에 들어가서 다윗에게 이르러 그로 하나님을 힘 있게 의지하게 하였는데".**

다윗은 계속 피해다니고 있는 중이다. 15절은 피하고 있는 중에 십 황무지 수풀에 있을 때에 요나단이 마지막으로 다윗과 재회하는 장면이다. 이때를 마지막으로 다윗과 요나단은 영영 만나지 못한다. 후에 다윗은 요나단이 전사했다는 소식을 듣게 된다.

17절, **"곧 요나단이 그에게 이르기를 두려워 말라 내 부친 사울의 손이 네게 미치지 못할 것이요 너는 이스라엘 왕이 되고 나는 네 다음이 될 것을 내 부친 사울도 안다 하니라".**

이는 예언적인 말이다. 다윗은 죽지 않을 것이고 결국 왕이 될 것이며 '나는 네 다음이 될 것이라'고 했다. 그러나 요나단 자신의 예언은 맞지 않았다.

18절, **"두 사람이 여호와 앞에서 언약하고 다윗은 수풀에 거하고 요나단은 자기 집으로 돌아가니라".**

그는 결국 블레셋과의 마지막 전투인 길보아 전투에서 아버지와 함께 장렬하게 전사한다.

19-20절, **"때에 십 사람들이 기브아에 이르러 사울에게 나아와 가로되 다윗이 우리와 함께 광야 남편 하길라 산 수풀 요새에 숨지 아니하였나이까 그러하온즉 왕은 내려오시기를 원하시는 대로 내려오소서 그를 왕의 손에 붙일 것이 우리의 의무니이다".**

십 사람들은 이스라엘 사람들이다. 그들이 사울에게 와서 다윗이 자기들의 지경 남편 하길라 산 수풀 요새에 있으니 왕이 빨리 내려와서 잡으라고 한다. 이 사람들도 다윗을 배신한다. 이어지는 21절에서 사울이 그들에게 무엇이라고 하는가?

21절, "사울이 가로되 너희가 나를 긍휼히 여겼으니 여호와께 복 받기를 원하노라".

사울은 악독을 품고 있으면서도 매우 영적인 것처럼 말하고 있다.

22-23절, "혹이 내게 말하기를 그가 심히 공교히 행동한다 하나니 너희는 가서 더 자세히 살펴서 그가 어디 은적하였으며 누가 거기서 그를 보았는지 알아보고 그가 숨어 있는 모든 곳을 탐지하고 실상을 내게 회보하라 내가 너희와 함께 가리니 그가 이 땅에 있으면 유다 천천 인 중에서 그를 찾아내리라".

사울은 당장 가지 않고 '너희가 먼저 자세히 살펴서 고하라'고 한다. 아마도 손쉽게 잡으려고 하는 것 같다.

24-26절, "그들이 일어나 사울보다 먼저 십으로 가니라 다윗과 그의 사람들이 광야 남편 마온 황무지 아라바에 있더니 사울과 그의 사람들이 찾으러 온 것을 혹이 다윗에게 고하매 이에 다윗이 바위로 내려 마온 황무지에 있더니 사울이 듣고 마온 황무지로 다윗을 따라가서는 사울이 산 이편으로 가매 다윗과 그의 사람들은 산 저편으로 가며 다윗이 사울을 두려워하여 급히 피하려 하였으니 이는 사울과 그의 사람들이 다윗과 그의 사람들을 에워싸고 잡으려 함이었더라".

이때가 가장 위험했던 때이다. 다윗 군과 사울 군대가 가장 근접해 있어서 잘못하면 붙잡힐 수 있는 상황이었다.

27절, "사자가 사울에게 와서 가로되 급히 오소서 블레셋 사람이 땅을 침노하나이다".

이때 다윗을 살리시려는 하나님의 주권적인 개입이 있다. 이런 일이 없었다면 다윗에게 매우 위험한 상황이 닥쳤을 것이다.

28절, "이에 사울이 다윗 쫓기를 그치고 돌아와서 블레셋 사람을 치러 갔으므로 그곳을 셀라하마느곳이라 칭하니라".

'셀라하마느곳'이라는 말은 '갈라놓는 바위, 도망하는 바위'(the rock of escape)를 뜻한다. 거기가 분수령, 곧 사울과 다윗을 갈라놓는 바위가 되었다는 것이다. 경기로 말하면 승부처라는 뜻이다.

29절, **"다윗이 거기서 올라가서 엔게디 요새에 거하니라"**.

현재 다윗은 요새, 황무지, 숲 등으로 다니며 항상 피신하고 있다.

이때 마온 황무지 아라바 같은 곳에 있을 때에 지었던 시가 **시편 54편**이다.
(다윗의 마스길, 영장으로 현악에 맞춘 노래, 십 인이 사울에게 이르러 말하기를 다윗이 우리 곳에 숨지 아니하였나이까 하던 때에)

시 54:1-3, **"하나님이여 주의 이름으로 나를 구원하시고 주의 힘으로 나를 판단하소서 하나님이여 내 기도를 들으시며 내 입의 말에 귀를 기울이소서 외인이 일어나 나를 치며 강포한 자가 내 생명을 수색하며 하나님을 자기 앞에 두지 아니하였음이니이다(셀라)"**. '외인'이란 누구인가? 십 사람들이 자기의 동족이나 형제자매들이 아니고 외인이라는 것이다. 또한 그들이 하나님을 자기 앞에 두고 살지 않는다는 말이다.

4-7절, **"하나님은 나의 돕는 자시라 주께서 내 생명을 붙드는 자와 함께하시나이다 주께서 내 원수에게 악으로 갚으시리니 주의 성실하심으로 저희를 멸하소서 내가 낙헌제로 주께 제사하리이다 여호와여 주의 이름에 감사하오리니 주의 이름이 선하심이니이다 대저 주께서 모든 환난에서 나를 건지시고 내 원수가 보응받는 것을 나로 목도케 하셨나이다"**. 다윗은 이렇게 곤고한 상황에서도 주님이 자기를 도우실 것을 믿었다. "하나님은 나의 돕는 자시라". 그러면서 다윗은 하나님께 낙헌제 곧 감사의 제물로 제사를 드렸다. 그는 이미 자기가 환난에서 건져지고 원수가 보응받는 것을 목도하였다고 말한다. 이는 다 믿음의 말이다. 믿음의 사람은 아직 이루어지지 않은 일도 이미 받은 줄로 알고 감사하고 기뻐한다.

24장

다윗이 엔게디 황무지에서 사울을 살려주다

사울이 블레셋 사람들을 쫓아가다가 돌아왔는데, 어떤 사람들이 다시 다윗이 엔게디 황무지에 있다는 정보를 주었다. **"사울이 온 이스라엘에서 택한 사람 삼천을 거느리고 다윗과 그의 사람들을 찾으러 들염소 바위로 갈새"**[2절]. 사울은 다윗을 죽이려고 쫓아다니는 것이 그의 주된 일상이 되었다.

3-4절, **"길 가 양의 우리에 이른즉 굴이 있는지라 사울이 그 발을 가리우러 들어가니라 다윗과 그의 사람들이 그 굴 깊은 곳에 있더니 다윗의 사람들이 가로되 보소서 여호와께서 당신에게 이르시기를 내가 원수를 네 손에 붙이리니 네 소견에 선한 대로 그에게 행하라 하시더니 이것이 그날이니이다 다윗이 일어나서 사울의 겉옷자락을 가만히 베니라"**.

다윗은 자기를 죽이려 하는 사울을 죽일 수 있는 절호의 기회에 그를 죽이지 않고 겉옷 자락만 가만히 베었다. 이는 다윗이 사울을 죽일 수 있으나 죽이지 않았다는 결정적인 증거를 남기기 위해서였을 것이다.

5-7절, **"그리한 후에 사울의 옷자락 벰을 인하여 다윗의 마음이 찔려 자기 사람들에게 이르되 내가 손을 들어 여호와의 기름 부음을 받은 내 주를 치는 것은 여호와의 금하시는 것이니 그는 여호와의 기름 부음을 받은 자가 됨이니라 하고 다윗이 이 말로 자기 사람들을 금하여 사울을 해하지 못하게 하니라 사울이 일어나 굴에서 나가 자기 길을 가니라"**.

이때 다윗은 사울만 죽이면(자기가 죽일 필요도 없이 부하들에게 가볍게 한 마디 대답하면 끝나는 것이다) 도망 다니는 생활을 끝낼 수 있고 자신은 왕이 될 것이었다. 하나님께서 다윗에게 이미 기름을 부으셨기 때문에 그는 왕이 되도록 되어 있었다. 사울은 하나님이 이미 폐하셨다. 다윗은 이 모든 것을 알고 있었지만 여기서 그는 자기에게 충성하는 부하들의 말을 듣지 않았다. 다윗의 귀한 점이 이것이다. 겉옷만 살짝 베고도 마음이 찔려 '아니다, 내가 손을 들어 여호와의 기름 부음 받은 자를 치는 것은 여호와께서 금하시는 것이다.'라고 했다.

그 후에 다윗도 일어나 굴에서 나가 사울의 뒤에서 외쳐 부르고 사울을 향하여 엎드려 절했다. 그리고서 **"사울에게 이르되 다윗이 왕을 해하려 한다고 하는 사람들의 말을 왕은 어찌하여 들으시나이까 오늘 여호와께서 굴에서 왕을 내 손에 붙이신 것을 왕이 아셨을 것이니이다 혹이 나를 권하여 왕을 죽이라 하였으나 내가 왕을 아껴 말하기를 나는 내 손을 들어 내 주를 해치 아니하리니 그는 여호와의 기름 부음을 받은 자가 됨이니라 하였나이다 나의 아버지여 보소서 내 손에 있는 왕의 옷자락을 보소서 내가 왕을 죽이지 아니하고 겉옷자락만 베었은즉 나의 손에 악이**

나 죄과가 없는 줄을 아실지니이다 왕은 내 생명을 찾아 해하려 하시나 나는 왕에게 범죄한 일이 없나이다"[9-11절].

"나의 아버지여!" 다윗은 사울에게 '아버지'라고 부른다. 사실 사울은 다윗의 장인이다. 결과적으로는 다윗이 이렇게 구구절절 사울에게 말해봐야 소용이 없다. 다윗이 왜 이렇게 말하는가? 우리는 알 수 없다. 이런 때에 말을 하는 것이 어떤 효과를 가져오는가? 여기서 우리가 알아야 할 것은 이렇게 말하는 사람의 근본적인 태도와 동기의 문제이다.

12-13절, "여호와께서는 나와 왕 사이를 판단하사 나를 위하여 왕에게 보복하시려니와 내 손으로는 왕을 해하지 않겠나이다 옛 속담에 말하기를 악은 악인에게서 난다 하였으니 내 손이 왕을 해하지 아니하리이다".

악은 악인에게서 나온다. 어떤 사람이 어떤 말을 하는 것이다. 이는 당시에 있던 격언이다.

14절, "이스라엘 왕이 누구를 따라 나왔으며 누구를 쫓나이까 죽은 개나 벼룩을 쫓음이니이다".

다윗은 순복하는 사람이면서도 할 말은 하는 것을 볼 수 있다. 다윗은 사울에게 누구를 쫓아 나왔느냐고 묻는다. 히브리어 원문에서는 '한 마리의 벼룩을 쫓아 나왔느냐'고 한다. 다윗은 사울에게 '나는 지금 이스라엘에서 벼룩 같은 존재이다. 당신은 그야말로 엄청난 권력과 힘을 갖고 있는 강한 자의위치에 있고, 나로 말하자면 너무나 미력한 한 마리 작은 개나 벼룩 같은 존재인데, 나 같은 것을 쫓으려고 군사를 대동하고 다니느냐?' 하고 묻는다. "그런즉 여호와께서 재판장이 되어 나와 왕 사이에 판결하사 나의 사정을 살펴 신원하시고 나를 왕의 손에서 건지시기를 원하나이다"[15절].

16-21절, "다윗이 사울에게 이같이 말하기를 마치매 사울이 가로되 내 아들 다윗아 이것이 네 목소리냐 하고 소리를 높여 울며 다윗에게 이르되 나는 너를 학대하되 너는 나를 선대하니 너는 나보다 의롭도다 네가 나 선대한 것을 오늘 나타내었나니 여호와께서 나를 네 손에 붙이셨으나 네가 나를 죽이지 아니하였도다 사람이 그 원수를 만나면 그를 평안히 가게 하겠느냐 네가 오늘날 내게 행한 일을 인하여 여호와께서 네게 선으로 갚으시기를 원하노라 보라 나는 네가 반드시 왕

이 될 것을 알고 이스라엘 나라가 네 손에 견고히 설 것을 아노니 그런즉 너는 내 후손을 끊지 아니하며 내 아비의 집에서 내 이름을 멸하지 아니할 것을 이제 여호와로 내게 맹세하라".

이것이 사울의 본심에 있는 말이다. 사울이 잠시 제 정신으로 돌아온 것이다. 그러나 그것은 잠간이다. 이것이 소위 '혼(soul)에 속한 사람'의 한계이다. 혼에 속한 사람도 영적이고 감동적인 말을 못하는 것이 아니다. 그렇지만 그 깊은 속에 있는 의도, 시기, 질투심, 자기가 꼭 왕이 되어야 한다는 생각, 다윗은 절대 왕이 되어서는 안 된다는 생각은 뿌리가 뽑히지 않고 그대로 있다.

22절, **"다윗이 사울에게 맹세하매 사울은 집으로 돌아가고 다윗과 그의 사람들은 요새로 올라가니라".**

사울은 혼에 속한, 육신적인 사람의 대표라 할 수 있다(고전 2:14).

25장

사무엘의 죽음과 다윗과 아비가일의 이야기

1절, **"사무엘이 죽으매 온 이스라엘 무리가 모여 그를 애곡하며 라마 그의 집에서 그를 장사한지라 다윗이 일어나 바란 광야로 내려가니라".**

우리가 여기까지 읽고 있는 사무엘 상은 사무엘이 기록한 것이다. 그런데 사무엘이 죽었다는 말은 사무엘이 기록하지 않았을 것이다. 어떤 성경학자들은 사무엘 상 24장까지는 아마 사무엘이 기록했을 것이고, 25장부터는 사무엘에게서 배운 나단이나 갓 같은 선지자들이 기록했을 것이라고 본다.

2-3절, **"마온에 한 사람이 있는데 그 업이 갈멜에 있고 심히 부하여 양이 삼천이요 염소가 일천이므로 그가 갈멜에서 그 양털을 깎고 있었으니 그 사람의 이름은 나발이요 그 아내의 이름은 아비가일이라 그 여자는 총명하고 용모가 아름다우나 남자는 완고하고 행사가 악하며 그는 갈멜 족속이었더라".**

여기의 갈멜은 갈멜산을 가리키는 것이 아니고 마온에 있는 작은 마을로서 헤브론에서 가깝다. 이 구절은 나발이라는 사람의 이야기를 하고 있는데, 나발이란 히브리어로 '어리석은 자, 미련한 자'라는 뜻이다. 그리고 그 아내는 이름이 아비가일이며 아주 총명하고 아름다운 여자이다.

4절, **"다윗이 광야에 있어서 나발이 자기 양털을 깎는다 함을 들은지라"**[4절].

당시 양털을 깎는다는 것은 농부들이 곡식을 추수하는 것과 비슷하다. 그들은 그러한 때에 겸해서 잔치를 벌이는 풍습이 있었다.

5-8절, **"다윗이 이에 열 소년을 보내며 그 소년들에게 이르되 너희는 갈멜로 올라가 나발에게 이르러 내 이름으로 그에게 문안하고 이같이 그 부하게 사는 자에게 이르기를 너는 평강하라 네 집도 평강하라 네 소유의 모든 것도 평강하라 네게 양털 깎는 자들이 있다 함을 이제 내가 들었노라 네 목자들이 우리와 함께 있었으나 우리가 그들을 상치 아니하였고 그들이 갈멜에 있는 동안에 그들의 것을 하나도 잃지 아니하였나니 네 소년들에게 물으면 그들이 네게 고하리라 그런즉 내 소년들로 네게 은혜를 얻게 하라 우리가 좋은 날에 왔은즉 네 손에 있는 대로 네 종들과 네 아들 다윗에게 주기를 원하노라 하더라 하라"**.

다윗은 열 소년을 나발에게 보내어 이렇게 안부를 전한 다음 한껏 자신을 낮추어 먹을 것을 구했다.

9-11절, **"다윗의 소년들이 가서 다윗의 이름으로 이 모든 말을 나발에게 고하기를 마치매 나발이 다윗의 사환들에게 대답하여 가로되 다윗은 누구며 이새의 아들은 누구뇨 근일에 각기 주인에게서 억지로 떠나는 종이 많도다 내가 어찌 내 떡과 물과 내 양털 깎는 자를 위하여 잡은 고기를 가져 어디로서인지 알지도 못하는 자들에게 주겠느냐 한지라"**.

나발은 다윗의 사환들에게 다윗을 아주 무시하는 말을 하면서 먹을 것과 마실 것 주기를 거절했다. 마치 어떻게 말해야 다윗에게 가장 모멸감을 줄 수 있는지를 잘 알고 있는 것 같다.

12-13절, **"이에 다윗의 소년들이 돌이켜 자기 길로 행하여 돌아와서 이 모든 말로 그에게 고하매 다윗이 자기 사람들에게 이르되 너희는 각기 칼을 차라 각기 칼을 차매 다윗도 자기 칼을 차고 사백 명 가량은 데리고 올라가고 이백 명은 소유물 곁에 있게 하니라"**.

다윗은 도저히 그냥 있을 수 없었다. 그는 자기와 함께하는 사람들에게 칼을 차라고 하고 자기도 칼을 찼다. 그리고서 사백 명은 데리고 올라가고 이백 명은 소유물을 지키게 했다. 나발의 가속을 다 도륙해버리겠다는 뜻이다.

소년 중 하나가 이 일을 나발의 아내 아비가일에게 고했고, 아비가일은 급히 먹을 것을 준비하여 나귀들에 싣고 다윗을 만나 다윗의 화를 진정시켰다.

32절, **"다윗이 아비가일에게 이르되 오늘날 너를 보내어 나를 영접케 하신 이스라엘의 하나님 여호와를 찬송할지로다"**. 다윗은 즉시 그의 분노를 거두었다. 이것이 사울과는 매우 다른 점이다.

33절, **"또 네 지혜를 칭찬할지며 또 네게 복이 있을지로다 오늘날 내가 피를 흘릴 것과 친히 보수하는 것을 네가 막았느니라"**. "네 지혜를 칭찬할지며". 다윗은 극도로 화가 치민 상황에서도 아비가일의 말이 어떤 종류의 말인지를 다 알고 있다. 영적인 사람의 특징은 아무리 화가 나더라도 사람의 말을 다 들을 수 있다는 것이다.

34-35절, **"나를 막아 너를 해하지 않게 하신 이스라엘의 하나님 여호와의 사심으로 맹세하노니 네가 급히 와서 나를 영접지 아니하였더면 밝는 아침에는 과연 나발에게 한 남자도 남겨두지 아니하였으리라 다윗이 그가 가져온 것을 그의 손에서 받고 그에게 이르되 네 집으로 평안히 올라가라 내가 네 말을 듣고 네 청을 허락하노라"**.

사무엘상

36-37절, **"아비가일이 나발에게로 돌아오니 그가 왕의 잔치 같은 잔치를 그 집에 배설하고 대취하여 마음에 기뻐하므로 아비가일이 밝는 아침까지는 다소간 말하지 아니하다가 아침에 나발이 포도주가 깬 후에 그 아내가 그에게 이 일을 고하매 그가 낙담하여 몸이 돌과 같이 되었더니"**.

아비가엘은 그 저녁에는 아무 말도 남편에게 고하지 않다가 아침에 남편이 술이 깬 후에 있었던 일을 다 이야기했다. 그러자 나발은 낙담하여 몸이 돌같이 굳어버렸다. '낙담하다'는 심장 곧 마음이 죽었다는 말이다(흠정역). **"한 열흘 후에 여호와께서 나발을 치시매 그가 죽으니라"**[38절]. 아마도 나발은 그 말을 듣고 분하기도 하고 충격을 받아 완전히 기세가 꺾였을 것이다. 그리고서 열흘 후에 죽었다. 성경은 헤롯처럼 하나님이 그를 치셨다고 기록한다.

39-42절, **"다윗이 나발의 죽었다 함을 듣고 가로되 나발에게 당한 나의 욕을**

신설하사 종으로 악한 일을 하지 않게 하신 여호와를 찬송할지로다 여호와께서 나발의 악행을 그 머리에 돌리셨도다 하니라 다윗이 아비가일로 자기 아내를 삼으려고 보내어 그에게 말하게 하매…그가 일어나 몸을 굽혀 얼굴을 땅에 대고…주의 여종은 내 주의 사환들의 발 씻길 종이니이다 하고 급히 일어나 나귀를 타고…다윗의 아내가 되니라".

아비가일은 이렇게 해서 다윗의 아내가 되었다.

26장

십 사람들의 두 번째 배신과 다윗이 또 한 번 사울을 살려줌

1절, "십 사람이 기브아에 와서 사울에게 이르러 가로되 다윗이 광야 앞 하길라 산에 숨지 아니하였나이까". 이 십 사람은 지난 번에도 다윗을 배신해서 사울에게 다윗의 거처를 알려주었던 사람들인데 그들이 다시 다윗을 배신하는 것이다. 대부분 배신한 사람은 또 배신한다.

2-4절, "사울이 일어나 십 황무지에서 다윗을 찾으려고 이스라엘에서 택한 사람 삼천과 함께 십 황무지로 내려가서 광야 앞 하길라 산 길 가에 진 치니라 다윗이 황무지에 있더니 사울이 자기를 따라 황무지로 들어옴을 깨닫고 이에 탐정을 보내어 사울이 과연 이른 줄 알고".

다윗은 탐정을 보내어 사울이 왔는지를 확인하게 하였다.

5-6절, "일어나 사울의 진 친 곳에 이르러 사울과 넬의 아들 군대장관 아브넬의 유하는 곳을 본즉 사울이 진 가운데 누웠고 백성은 그를 둘러 진 쳤더라 이에 다윗이 헷 사람 아히멜렉과 스루야의 아들 요압의 아우 아비새에게 물어 가로되 누가 나로 더불어 진에 내려가서 사울에게 이르겠느냐 아비새가 가로되 내가 함께 가겠나이다".

다윗은 매우 용감한 사람이다. 사울의 진영을 뚫고 들어가 직접 사울에게 나아갔다. 그때 사울은 자고 있었다.

7-8절, "다윗과 아비새가 밤에 그 백성에게 나아가 본즉 사울이 진 가운데 누워 자고 창은 머리 곁 땅에 꽂혔고 아브넬과 백성들은 그를 둘러 누웠는지라 아비새

가 다윗에게 이르되 하나님이 오늘날 당신의 원수를 당신의 손에 붙이셨나이다 그러므로 청하오니 나로 창으로 그를 찔러서 단번에 땅에 꽂게 하소서 내가 그를 두 번 찌를 것이 없으리이다".

다윗이 사울에게 갔을 때 사울은 누워 자고 있었다. 아비새 말대로 사울을 단번에 죽일 수 있는 기회였다. 두 번째로 죽일 수 있는 기회가 주어진 것이다.

9-12절, "다윗이 아비새에게 이르되 죽이지 말라 누구든지 손을 들어 여호와의 기름 부음을 받은 자를 치면 죄가 없겠느냐 또 가로되 여호와께서 사시거니와 여호와께서 그를 치시리니 혹 죽을 날이 이르거나 혹 전장에 들어가서 망하리라 내가 손을 들어 여호와의 기름 부음을 받은 자를 치는 것을 여호와께서 금하시나니 너는 그의 머리 곁에 있는 창과 물병만 가지고 가자 하고 다윗이 사울의 머리 곁에서 창과 물병을 가지고 떠나가되 깨든지 이를 보든지 알든지 하는 사람이 없었으니 이는 여호와께서 그들로 깊이 잠들게 하셨으므로 그들이 다 잠이었더라".

이것이 사울을 죽일 수 있는 두 번째 기회였다. 이번에는 옷을 베지 않고 창과 물병만 가지고 왔다. 다윗같이 좋은 성도도 한 번 한 번 체험을 통해서 배우는 것이 있다.

13-20절, "이에 다윗이 건너편으로 가서 멀리 산꼭대기에 서니 상거가 멀더라 다윗이 백성과 넬의 아들 아브넬을 대하여 외쳐 가로되 아브넬아 너는 대답지 아니하느냐 아브넬이 대답하여 가로되 왕을 부르는 너는 누구냐 다윗이 아브넬에게 이르되 네가 용사가 아니냐 이스라엘 중에 너 같은 자가 누구냐 그러한데 네가 어찌하여 네 주 왕을 보호하지 아니하느냐 백성 중 한 사람이 네 주 왕을 죽이려고 들어갔었느니라…그런즉 청컨대 여호와 앞에서 먼 이곳에서 이제 나의 피로 땅에 흐르지 말게 하옵소서 이는 산에서 메추라기를 사냥하는 자와 같이 이스라엘 왕이 한 벼룩을 수색하러 나오셨음이니이다".

다윗은 이스라엘에서 왕이 되는 것은 고사하고 이스라엘 땅에 발을 붙이고 살기가 어렵게 되었다고 사울에게 호소한다.

21절, "사울이 가로되 내가 범죄하였도다 내 아들 다윗아 돌아오라 네가 오늘 내 생명을 귀중히 여겼은즉 내가 다시는 너를 해하려 하지 아니하리라 내가 어리석은 일을 하였으니 대단히 잘못되었도다". 다윗이 대답하기를, "여호와께서 각 사람에게 그 의와 신실을 갚으시리니 이는 여호와께서 오늘날 왕을 내 손에 붙이셨으되 나는 손을 들어 여호와의 기름 부음을 받은 자 치기를 원치 아니하였음이니이다 오늘날 왕의 생명을 내가 중히 여긴 것같이 내 생명을 여호와께서 중히 여기셔서 모든 환난에서 나를 구하여 내시기를 바라나이다"[23-24절]

"사울이 다윗에게 이르되 내 아들 다윗아 네게 복이 있을지로다 네가 큰일을 행하겠고 반드시 승리를 얻으리라 하니라 다윗은 자기 길로 가고 사울은 자기 곳으로 돌아가니라"[25절].

27장

다윗이 블레셋 땅으로 피하여 시글락에 머물다

1절, "다윗이 그 마음에 생각하기를 내가 후일에는 사울의 손에 망하리니 블레셋 사람의 땅으로 피하여 들어가는 것이 상책이로다 사울이 이스라엘 온 경내에서 나를 수색하다가 절망하리니 내가 그 손에서 벗어나리라 하고".

여기서 다윗은 다시 사울의 손을 피해 도망한다. 사울이 한 순간 다윗의 행동을 보고 감동해서 좋은 말을 했지만 그가 진실로 회개한 것은 아니라는 것을 다윗은 이미 잘 알고 있다. 오히려 더욱 위험해질 것이라고 느꼈다. 사울은 다윗이 영성적으로 빛날수록 자기에게 더욱 위기가 올 것을 염려했다. 시기(jealousy) 때문이다. 다윗은 그가 후에 반드시 사울의 손에 죽게 될 것이라고 생각했다. 흠정역에는 '빨리(quickly)'라는 말이 들어가 있다. "블레셋 사람의 땅으로 빨리 피하여 들어가는 것이 상책이로다".

2-4절, "일어나 함께 있는 육백 인으로 더불어 가드 왕 마옥의 아들 아기스에게로 건너가니라 다윗과 그의 사람들이 각기 가족을 거느리고 가드에서 아기스와 동거하였는데 다윗이 그 두 아내 이스르엘 여자 아히노암과 나발의 아내 되었던 갈멜 여자 아비가일과 함께 하였더니 다윗이 가드에 도망한 것을 혹이 사울에게 고하매 사울이 다시는 그를 수색하지 아니하니라".

이 시점에서 사울은 정말로 다윗 쫓기를 그친다. 그 후로 사울과 다윗은 더 이상 마주치는 일이 없고 사울은 결국 길보아 전투에서 죽는다.

5-7절, "다윗이 아기스에게 이르되 내가 당신께 은혜를 받았거든 지방 성읍 중

한 곳을 주어 나로 거하게 하소서 당신의 종이 어찌 당신과 함께 왕도에 거하리이까 아기스가 그날에 시글락을 그에게 주었으므로 시글락이 오늘까지 유다 왕에게 속하니라 다윗이 블레셋 사람의 지방에 거한 날 수는 일 년 넉 달이었더라".

다윗은 블레셋 땅에 일 년 사 개월을 거했다. 결코 짧은 세월이 아니다.

이런 상황에서 다윗이 쓴 시가 **시편 11편**이다. 다윗이 바로 이 시점에 쓴 것인지는 확인할 수 없지만 사울의 핍박을 받으면서 쓴 것임에는 분명하다.

시 11:1, **"내가 여호와께 피하였거늘 너희가 내 영혼더러 새같이 네 산으로 도망하라 함은 어찜인고"**.

여기서 다윗은 그가 블레셋으로 도망가고 새가 산으로 도망하듯이 피했지만 그는 자신이 여호와께 피했다고 말한다. 물론 다윗은 많은 실패의 체험을 통해서 이런 시를 적었을 것이다.

2-4절, **"악인이 활을 당기고 살을 시위에 먹임이여 마음이 바른 자를 어두운데서 쏘려 하는도다 터가 무너지면 의인이 무엇을 할꼬 여호와께서 그 성전에 계시니 여호와의 보좌는 하늘에 있음이여 그 눈이 인생을 통촉하시고 그 안목이 저희를 감찰하시도다"**.

다윗은 대적이 어두운 데서 바른 자를 쏘려 한다고 말했다. 사람들은 그에게 피하라고 하면서 터가 무너지면 안 된다, 그렇게 되면 의인들이 어떻게 될 것이냐고 하였다. 그러나 다윗은 성전에 계신 여호와께 기도하면 된다, 그분이 통촉하시기 때문에 그분께 피하면 된다고 하였다.

5-7절, **"여호와는 의인을 감찰하시고 악인과 강포함을 좋아하는 자를 마음에 미워하시도다 악인에게 그물을 내려 치시리니 불과 유황과 태우는 바람이 저희 잔의 소득이 되리로다 여호와는 의로우사 의로운 일을 좋아하시나니 정직한 자는 그 얼굴을 뵈오리로다"**.

다윗의 위로와 안심은 오직 의인을 감찰하시고 악인을 미워하시는 하나님께 있었다. 다윗은 악인의 결국을 알고 있었다.

8-10절, **"다윗과 그의 사람들이 올라가서 그술 사람과 기르스 사람과 아말렉**

사람을 침노하였으니 그들은 옛적부터 술과 애굽 땅으로 지나가는 지방의 거민이라 다윗이 그 땅을 쳐서 남녀를 살려두지 아니하고 양과 소와 나귀와 약대와 의복을 취하고 돌아와서 아기스에게 이르매 아기스가 가로되 너희가 오늘은 누구를 침노하였느냐 다윗이 가로되 유다 남방과 여라무엘 사람의 남방과 겐 사람의 남방이니이다".

다윗은 블레셋 땅 시글락에 거하면서 그술이나 아말렉을 쳐서 그 노획물을 가지고 살았다. 그런데 블레셋 왕 아기스가 다윗한테 '당신 요즈음 전쟁을 하고 다니는 듯한데 어디를 쳐부수고 돌아왔는가?'라고 묻자, 다윗은 '나를 쫓아낸 남부 이스라엘을 쳐서 이렇게 노획물을 가져오는 것입니다.'라고 했다.

11-12절, **"다윗이 그 남녀를 살려 가드로 데려가지 아니한 것은 그의 생각에 그들이 우리에게 대하여 이르기를 다윗의 행사가 이러하여 블레셋 사람의 지방에 거하는 동안에 이같이 행하는 습관이 있다 할까 두려워함이었더라 아기스가 다윗을 믿고 말하기를 다윗이 자기 백성 이스라엘에게 심히 미움을 받게 하였으니 그는 영영히 내 사역자가 되리라 하니라".**

아기스는 다윗이 자기 백성들을 계속 쳐서 죽이고 노략해오면 그 백성들이 다윗을 심히 미워할 테니 이제 다윗은 영영 이스라엘로 돌아가지 못할 것이라고 생각했다. 다윗은 적당하게 거짓말하고 처신을 잘함으로써 자신을 보호하고 있다. 사람의 서 있는 위치와 입장은 매우 중요하다. 28, 29, 30장을 보면 거기 있는 동안 블레셋과 이스라엘 간에 전투가 벌어지는데 이로 인해 다윗은 또 한 번 상당한 어려움을 겪게 된다.

28장

사울이 신접한 여인을 통해 죽은 사무엘을 불러 일으켜 물어보다

당시 이스라엘 나라에는 분란이 있었고 이 때문에 이스라엘의 위대한 장군 다윗이 사울을 피해 블레셋 땅에 머물고 있었는데, 그 기회를 틈타 블레셋 사람들은 이스라엘을 치려고 군대를 모집했다.

1절, **"그때에 블레셋 사람이 이스라엘을 쳐서 싸우려고 군대를 모집한지라 아기스가 다윗에게 이르되 너는 밝히 알라 너와 네 사람들이 나와 한가지로 나가서 군대**

에 참가할 것이니라"[1절].

블레셋이라는 나라는 다섯 주요 도시로 구성되어 있었는데 그중에서도 가드는 가장 중요한 도시였다. 이 가드의 왕 아기스는 자기에게 피신해온 다윗 장군을 자기의 부하로 여겼다. 다윗이 이스라엘에서는 더 이상 힘을 쓸 수 없는 사람이고 지금은 블레셋으로 전향해 왔기 때문에 자기와 함께 이스라엘을 공격할 수 있을 것이라고 본 것이다.

2절, **"다윗이 아기스에게 이르되 그러면 당신이 종의 행할 바를 아시리이다 아기스가 다윗에게 이르되 그러면 내가 너로 영영히 내 머리 지키는 자를 삼으리라 하니라"**.

다윗의 이 말은 아주 모호한 대답이다. 그렇게 하겠다고 한 것도 아니고 그렇게 하지 않겠다고 한 것도 아니다.

3절, **"사무엘이 죽었으므로 온 이스라엘이 그를 애곡하며 그의 본성 라마에 장사하였고 사울은 신접한 자와 박수를 그 땅에서 쫓아내었었더라"**.

여기서 사무엘이 죽었다는 이야기가 다시 한 번 나온다. 이 이야기는 25장 1절에서 이미 언급했는데, 여기서 다시 한 번 말하는 것은 이스라엘이 절박한 상태에 이르렀을 때 생각나는 사람이 사무엘이기 때문일 것이다.

4절, **"블레셋 사람이 모여 수넴에 이르러 진 치매 사울이 온 이스라엘을 모아 길보아에 진 쳤더니"**.

수넴이라는 곳은 여호수아 19장 18절을 보면 잇사갈에게 할당된 이스라엘의 지경이다. 그 땅은 마땅히 이스라엘의 영토가 되어야 했다. 그러나 사울 왕 때에는 이러한 지경이 완전히 정복되지 못하고 도리어 대적 블레셋이 거기에다 진을 치고 이스라엘과 싸우려 하고 있다. 그리고 사울은 온 이스라엘을 모아 길보아에 진을 쳤다. 길보아는 이스라엘이 때때로 외적들과 싸움을 벌였던 전투 지역이다. 이 길보아 전투 지역에서 사울과 요나단이 결국 죽임을 당하게 된다.

5절, **"사울이 블레셋 사람의 군대를 보고 두려워서 그 마음이 크게 떨린지라"**.

사람은 자신이 최대 위기에 처했을 때 그 속에서 아는 두려움이 있는 법이다.

6절, "사울이 여호와께 묻자오되 여호와께서 꿈으로도, 우림으로도, 선지자로도 그에게 대답지 아니하시므로".

이때는 이미 사울에게서 기름 부음이 떠났다. 그리고 이 구절에서는 사울이 여호와께 물었다고 했지만 역대 상 10장 13-14절을 보면 그가 여호와께 묻지 않았다고 말한다. "사울의 죽은 것은 여호와께 범죄하였음이니라 저가 여호와의 말씀을 지키지 아니하고 신접한 자에게 가르치기를 청하고 여호와께 묻지 아니하였음으로 여호와께서 저를 죽이시고"(대상 10:13-14). 그러므로 이때 사울이 물은 것은 묻지 않은 것이나 다름없는 식의 물음이었던 것이다.

7절, "사울이 그 신하들에게 이르되 나를 위하여 신접한 여인을 찾으라 내가 그리로 가서 그에게 물으리라 그 신하들이 그에게 이르되 보소서 엔돌에 신접한 여인이 있나이다".

3절에서는 사울이 이스라엘에서 신접한 자와 박수를 쫓아내었다고 했는데, 이 일은 하나님의 말씀에 따른 것이고 잘한 것이었다. 그렇지만 7절에서 다급하게 되니까 다시 "신접한 여인을 찾으라 내가 그리로 가서 그에게 물으리라"고 했다.

8절, "사울이 다른 옷을 입어 변장하고 두 사람과 함께 갈새 그들이 밤에 그 여인에게 이르러는 사울이 가로되 청하노니 나를 위하여 신접한 술법으로 내가 네게 말하는 사람을 불러올리라".

이것은 신명기 18장 11절에서 모세의 법에 금하고 있는 것이다. 그런데 사울은 이스라엘 왕으로서 명백하게 금지된 모세의 법을 어기고 지금 신접한 자를 통해서 죽은 자를 불러오는 일을 하고 있다. 이것이 사울이 죽기 바로 전에 했던 일이다.

9-11절, "여인이 그에게 이르되 네가 사울의 행한 일 곧 그가 신접한 자와 박수를 이 땅에서 멸절시켰음을 아나니 네가 어찌하여 내 생명에 올무를 놓아 나를 죽게 하려느냐 사울이 여호와로 그에게 맹세하여 가로되 여호와께서 사시거니와 네가 이 일로는 벌을 당치 아니하리라 여인이 가로되 내가 누구를 네게로 불러올리랴 사울이 가로되 사무엘을 불러올리라".

사무엘이 죽었는데 블레셋이 쳐들어오고 다급한 상황이 되자 사울은 죽은 사무엘이라도 불러올려서 물어보아야겠다는 생각이 든 것이다.

12절, **"여인이 사무엘을 보고 큰 소리로 외치며 사울에게 말하여 가로되 당신이 어찌하여 나를 속이셨나이까 당신이 사울이시니이다".**

이 신접한 여인이 사무엘을 부르니 사무엘이 나타났다. 이 사건에 대해서는 크게 나누어 두 가지 학설이 있는데, 이 나타난 것이 진짜 사무엘의 혼백이라고 하는 사람들이 있고 또 악령이라고 하는 사람들도 있다.

13-14절, **"왕이 그에게 이르되 두려워 말라 네가 무엇을 보았느냐 여인이 사울에게 이르되 내가 신이 땅에서 올라오는 것을 보았나이다 사울이 그에게 이르되 그 모양이 어떠하냐 그가 가로되 한 노인이 올라오는데 그가 겉옷을 입었나이다 사울이 그가 사무엘인줄 알고 그 얼굴을 땅에 대고 절하니라".**

그 올라온 신을 볼 때, 한 노인이 겉옷을 입은 모양이라고 하자 사울은 그가 분명히 사무엘이라 여기고 엎드려 절했다.

15-16절, **"사무엘이 사울에게 이르되 네가 어찌하여 나를 불러올려서 나로 분요케 하느냐 사울이 대답하되 나는 심히 군급하니이다 블레셋 사람은 나를 향하여 군대를 일으켰고 하나님은 나를 떠나서 다시는 선지자로도, 꿈으로도 내게 대답지 아니하시기로 나의 행할 일을 배우려고 당신을 불러올렸나이다 사무엘이 가로되 여호와께서 너를 떠나 네 대적이 되셨거늘 네가 어찌하여 내게 묻느냐".**

여기서 사무엘이 사울에게 말했다고 했다. 이 구절 때문에 어떤 학자는 이것이 사무엘의 혼령이라고 강력하게 주장한다.

17절, **"여호와께서 나로 말씀하신 대로 네게 행하사 나라를 네 손에서 떼어 네 이웃 다윗에게 주셨느니라".**

그는 사무엘 때에 있었던 일, 즉 아말렉을 다 멸하지 않은 일을 언급하며, 다윗에게 나라를 주셨다는 이야기를 하고 있다. **"여호와께서 이스라엘을 너와 함께 블레셋 사람의 손에 붙이시리니 내일 너와 네 아들들이 나와 함께 있으리라 여호와께서 또 이스라엘 군대를 블레셋 사람의 손에 붙이시리라"**[18절]. 이 말대로 사울은 다음 날 죽었다. **"사울이 갑자기 땅에 온전히 엎드러지니 이는 사무엘의 말을 인하여 심히 두려워함이요 또 그 기력이 진하였으니 이는 그가 종일 종야에 식물을 먹지**

못하였음이라"[20절].

이때 도리어 신접한 여인이 심히 고통하는 사울을 동정하여 송아지를 잡고 떡을 구워 먹게 했다. 사울과 그 신하들은 그것을 먹고 일어나서 그 밤에 돌아 갔다.

29장

블레셋 방백들이 다윗이 이스라엘과의 전투에 참여하는 것을 거절하다

지금 블레셋 사람들은 그 모든 군대를 아벡에 모았고 그 장관들이 수백씩 수천씩 영솔하여 전쟁하기 위해 나아가는데 다윗과 그의 사람들은 아기스와 함께 그 군대 뒤에서 나아가고 있었다. 전쟁하기 위해 따라가는 다윗의 발걸음은 매우 어색하고 가볍지 않았을 것이다.

3절, "블레셋 사람의 방백들이 가로되 이 히브리 사람들이 무엇을 하려느냐 아기스가 블레셋 사람의 방백들에게 이르되 이는 이스라엘 왕 사울의 신하 다윗이 아니냐 그가 나와 함께 있은 지 여러 날 여러 해로되 그가 망명하여 온 날부터 오늘까지 내가 그의 허물을 보지 못하였노라".

블레셋은 오늘날 민주주의 국가와 흡사한 정치 형태를 취하고 있었던 것 같다. 왕 혼자 절대 권한을 갖고 있지 않고 그 권한이 방백들에게 분산되어 있었다.

블레셋 사람의 방백들은 왕 아기스에게 화를 내면서 왕이 다윗에게 정해준 처소로 그를 다시 돌려보내라고 촉구하고 있다. 왜냐하면 이 기회를 틈타 블레셋 사람들의 머리를 베어 그 주(사울 왕)와 다시 화합할 가능성이 있다고 보았기 때문이다. 이 방백들이 사태를 좀 더 명확히 파악하고 있는 셈이다. **"그들이 춤추며 창화하여 가로되 사울의 죽인 자는 천천이요 다윗은 만만이로다 하던 이 다윗이 아니니이까"**[5절]. 이 이야기는 지난 번에도 언급했다(21장). 그러므로 어떤 사람에 대한 평가나 인상은 오래도록 그를 따라다닌다는 것을 알 수 있다.

6-7절, "아기스가 다윗을 불러 그에게 이르되 여호와께서 사시거니와 네가 정직하여 내게 온 날부터 오늘까지 네게 악이 있음을 보지 못하였으니 나와 함께 군중에 출입하는 것이 나의 소견에는 좋으나 장관들이 너를 좋아하지 아니하니 너는 돌

이켜 평안히 가서 블레셋 사람의 장관들에게 거슬려 보이게 말라".

이 아기스라는 사람은 블레셋 왕인데 여호와를 찾고 있다. 혹 다윗과 함께 있으면서 그에게 영향을 받았는지도 모르겠다. 어쨌든 이 사람은 왕이지만 절대 왕권을 행사하는 사람이 아니다. 블레셋은 마치 고대의 민주주의 국가처럼 보인다. 다섯 도시에 도시마다 왕이 있고 각각 왕 아래에 장관들이 있어서 집단 체제로 정치를 이끌어가기 때문이다. 지금 아기스는 다윗을 상당히 믿고 있고 다윗에게 잘해주고 싶어하는데 장관들이 다윗을 신뢰하지 않고 받아들이지 않는 상황이다.

8절, **"다윗이 아기스에게 이르되 내가 무엇을 하였나이까 내가 당신의 앞에 오늘까지 있는 동안에 당신이 종에게서 무엇을 보셨기에 나로 가서 내 주 왕의 원수와 싸우지 못하게 하시나이까".**

이때 다윗은 속으로 주님께 경배했을 것이다. 그리고서 블레셋 사람들은 전쟁하러 이스르엘로 갔고 다윗은 블레셋 사람의 땅으로 돌아갔다. 하나님께서 주권적으로 개입하셔서 다윗이 전쟁에 끌려가는 것을 막으신 것이다.

30장

아말렉에게 탈취당한 부녀와 재산을 되찾아오다

1-2절, **"다윗과 그의 사람들이 제 삼일에 시글락에 이를 때에 아말렉 사람들이 이미 남방과 시글락을 침노하였는데 그들이 시글락을 쳐서 불사르고 거기 있는 대소 여인들을 하나도 죽이지 아니하고 다 사로잡아 끌고 자기 길을 갔더라".**

다윗이 전에 아말렉을 다 죽인 적이 있다. 27장 8절과 9절에서 "다윗과 그의 사람들이 올라가서 그술 사람과 기르스 사람과 아말렉 사람을 침노하였으니 다윗이 그 땅을 쳐서 남녀를 살려두지 아니하고"라고 했다. 여기서 아말렉 사람들이 복수하러 왔을 수도 있다. 이들은 다윗이 전쟁하기 위해 나가 있는 동안 다윗이 거주하고 있는 시글락을 쳐서 불사르고 모든 여인들을 사로잡아 간 것이다. 전쟁이 벌어진 곳에서 시글락까지는 삼 일 길쯤 되었다.

여기에 또 한 가지 하나님의 주권적인 역사가 있다. 그것은 다윗이 거주하고 있던 시글락에 자기의 아내들과 자녀들을 두고 아기스와 함께 전쟁하러 나갔는데, 아말렉이 그 틈을 노려 성을 불태우고 여인들을 다 사로잡아 끌고 간 것이다. 이 구절은 다윗과 그와 함께한 백성이 울 기력이 없도록 소리를 높여 울었다고 말한다[3-4절].

5-6절, "(다윗의 두 아내 이스르엘 여인 아히노암과 갈멜 사람 나발의 아내 되었던 아비가일도 사로잡혔더라) 백성이 각기 자녀들을 위하여 마음이 슬퍼서 다윗을 돌로 치자 하니 다윗이 크게 군급하였으나 그 하나님 여호와를 힘입고 용기를 얻었더라".

다윗 자신도 아내들이 사로잡혀가서 애통한 마음인데 거기다가 따르는 백성들까지 자기를 돌로 치려 하니 너무나 괴로웠을 것이다. 그런데 여기서 다윗을 보라. 그가 비록 어려움을 당하기는 했지만 이러한 때에도 여호와를 힘입어 용기를 얻었다.

"다윗이 아히멜렉의 아들 제사장 아비아달에게 이르되 청컨대 에봇을 내게로 가져오라 아비아달이 에봇을 다윗에게로 가져오매 다윗이 여호와께 묻자와 가로되 내가 이 군대를 쫓아가면 미치겠나이까 여호와께서 대답하시되 쫓아가라 네가 반드시 미치고 정녕 도로 찾으리라"[7-8절].

이전에 아기스와 함께 이스라엘을 대적하여 싸우러 갈 때에는 '물었다'는 말이 없다. 그때는 다 자기가 알아서 처신한 것이다. 그런데 이런 상황에 이르자 다윗은 절실한 심정이 되어 하나님께 물었다. 그러자 주님은 그들을 쫓아가라고 하시면서 반드시 도로 찾아오리라고 말씀하셨다.

9-10절, "이에 다윗과 그와 함께한 육백 명이 가서 브솔 시내에 이르러는 뒤떨어진 자를 거기 머물렀으되 곧 피곤하여 브솔 시내를 건너지 못하는 이백 인을 머물렀고 다윗은 사백 인을 거느리고 쫓아가니라".

11-12절, "무리가 들에서 애굽 사람 하나를 만나 다윗에게로 데려다가 떡을 주어 먹게 하며 물을 마시우고 무화과 뭉치에서 뗀 덩이 하나와 건포도 두 송이를 주었으니 그가 낮 사흘, 밤 사흘을 떡도 먹지 못하였고 물도 마시지 못하였음이라 그가 먹고 정신을 차리매".

다윗은 며칠간 먹지 못하여 정신을 차리지 못하는 애굽 사람을 데려다가 먹였다. 지금 다윗은 아멜렉을 쳐서 자기 가속들을 도로 찾아오려고 가는 중인데 마침 아멜렉 사람이 버린 병든 애굽 소년을 만난 것이다. 다윗은 그런 사정을 모르고 다만 며칠 못 먹어서 배고프고 마른 소년을 보자 불쌍한 생각이 들어 먹이고 마시게 했을 뿐인데 그가 정신을 차려 말을 건네다 보니 용도가 있는 사람이라는 것을 알게 되었다. 결국 이 애굽 소년 때문에 다윗은 아말렉을 쳐부술 방도를 얻었던 것이다.

14-15절, **"우리가 그렛 사람의 남방과 유다에 속한 지방과 갈멜 남방을 침노하고 시글락을 불살랐나이다 다윗이 그에게 이르되 네가 나를 그 군대에게로 인도하겠느냐 그가 가로되 당신이 나를 죽이지도 아니하고 내 주인의 수중에 붙이지도 아니하겠다고 하나님으로 맹세하소서 그리하면 내가 당신을 이 군대에게로 인도하리이다"**. 이 무익해 보이는 작은 소년이 그 절박한 순간에 다윗에게 쓸모 있는 사람으로 변했다.

16절, **"그가 인도하여 내려가니 그들이 온 땅에 편만하여 블레셋 사람의 땅과 유다 땅에서 크게 탈취하였음을 인하여 먹고 마시며 춤추는지라"**.

아말렉 사람들이 블레셋 사람의 땅과 유다 땅에서 크게 탈취하고서 먹고 마시며 춤추고 있었다.

17절, **"다윗이 새벽부터 이튿날 저물 때까지 그들을 치매 약대 타고 도망한 소년 사백 명 외에는 피한 사람이 없었더라"**.

다윗이 그 소년의 인도를 따라가서 아말렉을 다 죽였다는 말이다.

18-20절, **"다윗이 아말렉 사람의 취하였던 모든 것을 도로 찾고 그 두 아내를 구원하였고 그들의 탈취하였던 것 곧 무리의 자녀들이나 빼앗겼던 것의 대소를 물론하고 아무 것도 잃은 것이 없이 다윗이 도로 찾아왔고 또 양떼와 소떼를 다 탈취하였더니 무리가 그 가축 앞에 몰고 가며 가로되 이는 다윗의 탈취한 것이라 하였더라"**.

이와 같이 하나님이 택하신 자들은 실패를 통해서도 유익을 얻는다. 이러한 사건을 통해서 하나님은 다윗을 가르치시고 다 도로 찾아올 뿐 아니라 더 많은 것을 가져오게 하셨다.

21절, "다윗이 이왕에 피곤하여 능히 자기를 따르지 못하므로 브솔 시내에 머물게 한 이백 인에게 오매 그들이 다윗과 그와 함께한 백성을 영접하러 나온지라 다윗이 그 백성에게 이르러 문안하매".

여기서 다시 한 번 다윗의 됨됨이가 큰 것을 볼 수 있다. 이 이백 명은 힘이 없고 피곤하다고 해서 브솔 시내 저편에 남겨진 사람들이다. 그런데 다윗이 이기고 모든 것을 다시 찾아오니까 그들은 좀 머쓱해하며 다윗을 영접했을 것이다. 그러나 다윗은 그들에게 이르러 먼저 문안했다.

22-23절, "다윗과 함께 갔던 자 중에 악한 자와 비류들이 다 가로되 그들이 우리와 함께 가지 아니하였은즉 우리가 도로 찾은 물건은 무엇이든지 그들에게 주지 말고 각 사람의 처자만 주어서 데리고 떠나가게 하라 하는지라 다윗이 가로되 나의 형제들아 여호와께서 우리를 보호하시고 우리를 치러 온 그 군대를 우리 손에 붙이셨은즉 그가 우리에게 주신 것을 너희가 이같이 못하리라".

함께 싸우러 가지 않은 사람들에게는 그들의 처자만 돌려주고 탈취한 물건은 하나도 주지 말자고 하는 것이다. 그러나 다윗은 '우리가 빼앗은 것이 우리 힘으로 빼앗았는가? 여호와께서 싸워 이기게 해서 도로 찾은 것을 어찌 우리가 다 한 것처럼 그렇게 할 수 있겠는가?'라고 말한다.

24-26절, "이 일에 누가 너희를 듣겠느냐 전장에 내려갔던 자의 분깃이나 소유물 곁에 머물렀던 자의 분깃이 일반일지니 같이 분배할 것이니라 하고 그날부터 다윗이 이것으로 이스라엘의 율례와 규례를 삼았더니 오늘까지 이르니라 다윗이 시글락에 이르러 탈취물을 그 친구 유다 장로들에게 보내어 가로되 보라 여호와의 원수에게서 탈취한 것을 너희에게 선사하노라 하고".

다윗은 사람들에게 줄 줄도 안다. 전쟁에 나가서 많은 물건을 탈취하자 도망 다니는 동안 자기를 보호해준 유다 장로들에게 나누어줄 생각을 한 것이다. 이렇게 좋은 인도자는 줄 줄을 아는 사람이다.

27-30절, "벧엘에 있는 자와 남방 라못에…헤브론에 있는 자에게와 다윗과 그의 사람들의 왕래하던 모든 곳에 보내었더라".

이와 같이 다윗은 그 동안 그와 왕래했던 모든 친구들에게 이때 얻은 탈취물들을 선물로 보내어 주었다.

31장

사울과 요나단이 길보아 산에서 전사하다

1-2절, "블레셋 사람이 이스라엘을 치매 이스라엘 사람들이 블레셋 사람 앞에서 도망하여 길보아 산에서 엎드러져 죽으니라 블레셋 사람들이 사울과 그 아들들을 좇아 미쳐서 사울의 아들 요나단과 아비나답과 말기수아를 죽이니라".

이때 요나단이 죽었다. 다윗의 좋은 친구 요나단, 어려운 상황에서도 여전히 다윗을 믿고 사울의 아들이면서도 다윗을 생명같이 사랑했던 친구 요나단, 다윗에게 '네가 왕이 되고 나는 왕 다음이 될 것이라' 했던 요나단이 다른 두 형제와 함께 사울의 목전에서 죽은 것이다.

3절, "사울이 패전하매 활 쏘는 자가 따라 미치니 사울이 그 활 쏘는 자를 인하여 중상한지라".

사울이 패전해서 도망할 때 블레셋 군의 활 쏘는 자가 따라가서 활을 당긴 것이다.

4절, "그가 병기 든 자에게 이르되 네 칼을 빼어 나를 찌르라 할례 없는 자들이 와서 나를 찌르고 모욕할까 두려워하노라 하나 병기 든 자가 심히 두려워하여 즐겨 행치 아니하는지라 이에 사울이 자기 칼을 취하고 그 위에 엎드러지매".

사실 이 행위는 자살이다. 활을 맞았어도 완전히 죽지는 않았는데 블레셋 군이 와서 자기를 고문하고 모욕할까봐 병기 든 부하에게 자기를 칼로 찌르라고 했다. 그러나 병기 든 부하가 그렇게 하기를 싫어하자 자기 칼을 취하고 그 위에 엎드러져 죽었다.

5절, "병기 든 자가 사울의 죽음을 보고 자기도 자기 칼 위에 엎드러져 그와 함께 죽으니라".

이때 사울은 자기 칼 위에 엎드러졌지만 아직 완전히 죽지는 않았다. 이것은 다음에 공부할 사무엘 하 1장을 보면 알 수 있다. 사울의 병기를 든 청년은 사울이 죽은 줄 알고 용감하게 죽었지만 끝내 사울은 단호하지 못하고 우물쭈물 행동하다가 죽었다. 이렇게 그의 시작과 끝은 같다. 자기중심적인 사람은 끝까지 자기를 위한다.

6-7절, "사울과 그 세 아들과 병기 든 자와 그의 모든 사람이 다 그날에 함께 죽었더라 골짜기 저편에 있는 이스라엘 사람과 요단 건너편에 있는 자들이 이스라엘 사람들의 도망한 것과 사울과 그 아들들의 죽었음을 보고 성읍들을 버리고 도망하매 블레셋 사람들이 이르러 거기 거하니라".

이스라엘은 완전히 패했고 블레셋 사람들이 이스라엘의 많은 지경을 정복하고 거기 거했다.

8-9절, "그 이튿날 블레셋 사람들이 죽은 자를 벗기러 왔다가 사울과 그 세 아들이 길보아 산에서 죽은 것을 보고 사울의 머리를 베고 그 갑옷을 벗기고 자기들의 신당과 백성에게 전파하기 위하여 그것을 블레셋 사람의 땅 사방에 보내고".

블레셋 사람들이 사울의 머리를 베어 이 도시 저 도시에 전시하고 다녔다. 얼마나 큰 수치인가!

10절, "그 갑옷은 아스다롯의 집에 두고 그 시체는 벧산 성벽에 못 박으매".

머리가 없는 시체를 성벽에 못 박은 것이다.

11-13절, "길르앗 야베스 거민들이 블레셋 사람들의 사울에게 행한 일을 듣고 모든 장사가 일어나 밤새도록 가서 사울과 그 아들들의 시체를 벧산 성벽에서 취하여 가지고 야베스에 돌아와서 거기서 불사르고 그 뼈를 가져다가 야베스 에셀 나무 아래 장사하고 칠 일을 금식하였더라".

과거에 길르앗 야베스 사람들이 사울의 덕을 본 적이 있다. 그래서 길르앗 야베스 사람들이 사울과 그 세 아들의 시체를 거두어다가 불사르고 장사를 지내어 준 것이다. 사무엘 하 2장을 보면 다윗이 길르앗 야베스 사람들에 대해 사울을 장사 지내 주었다고 칭찬하고 복을 빌어주는 장면이 나온다. 사울은 끝까지 다윗을 죽이려 하다가 처참하게 죽임을 당하고 말았지만, 다윗은 원수까지도 사랑하여 그를 장사해준 사람들을 선대하는 아름다운 미덕을 가진 사람이었다.

| 사무엘하 |

1장

사울과 요나단의 죽음에 대한 다윗의 태도

다윗은 이미 기름 부음을 받았지만 사울의 추격을 받고 계속 쫓겨 다니다가 마지막으로 시글락에 있을 때에 블레셋과 이스라엘의 전쟁이 벌어졌고, 길보아 전투에서 사울과 요나단이 함께 죽임을 당한다. 그리고 이제 사무엘 하 1장에서는 사울의 죽음과 함께 서서히 다윗 시대가 도래하고 있다.

1절, "사울의 죽은 후라 다윗이 아말렉 사람을 도륙하고 돌아와서 시글락에서 이틀을 유하더니".

길보아 전투가 있었던 때에 사울과 요나단은 블레셋과 싸우러 나가 죽임을 당하고 다윗은 시글락을 침략하고 약탈해간 아말렉 군사들을 쫓아가 사로잡혀간 가속들과 빼앗긴 물건들을 찾아가지고 시글락으로 다시 돌아왔다. 이 두 사건은 시기적으로 거의 겹친다고 볼 수 있다. 다윗이 돌아와 시글락에서 이틀을 유하게 된다.

제 삼일에 옷이 찢어지고 머리에 흙이 묻은 한 사람이 사울의 진영에서 나와 다윗에게 와서 땅에 엎드렸다. 바로 그때 길보아 산에서 벌어진 이스라엘 군과 블레셋과의 전투에서 사울과 요나단이 죽었다는 보고를 받게 된다. 이 아말렉 청년은 당시 이스라엘의 상황을 너무나 잘 아는 사람으로서 사울 왕의 표시인 면류관과 팔의 고리를 다윗에게 갖다 주면서 자기가 사울을 죽였다고 하면 다윗이 그를 잘 대접해 줄 것이라 생각했다. 그러나 다윗은 그의 병사에게 아말렉 인을 치라 명하였고 그 젊은이는 그 자리에서 죽었다[14-16절].

다윗은 이어서 왕이 될 사람이었지만 그런 소식을 들었을 때 옷을 찢고 울며 사울과 그 아들 요나단과 여호와의 백성과 이스라엘 족속이 칼에 죽음을 인하여 저녁 때까지 슬퍼하며 금식했다. 이것이 그리스도 안에 있는 다윗의 생명이다. 원수가 망했을 때 과연 그리스도인은 어떤 태도를 가져야 하는가? 그토록 다윗을 괴롭히던 원수가 죽어서 더 이상 괴롭힐 사람 없는데 다윗은 매우 슬퍼하고 울며 금식했다. 이것이 다윗의 아름다운 영성이다.

잠언 17장 5절을 보면, "사람의 재앙을 기뻐하는 자는 형벌을 면치 못할지니라"고 했고, 24장 17절과 18절에서는 "네 원수가 넘어질 때 즐거워하지 말며 네 원수가 엎드러질 때 마음에 기뻐하지 말라 여호와께서 이것을 보시고 기뻐 아니하사 그 진노를 그에게서 옮기실까 두려우니라"고 했다. 우리를 가장 괴롭히는 사람, 우리를 가장 대적하는 사람이 원수라고 할 수 있다. 로마서에도 "원수 갚는 것이 내게 있으니 내가 갚으리라…네 원수가 주리거든 먹이고 목마르거든 마시우라"(롬 12:19-20)는 말씀이 있다. 이렇게 신약에도 원수라는 표현이 있다. 원수가 엎드러지는 것을 보고 즐거워하는 것은 두려운 일인데 그것은 그 진노를 '그에게서 네게로' 옮기실 수도 있기 때문이다.

다윗은 저녁까지 슬퍼하며 금식하다가 그제서야 정신이 나서 소식을 가지고 달려온 소년의 신분을 물었다. 이 소년은 자기의 신분이 위험하다는 것을 모르고 아말렉 사람이라고 했을 것이다. 사실 아말렉은 대대로 하나님의 원수이다. 당연히 다윗은 어찌 감히 아말렉 사람이 여호와의 기름부음 받은 자를 죽일 수 있느냐고 했다. 사울은 아말렉을 다 진멸하라는 말씀을 들었지만 불행하게도 다 죽이지 않았다. 그는 결국 자기가 보류한 그 육체 때문에 아말렉에 의해 죽었다.

18-19절, **"다윗이 이 슬픈 노래로 사울과 그 아들 요나단을 조상하고 명하여 그것을 유다 족속에게 가르치라 하였으니 곧 활 노래**(the song of the bow)**라 야살의 책에 기록되었으되 이스라엘아 너의 영광이 산 위에서 죽임을 당하였도다 오호라 두 용사가 엎드러졌도다"**. 다윗은 사울을 이스라엘의 영광으로 보고 용사로 보았지 결코 그의 대적으로 여기지 않았다.

20절, **"이 일을 가드에도 고하지 말며 아스글론 거리에도 전파하지 말지어다 블레셋 사람의 딸들이 즐거워할까, 할례 받지 못한 자의 딸들이 개가를 부를까 염려로다"**. 가드와 아스글론은 블레셋의 도시들이다. 그가 때로 블레셋으로, 가드로 피하여 도움을 받았지만 참으로 다윗의 마음속에 있는 것은 이스라엘 나라였다. 그는 대적이 사울과 요나단이 죽은 사실을 알고 좋아할까 염려가 된다고 했다.

21-22절, **"길보아 산들아 너희 위에 우로가 내리지 아니하며 제물 낼 밭도 없을지어다 거기서 두 용사의 방패가 버린 바 됨이라 곧 사울의 방패가 기름부음을 받지 않음 같이 됨이로다 죽은 자의 피에서, 용사의 기름에서 요나단의 활이 물러가지 아니하였으며 사울의 칼이 헛되이 돌아오지 아니하였도다"**

이것은 사울과 요나단의 용맹스런 일들이 헛되지 않을 것이고 그들의 공적이 무효화되지 않을 것이라는, 그들의 공적을 치하하는 내용이다. 비록 하나님은 그를 버리셨지만 다윗은 사울을 조사(弔詞)할 때 그를 기름부음받은 자로 여겼다.

23절, **"사울과 요나단이 생전에 사랑스럽고 아름다운 자러니 죽을 때에도 서로 떠나지 아니하였도다 저희는 독수리보다 빠르고 사자보다 강하였도다"**. 다윗의 눈에는 생전에 그들이 살아 있을 때 또 함께 하였던 모든 것이 아름답게 보였다.

24절, **"이스라엘 딸들아 사울을 슬퍼하여 울지어다 저가 붉은 옷으로 너희에게 화려하게 입혔고 금 노리개를 너희 옷에 채웠도다"**. 사울의 통치 아래서 은혜를 받은 자들은 마땅히 그를 위하여 슬퍼해야 한다는 말이다.

25-26절, **"오호라 두 용사가 전쟁 중에 엎드러졌도다 요나단이 너의 산 위에서**

죽임을 당하였도다 내 형 요나단이여 내가 그대를 애통함은 그대는 내게 심히 아름다움이라 그대가 나를 사랑함이 기이하여 여인의 사랑보다 승하였도다".

여기서 다윗은 요나단의 기이한 사랑을 노래했다. 다윗에게 요나단보다 더 가까운 사람이 없었는데, 그는 귀한 친구 하나를 잃은 것을 슬퍼했다. 좋은 친구 한 사람을 얻기란 결코 쉬운 일이 아니다. 그런 친구가 늘 곁에서 함께할 수만 있었다면 얼마나 힘이 되겠는가!

더욱이 다윗은 요나단의 사랑이 여인의 사랑보다 승하다고 했다. 우리 그리스도인들은 성령의 사랑이 부어진 사람들이다. 그러므로 분명히 상처를 입었는데도 여전히 따스한 사랑의 바람이 이는 것이다. 악이 없고 미움이 없고 더 큰 사랑으로 서로를 감싸는 이것이 성령의 사랑이다. 이 땅에서 우리 그리스도인들은 이렇게 초월한 사랑을 할 수 있는 특권을 갖고 있다. 그리스도인으로서 이러한 사랑의 자랑거리가 없다면 그것은 유감스러운 일이다. 교회는 그러한 사람들, 곧 사람들을 놀라게 할 만한, 세상에서 볼 수 없는 아름다운 사랑을 가진 자들로 이루어지는 것이다.

한 주님의 종은 "어떤 사람이 정말 당신을 사랑하는지를 알려면 그 사람을 공격해보라."고 했다. 그때 나타나는 사랑이 참된 사랑이라는 것이다. 신약 성경에서 말하는 사랑은 지식에 넘치는 그리스도의 사랑이다. 교회생활은 초월한 사랑을 만들어 가는 생활이다. 그것이 아니라면 우리의 자랑이 무엇인가? 유대인들은 주님을 핍박하고 창으로 찔렀지만 주님은 그 찔린 옆구리에서 피를 흘려 그들의 죄를 용서했다. 여기서 다윗도 사랑으로 그들을 덮었다.

"오호라 두 용사가 엎드러졌으며 싸우는 병기가 망하였도다 하였더라"[27절].

2장

다윗이 시글락에서 헤브론으로 가서 유다 지파만의 왕이 되다

1절, **"그 후에 다윗이 여호와께 물어 가로되 내가 유다 한 성으로 올라가리이까 여호와께서 가라사대 올라가라 다윗이 가로되 어디로 가리이까 가라사대 헤브론으로 갈지니라"**. 여기서 또 한 번 다윗의 영성을 엿볼 수 있다. 다윗이 과거에 사울을 피해서 블레셋에 가기도 하고 또 시글락으로 가기도 했는데 그때는 여호와께 물었다는 내용이 없다. 다윗은 지금 시글락에 있다. 사무엘이 사울에게 기름을 부었을 뿐 아니라 다윗에게도 기름을 부었고 사울 다음으로 왕이 될 것도 알게 해 주었다. 이제 사울이 죽었으니 다윗은 당장이라도 왕위에 오를 준비를 하면 된다. 그러나 이 시점에서 다윗은 서두르지 않고 여호와께 자기가 유다 한 성으로 올라갈 것인지, 그렇다면 어디로 갈 것인지를 물었다. 주님은 헤브론으로 가라고 하셨다.

2-3절, **"다윗이 그 두 아내 이스르엘 여인 아히노암과 갈멜 사람 나발의 아내 되었던 아비가일을 데리고 그리로 올라갈 때에 또 자기와 함께한 종자들과 그들의 권속들을 다 데리고 올라가서 헤브론 각 성에 거하게 하니라"**.

이제 다윗을 따랐던 모든 사람들의 시련이 끝났다. 그 동안 다윗과 함께 이 굴로 저 굴로 도망다니면서 얼마나 고생했겠는가! 그러나 이제 다윗이 왕으로 추대되려 하고 있다. 그와 함께 있던 사람들도 이제 모든 역경과 시련과 고난이 끝나고 다윗과 함께 이스라엘 정치 무대에 등장하기 직전에 있다.

4절, **"유다 사람들이 와서 거기서 다윗에게 기름을 부어 유다 족속의 왕을 삼았더라 혹이 다윗에게 고하여 가로되 사울을 장사한 사람은 길르앗 야베스 사람들이니이다 하매"**.

헤브론에 오자 유다 사람들이 다윗을 왕으로 삼았다. 유다 지파는 이스라엘 열두 지파 중에서 매우 특별하다. 이 지파는 전쟁에서 항상 앞장서는 강한 지파인데 이 지파가 다윗을 왕으로 세운 것이다.

5절, **"다윗이 길르앗 야베스 사람들에게 사자들을 보내어 가로되 너희가 너희 주 사울에게 이처럼 은혜를 베풀어 장사하였으니 여호와께 복을 받을지어다"**.

사무엘 상 마지막 장인 31장 11절을 보면 사울이 죽은 후에 길르앗 야베스 거민들이 사울과 그 아들들의 시체를 성벽에서 취해서 야베스로 돌아와 불사르고 장사를 지내는 장면이 나온다. 다윗은 그 이야기를 듣고 길르앗 야베스 사람들에게 사자들을 보내어 말하기를, 사울에게 이처럼 은혜를 베풀어 장사를 지냈으니 여호와께 복을 받으라고 했다.

6절, "너희가 이 일을 하였으니 이제 여호와께서 은혜와 진리로 너희에게 베푸시기를 원하고 나도 이 선한 일을 너희에게 갚으리니".

이 말은 다윗의 진심이다. 은혜란 자격이 없는 자에게 하나님이 베푸시는 복이고 진리란 실질적으로 뭔가를 주시는 것을 말한다. 그리고 다윗도 이 선한 일을 인해 그들에게 갚아주겠다고 했다.

7절, "이제 너희는 손을 강하게 하고 담대히 할지어다 너희 주 사울이 죽었고 또 유다 족속이 내게 기름을 부어 저희의 왕을 삼았음이니라".

다윗은 멀리 떨어져 있는 길르앗 야베스 사람들에게 치하하면서 또한 자기가 왕이 되었다는 것을 알려주고 그들의 마음을 얻고자 했다.

이스보셋이 이스라엘 왕이 되다

8-9절, "사울의 군장 넬의 아들 아브넬이 이미 사울의 아들 이스보셋을 데리고 마하나임으로 건너가서 길르앗과 아술과 이스르엘과 에브라임과 베냐민과 온 이스라엘의 왕을 삼았더라"[8-9절]. 이 아브넬이라는 사람은 사울을 따라다녔던 군장이었다. 그래서 다윗도 잘 안다. 광야에서 사울을 피해 도망다닐 때 다윗이 사울의 물병과 창을 가져간 다음 '아브넬아…' 하면서 대화했던 사람이기도 하다. 사울이 죽었는데 그가 왜 따라서 죽지 않았는지 좀 문제가 있기는 하지만 어쨌든 그는 살아서 사울의 아들 이스보셋을 데리고 마하나임, 곧 요단 동편으로 건너가서 그를 이스라엘의 왕으로 삼았다.

10-11절, "사울의 아들 이스보셋이 비로소 이스라엘 왕이 될 때에 나이 사십세며 두 해 동안 위에 있으니라 유다 족속은 다윗을 따르니 다윗이 헤브론에서 유다 족속의 왕이 된 날 수는 일곱 해 여섯 달이더라".

다윗은 칠 년 반 동안 헤브론에서 유다 지파만의 왕이었다. 그런데 이스보셋은 두 해 동안 왕위에 있었다고 한다. 아마 이스보셋이 이 년 동안 왕 노릇 하기 이전에 어떤 일이 있었던 것 같다. 어쨌든 다윗은 사울이 죽은 후에도 즉시 이스라엘 전체의 왕이 될 수 없었다. 그럼에도 우리는 그가 왕이 되려고 뭔가 조급하게 행동했다는 기록을 읽을 수 없다. 그는 다만 하나님을 신뢰하고 기다린 것이다. 이것이 다윗의 성품이다.

12-13절, **"넬의 아들 아브넬과 사울의 아들 이스보셋의 신복들은 마하나임에서 나와서 기브온에 이르고 스루야의 아들 요압과 다윗의 신복들도 나와서 기브온 못가에서 저희를 만나 앉으니 이는 못 이편이요 저는 못 저편이라"**.

다윗 팀과 이스보셋 팀의 군장들이 12명씩 싸움이 붙었다.

16절, **"각기 적수의 머리를 잡고 칼로 적수의 옆구리를 찌르매 일제히 쓰러진지라 그러므로 그곳을 헬갓핫수림이라 일컬었으며 기브온에 있더라"**.

그곳에서 양편의 열두 명씩이 붙었는데 스물네 명이 다 죽은 것이다. 무모한 싸움을 한 것이다. 말하자면 장군들의 오만과 자존심 때문에 아까운 생명들이 죽은 것이다.

17-19절, **"그날에 싸움이 심히 맹렬하더니 아브넬과 이스라엘 사람들이 다윗의 신복들 앞에서 패하니라 그곳에 스루야의 세 아들 요압과 아비새와 아사헬이 있었는데 아사헬의 발은 들노루같이 빠르더라 아사헬이 아브넬을 좇아 달려가되 좌우로 치우치지 않고 아브넬의 뒤를 좇으니"**.

이 아사헬은 다윗의 조카인데 왕국이 다윗에게로 돌아오지 않는 것이 아브넬 때문이라고 본 것이다. 그는 아브넬만 죽이면 모든 전쟁이 끝나고 왕권이 다윗에게 돌아오리라고 생각했을 것이고 그래서 필사적으로 아브넬을 좇아갔다.

여기서 아사헬이 아브넬한테 죽임을 당하는데 이 일이 또 다른 비극을 가져온다. 결국 이 일 때문에 아브넬도 요압에게 죽임을 당하게 된다. 아브넬이 요압에게 휴전하자고 제안한다. 혼단이라는 말은 사이가 벌어지게 한다는 말인데, 즉 아브넬이 감정을 자극하는 말을 했기 때문에 요압과 그 일행이 그들을 좇았다고 하는 것이다. **"나팔을 불매 온 무리가 머물러 서고 다시는 이스라엘을 좇아가지 아니하고 다시는 싸우지도 아니하니라"**[28절]. 요압은 다윗을 닮았는지 지혜가 있는 사람이다. 여기서 싸움을 그쳤다. **"무리가 아사헬을 베들레헴에 있는 그 아비 묘에 장사하고 요압과 그 종자들이 밤새도록 행하여 헤브론에 이를 때에 날이 밝았더라"**[32절]. 아사헬을 베들레헴에 있는 그 아비 묘에 장사하고 요압과 그를 따르는 자들은 헤브론에 이르렀다.

3장

이스보셋의 군장 아브넬의 죽음

1절, "사울의 집과 다윗의 집 사이에 전쟁이 오래매 다윗은 점점 강하여가고 사울의 집은 점점 약하여가니라". 하나님께서 이렇게 하신 것이다. 하나님은 사람을 높이기도 하고 낮추기도 하신다. 나라를 세우기도 하고 멸하기도 하신다.

다윗의 아들들

2-5절, "다윗이 헤브론에서 아들들을 낳았으되 맏아들은 암논이라 이스르엘 여인 아히노암의 소생이요 둘째는 길르압이라 갈멜 사람 나발의 아내 되었던 아비가일의 소생이요 세째는 압살롬이라 그술 왕 달매의 딸 마아가의 아들이요 네째는 아도니야라 학깃의 아들이요 다섯째는 스바댜라 아비달의 아들이요 여섯째는 이드르암이라 다윗의 아내 에글라의 소생이니 이는 다윗이 헤브론에서 낳은 자들이더라". 그 이전에도 다윗은 아내들과 함께 지냈으나 자녀들을 낳지 못했는데 헤브론에 와서 안착을 하자 비로소 아들들이 생겨나기 시작한 것이다. 다윗에게는 아내들이 여럿이다. 아히노암, 아비가일, 마아가, 학깃, 아비달, 또 에글라가 있다. 그 아내들에게서 각각 아들을 하나씩 낳았다. 전체적으로 볼 때 다윗은 매우 훌륭한 영성을 갖춘 인물이었지만 이 부분에 있어서는 온전하지 않았다. 따라서 그 아들들 중에도 별로 좋은 사람이 없다. 암논은 패륜아이고 압살롬은 반역자이다. 아도니야라는 아들도 솔로몬 때 결국 반역을 했다.

아브넬이 이스보셋을 배반하다

3-21절, "사울의 집과 다윗의 집 사이에 전쟁이 있는 동안에 아브넬이 사울의 집에서 점점 권세를 잡으니라 사울에게 첩이 있었으니 이름은 리스바요 아야의 딸이더라 이스보셋이 아브넬에게 이르되 네가 어찌하여 내 아버지의 첩을 통간하였느냐…아브넬이 또 베냐민 사람의 귀에 말하고 이스라엘과 베냐민의 온 집이 선히 여기는 모든 것을 다윗의 귀에 고하려고 헤브론으로 가니라 아브넬이 종자 이십 인으로 더불어 헤브론에 이르러 다윗에게 나아가니 다윗이 아브넬과 그 함께한 사람을 위하여 잔치를 배설하였더라 아브넬이 다윗에게 고하되 내가 일어나 가서 온 이스라엘 무리를 내 주 왕의 앞에 모아 더불어 언약하게 하고 마음의 원하시는 대로 모든 것을 다스리시게 하리이다 이에 다윗이 아브넬을 보내매 저가 평안히 가니라".

아브넬과 이스보셋의 사이가 벌어지는 사건이 발생한다. 그것은 아브넬 장군이 사울의 첩 리스바라는 여자와 통간한 사실을 이스보셋 왕이 지적하자 아브넬이 화가 난 것이다. 그리고 아브넬은 자기가 왕으로 세운 이스보셋을 배신하고 다윗에게 나라를 돌리기로 한다. 그리고 사람을 다윗에게 보내 자기가 이스라엘을 다윗에게 돌리겠노라고 한다. 다윗은 허락하면서 한 가지 조건을 제시하기를 사울의 딸 미갈(원래 아내)을 데려오라고 한다. 아브넬은 이스라엘 장로들을 모아 다윗을 왕으로 삼기로 결정한다. 그리고 헤브론에 있는 다윗에게로 가서 융숭한 대접을 받고 돌아갔다.

요압이 그 사이에 전쟁을 치르고 돌아와서 아브넬이 다윗과 독대를 하고 잔치를 벌이고 성대한 접대를 받았다는 소식을 듣고 다윗에게 '그 사람은 당신을 정탐하러 온 것인데 왜 그냥 보냈느냐?'면서 다윗에게 따지고 들었다. 요압에게 있어서 '아브넬'이란 존재는 첫째로 자기 동생을 죽인 원수이고, 둘째로 자기가 선임 장군인데 이 사람이 기용될 때 아무래도 자기의 위치에 문제가 생길 것이라고 생각했을 것이다. 그리고서 그는 다윗 모르게 아브넬을 쫓아가서 할 말이 있다고 하며 아브넬을 유인해 성문에서 죽여 버렸다.

다윗은 이 사실을 듣고 매우 슬퍼했다. 다윗은 요압과 함께 있는 백성들에게 옷을 찢고 굵은 베를 띠고 아브넬 앞에서 애통하라고 하였다. 다윗은 아브넬을 위해 애가를 지어 조상했다. **"아브넬의 죽음이 어찌 미련한 자의 죽음 같은고 네 손이 결박되지 않았고 발이 착고에 매이지 않았거늘 불의한 자의 자식 앞에 엎드러짐같이 네가 엎드러졌도다"**[33-34절]. 다윗이 저녁까지 식음을 전폐하고 슬퍼하는 것을 보고 백성들은 아브넬을 죽인 것이 다윗이 아닌 것을 알고 다윗이 무슨 일을 하든지 기뻐했다. 다윗은 그가 왕이 되었으나 지금 약하여서 스루야의 아들들(요압을 포함)을 제어하기가 너무 어렵다고 탄식하면서 여호와께서 악행한 자에게 그 악한 대로 갚으시기를 원한다고 했다.

4장

이스보셋이 베냐민 사람 바아나와 레갑에 의해 죽다

아브넬이 죽자 이스보셋은 아무 힘이 없어졌다. 이스보셋의 장군들 중에 두어 명(베냐민 사람, 바아나와 레갑)이 이스보셋을 살해하고 그 머리를 다윗에게 가지고 갔는데 그들은 도리어 다윗에 의해 죽임을 당했다. 그들은 다윗에게 칭찬받을 줄 알고 그렇게 했지만 다윗은 그들을 죽이라고 명했다. 요압은 왕을 중심으로, 이스라엘을 중심으로 생각하여 행동한 사람이 아니다. 다윗에게는 고개 숙이고 왕의 권력을 이용해서 자기 실속을 채우는 인물의 전형이었다.

4절, **"사울의 아들 요나단에게 절뚝발이 아들 하나가 있으니 이름은 므비보셋이라 전에 사울과 요나단의 죽은 소식이 이스르엘에서 올 때에 그 나이 다섯 살이었는데 그 유모가 안고 도망하더니 급히 도망하므로 아이가 떨어져 절게 되었더라".**

사울의 아들 요나단에게 아들이 하나 있었다. 이 유모가 조금 거칠었던지 도망가다가 다섯 살짜리를 땅에 떨어뜨리는 바람에 절름발이가 된 것이다. 다윗은 왕이 된 후에 요나단과의 우정을 생각해서 요나단의 아들 므비보셋을 잘 대해 주었다. 므비보셋의 이야기는 16장에 자세히 기록되어 있다.

5-6절, **"브에롯 사람 림몬의 아들 레갑과 바아나가 행하여 볕이 쬘 때 즈음에 이스보셋의 집에 이르니 마침 저가 낮잠을 자는지라 레갑과 그 형제 바아나가 밀을 가지러 온 체하고 집 가운데로 들어가서 그 배를 찌르고 도망하였더라".** 이 두 사람 바아나와 레갑은 기회주의적인 사람이다. 이스라엘 전체가 다윗에게 돌아가는 추세이고 이스보셋은 아브넬까지 죽어서 아무 힘이 없는 사람이 되었다. 그리고 다윗이 미갈을 데려오라고 하자 이스보셋이 친히 나서서 미갈을 데려오는 모습을 보았다. 그들은 기회를 찾아 이스보셋을 죽이고 다윗에게 항복하기로 한다.

9-12절, **"다윗이 브에롯 사람 림몬의 아들 레갑과 그 형제 바아나에게 대답하여 가로되 내 생명을 여러 환난 가운데서 건지신 여호와의 사심을 가리켜 맹세하노니 전에 사람이 내게 고하기를 사울이 죽었다 하며 좋은 소식을 전하는 줄로 생각하였어도 내가 저를 잡아 시글락에서 죽여서 그것으로 그 기별의 갚음을 삼았거든 하물며 악인이 의인을 그 집 침상 위에서 죽인 것이겠느냐 그런즉 내가 저의 피 흘린 죄를 너희에게 갚아서 너희를 이 땅에서 없이하지 아니하겠느냐 하고 소년들을 명하매 곧 저희를 죽이고 수족을 베어 헤브론 못가에 매어달고 이스보셋의 머리를 가져다가 헤브론에서 아브넬의 무덤에 장사하였더라".**

다윗은 이스보셋을 죽인 베냐민 사람, 바아나와 레갑을 죽여 수족을 베고 헤브론 못가에 매어달았다. 악하고 더러운 일을 한 수족을 벤 것이다. 다윗은 기회주의적인 악을 이렇게 아주 철저히 다루었다. 다윗을 세운 분은 하나님이시기 때문에 그를 세우기 위해 사람이 나설 필요가 없고 더욱이 그렇게 더러운 손으로 죄를 범할 필요가 없는 것이다. 여기서 다윗은 레갑과 바아나를 악인이라 규정하고 이스보셋을 의인으로 규정하고 있다. 이스보셋이 의인인가 아닌가는 절대적인 신약적 의미라기보다는 불의한 자들에 대한 상대적인 표현이다.

5장

이스라엘 모든 지파가 다윗을 왕으로 추대하다

2-3절, **"이스라엘 모든 지파가 헤브론에 이르러 다윗에게 나아와 말하여 가로되 보소서 우리는 왕의 골육이니이다"**[1절]. 이제 이스라엘 모든 지파가 다윗에게 나아왔다. **"전일 곧 사울이 우리의 왕이 되었을 때에도 이스라엘을 거느려 출입하게 한 자는 왕이시었고 여호와께서도 왕에게 말씀하시기를 네가 내 백성 이스라엘의 목자가 되며 이스라엘의 주권자가 되리라 하셨나이다 하니라 이에 이스라엘 모든 장로가 헤브론에 이르러 왕에게 나아오매 다윗 왕이 헤브론에서 여호와 앞에서 저희와 언약을 세우매 저희가 다윗에게 기름을 부어 이스라엘 왕을 삼으니라"**.

여기서 온 이스라엘이 다윗을 왕으로 삼는 장면이 나온다. 다윗은 이미 왕이지만 사울이 죽은 지 칠 년이 지나서야 비로소 이스라엘 전체의 왕이 되었다. 골리앗을 죽인 때로부터 십여 년이 지나서야 왕이 된 것이다. 그 동안 그는 주로 무엇을 했는가? 계속 도망만 다니고 환난만 당했다. 그럼에도 다윗은 그 많은 과정 속에서 귀한 영적 체험을 하였으며 그리스도에 대한 시를 많이 썼고, 실제로는 이스라엘에게 좋은 일을 하고 선한 영향을 끼치고 대적으로부터 지켜주는 일을 했다.

여기서 다윗은 이스라엘 전체 앞에서 장로들에 의해 기름부음을 받는다. 원래 다윗은 사무엘에게 기름부음을 받았다. 사무엘이 기름병을 가지고 이새의 집에 가서 다윗에게 기름을 부었었다. 그때 하나님은 이미 그를 왕으로 삼으시려고 기름을 부으신 것이다. 그러나 이제 온 이스라엘이 그에게 기름 부었다.

4-7절, **"다윗이 삼십 세에 위에 나아가서 사십 년을 다스렸으되 헤브론에서 칠**

년 육 개월 동안 유다를 다스렸고 예루살렘에서 삼십삼 년 동안 온 이스라엘과 유다를 다스렸더라 왕과 그 종자들이 예루살렘으로 가서 그 땅 거민 여부스 사람을 치려 하매 그 사람들이 다윗에게 말하여 가로되 네가 이리로 들어오지 못하리라 소경과 절뚝발이라도 너를 물리치리라 하니 저희 생각에는 다윗이 이리로 들어오지 못하리라 함이나 다윗이 시온 산성을 빼앗았으니 이는 다윗 성이더라".

예루살렘 천도

다윗이 예루살렘을 탈취하는 문제를 다루고 있다. 예루살렘 성은 요새이다. 그가 원래는 헤브론에서 다스렸는데 이제 예루살렘으로 옮겨서 예루살렘 시온 산성을 다윗 성으로 만들려고 전쟁을 하는 대목이다. 당시에 예루살렘을 점령하고 있던 여부스 사람들이 '소경과 절뚝발이라도 너를 물리칠 것'이라고 하는 말은 다윗 군대를 상당히 멸시한 것이다. **"그날에 다윗이 이르기를 누구든지 여부스 사람을 치거든 수구로 올라가서 다윗의 마음에 미워하는 절뚝발이와 소경을 치라 하였으므로 속담이 되어 이르기를 소경과 절뚝발이는 집에 들어오지 못하리라 하더라 다윗이 그 산성에 거하여 다윗 성이라 이름하고 밀로에서부터 안으로 성을 둘러 쌓으니라 만군의 하나님 여호와께서 함께 계시니 다윗이 점점 강성하여 가니라"**[8-10절]. 하나님이 함께하시면 누구든지 강성해질 수 있다. 이렇게 해서 다윗은 수도를 헤브론에서 예루살렘으로 옮겼는데, 지금까지도 이스라엘의 수도가 예루살렘이다.

"두로 왕 히람이 다윗에게 사자들과 백향목과 목수와 석수를 보내매 저희가 다윗을 위하여 집을 지으니 다윗이 여호와께서 자기를 세우사 이스라엘 왕을 삼으신 것과 그 백성 이스라엘을 위하여 그 나라를 높이신 것을 아니라"[11-12절]. 이 구절은 매우 의미 있는 구절이다. 이때서야 다윗이 여호와께서 자기를 왕으로 세우신 것을 알았다는 것이다.

다윗이 예루살렘에서 낳은 아들들과 딸들

13-16절, **"다윗이 헤브론에서 올라온 후에 예루살렘에서 처첩들을 더 취하였으므로 아들과 딸들이 또 다윗에게서 나니 예루살렘에서 그에게서 난 자의 이름은 삼무아와 소밥과 나단과 솔로몬과 입할과 엘리수아와 네벡과 야비아와 엘리사마와 엘랴다와 엘리벨렛이었더라"**.

13절부터 16절까지는 다윗이 예루살렘에 와서 처첩들을 더 취하여 아들과 딸들을 많이 낳았다고 말한다.

다윗이 블레셋을 쳐서 물리치다

17절, **"이스라엘이 다윗에게 기름을 부어 이스라엘 왕을 삼았다 함을 블레셋 사람이 듣고 다윗을 찾으러 다 올라오매 다윗이 듣고 요해처로 나가니라"**.

요해처란 요새이다. 블레셋은 다윗이 어려울 때 피신했던 곳인데 다윗이 왕이 되었다고 하자 그럴 줄 알았다는 듯이 그를 찾으러 왔다. 당시는 다윗이 영원히 이스라엘로 돌아가지 않을 것처럼 하니까 그들이 다윗을 지켜주었지만 다윗은 결국 이스라엘 왕이 되었고 그는 왕이 되자마자 싸우러 온 블레셋을 쳐부수러 나갔다.

18-19절, **"블레셋 사람이 이미 이르러 르바임 골짜기에 편만한지라 다윗이 여호와께 물어 가로되 내가 블레셋 사람에게로 올라가리이까 여호와께서 저희를 내 손에 붙이시겠나이까 여호와께서 다윗에게 말씀하시되 올라가라 내가 단정코 블레셋 사람을 네 손에 붙이리라 하신지라"**.

다윗은 블레셋과의 전투에 대하여 하나님께 물었다.

20절, **"다윗이 바알브라심에 이르러 거기서 저희를 치고 가로되 여호와께서 물을 흩음같이 내 앞에서 내 대적을 흩으셨다 하므로 그곳 이름을 바알브라심이라 칭하니라"**. 이 전투는 다윗이 이스라엘 전체의 왕이 된 후에 첫 번째로 블레셋을 물리친 전투이다. 그때 다윗은 여호와께 묻고 주님의 지시를 받아 싸웠으며 하나님께서 물을 흩음같이 그의 대적을 그 앞에서 흩으셨다 해서 그곳 이름을 바알브라심이라고 했다.

블레셋 사람들은 전쟁을 하러 나올 때 혹시 도움이 될까 해서 가지고 나온 우상들을 전쟁에서 패하자 도망가면서 다 버리고 갔다. 그것을 다윗과 그 종자들이 치운 것이다. 블레셋이 두 번째 쳐들어왔을 때 다윗은 또 하나님께 기도하며 물었다. 다윗은 똑같은 일이 발생했지만 다시 기도했다. 그러자 하나님께서 이번에는 전과 다르게 지시하셨다. 이번에는 뒤로 돌아서 뽕나무 수풀 맞은편에서 저희를 엄습하라는 것이다. **"뽕나무 꼭대기에서 걸음 걷는 소리가 들리거든**

곧 동작하라 그때에 여호와가 네 앞서 나아가서 블레셋 군대를 치리라 하신지라 이에 다윗이 여호와의 명대로 행하여 블레셋 사람을 쳐서 게바에서 게셀까지 이르니라"[24-25절]. 이렇게 다윗은 두 번째 전쟁에서도 승리를 거두었다.

6장

하나님의 궤를 다윗 성으로 모셔오다: 아비나답의 집에서 오벧에돔 집으로, 오벧에돔 집에서 다윗 성으로

앞 장에서 다윗이 온 이스라엘의 왕이 되었다는 것과 예루살렘을 여부스 사람에게서 빼앗아서 수도로 삼고 그곳에서 통치를 시작한 것을 보았다. 그리고 마지막에는 이스라엘의 가장 대적이 되는 나라인 블레셋을 쳐부수었다. 이제 6장에서는 다윗이 언약궤를 다윗 성으로 모셔오는 것을 본다. 사무엘 시대에 엘리 제사장 아래서 언약궤를 빼앗긴 이래로 다윗이 왕이 될 때까지 언약궤는 이곳저곳으로 옮겨다니다 기랏여아림의 아비나답의 집으로 들어간 지 사십여 년이 되었다. 사무엘 시대, 사울 시대를 거쳐 다윗이 왕이 될 때까지 사십여 년의 세월이 흐르는 동안 하나님의 언약궤는 줄곧 기럇여아림의 아비나답의 집에 있었던 것이다. 사무엘 상 5, 6, 7장에 이 언약궤의 이동 경로가 있다.

다윗은 이스라엘 전체의 왕이 되고 예루살렘에 수도를 정하고 나서야 하나님께서 그를 그 백성의 왕으로 삼으신 것을 깨달았으며, 그럴 때 그는 하나님을 사랑하는 사람으로서 즉시 언약궤를 생각했다. 알다시피 언약궤는 이 땅에 육신을 입고 오신 그리스도를 예표한다. 말하자면 다윗이 왕이 되었을 때에야 비로소 하나님께서 이 땅에 우리의 왕으로 보내신 그리스도를 생각했다는 것이다. 사울은 그 마음속에 자기가 왕 노릇 해야 한다는 생각 외에는 없었다. 그래서 다윗을 없애야 한다는 일념으로 그를 쫓아다녔다. 이제 사울이 죽고 하나님의 마음에 합한 사람, 다윗이 왕이 되었을 때 그는 맨 먼저 하나님의 궤를 생각했다.

1절, "다윗이 이스라엘에서 뺀 무리 삼만을 다시 모으고".

전쟁을 하기 위해 모은 것이 아니라 하나님의 언약궤를 찾아오는 일을 엄청난 규모로 수행하기 위해 모은 것이다. 다윗은 하나님의 이름을 위해 자기가 할 수 있는 충성을 다 하고 있다.

2절, **"일어나서 그 함께 있는 모든 사람으로 더불어 바알레유다로 가서 거기서 하나님의 궤를 메어 오려 하니 그 궤는 그룹들 사이에 좌정하신 만군의 여호와의 이름으로 이름하는 것이라".** 여기 바알레유다라는 지명은 사무엘 상에 나오는 기랏 여아림의 또 다른 이름이다. '메어 오려고 한다'는 말은 가져온다는 뜻이다.

3절, **"저희가 하나님의 궤를 새 수레에 싣고 산에 있는 아비나답의 집에서 나오는데 아비나답의 아들 웃사와 아효가 그 새 수레를 모니라".**

사무엘 때 언약궤를 모셨던 아비나답은 이미 죽었을 것이다. 그리고 아비나답의 아들 웃사와 아효라고 했는데, 아마 아들이 아니고 손자나 증손자쯤 될 것이다. 왜냐하면 사무엘 상을 읽어 보면 아비나답의 아들 엘리에셀이라고 되어 있기 때문이다. 여기의 '아들'이라는 표현은 꼭 직계 아들만을 가리키는 것이 아니라 자손을 가리키는 말일 것이다.

그런데 웃사와 아효가 언약궤를 새 수레로 모시다가 잘못되었다. 원래 언약궤를 모시는 법도가 있는데 수레로 모시는 게 아니라 어깨에 메어야 했다. 민수기 4장 15절을 보자. "행진할 때에 아론과 그 아들들이 성소와 성소의 모든 기구 덮기를 필하거든 고핫 자손이 와서 멜 것이니라 그러나 성물은 만지지 말지니 죽을까 하노라 회막 물건 중에서 이것들은 고핫 자손이 멜 것이며". 여기서 메라고 한 것이 바로 언약궤이다.

4-5절, **"저희가 산에 있는 아비나답의 집에서 하나님의 궤를 싣고 나올 때에 아효는 궤 앞에서 행하고 다윗과 이스라엘 온 족속이 잣나무로 만든 여러 가지 악기와 수금과 비파와 소고와 양금과 제금으로 여호와 앞에서 주악하더라".**

그들은 여러 가지 악기로 여호와 앞에서 주악(奏樂)했다. 밖으로 볼 때는 모든 것이 좋았다.

6절, **"저희가 나곤의 타작마당에 이르러서는 소들이 뛰므로 웃사가 손을 들어 하나님의 궤를 붙들었더니".** 나곤은 역대 상 13장 9절에서 기드온이라고도 불렀다. 뭔가 일을 잘못 하면 순조롭지 않은 게 특징이다. 왜 갑자기 타작마당에서 소가 뛰는가? 소가 뛰니까 수레가 흔들렸을 것이고 하나님의 언약궤가 떨어질 위험에 있으니까 웃사가 손으로 붙든 것이다.

7절, "여호와 하나님이 웃사의 잘못함을 인하여 진노하사 저를 그곳에서 치시니 저가 거기 하나님의 궤 곁에서 죽으니라".

아비나답의 집은 하나님의 궤를 모심으로 참으로 복을 얻은 집이다. 사무엘 상을 보면 그로 인해 "온 이스라엘의 마음이 여호와께로 향하더라"는 말씀이 있다. 아비나답의 집은 하나님의 궤를 모심으로 복을 얻은 집이고 많이 봉사를 한 집이다. 그러나 아무리 잘 섬긴 사람이라도 말씀을 떠나면 보장이 없다. 오늘날 많은 사람들이 하나님의 말씀의 법도를 중요하게 생각지 않는다. 역대 상 15장을 보면 그 이유를 다윗이 말했다. "전에는 너희가 메지 아니하였으므로 우리 하나님 여호와께서 우리를 충돌하셨나니 이는 우리가 규례대로 저에게 구하지 아니하였음이니라"(대상 15:13). 이 말씀을 보면 웃사가 죽은 것은 그것을 붙잡았기 때문인 것 같지만 사실은 그보다 먼저 '규례대로' 하지 않았기 때문이다.

8절, "여호와께서 웃사를 충돌하시므로 다윗이 분하여 그곳을 베레스웃사라 칭하니 그 이름이 오늘까지 이르니라".

하나님은 이 부분에서는 단호하시다. 그분의 법도를 어길 때 하나님은 다윗이라도 그냥 넘어가지 않으셨다. 다윗은 주님의 마음에 합한 사람이고 고생도 많이 하고 참으로 선한 뜻을 가지고 3만이라는 엄청난 숫자를 동원해서 하나님의 궤를 옮겨가려 하고 있는데 그 순간에 언약궤를 모시는 웃사가 즉사한 것이다.

9-10절, "다윗이 그날에 여호와를 두려워하여 가로되 여호와의 궤가 어찌 내게로 오리요 하고 여호와의 궤를 옮겨 다윗 성 자기에게로 메어 가기를 즐겨하지 아니하고 치우쳐 가드 사람 오벧에돔의 집으로 메어 간지라".

다윗과 같이 신실한 사람도 이렇게 위축될 때가 있다. 그래서 오벧에돔 집으로 궤를 메어 갔다. 오벧에돔은 보통 사람이다.

"여호와의 궤가 가드 사람 오벧에돔의 집에 석 달을 있었는데 여호와께서 오벧에돔과 그 온 집에 복을 주시니라"[11절]. 이 오벧에돔은 복을 받은 사람이다. 그는 이 언약궤가 어떤 경로를 거쳐서 자기 집에 왔는지를 알았다. 그렇기 때문에 이 사람은 이름 없는 작은 성도지만 두려워하지 않고 궤를 받아들인 것이다. 그는 잘못되었으면 사람이 잘못된 것이지 하나님은 결코 그릇 행하지 않으신다는 것을 알았으므로 하나님께서 정하신 법도대로만 궤를 대하면 된다고 여긴 것이다. 신약 성경에서 마리아, 마르다, 나사로의 집은 오벳에돔의 집과 같았다. 주 예수를 모심으로 그들은 말할 수 없는 복을 받았다.

"혹이 다윗 왕에게 고하여 가로되 여호와께서 하나님의 궤를 인하여 오벧에돔의 집과 그 모든 소유에 복을 주셨다 한지라 다윗이 가서 하나님의 궤를 기쁨으로 메고 오벧에돔의 집에서 다윗 성으로 올라갈새"[12절]. 구약의 복은 물질적인 복을 포함한다. 신약에서도 물질적인 복이 없는 것은 아니겠지만 구약에서는 약대나 양떼나 소떼가 많아지면 그것이 복이었다. 다윗은 하나님의 궤를 자기 성으로 모셔오려다가 웃사가 죽는 바람에 두려워서 다른 곳으로 보냈다. 그런데 그 후에 듣자 하니 언약궤를 모셔들인 오벧에돔의 집과 그 모든 소유에 복이 부어진다는 것이다. 다윗은 분하고 두려워하고 위축되었던 심정이 주님에 대한 몇 마디 말을 들은 뒤에 즉시 돌이켜졌다.

"여호와의 궤를 멘 사람들이 여섯 걸음을 행하매 다윗이 소와 살진 것으로 제사를 드리고 여호와 앞에서 힘을 다하여 춤을 추는데 때에 베 에봇을 입었더라 다윗과 온 이스라엘 족속이 즐거이 부르며 나팔을 불고 여호와의 궤를 메어 오니라"[13-15절].

성경 해설자 라이트풋은 이때에 다윗이 **시편 68편**을 썼을 것이라고 말한다.

> 시 68:1-8, "하나님은 일어나사 원수를 흩으시며 주를 미워하는 자로 주의 앞에서 도망하게 하소서 연기가 몰려감같이 저희를 몰아내소서 불 앞에서 밀이 녹음같이 악인이 하나님 앞에서 망하게 하소서 의인은 기뻐하여 하나님 앞에서 뛰놀며 기뻐하고 즐거워할지어다 하나님께 노래하며 그 이름을 찬양하라 타고 광야에 행하시던 자를 위하여 대로를 수축하라 그 이름은 여호와시니 그 앞에서 뛰놀지어다 그 거룩한 처소에 계신 하나님은 고아의 아버지시며 과부의 재판장이시라 하나님은 고독한 자로 가속 중에 처하게 하시며 수금된 자를 이끌어 내사 형통케 하시느니라 오직 거역하는 자의 거처는 메마른 땅이로다 하나님

이여 주의 백성 앞에서 앞서 나가사 광야에 행진하셨을 때에(셀라) 땅이 진동하며 하늘이 하나님 앞에서 떨어지며 저 시내 산도 하나님 곧 이스라엘의 하나님 앞에서 진동하였나이다" … 17-18, "하나님의 병거가 천천이요 만만이라 주께서 그중에 계심이 시내 산 성소에 계심 같도다 주께서 높은 곳으로 오르시며 사로잡은 자를 끌고 선물을 인간에게서, 또는 패역자 중에서 받으시니 여호와 하나님이 저희와 함께 거하려 하심이로다". 이 모든 말씀이 언약궤를 메고 가는 모습을 그린 것이다. 이 시편은 참으로 영감이 가득하다. 사도 바울은 이 부분의 말씀을 에베소서 4장에서 교회에 은사자들을 선물로 주시는 것을 말할 때 인용하였다.

16-19절, "여호와의 궤가 다윗 성으로 들어올 때에 사울의 딸 미갈이 창으로 내다보다가 다윗 왕이 여호와 앞에서 뛰놀며 춤추는 것을 보고 심중에 저를 업신여기니라 여호와의 궤를 메고 들어가서 다윗이 위하여 친 장막 가운데 그 예비한 자리에 두매 다윗이 번제와 화목제를 여호와 앞에 드리니라 다윗이 번제와 화목제 드리기를 마치고 만군의 여호와의 이름으로 백성에게 축복하고 모든 백성 곧 온 이스라엘 무리의 무론 남녀하고 떡 한 개와 고기 한 조각과 건포도떡 한 덩이씩 나눠주매 모든 백성이 각기 집으로 돌아가니라".

이 시점에 시편 132편을 썼다는 학자들이 많다. 이 시편 또한 매우 아름다운 시이다. 다윗은 이때 심히 기뻐하며 춤을 추었는데 사울의 둘째 딸 미갈은 다윗의 아내로서 이 광경을 창으로 내다보다가 심중에 그를 업신여겼다.

시 132:1-18, "여호와여 다윗을 위하여 그의 모든 근심한 것을 기억하소서 저가 여호와께 맹세하며 야곱의 전능자에게 서원하기를 내가 실로 나의 거하는 장막에 들어가지 아니하며 내 침상에 오르지 아니하며 내 눈으로 잠들게 아니하며 내 눈꺼풀로 졸게 아니하기를 여호와의 처소 곧 야곱의 전능자의 성막을 발견하기까지 하리라 하였나이다 우리가 그것이 에브라다에 있다 함을 들었더니 나무 밭에서 찾았도다 우리가 그의 성막에 들어가서 그 발등상 앞에서 경배하리로다

여호와여 일어나사 주의 권능의 궤와 함께 평안한 곳으로 들어가소서 주의 제

사장들은 의를 입고 주의 성도들은 즐거이 외칠지어다 주의 종 다윗을 위하여 주의 기름 받은 자의 얼굴을 물리치지 마옵소서 여호와께서 다윗에게 성실히 맹세하셨으니 변치 아니하실지라 이르시기를 네 몸의 소생을 네 위에 둘지라 네 자손이 내 언약과 저희에게 교훈하는 내 증거를 지킬진대 저희 후손도 영원히 네 위에 앉으리라 하셨도다

여호와께서 시온을 택하시고 자기 거처를 삼고자 하여 이르시기를 이는 나의 영원히 쉴 곳이라 내가 여기 거할 것은 이를 원하였음이로다 내가 이 성의 식료품에 풍족히 복을 주고 양식으로 그 빈민을 만족케 하리로다 내가 그 제사장들에게 구원으로 입히리니 그 성도들은 즐거움으로 외치리로다 내가 거기서 다윗에게 뿔이 나게 할 것이라 내가 내 기름 부은 자를 위하여 등을 예비하였도다 내가 저의 원수에게는 수치로 입히고 저에게는 면류관이 빛나게 하리라 하셨도다".

20-21절, "다윗이 자기의 가족에게 축복하러 돌아오매 사울의 딸 미갈이 나와서 다윗을 맞으며 가로되 이스라엘 왕이 오늘날 어떻게 영화로우신지 방탕한 자가 염치 없이 자기의 몸을 드러내는 것처럼 오늘날 그 신복의 계집종의 눈 앞에서 몸을 드러내셨도다 다윗이 미갈에게 이르되 이는 여호와 앞에서 한 것이니라 저가 네 아비와 그 온 집을 버리시고 나를 택하사 나로 여호와의 백성 이스라엘의 주권자를 삼으셨으니 내가 여호와 앞에서 뛰놀리라".

22-23절, "내가 이보다 더 낮아져서 스스로 천하게 보일지라도 네가 말한바 계집종에게는 내가 높임을 받으리라 한지라 그러므로 사울의 딸 미갈이 죽는 날까지 자식이 없으니라". 미갈은 다윗에게 한 마디 잘못 말한 후에 평생을 생과부로 살게 되었다. 따라서 사람 속에 평소 어떠한 마음을 갖고 사는가, 그에 따른 한 마디 결정적인 말을 뱉어내는가는 매우 중요하다.

7장

하나님께서 다윗을 위하여 모든 것을 하시며 성전도 그분이 건축하신다

1-2절, "여호와께서 사방의 모든 대적을 파하사 왕으로 궁에 평안히 거하게 하

신 때에 왕이 선지자 나단에게 이르되 볼지어다 나는 백향목 궁에 거하거늘 하나님의 궤는 휘장 가운데 있도다".

7장 1절에 와서 다윗은 사방의 모든 대적을 다 파했다. 그리고서 왕궁에 평안히 거하게 되었다. 이 왕궁은 두로 사람들이 와서 지어준 것인데, 5장 11절에 이것이 기록되어 있다. 이때 다윗이 말하기를, "나는 백향목 궁에 거하거늘 하나님의 궤는 휘장 가운데 있도다"라고 했다. 다윗의 마음속에는 늘 하나님과 하나님의 궤가 있었다. 그는 실로 성령으로 가득한 생각을 하는 사람이며 구약의 좋은 성도임에 틀림없다. 나단 선지자는 늘 다윗과 함께했는데, 그가 다윗의 말을 듣고 "여호와께서 왕과 함께 계시니 무릇 마음에 있는 바를 행하소서"라고 대답했다[3절]. 즉 선지자가 들어볼 때 그 뜻이 참 좋다는 말이다.

4-7절, **"그 밤에 여호와의 말씀이 나단에게 임하여 가라사대 가서 내 종 다윗에게 말하기를 여호와의 말씀이 네가 나를 위하여 나의 거할 집을 건축하겠느냐 내가 이스라엘 자손을 애굽에서 인도하여 내던 날부터 오늘날까지 집에 거하지 아니하고 장막과 회막에 거하며 행하였나니 무릇 이스라엘 자손으로 더불어 행하는 곳에서 내가 내 백성 이스라엘을 먹이라고 명한 이스라엘 어느 지파에게 내가 말하기를 너희가 어찌하여 나를 위하여 백향목 집을 건축하지 아니하였느냐고 말하였느냐"** 다윗이 하나님의 집을 짓겠다는 갈망을 피력하자 나단도 좋은 뜻이라고 말했는데, 하나님께서 밤에 나단에게 나타나 말씀하셨다. 역대 상 17장 4절을 보면 "가서 내 종 다윗에게 말하기를 여호와의 말씀이 너는 나의 거할 집을 건축하지 말라"고 하셨다. 주님이 이스라엘 백성을 인도하시면서 장막에도 거하고 회막에도 거하셨지만 언제 백향목 집을 건축하지 않았느냐고 말한 적이 있느냐는 것이다.

8-9절, **"그러므로 이제 내 종 다윗에게 이처럼 말하라 만군의 여호와께서 이처럼 말씀하시기를 내가 너를 목장 곧 양을 따르는 데서 취하여 내 백성 이스라엘의 주권자를 삼고 네가 어디를 가든지 내가 너와 함께 있어 네 모든 대적을 네 앞에서 멸하였은즉 세상에서 존귀한 자의 이름같이 네 이름을 존귀케 만들어 주리라".**

다윗이 하나님을 위해서 뭔가를 해드리겠다고 하는데 하나님은 다윗에게 '네가 나를 위해서 무엇을 해 준다고 하느냐? 내가 너를 위해서 모든 것을 다 해 줄 것이다.'라고 말씀하신다.

10-12절, **"내가 또 내 백성 이스라엘을 위하여 한 곳을 정하여 저희를 심고 저희로 자기 곳에 거하여 다시 옮기지 않게 하며 악한 유로 전과 같이 저희를 해하지 못하게 하여 전에 내가 사사를 명하여 내 백성 이스라엘을 다스리던 때와 같지 않게 하고 너를 모든 대적에게서 벗어나 평안케 하리라 여호와가 또 네게 이르노니 여호와가 너를 위하여 집을 이루고 네 수한이 차서 네 조상들과 함께 잘 때에 내가 네 몸에서 날 자식을 네 뒤에 세워 그 나라를 견고케 하리라"**. 이 말씀을 간단하게 요약하면 하나님께서 지금까지 다윗을 위해 뭔가를 해주셨다는 것이다. 양떼를 치던 목동을 취하여 이스라엘의 주권자로 삼으셨고 앞으로도 그를 위해 모든 것을 다 해주시겠다는 것이다. 내가 주님의 일을 많이 해본 뒤에 느끼는 것이 하나 있는데, 주님의 일은 주님이 하시는 것이지 내가 하는 것이 아니라는 것이다. 이것은 말하기는 쉬운데 그런 관점을 갖고 행하기란 쉬운 것이 아니다.

사무엘 하 7장의 관념은 매우 중요하다. 여기 다윗과 하나님의 충돌이 있다. 하나님은 교회에서 어떤 사람을 원하시는가? 순종하는 사람이다. 하나님께는 모사가 필요치 않다. 교회에도 많은 책사들이 필요한 것이 아니라 순종하는 자들이 필요하다. 하나님의 말씀에 대한 절대적인 순종자가 필요한 것이다. 다만 말씀을 듣고 순종하는 것이다. 순종하는 것이 전부인가? 그렇다. 그것이 전부이다. 거기서 모든 것이 다 이루어진다. 그래서 하나님께서는 다윗에게 '내가 너를 존귀하게 만들어줄 것이다. 네가 나를 위해 집을 지어주려고 하지 말라. 그것은 내가 알아서 할 것이다.'라고 하시는 것이다. 다윗이 하나님을 위해 뭔가를 하는 여지를 없애고 하나님께서 다윗에게 역사하시는 것이다.

13-17절, **"저는 내 이름을 위하여 집을 건축할 것이요 나는 그 나라 위를 영원히 견고케 하리라 나는 그 아비가 되고 그는 내 아들이 되리니 저가 만일 죄를 범하면 내가 사람 막대기와 인생 채찍으로 징계하려니와 내가 네 앞에서 폐한 사울에게서 내 은총을 빼앗은 것같이 그에게서는 빼앗지 아니하리라 네 집과 네 나라가 내 앞에서 영원히 보전되고 네 위가 영원히 견고하리라 하셨다 하라 나단이 이 모든 말씀과 이 모든 묵시대로 다윗에게 고하니라"**.

하나님께서는 나단을 통해 이 말씀을 하시면서 예수 그리스도에 대한 예언을 하셨다. 13절의 '그 나라 위를 영원히 견고케 하리라'는 말씀과 16절의 말씀 등은 다 그리스도에게서 이루어지는 예언이다. 솔로몬에 대한 이야기와 그리스도에 대한 이야기가 중첩되어 있는 것이다. 어쨌든 이 부분의 말씀을 통해 우리는 모든 것을 하나님께서 하신다는 것을 알 수 있다.

다윗의 기도

18절, **"다윗 왕이 여호와 앞에 들어가 앉아서 가로되 주 여호와여 나는 누구오며 내 집은 무엇이관대 나로 이에 이르게 하셨나이까".**

여기서 다윗 왕은 나단 선지자에게서 이러한 하나님의 말씀을 들은 다음 직접 여호와 앞에 들어가 앉아서 기도했다. 다윗은 근본적으로 겸손한 사람이다. 하나님께서 자기를 위해서 이렇게 해주시겠다고 하니까 '내가 누구며 내 집이 무엇이길래 이렇게 해주십니까?'라고 말씀드린다. 다윗은 왕이지만 자기가 전에 목동이었던 것을 잊지 않았다. 우리가 주님 안에서 전진하다 보면 자신이 원래 대단한 존재인 줄로 착각하기가 쉽다.

19절, **"주 여호와여 주께서 이것을 오히려 적게 여기시고 또 종의 집에 영구히 이를 일을 말씀하실 뿐 아니라 주 여호와여 인간의 규례대로 하셨나이다".**

인간의 규례대로 하셨다는 것은 사람과 사람이 관계를 맺을 때처럼 하나님께서 보잘 것 없는 인간 다윗에게 이렇게 말씀하셨다는 것이다. 그러니 다윗은 감당할 수가 없었던 것이다. 예수로 오신 우리 하나님께서도 제자들에게 동일하게 말씀하셨고 부활하신 주 하나님이신 예수께서도 동일하게 사람과 사람이 말하듯이 인휼함으로 대하셨다.

20절, **"주 여호와는 종을 아시오니 다윗이 다시 주께 무슨 말씀을 하오리이까".** '하나님이여, 당신이 나 다윗을 다 아시는데 내가 더 이상 무슨 말을 하겠습니까?' 여기서 다윗은 황송한 하나님의 대우하심에 감격하고 있다. **"주의 말씀을 인하여 주의 뜻대로 이 모든 큰일을 행하사 주의 종에게 알게 하셨나이다 여호와 하나님이여 이러므로 주는 광대하시니 이는 우리 귀로 들은 대로는 주와 같은 이가 없고 주 외에는 참 신이 없음이니이다"**[21-22절]. 여기서 다윗은 여호와를 찬송한다. 주님의 뜻을 분명히 알고 나면 그분을 찬송하지 않을 자 누구리요! 다윗은 자신에게 알게 하신 하나님의 뜻에 대하여, 말씀하심에 대하여 감격하고 있다.

23-24절, **"땅의 어느 한 나라가 주의 백성 이스라엘과 같으리이까 하나님이 가**

서 구속하사 자기 백성을 삼아 주의 명성을 내시며 저희를 위하여 큰일을, 주의 땅을 위하여 두려운 일을 애굽과 열국과 그 신들에게서 구속하신 백성 앞에서 행하셨사오며 주께서 주의 백성 이스라엘을 세우사 영원히 주의 백성을 삼으셨사오니 여호와여 주께서 저희 하나님이 되셨나이다".

이것이 다 찬송이다. 이것은 역대 상 16장에 있는 찬송 내용과 같고 또한 시편 105편의 내용이다. 시편 105편은 바로 이때 다윗이 쓴 시이다. 또한 시편 93편과 96편에 그때의 다윗의 시가 들어있다. 또 다른 시편에도 그때의 시가 부분부분 들어 있다(24, 48, 78편 등). 그 시편들을 반드시 읽어보기 바란다.

시편 105편과 역대 상 16장을 함께 읽어 보자.

〈시편 105편〉

"여호와께 감사하며 그 이름을 불러 아뢰며
그 행사를 만민 중에 알게 할지어다
그에게 노래하며 그를 찬양하며 그의 모든 기사를 말할지어다
그 성호를 자랑하라 무릇 여호와를 구하는 자는 마음이 즐거울지로다
여호와와 그 능력을 구할지어다 그 얼굴을 항상 구할지어다
그 종 아브라함의 후손 곧 택하신 야곱의 자손 너희는
그의 행하신 기사와 그 이적과 그 입의 판단을 기억할지어다
그는 여호와 우리 하나님이시라 그의 판단이 온 땅에 있도다
그는 그 언약 곧 천대에 명하신 말씀을 영원히 기억하셨으니
이것은 아브라함에게 하신 언약이며 이삭에게 하신 맹세며
야곱에게 세우신 율례 곧 이스라엘에게 하신 영영한 언약이라
이르시기를 내가 가나안 땅을 네게 주어
너희 기업의 지경이 되게 하리라 하셨도다
때에 저희 인수가 적어 매우 영성하며 그 땅에 객이 되어
이 족속에게서 저 족속에게로, 이 나라에서 다른 민족에게로 유리하였도다
사람이 그들을 해하기를 용납지 아니하시고
그들의 연고로 열왕을 꾸짖어 이르시기를
나의 기름 부은 자를 만지지 말며 나의 선지자를 상하지 말라 하셨도다
그가 또 기근을 불러 그 땅에 임하게 하여 그 의뢰하는 양식을 다 끊으셨도다
한 사람을 앞서 보내셨음이여 요셉이 종으로 팔렸도다

....
이에 이스라엘이 애굽에 들어감이여 야곱이 함 땅에 객이 되었도다
여호와께서 그 백성을 크게 번성케 하사 그들의 대적보다 강하게 하셨으며
또 저희 마음을 변하여 그 백성을 미워하게 하시며
그 종들에게 교활히 행하게 하셨도다
또 그 종 모세와 그 택하신 아론을 보내시니
저희가 그 백성 중에 여호와의 표징을 보이고 함 땅에서 기사를 행하였도다
....
반석을 가르신즉 물이 흘러나서 마른 땅에 강같이 흘렀으니
이는 그 거룩한 말씀과 그 종 아브라함을 기억하셨음이로다
그 백성으로 즐거이 나오게 하시며 그 택한 자로 노래하며 나오게 하시고
열방의 땅을 저희에게 주시며 민족들의 수고한 것을 소유로 취하게 하셨으니
이는 저희로 그 율례를 지키며 그 법을 좇게 하려 하심이로다 할렐루야"

〈역대 상 16:23-36〉
"온 땅이여 여호와께 노래하며 그 구원을 날마다 선포할지어다
그 영광을 열방 중에, 그 기이한 행적을 만민 중에 선포할지어다
여호와는 광대하시니 극진히 찬양할 것이요 모든 신보다 경외할 것임이여
만방의 모든 신은 헛것이요 여호와께서는 하늘을 지으셨음이로다
...
온 땅이여 그 앞에서 떨지어다 세계가 굳게 서고 흔들리지 못하는도다
하늘은 기뻐하고 땅은 즐거워하며 열방 중에서는 이르기를
여호와께서 통치하신다 할지로다
바다와 거기 충만한 것이 외치며 밭과 그 가운데 모든 것은 즐거워할지로다
...
여호와 이스라엘의 하나님을 영원부터 영원까지 송축할지로다 하매
모든 백성이 아멘 하고 여호와를 찬양하였더라".

이 모든 시들을 읽을 때 다윗이 성전을 지을 마음을 갖고 하나님과 대화할 때가 그의 영성이 가장 높았음을 증명한다. 오늘도 우리가 가장 높은 영성을 소유하기 원한다면 사도 바울처럼 하나님의 거처인 교회를 위해서 자신의 일생을

드리기 바란다. 그러면 그분의 가장 높은 뜻을 만질 것이며 가장 비밀한 중심을 알게 될 것이다. 교회야말로 하나님께서 가장 중히 여기시는 걸작품이다!(엡 2:10)

25-26절, **"여호와 하나님이여 이제 주의 종과 종의 집에 대하여 말씀하신 것을 영원히 확실케 하옵시며 말씀하신 대로 행하사 사람으로 영원히 주의 이름을 높여 이르기를 만군의 여호와는 이스라엘의 하나님이라 하게 하옵시며 주의 종 다윗의 집으로 주 앞에 견고하게 하옵소서"**.

이 다윗의 기도는 나단 선지자를 통하여 하신 말씀에 근거한 것이다. 그가 사울과 다른 것은 다윗은 '주의 이름을 높여달라'는 것이다.

27절, **"만군의 여호와 이스라엘의 하나님이여 주의 종에게 알게 하여 이르시기를 내가 너를 위하여 집을 세우리라 하신 고로 주의 종이 이 기도로 구할 마음이 생겼나이다"**. 만군의 여호와 하나님이 다윗에게 이르신 모든 말씀을 들었을 때에 다윗은 기도로 구할 마음이 생겼다.

28-29절, **"주 여호와여 오직 주는 하나님이시며 말씀이 참되시니이다 주께서 이 좋은 것으로 종에게 허락하셨사오니 이제 청컨대 종의 집에 복을 주사 주 앞에 영원히 있게 하옵소서 주 여호와께서 말씀하셨사오니 주의 은혜로 종의 집이 영원히 복을 받게 하옵소서 하니라"**. 이 기도를 요약해서 보면 그 중점이 '말씀'이다. 21절에서 '주의 말씀을 인하여', 25절에서 '주의 종의 집에 말씀하신 것을', 27절에서 '주의 종에게 이르시기를', 28절에서 '말씀이 참되시니이다', 29절에서 '주 여호와께서 말씀하셨사오니', 모두가 말씀이다. 우리 그리스도인의 일생에 말씀밖에 없다. 그것을 아는 성도는 복되다. 그분의 말씀만 믿고 의지하면 다 좋은 것이다. 다윗은 무조건 복을 달라고 하지 않고 하나님의 말씀을 근거로 해서 기도하였다. 오늘날 어떤 사람들은 하나님이 하신 말씀과는 상관없이 무조건 기도만 하면 된다고 생각하지만 그렇지 않다.

기도에 오만 번이나 응답받았다는 조지 뮬러는 그 기도의 비결이 항상 말씀을 읽는 데 있었다. 그는 심지어 어떤 구절을 손가락으로 짚으면서 "여기 당신이 이렇게 말씀하셨는데 지금 나에게 그 약속하신 말씀을 이뤄주십시오."라고 기도했다고 한다. 우리는 이 성경의 모든 말씀을 다윗에게만 하신 것이 아니고 나에게도 하신 말씀이라고 믿고 구하면 된다. 믿음으로 말씀을 받고 그 말씀에 근거해서 기도하기를 배워야 한다. 그러면 그 모든 것을 주님이 우리에게 이루어주신다.

8장

다윗의 전쟁사

사무엘 하 8장, 9장, 10장에서 우리는 주로 다윗이 블레셋과 이웃 나라들을 쳐서 항복시키는 것을 보게 된다. 즉 8장에서부터 다윗의 전쟁사가 나온다. 이것은 신약의 성도들의 영적 전쟁과 관련하여 볼 수 있는 대목이다. 우리가 여기서 알 수 있는 것은 다윗이 왕위에 오르고 이스라엘 백성들이 통일체가 된 뒤에야 비로소 대적을 온전히 파할 수 있다는 것이다. 사울 왕 당시에는 이스라엘이 그렇게 효과적으로 대적과 싸울 수 없었고 강한 이웃 나라들을 쳐서 굴복시킬 수도 없었다. 그것은 아직 사울의 왕위가 견고하지 않고 그 정권이 견고하지 않고 그 국가의 통일성이 이루어지지 않았기 때문이었다. 그러한 상태에서 싸우면 패하게 된다. 그래서 그때는 주로 대적들에게 괴롭힘을 당했을 뿐 다윗 시대처럼 이웃 나라들을 쳐부수지 못했다.

1절, **"이 후에 다윗이 블레셋 사람을 쳐서 항복받고 블레셋 사람의 손에서 메덱암마를 빼앗으니라"**. 다윗은 사울에게 쫓겨 도망다닐 때 블레셋 사람들에게 가서 신세를 지기도 하고 도움도 받았다. 그렇지만 일단 그가 왕이 되고 이스라엘 나라가 견고하게 되자 블레셋을 쳤고 항복을 받았다. 그리고 블레셋 사람의 손에서 메덱암마라는 곳을 빼앗았다. 메덱암마는 산 이름인 것 같다. 암마는 히브리어로 '어미'를 뜻하고, 메덱은 '고삐, 굴레'를 뜻한다. 말하자면 도시의 중심이 되는 곳을 '암마'라고 하는데, 메덱암마란 아마도 여러 위성 도시들을 가지고 있는 수도를 뜻할 것이다. 즉 '메트로폴리스 시티' 를 말한다.

당시 블레셋은 수도가 없는 나라로서 다섯 개의 큰 도시로 이루어진 도시 국가였는데, 그중 수도의 역할을 했던 곳이 '가드'였다. 그러므로 가드를 중심으로 해서 몇몇 주요 도시를 함락했다고 보면 되겠다. 이것을 증명하려면 역대 상 18

장을 보면 된다. **"이후에 다윗이 블레셋 사람을 쳐서 항복받고 블레셋 사람의 손에서 가드와 그 동네를 빼앗고"**(대상 18:1). 여기서 메덱암마를 빼앗았다는 말이나 가드와 그 동네를 빼앗았다는 말은 근본적으로 같은 말이라고 보겠다. 앞에서 보았듯이 '메덱'이란 고삐, 굴레를 뜻하는데, 그것은 이 가드라는 도시가 고삐처럼 중요하고 전략적인 도시였음을 가리킬 것이다. 대적에게 전략적이었던 도시가 이제 이스라엘에게 넘어왔는데, 이러한 도시는 이스라엘에게도 전략적인 곳이 된다. 이를 통해 우리는 영적 전쟁에서 한 가지 중요한 사실을 깨닫게 되는데, 그것은 대적에게 유용하던 도구가 주님께 굴복되었을 때 주님께도 아주 유용하게 된다는 것이다. 그것은 다소의 사울의 경우가 그렇다. 전에는 대적의 손에 붙잡혀 그리스도인들을 심히 핍박하던 사람이 주님께 돌이켜졌을 때 대적 사단을 강타하는 강력한 도구가 된 것이다.

2절, **"다윗이 또 모압을 쳐서 저희로 땅에 엎드리게 하고 줄로 재어 그 두 줄 길이의 사람은 죽이고 한 줄 길이의 사람은 살리니 모압 사람이 다윗의 종이 되어 조공을 바치니라"**. 다윗은 모압에게도 신세를 진 적이 있다. 도망 다닐 때 자기 부모님을 모압 왕에게 부탁했던 것이다. 다윗은 사울에게 쫓겨다닐 때에는 블레셋한테도 신세를 지고 모압한테도 신세를 졌지만 일단 왕이 되자 다 쳐서 굴복시켰다. 그러면 어떤 사람들은 이렇게 생각할 것이다. '예수 믿는 사람들은 의리도 신의도 없이 힘들 때는 굽신거리며 도움을 청하더니 강성하게 되자 다 쳐부수는구나.' 육체는 영원히 하나님과 원수이지 친구일 수 없다. 이방 열국을 쳐부수는 것이 하나님의 뜻이기 때문에 그것은 의리나 신의와는 관계없는 일이다.

그런데 여기서 다윗은 모압을 쳐서 그들로 땅에 엎드리게 하고 줄로 재어 두 줄 길이의 사람은 죽이고 한 줄 길이의 사람은 살려서 종을 삼았다. 즉 기골이 장대한 사람은 죽이고 어린아이나 노인 같은 작은 자들은 살려준 것 것이다. 이것은 모압을 칠 때 어느 정도 자비를 베풀었다는 뜻도 되고, 또 한편 다시는 이스라엘에 쳐들어오지 못하도록 하기 위한 조치이기도 하다.

3절, **"르홉의 아들 소바 왕 하닷에셀이 자기 권세를 회복하려고 유브라데 강으로 갈 때에 다윗이 저를 쳐서"**. 소바라는 나라의 하닷에셀 왕이 이웃 나라에게 침공을 당하고 위신과 권세를 잃어버렸다고 생각해서 자기의 권세를 다시 찾고

자 유브라데 강 쪽으로 갔다. 이것은 다윗을 공격하려 했다는 뜻일 것이다. 그때 다윗이 그를 쳤다.

4절, **"그 마병 일천 칠백과 보병 이만을 사로잡고 병거 일백 승의 말만 남기고 그 외의 병거의 말은 다 발의 힘줄을 끊었더니"**.

마병이 일천 칠백이라고 했는데 역대 상 18장 4절과 비교하면 약간 숫자의 차이가 있다. 다윗은 일천 칠백의 말을 다 보유하기를 원치 않았는데, 그것은 다윗이 많은 말을 의지하지 않고 하나님을 의지하기 원했기 때문이다. 당시의 말은 지금으로 말하면 핵무기이다. 다윗은 병거 일백 승의 말만 남기고 나머지 말은 다 발의 힘줄을 끊어버렸다. 핵을 폐기한 것과 마찬가지이다. 이는 그가 무력을 의지하지 않고 하나님을 의지한다는 표시였다.

5절, **"다메섹 아람 사람들이 소바 왕 하닷에셀을 도우러 온지라 다윗이 아람 사람 이만 이천을 죽이고"**. 이웃 나라 다메섹에 있는 아람 사람들이 소바 왕 하닷에셀을 도우러 왔을 때 다윗이 아람 사람 이만 이천을 죽였다.

6절, **"다메섹 아람에 수비대를 두매 아람 사람이 다윗의 종이 되어 조공을 바치니라 다윗이 어디를 가든지 여호와께서 이기게 하시니라"**. 이 지점에 이르렀을 때에 다윗은 누구와 싸우든지 항상 이겼다. **"다윗이 하닷에셀의 신복들의 가진 금 방패를 빼앗아 예루살렘으로 가져오고 또 하닷에셀의 고을 베다와 베로대에서 매우 많은 놋을 빼앗으니라"**[7-8절]. 다윗이 이렇게 한 것은 결국 예루살렘 성전을 건축하기 위해 재료들을 모으는 것이었다. 고린도후서 2장 14절의 바울의 고백을 생각나게 한다. "항상 우리를 그리스도 안에서 이기게 하시고"

9-10절, **"하맛 왕 도이가 다윗이 하닷에셀의 온 군대를 쳐서 파하였다 함을 듣고 그 아들 요람을 보내어 다윗 왕에게 문안하고 축복하게 하니 이는 하닷에셀이 도이로 더불어 전쟁이 있던 터에 다윗이 하닷에셀을 쳐서 파함이라 요람이 은 그릇과 금 그릇과 놋 그릇을 가지고 온지라"**. 하맛 왕 도이는 하닷에셀과 전쟁을 하고 있었는데 다윗이 하닷에셀의 온 군대를 쳐서 파하자 아들 요람을 보내어 다윗을 문안하고 축복하게 하고 그와 함께 금, 은, 놋 그릇들을 보냈다. 열왕기 상 7장 48절부터 보면 이 모든 은, 금, 놋그릇들은 솔로몬이 성전을 건축할 때 그 재료

들이 되었다[11-12절].

다윗은 전쟁에서 싸워 이길 뿐 아니라 노획물로 얻은 모든 금, 은, 놋을 다 여호와께 드렸다. 이렇게 다윗의 전쟁은 다 목적 있는 전쟁이었다. 이겨서 재료를 얻어 성전을 건축하려는 것이었다. 물론 그는 자신이 성전을 건축할 수 없는 자임을 알았지만 재료를 모으는 일이 자신의 몫임을 알았다.

13절, **"다윗이 염곡에서 에돔 사람 일만 팔천을 쳐 죽이고 돌아와서 명예를 얻으니라"**. 이때 다윗은 또 에돔을 쳐서 승리하고 명예를 얻었다. 에돔을 이겼을 때에 비로소 다른 나라에서도 다윗의 명성이 높아진 것이다. 때로 하나님은 그분의 사람의 이름을 높이시는데, 이때 지은 시가 시편 60편이다. 다윗은 전쟁에 능한 용사일 뿐 아니라 또한 시와 노래에도 조예가 깊었다. 함께 읽어보자.

〈시편 60편〉
"하나님이여 주께서 우리를 버려 흩으셨고 분노하셨사오나
지금은 우리를 회복시키소서
....
주의 사랑하시는 자를 건지시기 위하여 우리에게 응답하사
오른손으로 구원하소서
하나님이 그 거룩하심으로 말씀하시되 내가 뛰놀리라
내가 세겜을 나누며 숙곳 골짜기를 척량하리라
길르앗이 내 것이요 므낫세도 내 것이며
에브라임은 내 머리의 보호자요 유다는 나의 홀이며
모압은 내 목욕통이라 에돔에는 내 신을 던지리라
블레셋아 나를 인하여 외치라 하셨도다
누가 나를 이끌어 견고한 성에 들이며 누가 나를 에돔에 인도할꼬
하나님이여 주께서 우리를 버리지 아니하셨나이까
하나님이여 주께서 우리 군대와 함께 나아가지 아니하시나이다
우리를 도와 대적을 치게 하소서 사람의 구원은 헛됨이니이다
우리가 하나님을 의지하고 용감히 행하리니
저는 우리의 대적을 밟으실 자심이로다".

이 시편을 보라. 다윗은 사람을 의지하지 않고 온전히 하나님을 의지하여 싸웠다. 다윗에게 있어서 그의 전쟁은 하나님의 뛰노심이요 척량하심이다. 하나님이 한 마디씩만 하시면 그 땅은 다윗의 것이 된다. "내가 세겜을 나누며 숙곳 골짜기를 척량하리라". "길르앗이 내것이요 므낫세도 내것이며…모압은 내 목욕통이라". 사무엘서만 읽어서는 다윗이 어떻게 싸웠는지 잘 알지 못하지만 시편을 읽으면서 다윗이 싸울 때 오로지 하나님만 의지하여 싸웠다는 것을 알 수 있다. 그리고 왜 그 많은 병거들의 말을 취하지 않고 그 발목의 힘줄을 끊어 무력하게 만들었는지 알 수 있다. 그것은 그 마음속에 하나님만을 의지하려는 마음이 있었기 때문이다. 그는 그가 빼앗은 모든 지경을 하나님이 행하시고 하나님이 이기신 것으로 알았다.

14절, **"다윗이 에돔에 수비대를 두되 온 에돔에 수비대를 두니 에돔 사람이 다 다윗의 종이 되니라 다윗이 어디를 가든지 여호와께서 이기게 하셨더라"**. 하나님께서 항상 다윗의 싸움에 개입하심으로 그는 나가서 싸울 때마다 이겼다. 그것은 다윗이 주님의 마음에 합한 자로서 그분의 뜻과 갈망을 위해 이 땅에서 일하는 사람이었기 때문이다.

15절, **"다윗이 온 이스라엘을 다스려 모든 백성에게 공과 의를 행할새"**. 이것이 사울과 많이 다른 점이다. 사울은 이스라엘을 공(公)과 의(義)로 다스리지 못했다. 그렇지만 다윗은 합당한 왕으로서 이스라엘 백성들에게 있는 갖가지 어려움을 그들의 상황에 따라 공정하게 재판해 주고 율법에 입각하여, 즉 의로 다스렸다.

16-18절, **"스루야의 아들 요압은 군대장관이 되고 아힐룻의 아들 여호사밧은 사관이 되고 아히둡의 아들 사독과 아비아달의 아들 아히멜렉은 제사장이 되고 스라야는 서기관이 되고 여호야다의 아들 브나야는 그렛 사람과 블렛 사람을 관할하고 다윗의 아들들은 대신이 되니라"**. 다윗의 장군들, 즉 정치권력 구조를 보여주고 있다. 사울은 이러한 조직적인 권력 구조를 갖지 못했다. 사울 옆에는 그저 아브넬만 있었던 것 같다. 그래서 그의 통치가 다소 사적(私的)이었던 것이다. 그러나 다윗은 많은 사람들을 적재적소에 임용하여 나라를 다스렸다. 그것도 많은 고난과 어려움을 겪는 과정에서 충분히 시험을 거친 인재들이 있었기에 가능했

다. 개인이나 단체나 고난과 시험을 거치는 것은 매우 유익하다. 그로 말미암아 가장 좋은 인도력이 형성되기 때문이다.

9장

다윗이 요나단을 생각하여 그의 아들 므비보셋을 돌보다

1절, "다윗이 가로되 사울의 집에 오히려 남은 사람이 있느냐 내가 요나단을 인하여 그 사람에게 은총을 베풀리라 하니라".

사울에게는 원래 권속들이 많았다. 그런데 길보아 전투에서 사울과 요나단을 비롯하여 그의 권속들이 많이 죽어서 남은 사람이 별로 없었다. 이때는 요나단과 사울이 죽은 후로 17~8년 정도가 흐른 후이다. 다윗은 왕이 되어 좀 안정되자 이제 사울의 집을 생각했다. 왜냐하면 요나단과 한 약속이 있기 때문이다. 사무엘 상 20장 42절을 보자. "요나단이 다윗에게 이르되 평안히 가라 우리 두 사람이 여호와의 이름으로 맹세하여 이르기를 여호와께서 영원히 나와 너 사이에 계시고 내 자손과 네 자손 사이에 계시리라 하였느니라 다윗은 일어나 떠나고 요나단은 성으로 들어오니라". 여기서 요나단과 다윗이 약속했다.

그리고서 세월이 이십 년 가까이 흘렀고 요나단은 죽고 다윗은 왕이 되었다. 과거 다윗이 사울 밑에서 어려움을 당하고 죽을 처지에 있었을 때 요나단의 신세를 많이 졌는데, 요나단은 그러한 형편에 있는 다윗을 생명처럼 사랑했다. 그래서 요나단과 다윗은 서로 언약을 맺었고 다윗은 왕이 되고 나서 그의 언약을 소홀히하거나 잊어버리지 않았다. 때가 되자 그 모든 언약을 기억하고 요나단을 인하여 사울의 집에 은혜를 베풀고자 했다. 우리 주 예수님은 언약의 하나님이시다. 그분은 우리와 피로 언약을 세우셨다. 그분은 그분의 언약에 신실하신 분이다.

3-8절, "왕이 가로되 사울의 집에 남은 사람이 없느냐 내가 그 사람에게 하나님의 은총을 베풀고자 하노라 시바가 왕께 고하되 요나단의 아들 하나가 있는데 절뚝발이니이다 왕이 저에게 묻되 그가 어디 있느냐 시바가 왕에게 고하되 로드발 암미엘의 아들 마길의 집에 있나이다…다윗이 가로되 무서워 말라 내가 반드시 네 아비 요나단을 인하여 네게 은총을 베풀리라 내가 네 조부 사울의 밭을 다 네게 도로

주겠고 또 너는 항상 내 상에서 먹을지니라 저가 절하여 가로되 이 종이 무엇이관대 왕께서 죽은 개 같은 나를 돌아보시나이까".

여기서 우리는 복음의 문제를 생각해 볼 수 있다. 다윗 왕이 하나님 아버지를 예표한다면, 요나단은 그리스도를, 그리고 므비보셋은 우리와 같은 죄인들을 예표한다고 할 수 있다. 사울의 집안은 다윗에게 원수의 집안이다. 더욱이 왕조가 바뀌면 전 왕조는 대개 다음 왕조와 원수가 된다. 사울이 다윗을 죽이려고 계속 쫓아다녔기 때문에 이런 경우는 말할 것도 없다. 예전에 우리나라에서는 사울 같은 왕을 폐주(廢主)라고 하여 그 씨를 말려버렸다. 우리 죄인은 하나님 편에서 볼 때 원수의 집안에서 태어난 자들이나 다름없다. 그래서 본래 우리는 하나님과 원수였다. 죄인일 뿐 아니라 원수였던 것이다.

그런데 이 므비보셋이라는 요나단의 아들은 요단 강 동편 길르앗 땅, 로드발이라는 곳에 살고 있었다. 그곳은 요단 건너편이 아닌 건너기 전의 땅으로서 르우벤 지파와 갓 지파와 므낫세 반 지파가 얻은 땅이었다. '로드발'은 히브리어에서 '풀이 나지 않는 황무지'를 뜻한다. 말하자면 므비보셋은 그렇게 공허하고 황폐한 곳에서 사는 죄인을 대표하는 것이다. 이 므비보셋을 암미엘의 아들 마길이라는 사람이 돌보았는데, 이 사람은 선을 잘 베푸는 사람이다.

6절에서 므비보셋이 다윗에게 와서 엎드려 절할 때 다윗이 "므비보셋이여" 하고 불렀다. 이것은 하나님께서 우리 죄인을 부르시는 것 같다. 그러한 사상이 내포되어 있지 않다면 구약 역사서에서 이렇게 이름을 부르겠는가? 주님이 원수된 우리를 부르시는 것을 보여주는 것이다. 그때 므비보셋이 대답했다. "주의 종이 여기 있나이다." 그러자 다윗이 "무서워 말라."고 했다. 하나님께서도 우리를 부르시면서 "무서워 말라!"고 하신다. 왜 그런가? 하나님께서는 영세 전부터 우리에게 세우신 언약을 지키시기 위해 우리를 부르시기 때문이다(딛 1:2). 그렇기 때문에 하나님은 우리를 부르셔야 한다. 하나님은 우리를 부르시고 우리에게 두려워 말라고 하신다.

다윗은 그에게 "내가 반드시 네 아비 요나단을 인하여 네게 은총을 베풀리라"고 했다. 하나님께서 우리에게 은총을 베푸신다면 그것은 우리 때문이 아니고 그리스도 때문이다. 하나님은 우리를 그리스도 안에서 택하셨기 때문에 그분이 우리를 보실 때 그리스도를 보신다. 하나님은 그리스도로 인하여 우리에게 복을 주시는 것이다(엡 1:3-4). 지금 다윗은 므비보셋에게 분명하게 말하고 있다. "내가 반드시 네 아비 요나단을 인하여 네게 은총을 베풀리라." 이 말은 요나단이 아니면 그가 복을 받을 자격도, 근거도 없다는 뜻을 내포하고 있다. 므비보셋은 아버지 덕에 다윗에게 큰 은총을 입게 되는데, 이것은 우리가 그리스도 덕에 복을 얻는 것과 같다. 우리는 원래 공허하고 황폐한 로드발이라는 땅에서 죄를 짓고 절망 가운데 살던 인생인데, 하나님이 어느 날 '누구누구를 불러오너라. 내가 복을 주리라'고 하셔서 한 사람씩 한 사람씩 하나님 앞에 나아가게 된 것이다.

'도로 주겠다'는 말은 영어로 'restore'이며, 회복시켜주겠다는 뜻이다. 원래 그 땅은 사울의 손자요 요나단의 아들인 므비보셋에게 돌아가야 했지만 왕조가 바뀌어 다 잃어버리게 되었다. 그런데 다윗이 그것을 도로 찾아 므비보셋에게 주겠다고 한다. 여기서 나는 여러분에게 우리 하나님이 축복의 하나님이요 긍휼의 하나님이실 뿐 아니라 회복의 하나님이시라는 것을 알려 주고 싶다.

원래 므비보셋은 왕의 엄청난 재산을 물려받을 수 있는 위치에 있었는데 사울이 죽어 폐위됨으로 말미암아 다 잃어버렸다. 우리가 바로 그런 사람이었다. 원래 우리 사람은 하나님의 형상과 모양대로 지음을 받아 온 땅의 주인이 될 존재였는데 아담의 타락으로 말미암아 그 모든 소유를 다 잃어버린 것이다. 그런데 하나님께서 그리스도로 말미암아 우리를 구속하셨다. 이것은 하나의 회복이다. 여러분도 교회를 다닌다고 하면서도 돌이켜 보면 로드발에 있었던 세월이 많음을 느낄 것이다. 그런 세월은 황충에게 먹힌 세월이요 잃어버린 세월이다. 우리가 참되게 주님을 만났을 때 우리는 주님이 우리를 회복하시는 분임을 깨닫게 된다. 요엘의 예언에 따르면 하나님은 황충이 먹은 햇수대로 보상해 주시는 분이다. 우리가 주님을 만났을 때 주님은 하나씩 하나씩 회복시켜주시는데, 우리의 영을 회복하시고 생각과 감정과 의지를 회복하시며 우리의 마음을 새롭게 하신다. 그리고 우리 몸에도 새로운 활력을 주시며 우리의 역량도 원래대로 회복시켜 주시어 주님을 섬기기에 부족함이 없게 하신다.

7절을 보면 다윗은 므비모셋의 왕자의 신분을 회복시켜 왕의 상에서 늘 다윗과 함께 먹을 수 있게 해주었다. 옛날에는 로드발, 곧 황폐한 황무지에서 다른 사람한테 얹혀살던 신세였는데, 이제는 왕의 상에 앉아 왕과 함께 풍성한 음식을 먹게 된 것이다. 여러분이 정상적으로 회복되었다면 이러한 느낌이 있어야 한다. 교회라고 하는 곳에 왔는데 전에 로드발에 있을 때나 지금이나 비슷하다고 느끼는 것은 참되게 회복된 것이 아니다. 참으로 풍성한 음식을 먹고 내 영과 내 온 존재가 회복된다는 느낌이 있어야 진정으로 주님께 은총을 입은 사람이다.

다윗 왕은 사울의 종 시바에게 므비보셋을 잘 돌보라고 했는데 나중에 그를 배신한다. **"너와 네 아들들과 네 종들은 저를 위하여 밭을 갈고 거두어 네 주인의 아들을 공궤하라 그러나 네 주인의 아들 므비보셋은 항상 내 상에서 먹으리라 하니라 시바는 아들이 열 다섯이요 종이 스물이라"**[10절]. 시바는 사울의 사환이면서 얼마나 부정축재를 많이 했는지 아들도 열다섯이나 두고 종도 스물이나 두었다. 그런데 그 사람더러 므비보셋을 잘 돌보라고 한 것이다. 이 시바는 후에 다윗 앞에서 므비보셋을 모함하여 다윗이 므비보셋에게 돌려준 소유를 다 빼앗았다. 세월이 흐른 뒤에 므비보셋이 왕에게 사실을 말하는 바람에 다시 그것들을 되돌려 주어야 했지만 어쨌든 배신을 한 인물이다.

11절, "므비보셋은 왕자 중 하나처럼 왕의 상에서 먹으니라". 이때는 시바가 왕의 명을 제대로 준행하겠다고 말했다. 어쨌든 우리는 원래 죽을 수밖에 없는 운명이었지만 주님을 믿고 나서 왕자 중 하나처럼 되었고 우리가 먹는 음식은 생명의 보좌에서 나오는 왕의 음식이다.

므비보셋도 이때 스무 살이 넘었기 때문에 미가라 하는 아들을 두었다. **"므비보셋이 항상 왕의 상에서 먹으므로 예루살렘에 거하니라 그는 두 발이 다 절뚝이더라"**[12절]. 므비보셋은 두 발이 다 절뚝이인 무력한 사람이었지만 적어도 왕자의 신분으로 회복되어 항상 왕의 상에서 함께 먹을 수 있게 되었으며, 로드발 같은 황량한 곳에 거했지만 이제는 예루살렘에 거할 수 있게 되었다. 복음은 이와 같이 위치나 신분에 있어서 놀라운 변화를 가져다준다. 하나님의 자녀가 되기 때문이다.

10장

다윗이 암몬을 정벌하다

이 장은 암몬 자손에 대한 이야기이다. 우리는 사무엘 상 11장에서 사울이 암몬을 친 것을 보았다. 나하스가 암몬 왕이었을 때이다. 우리는 기록에서 언제 나하스가 다윗에게 은총을 베풀었는지는 발견할 수 없지만, 이 부분을 읽어보면 다윗이 어려움에 처했을 때 그가 도와주었던 것 같다. 다윗은 나하스의 부고를 받고 그의 아들 하눈에게 은총을 베풀고자 하여 신복들을 보내서 그 아비의 죽은 것을 조상하게 했다.

다윗은 하눈에게 그의 선왕의 죽음을 조상하도록 사람들을 보냈지만 암몬 자손의 방백들은 다윗이 그들을 염탐하러 신복들을 보낸 것이라고 여겼다[3절]. 그러면 나하스라는 암몬 왕은 당시에 다윗을 왜 잘 대해 주었을까? 그때는 아직 다윗이 왕이 아니고 사울과 상당히 적대 관계에 있었기 때문일 것이다. 사무엘 상 11장을 보면 **"암몬 사람 나하스가 올라와서 길르앗 야베스를 대하여 진치매… 암몬 사람 나하스가 그들에게 이르되 내가 너희 오른눈을 다 빼어야 너희와 언약하리라"**[1-2절]는 기록이 있다. 이렇게 말했던 장본인이 바로 나하스인데 6절을 보면 "사울이 이 말을 들을 때에 하나님의 신에게 크게 감동하매 그 노가 크게 일어나서"라고 말한다. 간단하게 말해서 그때 사울이 암몬 사람을 크게 도륙했다. 그 후 어느 시점에 나하스가 다윗에게 잘해 주었는지는 알 수 없지만 어쩌면 다윗이 사울과 적대 관계에 있고 또 다윗이 도망다니고 있을 때 친밀함을 보였던 것 같다. 그 후 다윗이 왕이 되었을 때 나하스의 부고를 받고 조상하러 그 아들 하눈에게 신복들을 보냈더니 그 하눈의 장군들이 다윗의 의중을 오해한 것이다.

여기서 우리는 큰 사람의 생각과 됨됨이를 볼 수 있는데, 다윗은 그들이 그렇게 나올 것이라고 생각지 않았고 또 나하스라는 사람이 어떤 의도에서 자기에게 잘 해주었는가도 파악하려 하지 않았다. 그는 사울에게 좋지 않은 마음을 갖고 있기 때문에 그에게 쫓기고 있는 다윗을 잘 대해주었을 수도 있다. 그러나 다윗은 그의 의도가 불순한지 아닌지를 고려하지 않고 다만 자기에게 잘해주었으니 그 고마움을 갚겠다는 생각밖에 없었다. 그러나 못난 소인배들은 큰 사람과 달리 진실한 마음으로 그의 아버지의 죽음을 조상하러 보냈어도 악의로 곡해했다.

4절, **"이에 하눈이 다윗의 신복들을 잡아 그 수염 절반을 깎고 그 의복의 중동 볼기까지 자르고 돌려보내매"**. 이 하눈의 잘못은 귀가 얇은 것이다. 그의 방백들이 그렇게 말하니까 앞뒤도 생각지 않고 일을 저질러 버렸다. 하눈은 다윗의 신복들을 잡아서 수염을 절반만 깎았는데, 당시에 수염을 깎는 것은 노예들이나 하는 행위였다. 의복의 중동 볼기까지 자른 것 또한 몹시 수치심을 느끼게 하는 행위였다. 고대에 이스라엘 백성들은 치마처럼 옷을 길게 입었는데 그것을 잘라 짧은 팬티처럼 만들었다는 것이다.

5절, **"혹이 이 일을 다윗에게 고하니라 그 사람들이 크게 부끄러워하므로 왕이 저희를 맞으러 보내어 이르기를 너희는 수염이 자라기까지 여리고에서 머물다가 돌아오라 하니라"**. 이 다윗 왕은 참으로 배려심이 있었다. 그들을 당장에 궁으로 들어오게 하면 너무 수치스러워할 것이기 때문에 수염이 자라기까지 여리고에 머물게 한 것이다.

6절, **"암몬 자손이 자기가 다윗에게 미움이 된 줄 알고 사람을 보내어 벧르홉 아람 사람과 소바 아람 사람의 보병 이만과 마아가 왕과 그 사람 일천과 돕 사람 일만 이천을 고용한지라"**. 암몬 자손은 지레 겁을 먹고 돈을 주고 다른 나라 군대를 고용했다. 역대 상 19장 6절은 동일한 사건을 말하는데, 그가 은 일천 달란트를 주고 군대를 세놓았다고 말한다. 자기가 한 행위에 대해 다윗이 보복할 것이라고 생각해서 미리 대비한 것이다.

다윗이 이 일을 듣고 요압과 용사의 온 무리를 보냈다. 요압은 앞뒤에 친 적진을 보고 이스라엘의 뽑아낸 자 중에서 또 뽑아내어 최정예 부대를 만들어서 아람 사람을 대하여 진을 쳤다. 그리고 **"그 남은 무리는 그 아우 아비새의 수하에 붙여 암몬 자손을 대하여 진 치게 하고 가로되 만일 아람 사람이 나보다 강하면 네가 나를 돕고 만일 암몬 자손이 너보다 강하면 내가 가서 너를 도우리라"**[10-11절]. 당시에 다윗의 장군들은 완전히 하나로 움직였다. 그러기 때문에 이들을 당할 사람들이 없는 것이다. 이들은 다윗 아래서 일심동체가 된 사람들이고 상대편 군대는 돈을 주고 사온 사람들이다. **"너는 담대하라 우리가 우리 백성과 우리 하나님의 성읍들을 위하여 담대히 하자 여호와께서 선히 여기시는 대로 행하시기를 원하노라 하고"**[12절]. 싸우러 나가면서 요압은 아비새에게 담대히 하라고 격려했다.

13절, **"요압과 그 종자가 아람 사람을 향하여 싸우려고 나아가니 저희가 그 앞에서 도망하고"**. 사람이란 좋은 사람과 마음을 합했을 때에는 그 사람의 기능과 역량이 한껏 발휘된다. 이때가 바로 그때이다. 요압은 다윗과 마음을 합하지 않으면 아주 빗나가는 사람인데 다윗과 마음을 합했기 때문에 그의 가치가 최고도로 올라가고 그의 역량도 빛을 발한 것이다. 그러므로 그가 싸우려고 나갔을 때 적군은 싸워보려고도 하지 않고 도망갔다. 그들은 그의 군대를 도저히 당해낼 수가 없다는 것을 알았기 때문이다.

14절, **"암몬 자손은 아람 사람의 도망함을 보고 저희도 아비새 앞에서 도망하여 성으로 들어간지라 요압이 암몬 자손을 떠나 예루살렘으로 돌아오니라"**.

요압은 암몬 사람들이 도망하니까 그냥 예루살렘으로 돌아왔다.

아람 사람들은 다시 뭉쳤다. 하닷에셀이라는 사람이 아람 군대를 다시 모으고 이스라엘과 싸우려고 헬람이라는 곳에 진을 쳤는데, 그때 그의 군대장관 소박이 그들을 통솔했다.

17절, **"혹이 다윗에게 고하매 저가 온 이스라엘을 모으고 요단을 건너 헬람에 이르매 아람 사람들이 다윗을 향하여 진을 치고 더불어 싸우더니"**.

다윗이 다시 한 번 온 이스라엘을 모았다. 지난 번에는 요압과 아비새가 암몬과 아람을 대항해 싸웠는데, 정예군을 뽑아 허를 찌르는 작전으로 싸웠다. 그러나 지금은 군대의 수가 많아졌으므로 온 이스라엘을 모은 것이다. 다윗은 그들이 그렇게 쉽게 물러갔을 것이라고 생각지 않고 여전히 경계하면서 준비하고 있다가 일이 생기자 곧 온 이스라엘 사람들을 모아서 직접 전장으로 나아갔다.

18절, **"아람 사람이 이스라엘 앞에서 도망한지라 다윗이 아람 병거 칠백 승의 사람과 마병 사만을 죽이고 또 그 군대 장관 소박을 치매 거기서 죽으니라"**.

이때 암몬과 아람의 연합 적군은 엄청나게 많은 사람이 죽었다. 이제까지 치렀던 전쟁 중에 가장 큰 전쟁이었고 대세가 결판이 나는 전쟁이었다.

19절, **"하닷에셀에게 속한 왕들이 자기가 이스라엘 앞에서 패함을 보고 이스라엘과 화친하고 섬기니 이러므로 아람 사람들이 두려워하여 다시는 암몬 자손을 돕지 아니하니라"**. 암몬 사람들이 다시는 이스라엘을 공격할 마음을 갖지 않는다. 이렇게 해서 우리는 창세기 15장 18절에서 하나님이 아브라함에게 복을 주시면서 언약하셨던바 '가나안 땅, 곧 애굽 강에서부터 큰 강 유브라데까지 네 자손에게 주리라' 하신 말씀이 이루어지는 것을 본다. 주님은 여호수아 1장에서 다시 한 번 여호수아에게 그 땅을 약속하시면서 가서 정복하라고 하신다. 여호수아 1장 4절, "곧 광야와 이 레바논에서부터 큰 하수 유브라데에 이르는 헷 족속의 온 땅과 또 해지는 편 대해까지 너희 지경이 되리라"(1:4). 그 약속이 다윗 때에 와서 완전히 이루어진다. 여호수아는 아주 용맹스러운 사람이었고 사사 시대에도 굉장히 용맹스러웠던 사람들이 있었지만 그때는 가나안 땅 부분을 차지했을 뿐 하나님이 약속하신 그 거대한 땅을 다 차지하지는 못했다. 그러나 다윗 때에 이르러서 이 땅을 온전히 차지함으로 하나님의 약속이 이루어지게 된다. 하나님은 하나님께 절대 순종하는 한 무리가 일어날 때 가장 큰 영토를 소유하도록 허락하심을 볼 수 있다. 그들은 하나님께 대하여 전심전력하는 무리였고 이스라엘 역사상 가장 하나로 연합된 무리였다.

사무엘 하 8, 9, 10장은 영적 전쟁을 보여주고 있다. 에베소서를 상고해 보라. 교회의 통일성이 이루어져 영적 전쟁을 치를 채비를 갖출 때, 즉 그리스도와 함께 하늘에 앉은 교회가 그리스도의 머리되심 아래서 분열되지 않고 모든 지체가 각각 제 기능을 다할 때 영적 전쟁을 승리로 이끌 수 있는 것이다. 그럴 때 하나님이 약속하신 모든 것을 교회가 단체적으로 취할 수 있게 된다. 우리가 이러한 그림을 보았다면 교회가 앞으로 가야 할 길이 무엇인지를 생각할 수 있을 것이다. 교회 안에서 서로 마음이 나뉘고 분열되는 것은 우리로 하나님께서 우리를 위해 정하신 복을 얻지 못하게 한다. 사울 때를 보라. 그 상태는 대적들을 쳐부술 만하지 못하다. 그러나 하나님께서 다윗이라는 한 사람을 얻으셨을 때, 그가 철저히 순종하고 십자가의 길을 걸어갔을 때, 거기에 하나님의 성령의 권위가 세워지고 그로 말미암아 나라가 하나 되며, 거기서 뽑아낸 군대가 나가 싸울 때 어떤 군대도 다 물리칠 수 있었다. 그렇게 해서 하나님께서 약속하신 모든 기업을 취할 수 있었던 것이다. 오늘날 교회인 우리가 그렇게 가야 한다. 우리가 그렇게 간다면 우리는 이 시대에도 그 놀라운 축복을 취할 수 있을 것이다. 하나 된 마음을 갖는 것의 중요성은 어떤 말로 강조해도 지나치지 않다.

11장

다윗이 우리아의 아내 밧세바를 취하다

1절, **"해가 돌아와서 왕들의 출전할 때가 되매 다윗이 요압과 그 신복과 온 이스라엘 군대를 보내니 저희가 암몬 자손을 멸하고 랍바를 에워쌌고 다윗은 예루살렘에 그대로 있으니라"**. 사무엘 하 11장은 10장의 암몬과의 전쟁의 연속이다. 해가 바뀌자 암몬이 남은 군대를 데리고 다시 쳐들어왔는데, 그때에 다윗은 요압과 그 신복들과 이스라엘 군대를 보내었고 이들은 암몬 자손의 수도였던 랍바라는 성을 에워싸고 전쟁을 벌였다. 이때 다윗은 전쟁에 나가지 않고 예루살렘에 머물러 있었다. 아마도 이때 그의 나이가 오십이 넘었을 것으로 추산된다. 주변 나라들이 정복되자 다윗의 왕권이 어느 정도 확립되었고 그는 성공한 왕의 위치에 있게 되었다. 그래서 암몬과 전쟁이 일어났어도 그 정도의 전쟁은 충분히 이길 수 있다고 생각하여 자신은 출전하지 않고 예루살렘에 머물러 있었던 것이다. 사람이 성공했다고 여길 때가 항상 위험한 때이다.

2절, **"저녁 때에 다윗이 그 침상에서 일어나 왕궁 지붕 위에서 거닐다가 그곳에서 보니 한 여인이 목욕을 하는데 심히 아름다와 보이는지라"**. 다윗은 오후에 일어나서 지붕을 배회하다가 거기서 아리따운 여인의 벗은 몸을 보고 정욕에 이끌려 범죄를 저지르게 되는데, 이때 다윗의 나이가 오십이 넘었을 것이다. 여기서 우리는 다윗이 삼십대나 사십대가 아니라는 것을 주목할 필요가 있다. 우리는 사람이 나이가 들어도 이러한 죄를 범할 수 있다는 것을 알아야 한다.

이런 기회를 잡아서 몇 마디 한다면, 우리가 어느 정도 사회에서 할 일을 해놓고 성공한 위치에 있게 되는 나이가 사오십대이고, 대개 그때 중년 남자들이나 여자들에게 위기가 찾아온다는 것이다. 나는 젊을 때 한 목사님이 집필한 설교집 '중년의 위기'라는 책을 읽어보았다. 그 책은 바로 이 부분을 주제로 쓴 글이었다. 그가 사울을 피해 도망 다닐 때에는 그런 여유가 없었다. 그러나 이제 왕이 되어서 보좌가 견고해지니 마음의 여유가 생긴 것이다. 과거 도망 다니면서 어려움을 겪던 시절은 지나갔고 이제 뭔가를 이룩한 것이다. 그러다 보니 더 이상 분투하고 애쓸 일이 없다. 어느 정도 자기 할 일을 다 해놓고 권좌에 앉은 것이다. 그럴 때가 바로 시험에 들기 쉬운 때이다.

11장에서는 육신의 정욕의 유혹으로 다윗이 끔찍한 실수를 벌이고 있는 장면을 그대로 보여주고 있다. 구약에서 다윗과 같이 경건한 성도를 찾기가 어렵다. 많은 시편을 썼고 또 하나님은 다윗에 대해서 '그는 내 마음에 합한 자'라고 하셨다. 그는 참으로 하나님을 기쁘시게 한 구약의 경건한 성도 중 하나임에 틀림없다. 그의 시편을 읽어 보면 신약의 그 누구 못지않은 경건한 영성을 가지고 있었다. 그런데 여기서 정욕에 눈이 어두워 무참히 죄를 짓게 된 것이다.

3절, **"다윗이 보내어 그 여인을 알아보게 하였더니 고하되 그는 엘리암의 딸이요 헷 사람 우리아의 아내 밧세바가 아니니이까"**. 여기서 다윗이 대담하게 죄를 범할 수 있었던 것은 그만한 지위를 가지고 있었기 때문이다. 그 여인이 유부녀이고 특히 자기의 충성스런 장군 우리아의 아내라는 것을 알았다면 다윗은 거기서 그쳤어야 했다. 우리아는 다윗의 충성스런 장군 스물아홉 중 하나였다. 그러나 다윗은 끝내 자기의 욕정을 채우기 위해 그 여자를 데리고 오라고 지시했다. **"다윗이 사자를 보내어 저를 자기에게로 데려오게 하고 저가 그 부정함을 깨끗케 하였으므로 더불어 동침하매 저가 자기 집으로 돌아가니라"**[4절]. 다윗은 그 여인이 자기의 충성스런 부하의 아내임을 알았지만 그 모든 것보다 자기의 욕정을 채우는 것이 더 우선이었다.

5절, **"여인이 잉태하매 보내어 다윗에게 고하여 가로되 내가 잉태하였나이다 하니라"**. 왜 밧세바가 다윗에게 자기가 잉태한 사실을 알렸겠는가? 여기에는 단순히 동침한 사실만을 기록했지만 그래도 밧세바가 몇 마디 우려하는 말을 했을 것이고 다윗은 걱정하지 말라고 했을 것이다.

6절, **"다윗이 요압에게 기별하여 헷 사람 우리아를 내게 보내라 하매 요압이 우리아를 다윗에게로 보내니"**. 성경은 매우 압축적이다. 5절과 6절 사이에 다윗은 많은 것을 생각했을 것이다. '아주 부끄럽고 안타까운 일들이 발생하겠구나' 하고 불길한 생각이 들면서 궁리를 한 것이 요압에게 기별을 해서 우리아를 불러들여야겠다는 것이었다.

7절, **"우리아가 다윗에게 이르매 다윗이 요압의 안부와 군사의 안부와 싸움의 어떠한 것을 묻고"**. 다윗의 이 안부 속에는 진심이 없다. 지금 정말 요압이 궁금하고 군사의 안부가 궁금해서 묻는 것이 아니다.

8절, **"저가 또 우리아에게 이르되 네 집으로 내려가서 발을 씻으라 하니 우리아가 왕궁에서 나가매 왕의 식물이 뒤따라가니라"**. 지금 다윗은 밧세바가 우리아와 동침해서 그 뱃속의 아이가 우리아의 아이인 것처럼 하려고 수를 쓰고 있다. 그래서 지금 전쟁터에서 싸우고 있는 장군을 불러다가 자기 아내하고 빨리 동침하라는 것이다. 자기 죄를 은폐시키기 위해서다. 그리고 왕궁의 음식을 가져다가 우리아의 집에 차려주었다. **"그러나 우리아는 집으로 내려가지 아니하고 왕궁 문에서 그 주의 신복들로 더불어 잔지라"**[9절]. 충성스러운 부하 우리아는 음식도 안 먹고 아내와 동침하지도 않고 왕궁 문에서 왕의 신복들과 더불어 잤다. 우리아는 정말 충직한 신하이다. 어떻게 지금 자기의 상관과 왕의 신복들이 진영을 베풀고 싸우고 있는데 자기만 홀로 들어와서 자기 아내하고 편하게 잘 수 있느냐면서 그렇게 하지 않기로 '왕의 사심과 왕의 혼의 사심을 가리켜 맹세했다'고 말했다. 다윗은 거기에 대해 할 말이 없고 난감하기만 했을 것이다.[10-11절]

다음날 다윗은 직접 우리아를 불러 먹고 마시고 취하게 했다. 술에 취했어도 군인은 군인이었다. 왕궁 문 앞에서 신복들과 더불어 침상에 눕고 자기 집으로 내려가지 않았다. 다윗은 두 번째 계략도 통하지 않자 우리아를 죽이기로 결심한다. 악한 생각을 한 것이다[12-13절]. **"아침이 되매 다윗이 편지를 써서 우리아의 손에 부쳐 요압에게 보내니"**[14절]. 지금 다윗은 우리아에게 편지를 들려 보내는데 바로 그를 죽이라는 편지이다.

15절, **"그 편지에 써서 이르기를 너희가 우리아를 맹렬한 싸움에 앞세워 두고 너희는 뒤로 물러가서 저로 맞아 죽게 하라 하였더라"**. 우리아가 충직한 사람이기 때문에 다윗은 그가 요압에게 전달하라는 편지를 뜯어보지 않을 것을 알았다.

그런 일을 하나님의 사람인 다윗이 획책했다는 것이 참으로 믿기지 않는다. **"요압이 그 성을 살펴 용사들의 있는 줄을 아는 그곳에 우리아를 두니"**[16절]. 요압은 왜 왕이 이렇게 해서 우리아를 죽이라고 했는지 잘 몰랐을 것이다. 다만 왕이 죽이라고 하니까 죽인 것이다. 그렇지만 뭔가 거기에 석연치 않은 점이 있었을 텐데 요압은 왕의 공범이 되어 그 일을 해버린 것이다. 요압은 왕이 시키는 대로 했다. 그때에 다윗의 신복 중 몇 사람이 죽고 우리아도 죽었다[17절]. 다윗은 자기의 간음죄를 은폐하기 위해서 자기의 수족 같은 부하들 몇 명을 죽인 것이다.

이 요압은 상당히 모사꾼이다. 다윗이 암시적으로 자기에게 어떤 일을 시켰는데 그것이 상당히 중요한 일이라는 것을 감지했다. 그리고 패배할 필요가 없는 전쟁에서 패배한 것에 대해 왕이 책망할 수도 있다는 것을 생각했다. 그래서 그 전쟁의 보고를 듣고 다윗 왕이 왜 그렇게 성에 바짝 가서 신복들을 죽게 했느냐고 꾸짖으면 헷 사람 우리아도 죽었다고만 말하라고 한 것이다. 요압은 매우 정치적인 사람이며, 좋은 인물이 아니다.

여기서 말한 여룹베셋의 아들 아비멜렉은 사사기에 나오는데, 여룹바알 곧 기드온의 첩의 아들이다. 아비멜렉은 기드온의 아들 칠십 명을 다 죽이고 자기가 왕이 되었다가 데벳스라고 하는 곳에서 어떤 여인이 성 위에서 내려치는 맷돌짝에 머리가 깨져서 죽은 사람이다. 아비멜렉이 성 가까이 갔다가 그렇게 죽은 줄 알면서 왜 그렇게 성 가까이 가서 신복들을 죽게 했느냐고 물으면 '헷 사람 우리아도 죽었다'라고 말하라는 것이다. 그렇게 말하면 왕이 아무 말도 못할 것을 알았다. 그는 다윗의 영성은 이해를 못하지만 다윗이 죄를 지을 때에는 그 심리를 아주 잘 안다.

여기서 밧세바를 우리아의 처라고 칭한다. 밧세바는 자기 남편이 죽었다는 소식을 듣고 슬피 울었다. **"그 장사를 마치매 다윗이 보내어 저를 궁으로 데려오니 저가 그 처가 되어 아들을 낳으니라 다윗의 소위가 여호와 보시기에 악하였더라"**[27절]. 다윗이 죄를 짓고 밧세바가 아들을 낳기까지 9개월이라는 시간이 지났다는 것을 추산할 수 있다. 다윗과 같이 경건한 사람이 그렇게 끔찍한 죄를 짓고 9개월 가까이 회개하지 않고 있었다는 것은 놀라운 일이다.

12장

나단 선지자의 책망과 다윗의 회개

이때 나단 선지자가 다윗에게 왔다. 선지자 나단은 직접 다윗의 죄를 지적하지 않고 먼저 한 가지 이야기를 들려주고 있다. '한 성에 두 사람이 있는데, 하나는 부하고 하나는 가난하니 그 부한 자는 양과 소가 심히 많은데 가난한 자는 아무것도 없고 자기가 사서 기르는 작은 암양 새끼 하나뿐이었다. 그 암양 새끼는 자식처럼 함께 먹고 마시며 그 품에 눕기도 하니 마치 딸과 같았다. 그런데 어떤 행인이 그 부자에게 오니 그는 자기 양과 소는 아끼고 그 행인을 위해 이 가난한 사람의 하나밖에 없는 암양 새끼를 빼앗아다가 잡았다.' 이 이야기를 듣자 다윗은 크게 노하면서 나단에게 말하기를, "여호와의 사심을 가리켜 맹세하노니 이 일을 행한 사람은 마땅히 죽을 자라…" 하였다.

어떤 사람들은 여기에 나오는 행인을 '악한 생각'으로 보기도 한다. 다윗은 자기의 '악한 생각(정욕)'을 채우기 위해서 남의 하나밖에 없는 사랑스럽고 귀한 부인을 탈취한 것이다. 여기서 우리가 알 수 있는 한 가지는 소위 세상 말로 '바람이 났다'고 하는 것, 즉 어떤 남자나 여자가 함께 살다가 다른 상대를 생각하게 되는 것은 악한 생각에서 비롯된다는 것이다. 그 악한 생각이 여기서 말하는 행인이라는 것이다. 이것은 나쁜 생각 정도가 아니고 거의 귀신 들린 수준으로 보아야 한다.

배신, 간음의 악한 생각은 사단이 집어넣은 것이다. 성경은 '사단이 유다에게 예수를 팔려는 생각을 넣었더니'라고 했다. 배신의 영은 사단, 악한 자가 들어온 것이라고 생각하면 된다. 그러므로 한 번 배신하고 거역하는 것은 매우 치료받기 어려운 것이다. 그러한 것에 감염되어서 악한 마음을 갖게 된 사람들은 첫째, 그것을 쫓아내기가 결코 쉽지 않다는 것을 알아야 한다. 먼저 들어오게 하고 받아들인 것이 잘못이다. 그것이 결국 안목의 정욕, 즉 눈으로 보고 생각하며 부정한 생각을 합법적으로 들어오도록 한 것인데 한 번 들어오면 쉽게 나가지 않는다.

나단 선지자는 다윗에게 와서 직선적으로 다윗의 죄를 얘기한 것이 아니라 비유로 '이러한 일이 있다'고 말했다. 사람이란 자기 죄는 잘 보지 못하면서 남의 죄는 잘 본다. 그리고 죄가 있는 사람은 이러한 때에 자신을 가리기 위해 짐짓 더 분개한다. 그런다고 해서 자기의 죄가 감해지거나 가려지는 건 결코 아니다.

6-7절, **"저가 불쌍히 여기지 않고 이 일을 행하였으니 그 양 새끼를 사 배나 갚아 주어야 하리라 나단이 다윗에게 이르되 당신이 그 사람이라 이스라엘의 하나님 여호와께서 이처럼 이르시기를 내가 너로 이스라엘 왕을 삼기 위하여 네게 기름을 붓고 너를 사울의 손에서 구원하고"**. 사람을 죽일 수도 있고 살릴 수도 있는 권세를 가진 왕에게 하나님이 보내신 선지자 나단은 직선적으로 말했다. '당신이 그 사람이라.' 선지자의 담대함이 여기 있다.

하나님이 다윗에게 가서 하라고 명하신 말을 선지자 나단은 다 전달하고 있다. 다윗이 범한 죄가 무엇인가? 하나님의 말씀을 업신여긴 죄이다. 하나님은 '이웃의 아내를 탐내지 말라 또 간음하지 말라'고 계명으로 명하셨다. 하나님을 가장 노엽게 하는 죄가 하나님의 말씀을 업신여기는 것이다. **"이제 네가 나를 업신여기고 헷 사람 우리아의 처를 빼앗아 네 처를 삼았은즉 칼이 네 집에 영영히 떠나지 아니하리라 하셨고"**[10절]. 9절에서는 '말씀'을 업신여긴 것이라 했고 10절에서는 '나'를 업신여긴 것이라고 했다. 하나님의 말씀을 업신여긴 것이 하나님을 업신여긴 것이다.

11-12절, **"여호와께서 또 이처럼 이르시기를 내가 네 집에 재화를 일으키고 내가 네 처들을 가져 네 눈앞에서 다른 사람에게 주리니 그 사람이 네 처들로 더불어 백주에 동침하리라 너는 은밀히 행하였으나 나는 이스라엘 무리 앞 백주에 이 일을 행하리라 하셨나이다"**. 여기까지 나단이 한 말이다. 다윗은 이러한 죄를 범함으로 칼이 영영히 그 집에서 떠나지 않는 재앙을 가져오게 되었다. 이로 인해 다윗의 집에는 칼부림이 많이 일어나게 된다. 암논이라는 아들과 압살롬의 누이, 이복 남매간에 근친상간이 일어나게 되는데 압살롬이 암논을 살해해 버린다. 그리고 압살롬은 아버지를 반역하였으며 결국 죽임을 당하게 된다. 다윗의 말년에 학깃이라는 아내의 아들 아도니아는 스스로 왕이 되려 하다가 솔로몬에게 죽임을 당한다. 이처럼 죽이고 죽는 일이 아들들 가운데 일어나게 된다. 또한 압살롬은 백주에 이스라엘 사람들 앞에서 아버지의 후궁들을 범하는 일을 행하였다.

13절, **"다윗이 나단에게 이르되 내가 여호와께 죄를 범하였노라 하매 나단이 다윗에게 대답하되 여호와께서도 당신의 죄를 사하셨나니 당신이 죽지 아니하려니와"**. 우리는 여기서 다윗의 영성에 대해 생각해 볼 필요가 있다. 죄로 말한다면, 죄의 경중으로 따진다면 사울보다 다윗이 크다. 사울의 죄는 다 죽이라고 하는 대적의 좋은 것을 좀 남겨둔 정도이지만(삼상 15장 참조), 다윗은 끔찍한 죄를 짓고 악을 행했다. 그러나 하나님께서 선지자 나단을 보내서 꾸짖으며 '이러한 형벌이 있을 것이다. 징계가 있을 것이다.'라고 하셨을 때 다윗은 즉시 자백을 했다. 그는 변명하거나 여러 이야기를 늘어놓지 않고 반항하지도 않았다. 그는 즉시 자기 죄를 시인하고 자백하고 회개하는 태도를 가졌다. 이것이 다윗이다.

우리는 이 13절을 읽을 때 두 가지 깊은 인상을 받는다. 첫째는 다윗이 그렇게 빠르고 간단하게 자기의 죄를 시인하는 것이고, 둘째는 하나님이 그렇게 쉽게 죄를 용서하시는 것이다. 우리가 하나님이라면 이러한 죄를 지은 사람이 한마디 회개했다고 해서 용서할 것 같지 않다. 그렇게 끔찍한 죄를 즉시 용서할 수 있는가? 그러므로 우리 하나님은 용서의 하나님이시라는 것을 볼 수 있다.

여기서 우리가 읽지 않으면 안 되는 시편이 51편이다. 바로 이때 다윗이 쓴 것이다. 사무엘 하에서는 '내가 여호와께 죄를 범하였노라'고 간단히 기록했지만 그의 회개는 처절했다. 그것이 시편 51편에 기록되어 있다.

〈시편 51편 - 다윗의 시, 영장으로 한 노래, 다윗이 밧세바와 동침한 후 선지자 나단이 저에게 온 때에〉(나단이 온 것은 다윗이 죄를 범한 직후가 아니다. 시간이 상당히 흐른 후이다.)

1-3절, **"하나님이여 주의 인자를 좇아 나를 긍휼히 여기시며 주의 많은 자비를 좇아 내 죄과를 도말하소서 나의 죄악을 말갛게 씻기시며 나의 죄를 깨끗이 제하소서 대저 나는 내 죄과를 아오니 내 죄가 항상 내 앞에 있나이다"**. 다윗은 항상 죄를 앞에 두고 살았다고 한다. 나단이 오기 전에도 다윗은 괴롭고 무거운 심정이었던 것이다. 4절, **"내가 주께만 범죄하여 주의 목전에 악을 행하였사오니 주께서 말씀하실 때에 의로우시다 하고 판단하실 때에 순전하시다 하리이다"**. 다윗은 우리아를 죽이고 밧세바와 간음하는 죄를 지었지만, 그것이 사람을 향해서 한 것이 아니라 주님께 범죄했다고 고백한다. 하나님께서 하

지 말라고 하신 것을 거역하여 행한 것이기 때문에 하나님께 죄를 범한 것이라고 한다.

5절, "내가 죄악 중에 출생하였음이여 모친이 죄 중에 나를 잉태하였나이다". 그렇게 죄를 범한 자기를 한탄하는 것이다. 다윗에게는 그렇게 하고 싶은 마음이 사실은 없었다. 항상 그러한 죄 속에 사는 사람과 이렇게 자기가 원치 않는데 유혹에 못 이겨서 죄를 범한 것은 차이가 있다. 다윗이 '왜 내가 그렇게 했을까' 생각할 때, '나는 죄악 중에 출생한 자고 모친이 죄 중에 나를 잉태했다. 죄인으로 태어나서 죄성(罪性)이 내게 있기 때문에 그 죄성에 말려들어서 이런 범죄를 했구나!' 한 것이다.

6-7절, "중심에 진실함을 주께서 원하시오니 내 속에 지혜를 알게 하시리이다 우슬초로 나를 정결케 하소서 내가 정하리이다 나를 씻기소서 내가 눈보다 희리이다". 다윗은 스스로에 대해서 아주 부정하다는 느낌을 가지고 있었다. 그래서 다윗은 범죄한 뒤에 자기를 깨끗케 해 달라고, 정결케 해달라고 부르짖는다. **8절, "나로 즐겁고 기쁜 소리를 듣게 하사 주께서 꺾으신 뼈로 즐거워하게 하소서".** 다윗은 범죄하고서 거의 9개월 간 즐거움을 잃어버렸다. 죄는 우리의 기쁨을 빼앗아 간다. 그리고 우리의 뼈도 썩게 만든다. 뼈가 마르는 것 같다.

9-10절, "주의 얼굴을 내 죄에서 돌이키시고 내 모든 죄악을 도말하소서 하나님이여 내 속에 정한 마음을 창조하시고 내 안에 정직한 영을 새롭게 하소서". 지금 그의 마음과 영은 깨끗함과 정직함을 잃었다. 다윗은 하나님께 정한 마음과 정직한 영을 달라고 부르짖는다.

11절, "나를 주 앞에서 쫓아내지 마시며 주의 성신을 내게서 거두지 마소서". 죄를 지은 후 주님께 버림받은 듯한 느낌, 성령이 거두어진 것 같은 느낌이 있었던 것이다.

12절, "주의 구원의 즐거움을 내게 회복시키시고 자원하는 심령을 주사 나를 붙드소서". 그는 구원의 즐거움도 잃어버렸다. 죄를 짓고 난 뒤에는 어떤 즐거움도 없다. 구원의 즐거움도 잃어 버렸다. 그는 구원의 기쁨을 회복해 달라는 기도와 죄를 지은 후 잃어버렸던 자원하는 심령을 달라는 기도를 한다.

13절, **"그러하면 내가 범죄자에게 주의 도를 가르치리니 죄인들이 주께 돌아오리이다"**. 범죄한 후에는 사람들에게 주님의 도를 전하고자 하는 마음, 많은 사람들에게 주님의 말씀을 가르치고자 하는 마음, 많은 사람들을 진리로 이끌고자 하는 마음이 없어진 것이다. 죄는 완전히 우리를 폐인이 되게 만든다. 우리의 영, 혼, 몸 전체를 병들게 하고 하나님과의 간격을 만들어 버리고 하나님을 멀리 떠나게 하는 것이 우리가 범한 죄이다.

14절, **"하나님이여 나의 구원의 하나님이여 피 흘린 죄에서 나를 건지소서 내 혀가 주의 의를 높이 노래하리이다"**. 다윗은 정직하게 '내가 사람을 죽이고 피를 흘린 살인자다, 내가 그런 죄를 지은 살인자다.'라고 죄를 고백하고 있다. 그러면서 자신을 건져 달라고 기도하고 있다.

15절, **"주여 내 입술을 열어주소서 내 입이 주를 찬송하여 전파하리이다"**. 죄를 지은 후 회개하지 않고 주님의 용서를 받지 않았을 때 다윗은 그 찬송하는 입술이 닫혔다. 그래서 자기의 입술을 열어 달라고 기도한다. 내 입술로 주를 찬송하며 전파하는 것을 회복해 달라고 기도하고 있다.

16절, **"주는 제사를 즐겨 아니하시나니 그렇지 않으면 내가 드렸을 것이라 주는 번제를 기뻐 아니하시나이다"**. 그는 제사도 지내보려고 하고 번제도 드려보려고 했지만 그러한 상태에서 드리는 번제와 제물을 하나님은 기뻐 받지 않으신다는 것을 알았다.

17절, **"하나님의 구하시는 제사는 상한 심령이라 하나님이여 상하고 통회하는 마음을 주께서 멸시치 아니하시리이다"**. 다윗은 회개와 상한 심령을 가졌다. 그렇게 상하고 통회하는 심령을 멸시치 아니하시리라고 기대했다.

18-19절, **"주의 은택으로 시온에 선을 행하시고 예루살렘 성을 쌓으소서 그때에 주께서 의로운 제사와 번제와 온전한 번제를 기뻐하시리니 저희가 수소로**

주의 단에 드리리이다". 이렇게 참된 회개와 참된 통회함 안에서 제사와 번제를 드릴 때에 기뻐하실 것이고 그때서야 스스로 주님의 단에 드릴 것이라고 노래를 한다. 이것이 바로 다윗이 죄를 짓고 나단의 책망을 받은 뒤에 쓴 시이다.

또 시편 32편을 보겠다. 시편 32편은 다윗이 51편에서 죄를 자복하고 회개하고 통회할 때 나단 선지자로부터 '여호와께서 다윗의 죄를 용서했다'라는 말을 듣고서 쓴 시다.

〈시편 32편〉

1-2, **"허물의 사함을 얻고 그 죄의 가리움을 받은 자는 복이 있도다 마음에 간사가 없고 여호와께 정죄를 당치 않은 자는 복이 있도다".** 적어도 다윗은 그 마음에 간사가 없다. 정직하게 자기의 죄를 자백할 수 있는 사람이었다는 것이다.

3절, **"내가 토설치 아니할 때에 종일 신음하므로 내 뼈가 쇠하였도다".** 다윗은 오랫동안 자백을 하지 않고 있었다. 자기 죄에 대해서 그저 잠잠히 자백을 보류하고 있었을 때 종일 신음하고 인생에 맛이 없고 내 뼈가 쇠하였다고 했다. 그는 뼈가 마르는 것 같은 시절을 오래 보냈다.

4절, **"주의 손이 주야로 나를 누르시오니 내 진액이 화하여 여름 가물에 마름같이 되었나이다(셀라)".** 다윗은 죄를 짓고 회개치 않고 있을 때에 주님의 손이 주야로 자기를 누르는 것 같았다고 한다. 그래서 자기의 진액이 여름 가물에 마름같이 아무런 기름 부음이 없고 아무런 임재가 없는 그러한 상황을 지냈다고 고백하고 있다.

5절, **"내가 이르기를 내 허물을 여호와께 자복하리라 하고 주께 내 죄를 아뢰고 내 죄악을 숨기지 아니하였더니 곧 주께서 내 죄의 악을 사하셨나이다(셀라)".** 그래서 다윗은 정직하게 내 죄를 자백해야겠다고 결심하여 죄를 아뢰고 죄를 숨기지 아니하였더니 주님이 자기의 악을 사해 주었다고 말한다.

6절, **"이로 인하여 무릇 경건한 자는 주를 만날 기회를 타서 주께 기도할지라 진실로 홍수가 범람할지라도 저에게 미치지 못하리이다"**. 이제 다윗은 자기가 용서함을 받은 후 다른 사람들에게 권한다. 체험이 있는 사람들은 다른 사람들을 권면하게 된다.

7절, **"주는 나의 은신처이오니 환난에서 나를 보호하시고 구원의 노래로 나를 에우시리이다(셀라)"**

8절, **"내가 너의 갈 길을 가르쳐 보이고 너를 주목하여 훈계하리로다"**. 이것은 이제 주님 편에서 말하는 것이다. '나의 눈이 너를 인도한다'는 뜻이다. 이렇게 회개한 심령들, 곧 주님께 자백하고 주님께 돌이킨 심령들에게 주님은 구원의 노래로 그들을 에우시고 갈 길을 가르쳐 보이시고 눈으로 인도하시고 훈계하신다.

9절, **"너희는 무지한 말이나 노새같이 되지 말지어다 그것들은 자갈과 굴레로 단속하지 아니하면 너희에게 가까이 오지 아니하리로다"**. 누가 무지한 말이나 노새인가? 다윗은 아마도 자기가 죄를 짓고서 회개하지 않았을 때에 마치 무지한 노새나 말 같다고 생각했을 것이다. 하나님은 후에 다윗에게 많은 어려운 환경을 주신다. 왜 그런가? 그것은 하나의 징계이다. 하나님은 성도들이 말을 듣지 않으면 자갈과 굴레로 단속하신다. 오늘날 성도들이 병에 걸리기도 하고 또 환경의 어려움을 만나기도 하는데, 하나님은 때로 그러한 징계를 주신다. 눈으로 인도하시는 주님의 가르침을 잘 따른다면 이런 징계가 없다. 그런데 우리가 말이나 노새같이 무지해서 말을 잘 듣지 않으니까 자갈과 굴레로 단속하실 때가 있는 것이다. 그럴 때 주님의 음성을 잘 듣게 되고 굴복하게 되고 잘 따르게 된다.

10절, **"악인에게는 많은 슬픔이 있으나 여호와를 신뢰하는 자에게는 인자하심이 두르리로다"**. 다윗은 자기를 가리켜 악인이라고 했을 것이다. 악인에게는 슬픈 일이 많이 생기게 된다.

11절, **"너희 의인들아 여호와를 기뻐하며 즐거워할지어다 마음이 정직한 너희**

들아 다 즐거이 외칠지어다". 이것이 사함 받은 후에 다윗이 쓴 시다. 우리는 다윗이 범죄한 후 회개하고 자복하며 용서함을 받은 뒤에 기록한 두 개의 시편을 읽으면서 감명을 받는다.

다시 사무엘 하로 돌아가겠다. 13절에서는 나단 선지자가 주님이 다윗의 죄를 사하셨고 그가 죽지 않을 것이라고 말했다. 그렇지만 이 일로 여호와의 원수로 크게 훼방할 거리를 얻게 하였으니 태어날 아이가 반드시 죽을 것이라고 한다[14절].

하나님은 왜 때에 따라서 범죄한 사람들을 심판하셔야 하는가? 하나님이 거룩히 여김을 받으셔야 하기 때문이고 하나님의 공의가 나타나야 하기 때문이다. 하나님의 심판이 없다면 사람들은 불평할 것이다. '저 사람은 저렇게 죄를 짓고도 뻔뻔하게 잘 살고 있다. 그런데 왜 우리는 죄를 별로 짓지도 않는데 이렇게 고통을 당해야 하는가?' 이렇게 되면 하나님의 공의가 무너져 버린다. 그렇기 때문에 하나님은 범죄에 대해 응당한 징계를 하셔야만 한다. 그래서 결국 다윗을 용서는 하시지만 그에게서 난 그 아들이 죽을 것이라고 말씀하셨다.

15절, **"나단이 자기 집으로 돌아가니라 우리아의 처가 다윗에게 낳은 아이를 여호와께서 치시매 심히 앓는지라"**. 이 회개의 역사가 있었던 때는 다윗이 우리아의 처와 동침한 후 9개월 후쯤일 것이다.

16-18절, **"다윗이 그 아이를 위하여 하나님께 간구하되 금식하고 안에 들어가서 밤새도록 땅에 엎드렸으니 그 집의 늙은 자들이 곁에 이르러 다윗을 일으키려 하되 왕이 듣지 아니하고 저희로 더불어 먹지도 아니하더라 이레 만에 그 아이가 죽으니라 그러나 다윗의 신복들이 아이의 죽은 것을 왕에게 고하기를 두려워하니 이는 저희가 말하기를 아이가 살았을 때에 우리가 말하여도 왕이 그 말을 듣지 아니하셨나니 어떻게 그 아이의 죽은 것을 고할 수 있으랴 왕이 훼상하시리로다 함이라"**. 팔 일이 되면 할례일이지만 팔 일이 되기 전 칠 일 만에 그 아이는 죽었다.

19절, **"다윗이 그 신복들의 서로 수군거리는 것을 보고 그 아이가 죽은 줄을 깨닫고 그 신복들에게 묻되 아이가 죽었느냐 대답하되 죽었나이다"**. 사실 다윗은 나단 선지자에게 들은 바가 있기 때문에 그 아들이 죽을 것을 알았다. 그런데도 다윗은 칠 일 동안 금식하며 기도를 했다.

20절, **"다윗이 땅에서 일어나 몸을 씻고 기름을 바르고 의복을 갈아입고 여호와의 전에 들어가서 경배하고 궁으로 돌아와서 명하여 음식을 그 앞에 베풀게 하고 먹은지라"**. 그런데 일단 그 아이가 죽었다고 하자 다윗은 일어나서 몸을 씻고 기름을 바르고 의복을 갈아입고 여호와의 전에 들어가서 경배하고 궁으로 돌아왔다.

21절, **"신복들이 왕께 묻되 아이가 살았을 때에는 위하여 금식하고 우시더니 죽은 후에는 일어나서 잡수시니 어찜이니이까"**. 다윗의 신복들은 왕의 행동에 대하여 이해가 가지 않는 것이다. 아이가 죽었다는 말을 들은 후 다윗이 모든 것을 깨끗이 하고 새로이 일을 시작하니까 신복들은 의아해 했다.

22-23절, **"가로되 아이가 살았을 때에 내가 금식하고 운 것은 혹시 여호와께서 나를 불쌍히 여기사 아이를 살려 주실는지 누가 알까 생각함이어니와 시방은 죽었으니 어찌 금식하랴 내가 다시 돌아오게 할 수 있느냐 나는 저에게로 가려니와 저는 내게로 돌아오지 아니하리라"**. 여기서 우리는 신학적인 질문 한 가지를 해볼 수 있다. 구원을 받지 않은 유아가 죽었을 때 과연 그 아이는 어떻게 될 것인가? 여기서 다윗의 자식은 햇빛도 못 보고 말도 못하고 어떤 행동도 하기 전에 칠 일 만에 죽었다. 그런 아이에 대해서 하나님은 어떻게 하실 것인지의 문제가 제기되는 것이다. 유아들이 죽은 후에 어떻게 될 것인지 우리는 잘 알지 못하지만 하나님의 공의로운 행정이 있을 것이다. 그리고 그 아이들을 만날 수 있을 것이다. 우리는 다만 이러한 추측을 할 뿐이다. 물론 믿지 않는 자들이 지옥에 가는 것과 믿음에 의한 구원은 분명한 것이다. 그러나 죄를 알지 못하고 죽은 자들에 대한 (죄악 중에 출생했을지라도) 하나님의 심판이 장차 어떻게 이루어질 것인지에 대해서는 거기에도 공의가 있을 것이라고 생각해본다. 어쨌든 여기서 다윗은 분명히 '나는 저에게로 가려니와'라고 하였다.

24절, **"다윗이 그 처 밧세바를 위로하고 저에게 들어가 동침하였더니 저가 아들을 낳으매 그 이름을 솔로몬이라 하니라 여호와께서 그를 사랑하사"**. 다윗이 간음의 죄를 지었지만 하나님께 회개하고 용서를 받고 징계를 당한 후에 하나님은 그 회개의 열매로 아들 솔로몬을 주셨다. 여호와께서 그를 사랑하셨다고 말한다.

"선지자 나단을 보내사 그 이름을 여디디야라 하시니 이는 여호와께서 사랑하심을 인함이더라"[25절]. 사람이 죄를 지었는데 그 후에 참된 회개가 있고 또 참된 회개의 열매가 있으면 하나님은 그 열매를 사랑하신다. 하나님은 다윗을 꾸짖으실 때 나단을 보내셨고 밧세바가 솔로몬을 낳았을 때도 나단을 보내셨다. 이때 주님은 솔로몬의 이름을 '여디디야'라고 지어 주셨다. '여디디야'는 '하나님의 사랑하심을 받은 자'라는 뜻이다. '솔로몬'은 '평강'이라는 뜻이다. 결국 하나님은 솔로몬으로 하여금 다윗의 왕권을 계승하게 하시고 그를 통해서 성전을 건축하신다. '평강의 아들'은 곧 그리스도를 예표한다.

다윗은 나단 선지자를 존경하여 솔로몬 이후에 낳은 한 아들의 이름을 나단이라고 했다. 예수 그리스도의 족보에는 두 노선이 있는데, 두 노선 모두 다윗으로부터 나온 것이다. 요셉의 족보가 있고 마리아의 족보가 있는데 둘 다 근원은 다윗이다. 마리아는 다윗 아래 나단으로 이어지는 족보에 속하고, 요셉은 다윗 아래 솔로몬으로 이어지는 족보에 속한다. 다윗의 족보에서 그리스도가 태어나신다.

다윗이 랍바를 쳐서 취하다

26절, **"요압이 암몬 자손의 왕성 랍바를 쳐서 취하게 되매"**. 다윗이 밧세바와 간음하고서 결국 우리아를 죽게 하는 큰 죄를 지었는데, 하나님은 이 두 범죄를 제외하고는 다윗에 대하여 다 좋다고 하셨다. 그 일은 암몬과의 전쟁 때 일어났는데 그래도 하나님은 그 전쟁을 이기게 하셨다.

27절, **"사자를 다윗에게 보내어 가로되 내가 랍바 곧 물들의 성을 쳐서 취하게 되었으니"** '랍바'는 '물들의 성'이라는 뜻으로 얍복 강이 흐르는 곳이다.

28절, **"이제 왕은 남은 군사를 모아 진 치고 이 성을 쳐서 취하소서 내가 이 성을 취하면 이 성이 내 이름으로 일컬음을 받을까 두려워하나이다"**. 요압 장군에게는 그래도 좋은 부분이 있다. 랍바를 거의 다 정복을 했을 시점에 다윗에게 사자를 보내어 이제 남은 군사를 모아 진 치고 왕께서 직접 그 성을 쳐서 취하시라고 했다. 마지막까지 요압이 그 성을 쳐서 정복하면 그 성이 자기의 이름으로 일컬음을 받을까 두렵기 때문이라는 것이다. 그는 모든 영광을 다윗에게 돌리고자 했다. 모든 그리스도의 종들은 마땅히 이렇게 해야 한다. 그리스도의 종들은 자기가 마무리까지 다해서 스스로 영광을 취할 것이 아니라 온전한 마무리를 그리스도께서 하시도록 하는 태도를 갖고 있어야 한다.

29-30절, **"다윗이 모든 군사를 모아 랍바로 가서 쳐서 취하고 그 왕의 머리에서 보석 있는 면류관을 취하니 그 중량이 금 한 달란트라 다윗이 머리에 쓰니라 다윗이 또 그 성에서 노략한 물건을 무수히 내어오고"**. 금 한 달란트의 무게는 약 34킬로그램이다. 그 금 면류관을 항상 쓰고 다닐 수는 없을 것이고 하나의 영예로 가지고 있는 것이다. 그러므로 다윗이 머리에 썼다는 것은 항상 쓰고 있다는 뜻이 아니라 그것을 자기의 영광으로 취한 것이라고 본다.

31절, **"그 가운데 백성들을 끌어내어 톱질과 써레질과 도끼질과 벽돌구이를 하게 하니라 암몬 자손의 모든 성을 이같이 하고 다윗과 모든 백성이 예루살렘으로 돌아오니라"**. 사무엘 하 11-12장에서 밖으로는 이스라엘이 암몬과 전쟁 중이었다. 이러한 전쟁 중에 다윗이 끔찍한 죄악을 범한 것이다. 그리고 그 죄악에 대한 회개와 하나님의 용서로 그 일이 매듭지어 지면서 이 전쟁도 끝나게 된다. 구약의 경건한 성도인 다윗이 이러한 죄를 지은 것을 성경은 감추지 않고 기록했다.

13장

다윗이 하나님의 철저한 징계에 떨어지다

다윗 왕은 구약의 귀한 성도이다. 그는 사울과는 분명히 차이가 있으며 하나님을 참으로 사랑하는 사람임에 틀림이 없다. 그는 많은 시편을 썼고 성경에서 유일하게 '하나님의 마음에 합한 자'라는 말을 들은 사람이다. 그럼에도 불구하고 다윗은 왕이 될 때까지 상당한 고난을 당했다. 어려움 속에 있었고 사울의 추격을 받으면서 오랜 세월을 보냈으며 왕이 되는 것도 순조롭지 않았다. 유다와 베냐민 지파에 의해서만 7년 동안 왕이 되었다가 이제 우여곡절 끝에 가까스로 이스라엘 전체의 왕이 되었다고 할 수 있다.

그렇게 해서 왕이 되었으면 선정을 베풀고 이스라엘 백성들을 의와 공의로 인도하며 그 동안 은혜를 입지 못한 백성들이 은혜도 받고 도움도 얻고 하나님의 가르침도 받는 기간이 있으면 참 좋은데 그렇지 못한 것을 본다. 다윗이 고군분투하다 결국 왕이 되고 주위의 나라 사람들을 쳐부수는 일까지 한 것을 10-11장에서 보게 되고, 이제 비로소 안정된 왕위에 올랐다고 할 때가 12장인데 12장에서는 다윗이 범죄하는 것을 보게 된다. 다윗이 밧세바와 동침하고서 결국 자기의 충성된 신하 우리아를 살해하는 일이 벌어졌다.

다윗은 기름부음을 받고 그 어려운 과정을 거쳐서 왕이 된 후에 비로소 안정된 보좌에 앉았는데, 얼마 안 되어 간음과 살인이라는 죄를 범하고 그 결과 나단 선지자로부터 책망과 저주를 받는 것이 12장에 있다. 그리고 13장부터는 '칼이 그 집에 그치지 않는다'는 선지자의 예언이 이루어져간다. 내리막이 시작되는 것을 보게 된다. 다윗은 왕이 되기 위해 올라갔다. 정상은 잠시이고 곧 바로 내려가게 된다. 잠시 정상의 자리에 있다가 범죄한 뒤에 다윗은 곧장 내려가기 시작했다. 그래서 끊임없는 징계와 고난을 당하는 것이 13장, 14장, 15장으로 이어지며, 다윗이 죽을 때까지 끝나지 않는다.

결국 하나님의 예언대로 한 번의 범죄로 그 집안에 수많은 어려움이 발생하게 된다. 딸이 강간당하고(근친상간), 그 강간한 아들은 또 다른 아들 압살롬에게 죽임당하며, 압살롬은 아버지를 반역하고 다윗은 아들에게 쫓겨 피신하게 된다. 그리고 아들 군대와 아버지의 군대가 싸우다가 결국 아들이 죽게 된다. 이런 일들이 계속 벌어지다가 다윗의 왕정이 끝나게 되는데, 그렇다면 무엇 하러 그 오랜 고생을 거쳐서 왕이 되었는가 하는 생각이 들 정도이다.

그래서 나는 13장의 내용에 들어가기 전에 이런 생각을 해본다. 다윗은 어렸을 때 목동이었다. 목동이었다가 왕이 된 것이다. 이 과정이야말로 눈물겨운 과정이다. 그런데 결국 왕이 되어서 집권을 한 지 얼마 안 되어 죄를 범한다. 그리고서 하락이다. 물론 내가 이렇게 간단하게 얘기를 하면 다윗에게는 하나의 편파적인 판단이 될 것이다. 그럼에도 불구하고 다윗은 너무나 귀한 성도이기 때문이다. 이러한 모든 일에서 주님을 바라보고 주님을 의뢰하고 그리고 회개하는 아름다운 과정이 있었다.

어쨌든 왕위에 올라 뭔가 뜻을 펼칠 기회도 없이 큰 범죄를 하고 끊임없는 우환과 내란이 집안에 겹치면서 그것을 수습하느라고 안간힘을 쓰다가 자기의 시대를 마감하는 식으로 다윗의 이야기는 끝난다. 그래서 나는 '과연 성공이라는 것이 인간에게 좋은 것인가?'라는 생각을 하게 된다. 오늘날 기독교 서점에 가면 성공에 대한 서적이 많이 팔린다. 그런데 소위 성공이 꼭 필요한 것인가?

주님의 역사가 흥왕되어야 하는 것은 맞다. 반드시 그렇게 되어야 한다. 주의 성도들도 강성하게 되고 일어나야 한다. 우리는 그 모습을 보고 싶다. 그렇지만 사역자들은 그렇게 성공해서는 안 될 것이다. 그것은 상당한 위험을 내포한다. 우리 주님은 참 다윗이며 왕이시다. 그런데 이 땅에서 주님이 사역하실 때에 성공하셨는가? 인간적으로 볼 때 주님은 성공하는 사역을 하지 않으셨다. 제자들 열두 명을 모아놓은 것은 성공한 사역이 아니며 120명의 문도를 모아 놓았다고 해서 성공한 사역이 아니다. 젊은 나이에 제자 중 하나에게 배신당하여 팔리게 되어 십자가에 죽으신 것 역시 인간적으로는 성공한 것이 아니다. 그분은 끝까지 좁고 비천한 길을 걸어가셨다.

그렇지만 주님이 많은 열매를 맺지 않으셨는가? 그분의 사역의 결과는 성공이다. 그분 자신은 십자가에서 죽으셨지만 그 결과는 성공이다. 그것은 요한복음 12장 24절에서 "한 알의 밀이 땅에 떨어져 죽지 않으면 한 알 그대로 있고 죽으면 많은 열매를 맺느니라"고 하신 말씀대로이다. 그분이 열매를 맺는 방식은 자기도 좋아지고 열매도 많이 맺는 방식이 아니고 사역하는 사람 자신은 목숨을 잃어버리고 그 결과로 많은 밀알을 얻게되는 방식이다. 그리고 주님은 그 말씀 바로 이어서 '사람이 나를 사랑하면 나 있는 곳에 그들도 함께 있어야 한다'고 하셨다. 사람이 주님을 섬기려 하면 그들도 주님의 길을 따라야 한다는 뜻이다.

바울의 일생도 생각해보자. 바울이 성공한 사역자로서 왕 같은 위치에 있던 적이 있는가? 나는 없었다고 생각한다. 그 대신에 바울을 통해서 일으켜진 교회는 성공했다. 교회는 주님의 것이요 주님의 밭이기 때문에 풍성한 열매를 맺어야 한다. 그렇지만 농부로 부르심 받은 자들은 성공했는가? 그들의 보상은 주인에게서 받으면 된다.

암논이라는 왕자가 이복 누이 동생을 범하다

사람은 영, 혼, 몸이 있는데, 사람이 타락하여 몸이 육체가 되었다. 원래 하나님이 사람을 창조하실 때는 영을 통해서 혼과 몸이 지배를 받도록 되어 있었다. 그리고 하나님의 영이 사람과 하나 되어 사람을 다스리도록 하셨다. 그러나 사람이 타락한 후에 사람의 몸 속에 죄가 들어 왔다. 그래서 로마서 7장에 보면 '죄의 몸'이라고 되어 있다. 죄의 몸이란 그 몸 속에서 죄가 주장하기 때문에 붙여진 이름이다. 인간이 타락한 후에 사람의 영은 죽었고 혼이 주인이 되었다. 자기 생각대로 자기 마음이 이끌리는 대로 사는 존재가 되었다(엡 2:1-3).

사실 인간의 사랑은 하나님의 거룩한 사랑의 지배를 받아 흘러나와야 한다. 이러한 사랑이 정상적인 사랑이다. 이러한 사랑을 '아가페'라고 한다. 본디 이러한 사랑을 하는 존재가 인간이다. 그런데 여기 암논은 하나님의 생명과 전혀 관계가 없는 타락한 존재가 되어버렸다. 자기 육신의 안목의 정욕으로 다말이라는 이복 누이 동생을 좋아하게 된 것이다. 그것은 육체로 말미암은 것이다.

성경은 다말이 아름답다고 말한다. 뒤에도 나오지만 다윗 집안에서 압살롬 쪽의 사람들이 다들 잘 생겼다. (나중에 압살롬이 딸을 낳았는데 이름이 다말이다. 이 아이도 아주 잘생겼다.) 아름답게 태어나는 것이 반드시 좋은 것은 아니다. 여성들은 자기의 미모를 자랑하지 말아야 한다.

3절, "암논에게 요나답이라 하는 친구가 있으니 저는 다윗의 형 시므아의 아들이요 심히 간교한 자라".

이렇게 안 좋은 사람 옆에는 꼭 안 좋은 친구가 있다. 암논의 친구 요나답에게는 사탄에게 붙어 다니는 '간교한 자'라는 수식어가 있다. 그는 간교한 친구이다. 친구를 잘못 두는 것도 불행이다. 여러분도 주변에 있는 사람이 어떠한 사람들인지 생각해보아야 한다. 이 요나답이라는 친구는 왕권에 있어서 암논보다 멀리 있는 사람이었다. 암논의 위치가 그보다 좋았던 것이다. 사람들이 잘 해주며 친근하게 대할 때 우리는 그것을 다 믿어서는 안 되고 잘 생각해 보아야 한다.

암논은 계획적인 일을 한 것이고 그 배후에는 사탄이 있다. 요나답은 사탄을 대표한다. 다말은 순수한 여자이다. 그런데 여기서 우리가 생각해 볼 수 있는 것은 사람이 죄악을 저지르는 것에는 단계가 있다는 것이다. 한 번에 죄를 짓는 것이 아니다. 첫 번째, 두 번째는 어떻게 하고 세 번째는 어떻게 하는 단계가 있다. 암논은 완전히 육적인 사람이고 다말은 너무 순진하다. 이렇게 순진한 것이 반드시 좋은 것은 아니다. 사람은 분별력이 있어야 한다. 어느 정도 상황이 진행되면 무언가를 알아채야 한다.

암논이라는 오빠가 다말에게 밀가루를 가지고 과자를 만들어 달라고 했다면 만들어주는 것까지는 해 줄 수 있다. 그런데 암논이 모든 사람에게 나가라고 하는 것은 이상한 것이다. 그리고 침실로 오라고 하는 것도 이상한 것이다. 그런데도 어떤 불안감을 못 느끼는 사람은 분별력에 문제가 있다. 여기에서 다말의 실수는 너무 깊이까지 빠져들었다는 것이다. 1번에서 못 깨달았다면 2번에서 깨달았어야 한다. 항상 예고가 있고 안전장치가 있는 것인데, 그때 그것을 눈치 챘으면 과자를 놓고 바로 나갔어야 했다. 그런데 그렇게 할 수 없었던 것은 분별력에 문제가 있는 것이다. '저는 동기가 깨끗하고 순수했어요'라고만 말해서는 안 된다. 더 나아가지 말아야 하는 어떤 지점이 있는 것이다. 그러므로 우리는 반드시 영적인 분별력을 갖고 있어야 한다.

암논은 다말을 범하고 난 후에 곧 다말을 심히 미워했다고 말한다. 육신적인 쾌락을 좇는 사람들은 자기의 욕정을 채우고 나면 순간 그 감정이 돌변하게 된다. 하나님에게서 나오는 아가페적인 사랑은 근본적으로 타인을 위한 것이다. 그것이 진정한 사랑이다. 암논의 정욕적인 사랑은 자기의 욕심을 채우려는 것이지 사랑이라고 말할 수 없다. 이 세상의 많은 사람들이 사랑이라고 말하지만 사실은 자기의 욕정을 채우려는 것이다. 그리고 자기의 욕정을 채우고 나면 상대를 미워하고 내어버린다.

압살롬의 복수

20-27절, "그 오라비 압살롬이 저에게 이르되 네 오라비 암논이 너와 함께 있었느냐 그러나 저는 네 오라비니 누이야 시방은 잠잠히 있고 이것으로 인하여 근심하지 말라 이에 다말이 그 오라비 압살롬의 집에 있어 처량하게 지내니라 다윗 왕이

이 모든 일을 듣고 심히 노하니라 압살롬이 그 누이 다말을 암논이 욕되게 하였으므로 저를 미워하여 시비 간에 말하지 아니하니라 이 주년 후에 에브라임 곁 바알하솔에서 압살롬의 양털을 깎는 일이 있으매 압살롬이 왕의 모든 아들을 청하고 왕께 나아와 말하되 이제 종에게 양털 깎는 일이 있사오니 청컨대 왕은 신복들을 데리시고 이 종과 함께 가사이다…압살롬이 간청하매 왕이 암논과 왕의 모든 아들을 저와 함께 보내니라". 다윗은 처음에 사양하지만 결국 자신은 가지 않고 암논과 다른 왕자들이 가도록 허락한다. 그런데 결국 첫 번째 암논의 간음 사건이나 두 번째 암논의 살인 사건에 다윗이 다 개입된 것이 되어 버린다. 사실은 요나답이 간교하게 계획한 것인데 다윗이 다말을 암논의 방에 집어넣은 것이 되어 버린 것이다. 딸이 강간을 당하게 되는 사건에도 또 압살롬의 양털 깎는 잔치로 암논을 보내서 그 아들이 죽음을 당하게 되는 사건에도 다윗이 끼어들게 된 셈이다. 하나님이 이러한 일을 다윗에게 당하도록 허락하신 것이다.

다윗을 거치지 않고 죽었다고 해도 슬픔이 극심할 텐데 자기의 손이 연루되었다고 할 때 그 죄책감과 슬픔은 이루 말할 수 없을 것이다. 그렇다면 왜 다윗에게 그런 일을 당하게 하시는가? 이는 일종의 징계인 것이다. 그렇게 될 때 다윗은 더 처절하게 징계를 맛보았을 것이다. 다윗이 얼마나 철저하게 심판의 손길을 느꼈겠는가를 생각해 본다. 어쨌든 다윗은 압살롬을 의심하지 않고 암논을 보냈다.

28-30절, **"압살롬이 이미 그 사환들에게 분부하여 이르기를 너희는 암논의 마음이 술로 즐거워할 때를 자세히 보다가 내가 너희에게 암논을 치라 하거든 저를 죽이라 두려워 말라 내가 너희에게 명한 것이 아니냐 너희는 담대히 용맹을 내라 한지라 압살롬의 사환들이 그 분부대로 암논에게 행하매 왕의 모든 아들이 일어나 각기 노새를 타고 도망하니라 저희가 길에 있을 때에 압살롬이 왕의 모든 아들을 죽이고 하나도 남기지 아니하였다는 소문이 다윗에게 이르매".**

왕의 모든 아들들이 다 죽지는 않았는데 압살롬이 모든 아들을 죽였다는 소문이 들렸다. 다윗이 먼저 그 소문을 들었는데 그 역시 하나님께서 다윗을 타격하시는 것이다. 나는 이것이 다 하나님이 하시는 것이라고 생각한다. 다윗은 경건한 사람이고 하나님을 사랑하는 사람이다. 하나님께 가까이 있는 사람이다. 조그마한 일에도 징계를 받는다면 이는 하나님이 당신을 사랑하시기 때문이다.

다윗도 하나님을 사랑하는 사람이었기 때문에 심하게 심판을 받을 때 더욱 절실하게 자기의 잘못을 깨닫게 되는 것이다. 그렇게 할 때 하나님의 사랑하는 자들은 결국 하나님의 거룩하심에 이르게 된다.

요나답이라는 자는 병 주고 약 주는 사람이다. 지금 다윗에게는 좋은 말을 해주고 있다. 암논이 범죄한 것은 사실 요나답의 간계로 인한 것인데 자기 이야기는 쏙 빼고 암논이 그렇게 해서 압살롬이 복수한 것이라고 왕한테 알려 준다. 이런 친구는 사귀지 말라. 그는 간사하게 기회를 타서 사람을 위로할 줄도 알고 또 어떤 때는 죄의 구렁텅이에 집어넣을 줄도 안다. 어떻게 해서든 사람 마음을 얻으려고 하는 사람이다. 암논에게도 그의 마음을 얻고자 그렇게 했던 것이다. 그런데 이제 암논이 죽었으니 그에게 소망이 없게 되었다. 그러자 기회를 타서 다윗 왕에게 잘 보이려 하는 것이다. 요나답은 철저한 기회주의자요 자기를 위해 처신하는 사람이다.

요나답은 기회를 타서 이때 다윗 왕에게 환심을 사려고 최선을 다한다. 이렇게 해서 다윗 왕으로부터 환심을 사려고 하는 행위는 과거의 자기가 저지른 죄를 자복하지 않고 은폐하며 덮으려고 하는 행위이다. 이것이 바로 마귀의 일이고 진실하지 않은 사람들이 하는 일이다. 오늘 날도 도처에 이러한 일들이 일어나고 있다. 심지어 기독교 사회 속에서 일어난다. 다윗은 비록 죄를 지었지만 죄를 덮으려 하거나 감추려 하지 않았다.

36-39절, "말을 마치자 왕자들이 이르러 대성통곡하니 왕과 그 모든 신복도 심히 통곡하니라 압살롬은 도망하여 그술 왕 암미훌의 아들 달매에게로 갔고 다윗은 날마다 그 아들을 인하여 슬퍼하니라 압살롬이 도망하여 그술로 가서 거한 지 삼 년이라 다윗 왕의 마음이 압살롬에게 향하여 간절하니 암논은 이미 죽었으므로 왕이 위로를 받았음이더라".

그술이라고 하는 곳은 압살롬의 어머니 고향이다. 그는 자기 어머니의 고향으로 돌아갔다. 여기서 '다윗 왕의 마음이 압살롬에게 향해서 간절했다'는 것은 다윗 왕의 약해진 마음의 상태를 보여준다. 다윗은 암논이 죄를 범했을 때도 강하게 처리하지 못하고, 압살롬도 어떻게 해야 할지 모르는 그러한 상태가 되고 말았다.

14장

요압의 꾀로 압살롬을 예루살렘으로 데려오다

우리는 사무엘 하 13장에서 다윗의 아들들 간에 소위 '왕자의 난'이 벌어진 것을 보았다. 압살롬이 암논을 죽여버렸다. 압살롬은 그술 사람 달매의 딸 마아가의 아들이다. 사무엘상을 읽다보면 다윗이 블레셋 사람에게 투항했었을 때가 있는데 그때에 이곳저곳을 쳐부순 적이 있다. 그때 그술이라는 곳도 쳐부수었는데 그술의 왕이 달매였다. 다윗은 그 왕의 딸, 마아가를 자기의 아내로 취했다. 거기서 난 아들이 압살롬이다. 결국 압살롬은 이방 여인의 아들인 셈이다. 그런데 그녀(달매의 딸 마아가)가 예뻤던 모양이다. 그 아들 압살롬은 이스라엘 가운데 그보다 아름다운 자가 없다고 할 정도였다. 이 압살롬이 그의 누이동생 다말을 암논이 더럽힌 것으로 인해서 앙심을 품고 암논을 살해했다. 그리고서 이제 자기 어머니의 고향 그술로 도망가서 피신해 있었던 것이다. 그는 거기서 삼 년 가량 피신해 있었다.

시간이 지나면서 다윗 왕의 마음이 압살롬을 향하여 간절했다. 스루야의 아들 요압이 다윗의 심기를 살펴보니 그 아들을 간절히 보고 싶어하는 것이었다. 비록 아들 하나를 죽인 살인자이지만 압살롬과 다윗 양편을 다 기쁘게 하고 또 자기도 점수를 얻을 수 있는 묘책으로 그가 생각해낸 것이 한 슬기 있는 여자(드고아 여인)를 데려다가 왕에게 어떠한 말을 하게 되면 압살롬을 다시 데려올 수 있지 않겠는가 하는 것이었다. 그래서 요압이 한 여자를 데려다가 상제 옷을 입히고 기름을 바르지 않은 채 죽은 사람을 위해 오래 슬퍼하는 여자같이 하여 다윗 왕께 들어가서 할 말을 자세하게 일러 주었다. 이것은 아첨(flattering)하는 행위이다. 그리스도인은 요압과 같은 행동을 해서는 안 된다. 요압의 깊은 중심을 파보면 무엇이 있는가? 이스라엘을 위한 것인가, 참으로 다윗을 위한 것인가, 아니면 압살롬을 위한 것인가? 그것은 단지 이 기회에 다윗에게 잘 보이고 또한 압살롬에게도 잘 보이려는 것이다. 나중에 압살롬이 왕이 되거나 권력을 잡을 때를 대비한 것이지 순수하게 이스라엘을 위해서 혹은 다윗이나 압살롬을 위해서 그런 생각을 해낸 것이 아니다.

사람이 하나님을 위한다고 할 때 그것이 정말 하나님을 위하는 것인지 분별하는 것은 그렇게 쉬운 일이 아니다. 그날 많은 사람들이 주님 앞에 와서 내가 주의 이름으로 이런 일을 하고 저런 일을 하고 귀신도 쫓아내고 많은 일을 했다고 할 텐데, 주 예수님은 그때 그들에게 밝히 말씀하시기를 "내가 너희를 도무지 알지 못하니 불법을 행하는 자들아 내게서 떠나가라!" 하리라고 하셨다.

요압은 드고아 여인을 데려다가 다윗 왕에게 보내면서 이러저러하게 말을 하라고 시켰다. 이 여인이 다윗 왕에게 나아가 말하기를, 아들 둘이 있는데 둘이 싸우다가 한 아들이 다른 아들을 죽였는데 동네 사람들이 동생을 죽인 그 아들을 내놓으라고 해서 죽이면 나는 아들 둘을 다 잃어버리게 되니 이것을 좀 해결해 달라고 했다.

8절, **"왕이 여인에게 이르되 네 집으로 가라 내가 너를 위하여 명령을 내리리라"**. 요압은 다윗 왕을 잘 안다. 그래서 적극적으로 밀어대면 오히려 물러서며 여인 자신이 감당하려고 하면 더 도와주려고 한다는 것까지 자세히 가르쳐 준 것이다.

11절, **"여인이 가로되 청컨대 왕은 왕의 하나님 여호와를 생각하사 원수 갚는 자로 더 죽이지 못하게 하옵소서 내 아들을 죽일까 두려워하나이다 왕이 가로되 여호와의 사심을 가리켜 맹세하노니 네 아들의 머리카락 하나라도 땅에 떨어지지 아니하리라"**.

반드시 남아 있는 아들을 죽이지 못하게 하겠다고 약속 하게 한 것이다.

12절, **"여인이 가로되 청컨대 계집종을 용납하여 한 말씀으로 내 주 왕께 여쭙게 하옵소서 가로되 말하라"**. 이제 압살롬 이야기를 하려고 말을 바꾸고 있다.

13절, **"여인이 가로되 그러면 어찌하여 왕께서 하나님의 백성에게 대하여 이같은 도모를 하셨나이까 이 말씀을 하셨으니 왕께서 죄 있는 사람 같이 되심은 그 내어쫓긴 자를 집으로 돌아오게 아니하심이니이다"**. 여인은 압살롬의 이름도 꺼내지 않았지만 자기의 처지가 사실은 왕의 처지라고 말한다. 두 아들 중에서 한 아들이 죽었다. 압살롬이 암논을 죽여서 한 아들이 남았는데 사람들이 다 압살롬을 죽이려고 한다는 것이다. 그가 죄를 지은 사람이지만 그를 죽이면 씨가 말라버리는데 그를 살려야 한다고 말하는 것이다. 이러한 경우에 왕께서 과부의 남은 한 아들을 죽이려고 하는 사람들을 나쁘다고 한다면 왕께서도 죄인이 되시는 것 아니냐는 말이다.

자기 자신들은 쏟아진 물과 같이 모아지지 못할 그러한 운명이지만 하나님은 이렇게 생명을 살려주시는 하나님이 아니냐고 한다. 흠정역 성경에는 '하나님은 사람을 외모로 보지 않으시는 분이다'는 말씀이 추가되어 있다.

다윗은 이 이야기가 여인이 지어낼 수 있는 말이 아니고 요압이 시켜서 하는 말이라는 것을 알았다. 이에 대해 드고아 여인한테 물었을 때 그녀는 사실대로 말하였다. 그리고 왕은 역시 지혜로운 분이시라고 말하였다. 이제 다윗 왕은 흔쾌히 압살롬을 데려오라고 한다. 인간적으로 보면 이 모든 것이 서로 간에 매우 잘 하는 것처럼 보인다.

22-23절, **"요압이 땅에 엎드려 절하고 왕을 위하여 복을 빌고 가로되 내 주 왕이여 종의 구함을 허락하시니 종이 왕 앞에서 은혜 받은 줄을 오늘날 아나이다 하고 일어나 그술로 가서 압살롬을 데리고 예루살렘으로 오니".**

24-26, **"왕이 가로되 저를 그 집으로 물러가게 하고 내 얼굴을 보지 말게 하라 하매 압살롬이 자기 집으로 가고 왕의 얼굴을 보지 못하니라 온 이스라엘 가운데 압살롬같이 아름다움으로 크게 칭찬 받는 자가 없었으니 저는 발바닥부터 정수리까지 흠이 없음이라 그 머리털이 무거우므로 연말마다 깎았으며 그 머리털을 깎을 때에 달아본즉 왕의 저울로 이백 세겔이었더라".** 압살롬은 외모가 아주 잘생긴 사람이고 머리숱도 풍성했다.

27절, **"압살롬이 아들 셋과 딸 하나를 낳았는데 딸의 이름은 다말이라 얼굴이 아름다운 여자더라".** 압살롬이 아름다웠고 압살롬의 누이 다말도 아름다웠고 딸도 아름다웠다.

28-30절, **"압살롬이 이태 동안을 예루살렘에 있으되 왕의 얼굴을 보지 못하였으므로 요압을 왕께 보내려 하여 사람을 보내어 부르되 오지 아니하고 또 다시**

보내되 오지 아니하는지라 압살롬이 그 종에게 이르되 보라 요압의 밭이 내 밭 근처에 있고 거기 보리가 있으니 가서 불을 놓으라 압살롬의 종들이 그 밭에 불을 놓았더니". 압살롬은 외모는 잘생겼지만 성격이 좋지 못했다. 요압을 두어 번 불러도 오지 않자 그의 밭에 불을 지르라고 종들에게 명한 것이다. 사람에게 자기 마음을 알리고 말을 거는 방식이 매우 포악하다. 사람들 중에는 성격이 온순하지 않고 매우 반역적이고 포악한 사람이 있다.

31-32절, **"요압이 일어나 압살롬의 집으로 와서 압살롬에게 이르되 어찌하여 네 종들이 내 밭에 불을 놓았느냐 압살롬이 요압에게 대답하되 내가 일찍 사람을 네게 보내어 너를 이리로 청한 것은 내가 너를 왕께 보내어 고하게 하기를 어찌하여 내가 그술에서 돌아오게 되었나이까 이때까지 거기 있는 것이 내게 나았으리이다 하려 함이로라 이제는 네가 나로 왕의 얼굴을 보게 하라 내가 만일 죄가 있으면 왕이 나를 죽이시는 것이 가하니라".** 요압과 압살롬의 대화는 결코 성령 안의 달콤한 교제는 아니다. 목적의식과 육체의 소욕만 가득한 말들이다.

33절, **"요압이 왕께 나아가서 그 말을 고하매 왕이 압살롬을 부르니 저가 왕께 나아가 그 앞에서 얼굴을 땅에 대어 절하매 왕이 압살롬과 입을 맞추니라".**

15장

압살롬의 난

여기서 15장에서 압살롬은 반역을 시작한다. 거역은 인간의 죄악 중에서 가장 질이 나쁜 것이다. 가장 부정하고 더러운 죄는 간음이고, 가장 사악한 죄는 거역이다. 사단은 원래 천사장이었는데 거역으로 말미암아 사단이 된 것이다. 거역적인 사람은 사단과 많이 닮은 사람이다. 사단은 그 의지가 거역적이다. 어떤 사람이 순종적이라면 그는 예수를 닮은 것이다. 그리스도인은 신도(信徒)일 뿐 아니라 순도(順徒)이다.

거역적인 사람이라고 해서 항상 투쟁적이고 싸움을 하는 것이 아니다. 여기서 압살롬은 거역을 시작할 때 부드럽고 아첨한다. 사람이 왕에게 재판을 청하러 오면 그 사람을 불러서 '너는 어느 성 사람이냐?' 하고 다정히 물었다. '저는 아무 지파 사람입니다.'라고 하면 압살롬은 '네 일이 옳고 바르다만은'이라고 하면서 일단 두둔해주었다. 자신이 억울하다고 생각하는 사람이 뭔가 하소연할 때 '네가 옳고 바르다'고 말해주면 그가 얼마나 좋아하겠는가! 이러한 의도적인 칭찬은 좋지 않다. 거역적인 사람은 단순하지 않아서 뭔가 자신의 목적을 이루기 위해 의도적으로 사람들을 공략한다는 알아야 한다.

4절, **"또 이르기를 내가 이 땅에서 재판관이 되고 누구든지 송사나 재판할 일이 있어 내게로 오는 자에게 내가 공의 베풀기를 원하노라 하고"**. 거역하는 사람은 스스로 권위를 세운다. 그렇다면 어떤 사람이 좋은 사람인가? 최소한 자신의 지위에서 행하는 사람이요, 또 자신의 지위를 의식하지 않고 남에게 선을 베푸는 사람이다. '내가…'라는 성분이 없는 사람이 좋은 사람이다. 여기서 압살롬의 말은 자기의 지위를 스스로 세우기 위해, 남의 지위를 뒤엎고 자신이 민심을 얻어 권세를 차지하기 위해 하는 말이다.

5절, **"사람이 가까이 와서 절하려 하면 압살롬이 손을 펴서 그 사람을 붙들고 입을 맞추니"**. 압살롬은 사람들을 아주 겸손하고 친절하게 대했다. 사람들이 자신에게 절을 하지 못하게 붙들고 입을 맞춘다. 겸손한 것은 좋은 것이나 거기에 숨은 의도가 있을 때 무서운 것이 된다.

6절, **"무릇 이스라엘 무리 중에 왕께 재판을 청하러 오는 자들에게 압살롬의 행함이 이같아서 이스라엘 사람의 마음을 도적하니라"**. 원래 이스라엘 백성들의 마음은 다윗 왕에게 향해 있었다. 그런데 중간에 다윗보다 더 잘해 주는 사람이 있어서 사람들의 마음이 그에게 쏠리게 되었다. 원래 다윗은 왕으로서 백성들에게 그렇게까지 할 필요가 없었다. 하지만 압살롬은 목적이 있으니 다윗의 빈틈과 약점을 보완하여 사람들로 하여금 압살롬이 다윗보다 훨씬 더 겸손하고 인자하고 자비롭다고 생각하게 만들었다. 사람들에게 처신도 잘하고 겸손하기도 하니 자연히 민심이 그에게 모일 수밖에 없었다. (하지만 하나님은 압살롬에게 한 번도 기름을 부으신 적이 없다.) 이것이 바로 거역이다.

반역의 시작

7절, **"사 년 만에 압살롬이 왕께 고하되 내가 여호와께 서원한 것이 있사오니 청**

컨대 나로 헤브론에 가서 그 서원을 이루게 하소서". 압살롬은 왕이 되려고 수를 쓰고 있다. 다윗 왕은 여호와를 사랑하는 사람일진대 압살롬이 서원한 것이 있다고 하니 그러한 청을 얼마나 잘 들어주겠는가! 압살롬은 다윗의 지위와 힘을 이용해서 아버지의 왕권을 찬탈할 계획을 하나하나 실천해 나갔다.

10절, **"이에 압살롬이 정탐을 이스라엘 모든 지파 가운데 두루 보내어 이르기를 너희는 나팔소리를 듣거든 곧 부르기를 압살롬이 헤브론에서 왕이 되었다 하라 하니라"**. 압살롬은 정탐꾼을 이스라엘 모든 지파 가운데 두루 보냈다. 그리고 나팔소리를 듣거든 압살롬이 헤브론에서 왕이 되었다고 선포하라고 했다. 압살롬이 간악한 것은 모든 것을 의도를 가지고 한다는 것이다. 그러므로 다윗도 속고 백성도 속았다.

많은 사람들이 아무 뜻 없이 거역에 참여하다

11절, **"그때에 압살롬에게 청함을 받은 이백 명이 그 사기를 알지 못하고 아무 뜻 없이 예루살렘에서 저와 함께 갔으며"**. 이 모반하는 일에는 거역의 뜻이 있는 사람만 합쳐지는 것이 아니다. 여기 이백 명은 아무 뜻이 없는 사람들이다. 순수한 사람도 이렇게 거역의 일에 참여할 수 있다는 것을 알아야 한다. 그러므로 성도들은 어떤 무리에 합류하고 가담할 때 이 무리가 거역적인 압살롬의 무리인가 아니면 기름 부음을 받은 다윗의 무리인가를 구분할 수 있어야 할 것이다.

소외된 책사 아히도벨

아히도벨이라는 사람은 원래 다윗의 모사였는데, 압살롬이 다윗의 모사인 이 사람을 데려왔다. 다윗과 싸워야 하기 때문이다. 지금 아히도벨은 압살롬에게 매우 필요한 존재이다. 당시 아히도벨은 다윗에게 중책으로 중용되지 못하고 약간 소외되어 있었다. 그것이 기회를 준 것이다. 그때 압살롬이 끌어당기자 그는 따라갔다. 아히도벨은 사람과의 신뢰나 사랑이나 정의보다는 '누가 자신을 알아주고 써주는가'에 더 가치를 두는 사람이기 때문에 쉽게 반역에 연루된 것이다.

다윗이 예루살렘에서 급히 도망하다

13-14절, **"사자가 다윗에게 와서 고하되 이스라엘의 인심이 다 압살롬에게로**

돌아갔나이다 한지라 다윗이 예루살렘에 함께 있는 모든 신복에게 이르되 일어나 도망하자 그렇지 아니하면 우리 한 사람도 압살롬에게서 피하지 못하리라 빨리 가자 두렵건대 저가 우리를 급히 따라와서 해하고 칼로 성을 칠까 하노라".

후궁 열 명을 궁에 남겨두다

15-16절, **"왕의 신복들이 왕께 고하되 우리 주 왕의 하고자 하시는 대로 우리가 행하리이다 하더라 왕이 나갈 때에 권속을 다 따르게 하고 후궁 열 명을 남겨 두어 궁을 지키게 하니라"**. 이 후궁을 남겨둔 것이 나중에 후환(後患)이 되었다.

가드에서 같이 있었던 육백여 용사들이 다 피신을 하는 신세가 되었다. 압살롬이 예루살렘을 치러 올 때까지 다윗이 기다렸다면 어떻게 되었을까? 전쟁 준비를 했더라면 어떻게 되었을까? 이미 이스라엘 민심이 거의 압살롬에게 돌아갔기 때문에 군사로 치면 예루살렘에 남아서 다윗을 수비하는 군사수가 너무 적었다. 그러므로 압살롬에게 기회를 주었다면 다윗 자신과 함께한 군사들은 다 몰살당하는 상황이 되었을 것이다. 이때는 피하는 수밖에 없었다. 그래서 다윗과 군사들이 급히 궁을 빠져 나가게 된 것이다.

가드 사람 잇대의 충성

19절, **"그때에 왕이 가드 사람 잇대에게 이르되 어찌하여 너도 우리와 함께 가느냐 너는 쫓겨난 나그네니 돌아가서 왕과 함께 네 곳에 있으라"**. 잇대라는 사람은 쫓겨난 나그네로서 어제 다윗에게 와서 함께하게 된 사람이다. 그런데 다윗에게 와서 안식하자마자 곧 피신하는 신세가 된 것이다. 그러자 다윗 왕이 잇대에게 '너는 쫓겨난 나그네니 돌아가서 왕과 함께 있으라'고 한다. 여기서 왕은 압살롬을 말하는 것이다. 자기 아들이 모반한 왕인데 그와 함께 그곳에 있으라고 말한다.

20절, **"너는 어제 왔고 나는 정처 없이 가니 오늘날 어찌 너로 우리와 함께 유리하게 하리요 너도 돌아가고 네 동포들도 데려가라 은혜와 진리가 너와 함께 있기를 원하노라"**. 잇대는 혼자 온 것이 아니라 가드 사람 동포들 600명과 함께 다윗에게 왔다. 이렇게 황망하게 도피하는 상황에서도 자기만 생각지 않고 자기 주위에 있는 사람들을 살피고 배려하는 것이 다윗의 훌륭한 점이다.

21절, **"잇대가 왕께 대답하여 가로되 여호와의 사심과 우리 주 왕의 사심으로 맹세하옵나니 진실로 내 주 왕께서 어느 곳에 계시든지 무론 사생하고 종도 그곳에 있겠나이다"**. 이 말은 룻기에 나오는 룻의 고백처럼 감동적인 말이다. 이때 잇대는 다윗을 선택하였다. 다윗은 다윗의 할 말을 한 것이고 복있는 사람 잇대는 가장 바르게 선택을 한 것이다.

22-23절, **"다윗이 잇대에게 이르되 앞서 건너가라 하매 가드 사람 잇대와 그 종자들과 그와 함께한 아이들이 다 건너가고 온 땅 사람이 대성통곡하며 모든 인민이 앞서 건너가매 왕도 기드론 시내를 건너가니 건너간 모든 백성이 광야 길로 향하니라"**. 다윗은 가드에서 온 나그네들, 잇대와 그 따르는 사람들과 아이들로 먼저 시내를 건너가게 하고 또 모든 백성을 앞서 건너가게 했다. 그리고서 왕도 기드론 시내를 건너갔다.

여기서 온 땅 사람들이 대성통곡했다고 했는데, 당시에 이스라엘 백성들 가운데는 다윗을 사랑하는 사람도 많이 있었다. 이것이 소위 민심이라는 것이다. 성경은 다윗 왕이 피신할 때 온 땅 사람들이 통곡하였다고 기록한다. 이 구절과 모든 민심이 압살롬에게 넘어갔다는 구절을 어떻게 조화할 것인가?

24-25절, **"사독과 그와 함께한 모든 레위 사람이 하나님의 언약궤를 메어다가 내려놓고 아비아달도 올라와서 모든 백성이 성에서 나오기를 기다리더니 왕이 사독에게 이르되 하나님의 궤를 성으로 도로 메어 가라 만일 내가 여호와 앞에서 은혜를 얻으면 도로 나를 인도하사 내게 그 궤와 그 계신 데를 보이시리라"**. 사독과 모든 레위 사람들이 언약궤를 메고 나와 다윗과 함께 가려고 기다리는데 다윗 왕이 사독에게 하나님의 궤를 성으로 도로 메어가라고 한다. 그러면서 '만일 내가 여호와 앞에서 은혜를 얻으면 도로 나를 인도하시어 내게 그 궤와 그 계신 데를 보이실 것이라'고 한다.

26절, **"그러나 저가 말씀하시기를 내가 너를 기뻐하지 아니한다 하시면 종이 여기 있사오니 선히 여기시는 대로 내게 행하시옵소서 하리라"**. 다윗은 반드시 돌아와서 그 언약궤를 다시 볼 것이라고 확신하지 못한다. '하나님이 나를 기뻐하지 않으시면 다시는 궁에 돌아오지 못할 수도 있다'는 마음을 갖는다. 이는 다윗이 하나님의 심판을 겸허하게 받아들이는 태도이다.

27-28절, **"왕이 또 제사장 사독에게 이르되 네가 선견자가 아니냐 너는 너희의 두 아들 곧 네 아들 아히마아스와 아비아달의 아들 요나단을 데리고 평안히 성으로 돌아가라 너희에게서 내게 고하는 기별이 올 때까지 내가 광야 나룻터에서 기다리리라"**. 다윗은 이렇게 하여 그 성에다가 자신의 첩자들을 심어 놓는다. 다윗은 역시 전략가이다. 이런 자질은 타고난 것이다.

29-30절, **"사독과 아비아달이 하나님의 궤를 예루살렘으로 도로 메어다놓고 거기 유하니라 다윗이 감람산 길로 올라갈 때에 머리를 가리우고 맨발로 울며 행하고 저와 함께 가는 백성들도 각각 그 머리를 가리우고 울며 올라가니라"**. 왕이 피신해서 도망가는 행렬이다. 아마도 다윗은 하나님의 심판을 받는 마음으로 이렇게 떠났을 것이다.

31절, **"혹이 다윗에게 고하되 압살롬과 함께 모반한 자들 가운데 아히도벨이 있나이다 하니 다윗이 가로되 여호와여 원컨대 아히도벨의 모략을 어리석게 하옵소서 하니라"**. 다윗은 아히도벨이 그들과 함께 있다는 말을 듣고 겁이 났다. 그는 모략가이기 때문이다. 중국의 삼국지로 말하면 제갈공명 같은 자이다. 다윗은 이러한 사람이 압살롬과 함께 있을 때 그에게 엄청난 해를 끼칠 것이라고 생각했고, 거기서 '여호와여 아히도벨의 모략을 어리석게 하옵소서'라고 기도했다.

32-33절, **"다윗이 하나님을 경배하는 마루턱에 이를 때에 아렉 사람 후새가 옷을 찢고 흙을 머리에 무릅쓰고 다윗을 맞으러 온지라 다윗이 저에게 이르되 네가 만일 나와 함께 나아가면 내게 누를 끼치리라"**. 후새라고 하는 사람도 아히도벨 못지않은 모략가이다. 그 사람이 다윗에게 나아온 것이다. 또 다시 다윗의 선천적인 리더쉽이 나온다.

34절, **"그러나 네가 만일 성으로 돌아가서 압살롬에게 말하기를 왕이여 내가 왕의 종이니이다 이왕에는 왕의 부친의 종이었더니 내가 이제는 왕의 종이니이다 하면 네가 나를 위하여 아히도벨의 모략을 패하게 하리라"**. 다윗은 후새에게 압살롬에게 가서 거짓 항복을 하라고 한다. 그리고서 아히도벨이 모략을 베풀면 네가 그것을 패하게 하라고 부탁을 한다. 압살롬은 아버지의 지략을 당할 수가 없다. 반역을 하는 사람들은 다 눈이 멀게 마련이다.

35절, **"사독과 아비아달 두 제사장이 너와 함께 거기 있지 아니하냐 네가 궁중에서 무엇을 듣든지 사독과 아비아달 두 제사장에게 고하라"**. 다윗이 후새에게 자기 편 사람들을 가르쳐 준다. 거기에 가면 너 말고도 몇 명이 더 있다고 알려 주고 있다.

36절, **"저희의 두 아들 곧 사독의 아히마아스와 아비아달의 요나단이 저희와 함께 거기 있나니 무릇 너희 듣는 것을 저희 편으로 내게 기별할지니라"**. 다윗은 이렇게 궁내에 자기를 위한 정보통을 두었다. 전쟁에서 정보란 아주 중요한 것이다.

37절, **"다윗의 친구 후새가 곧 성으로 들어가고 압살롬도 예루살렘으로 들어갔더라"**. 압살롬은 예루살렘 성으로 들어갔고 다윗은 성에서 나와 피신하고 있다. 다윗이 '아히도벨이 압살롬에게 갔고 그들의 모략이 나를 칠 것이다'라는 두려움이 엄습했을 때 지은 시편이 두 개 있는데, 하나는 41편이고 하나는 55편이다. 먼저 41편을 보겠다.

> 시 41:9-12, **"나의 신뢰하는바 내 떡을 먹던 나의 가까운 친구도 나를 대적하여 그 발꿈치를 들었나이다 그러하오나 주 여호와여 나를 긍휼히 여기시고 일으키사 나로 저희에게 보복하게 하소서 나의 원수가 승리치 못하므로 주께서 나를 기뻐하시는 줄을 내가 아나이다 주께서 나를 나의 완전한 중에 붙드시고 영영히 주의 앞에 세우시나이다 여호와 이스라엘의 하나님을 영원부터 영원까지 찬송할지로다 아멘 아멘"**.

이 시편의 관주를 보면 이 구절에 사무엘 하 15장이 기록되어 있는 것을 볼 것이다. 아히도벨은 원래 다윗의 모사였는데 그가 압살롬에게로 갔을 때 다윗이 입는 타격이 얼마나 컸겠는가! 그러므로 그때 다윗이 "나의 신뢰하는바 내 떡을 먹던 나의 가까운 친구도 나를 대적하여 그 발꿈치를 들었나이다"(9절)라고 말한 것이다. 이 구절은 요한복음 13장에서 주님을 팔아넘긴 유다에게 응한다. 이렇게 거역하고 배신하는 영은 사단이다. "내가 너희를 다 가리켜 말하는 것이 아니라 내가 나의 택한 자들이 누구인지를 앎이라 그러나 내 떡을 먹는 자가 내게 발꿈치를 들었다 한 성경을 응하게 하려는 것이니라"(요 13:18). 이 말씀을 보면 다윗에게 일어난 아히도벨의 사건은 하나의 예표라는 것을 알 수 있다. 다윗에게 일어났던 사건은 그리스도에게 일어날 일의 예표로 보면 된다.

시편 55편은 아히도벨이 압살롬의 무리에게 갔을 때 쓴 시다.
아히도벨이 배역자 압살롬에게 간 것은 다윗에게 큰 충격이 되었을 것이다.

〈시편 55편〉

1-4, **"하나님이여 내 기도에 귀를 기울이시고 내가 간구할 때에 숨지 마소서 내게 굽히사 응답하소서 내가 근심으로 편치 못하여 탄식하오니 이는 원수의 소리와 악인의 압제의 연고라 저희가 죄악으로 내게 더하며 노하여 나를 핍박하나이다 내 마음이 내 속에서 심히 아파하며 사망의 위험이 내게 미쳤도다"**. 거역의 일이 있을 때처럼 아픈 것은 없다.

5-13절, **"두려움과 떨림이 내게 이르고 황공함이 나를 덮었도다 나의 말이 내가 비둘기같이 날개가 있으면 날아가서 편히 쉬리로다 내가 멀리 날아가서 광야에 거하리로다(셀라) 내가 피난처에 속히 가서 폭풍과 광풍을 피하리라 하였도다 내가 성내에서 강포와 분쟁을 보았사오니 주여 저희를 멸하소서 저희 혀를 나누소서 저희가 주야로 성벽 위에 두루 다니니 성중에는 죄악과 잔해함이 있으며 악독이 그중에 있고 압박과 궤사가 그 거리를 떠나지 않도다 나를 책망한 자가 원수가 아니라 원수일진대 내가 참았으리라 나를 대하여 자기를 높이는 자가 나를 미워하는 자가 아니라 미워하는 자일진대 내가 그를 피하여 숨었으리라 그가 곧 너로다 나의 동류, 나의 동무요 나의 가까운 친우로다"**. 거역이 일어날 때 우리는 쉴 수 없게 된다. 또한 두려움과 떨림이 있게 된다. 다윗은 말한다. 자신을 배반한 사람이 다름 아닌 가까운 친구라는 것이다.

14절, **"우리가 같이 재미롭게 의논하며 무리와 함께하여 하나님의 집안에서 다녔도다"**. 같이 하나님의 집안에서 다녔던 가까운 친구 동료가 나를 책망하고 원수가 되었다는 것이다.

15-16절, "사망이 홀연히 저희에게 임하여 산 채로 음부에 내려갈지어다 이는 악독이 저희 거처에 있고 저희 가운데 있음이로다 나는 하나님께 부르짖으리니 여호와께서 나를 구원하시리로다". 그들 가운데에는 악독이 있다. 사망이 홀연히 저희에게 임하여 산 채로 음부에 내려가기를 바란다고 했다.

17-21절, "저녁과 아침과 정오에 내가 근심하여 탄식하리니 여호와께서 내 소리를 들으시리로다 나를 대적하는 자 많더니 나를 치는 전쟁에서 저가 내 생명을 구속하사 평안하게 하셨도다 태고부터 계신 하나님이 들으시고(셀라) 변치 아니하며 하나님을 경외치 아니하는 자에게 보응하시리로다 저는 손을 들어 자기와 화목한 자를 치고 그 언약을 배반하였도다 그 입은 우유 기름보다 미끄러워도 그 마음은 전쟁이요 그 말은 기름보다 유하여도 실상은 뽑힌 칼이로다". 배역하고 배신하는 사람들의 말이 반드시 거칠지만은 않다. 다윗은 여기에서 그들의 말이 우유 기름 보다 미끄럽다고 한다. 기름보다 유하다는 것이다. 그렇지만 실상은 전쟁이고 뽑힌 칼이라고 했다.

22-23절, "네 짐을 여호와께 맡겨 버리라 너를 붙드시고 의인의 요동함을 영영히 허락지 아니하시리로다 하나님이여 주께서 저희로 파멸의 웅덩이에 빠지게 하시리이다 피를 흘리게 하며 속이는 자들은 저희 날의 반도 살지 못할 것이나 나는 주를 의지하리이다". 이렇게 피 흘리고 속이는 자들은 생의 반도 살지 못한다는 것이다. 그러므로 여러분은 어떤 사람에게 속해야 하겠는가? 배신을 당하고 거역을 당할지언정 여러분은 배신하고 거역하는 사람이 되지 말아야 한다. 시편 3편과 4편도 이때에 썼다는 학설이 많다.

16장

다윗 왕이 피신할 때 시바가 맞이하다

사무엘 하 16장부터 18장까지는 압살롬의 반역 사건 때문에 다윗 왕이 피신하는 장면이다.

1절, "다윗이 마루턱을 조금 지나니 므비보셋의 사환 시바가 안장 지운 두 나귀에 떡 이백과 건포도 일백 송이와 여름 실과 일백과 포도주 한 가죽 부대를 싣고 다

윗을 맞는지라". 지금 다윗 왕은 압살롬이 반역을 일으켜서 예루살렘 궁을 떠나서 도망가는 중이다. 다윗이 감람산 길로 올라갈 때 머리로 가리고 울면서 백성들과 함께 도망을 했다고 기록되어 있다. 그때 압살롬은 어찌하든 아버지 다윗 왕의 세력을 완전히 멸절시키려 하고 있었기 때문에 다윗은 불가피하게 성을 빠져나가야 했다.

여기서 다윗이 마루턱을 조금 지나니 요나단의 아들 므비보셋(사울의 손자)의 사환 시바가 다윗을 맞이했다. 다윗은 전에 요나단에게 아들이 있는지를 알아보라 하여 므비보셋을 찾아 그를 후대해 주고 과거 사울 가의 재산을 돌려주었다. 그리고 원래 사울의 신하였던 시바를 므비보셋에게 붙여서 그의 재산을 관리하게 했다. 그런데 이때 다윗이 도망가는 신세가 되었을 때 시바가 나타난 것이다. 그는 건포도, 빵, 실과, 포도주 등을 안장을 지운 두 나귀에 싣고서 도피 중에 있는 다윗을 맞이했다.

이러한 때 다윗에게는 나귀와 이러한 물건들이 너무 절실했을 것이다. 시바는 다윗의 권속들로 나귀에 타게 하고 떡과 실과는 소년들을 먹게 하고 포도주는 피곤한 사람에게 마시게 하려고 가지고 왔다고 했다. 이렇게 선천적으로 앞날을 내다보고 로비를 잘하는 사람들은 사실 위험한 사람들이다[2절].

3절, **"왕이 가로되 네 주인의 아들이 어디 있느뇨 시바가 왕께 고하되 예루살렘에 있는데 저가 말하기를 이스라엘 족속이 오늘 내 아비의 나라를 내게 돌리리라 하나이다"**. 지금 므비보셋의 재산 관리인인 시바는 다윗 왕에게 므비보셋을 거짓으로 모함하고 송사하여 므비보셋의 모든 재산을 자기 것으로 만들려는 악한 꾀를 쓰고 있는 것이다. 므비보셋은 사울의 손자, 곧 요나단의 아들이다. 시바는 다윗이 쫓겨나니 므비보셋이 예루살렘에서 하나님이 나라를 다윗에게서 빼앗아서 자기에게 돌릴 것이라고 말했다면서 모함했다. 사실 므비보셋은 절름발이기 때문에 여기 나오지 못한 것이다.

4절, **"왕이 시바더러 이르되 므비보셋에게 있는 것이 다 네 것이니라 시바가 가로되 내가 절하나이다 내 주 왕이여 나로 왕의 앞에서 은혜를 입게 하옵소서 하니라"**. 이것이 바로 시바가 원하는 것이었다. 이때 다윗은 성급히 판단할 필요가 없었다. 므비보셋을 직접 만나서 사실 확인을 한 후에 처분해도 늦지 않은 일이었다. 성경주석가 메튜 헨리는 이 상황에 대해서 '시바는 거친 물에서 낚시질을 하고 있었다.'고 표현한다.

사울 집 사람 시므이가 다윗을 저주하다

5절, **"다윗 왕이 바후림에 이르매 거기서 사울의 집 족속 하나가 나오니 게라의 아들이요 이름은 시므이라 저가 나오면서 연하여 저주하고"**. 다윗은 계속 도망가고 있었다. 그때 시므이라는 사울 족속의 사람이 나오면서 다윗을 향해 계속 저주했다.

6-7절, **"또 다윗과 다윗 왕의 모든 신복을 향하여 돌을 던지니 그때에 모든 백성과 용사들은 다 왕의 좌우에 있었더라 시므이가 저주하는 가운데 이와 같이 말하니라 피를 흘린 자여 비루한 자여 가거라 가거라"**. 이렇게 사람들의 본색이 드러나는 때는 최악의 상황에 이르렀을 때이다. 사람들의 눈으로 볼 때 다윗은 완전히 망했고 다 끝났다. 이제 궁에서 쫓겨나 머리를 풀고 맨발로 피난하는 중이고 언제 죽을지 모르는 상황이다. 이스라엘 민심은 다 압살롬에게 돌아갔고 다윗은 얼마의 사람들과 함께 도망가는 신세가 되었다. 그런 때에 사람들 속에 무엇이 들어 있는지가 나타난다.

"피를 흘린 자여 비루한 자여 가거라 가거라". '비루한 자'란 사단의 아들을 말한다. '마귀의 자식이여'라고 하는 것이다. 시므이 눈에는 다윗이 사단의 자식이다. 8절에 보면 다윗이 사울 집안의 피를 흘렸다고 한다. 사울의 족속이 피를 흘리고 죽은 것은 사실이지만 다윗이 피를 흘리게 한 것은 아니다. 시므이는 전부 다윗이 한 짓이라고 말한다.

8절, **"사울의 족속의 모든 피를 여호와께서 네게로 돌리셨도다 그 대신에 네가 왕이 되었으나 여호와께서 나라를 네 아들 압살롬의 손에 붙이셨도다 보라 너는 피를 흘린 자인 고로 화를 자취하였느니라"**. 지금 시므이는 다윗이 사울의 집의 모든 사람을 죽인 대가로 저주를 받고 있는 것이라고 생각하고 있다. 다윗에 대한 시므이의 해석은 매우 악하다.

9절, **"스루야의 아들 아비새가 왕께 여짜오되 이 죽은 개가 어찌 내 주 왕을 저주하리이까 청컨대 나로 건너가서 저의 머리를 베게 하소서"**. 아직도 다윗 주위에는 장군들이 남아 있었다. 장군들 역시 도망가는 입장이지만 저주하는 시므이를 볼 때 가서 당장 죽일 테니 허락해 달라고 한다.

10절, **"왕이 가로되 스루야의 아들들아 내가 너희와 무슨 상관이 있느냐 저가 저주하는 것은 여호와께서 저에게 다윗을 저주하라 하심이니 네가 어찌 그리하였느냐 할 자가 누구겠느냐 하고"**. 여기서 다윗 왕의 매우 선량하고 좋은 태도를 볼 수 있다. 그러한 사람들의 책망과 저주를 들을 때에 그것을 사람의 말로 듣지 않고 하나님 앞에서 듣는다. 그는 이 모든 말을 자기가 죄를 지어서 하나님께 책망받는 것으로 여겼다. 다윗은 자신이 사울의 집의 피를 흘리지 않았고 시므이의 말이 정당하지 않다는 것을 알지만, 압살롬의 배역이 일어난 것과 이러한 모든 일이 자기가 죄를 지은 것에 대한 하나님의 심판이라는 것도 안다. 그러므로 그를 꾸짖지 않고 죽이지 못하게 했다.

11절, **"또 아비새와 모든 신복에게 이르되 내 몸에서 난 아들도 내 생명을 해하려 하거든 하물며 이 베냐민 사람이랴 여호와께서 저에게 명하신 것이니 저로 저주하게 버려두라"**. 다윗이 하는 말을 보라. '그가 이렇게 하는 것은 하나님이 하게 하신 것이다.' 시므이는 다윗에게 저주를 하고 있지만 사실 이것을 하나님 앞에서 기꺼이 받는 다윗에게는 은혜이다(벧전 2:19).

12절, **"혹시 여호와께서 나의 원통함을 감찰하시리니 오늘날 그 저주 까닭에 선으로 내게 갚아 주시리라 하고"**. 사람들의 연고 없는 저주와 책망을 받는 사람들에 대해 하나님께서 그 마음을 감찰해 주시고 장래 선으로 갚아 주실 수 있다는 것을 알았기 때문에 다윗은 그러한 말을 듣고 인내할 수 있었다.

13절, **"다윗과 그 종자들이 길을 갈 때에 시므이는 산비탈로 따라가면서 저주하고 저를 향하여 돌을 던지며 티끌을 날리더라"**. 시므이는 계속 산비탈을 따라가면서 저주를 하고 돌을 던지고 티끌을 날렸다.

14절, **"왕과 그 함께 있는 백성들이 다 곤비하여 한 곳에 이르러 거기서 쉬니**

라". 여기서 '쉬니라'는 단어를 살펴볼 필요가 있다. 시므이가 저주하는 상황이지만 하나님 앞에서 이를 잘 받았을 때 다윗의 영에는 편안한 쉼이 있었다는 것이다. 만일 거기에서 악으로 악을 대항하고 혈기를 부리면서 한바탕하고 시므이의 목을 베었다면 다윗은 여기서 편안히 쉴 수 없었을 것이다. 하나님으로부터 받는 위로, 은혜가 참으로 우리의 영혼을 쉬게 할 수 있다.

압살롬의 입성과 후새의 위장 전향

15절, **"압살롬과 모든 이스라엘 백성들이 예루살렘에 이르고 아히도벨도 저와 함께 이른지라"**. 이제 압살롬은 아버지 다윗이 예루살렘 성을 비우고 도망가자 예루살렘에 무혈입성을 한 것이다. 쉽게 왕좌에 오르게 되었다.

16절, **"다윗의 친구 아렉 사람 후새가 압살롬에게 나아올 때에 저에게 말하기를 왕이여 만세, 왕이여 만세 하니"**. 아히도벨은 다윗의 모략가였다. 그런데 아히도벨은 정면으로 다윗을 배신하고 아들 압살롬에게 붙었다. 이 후새라는 사람도 마찬가지로 책략가였는데, 후새는 다윗에게 남아서 다윗을 따라 도망가려고 할 때 다윗이 의도적으로 후새를 압살롬에게 남겨두었다. 이에 대해서는 15장에서 이미 보았다.

17절, **"압살롬이 후새에게 이르되 이것이 네가 친구를 후대하는 것이냐 네가 어찌하여 네 친구와 함께 가지 아니하였느냐"**. 압살롬이 후새가 다윗과 함께 가지 않은 것을 이상히 여긴 것이다.

18절, **"후새가 압살롬에게 이르되 그렇지 아니하니이다 내가 여호와와 이 백성 모든 이스라엘의 택한 자에게 속하여 그와 함께 거할 것이니이다"**. 후새는 압살롬이 듣기에 좋은 말을 하면서 '나는 당신 편에 섰다'고 말하고 있다. 모든 책사가 다 자기에게 왔으므로 압살롬은 너무 기뻐한다.

19절, **"또 내가 이제 누구를 섬기리이까 그 아들이 아니니이까 내가 전에 왕의 아버지를 섬긴 것같이 왕을 섬기리이다 하니라"**. 20절, **"압살롬이 아히도벨에게 이르되 너는 어떻게 행할 모략을 우리에게 가르치라"**. 예루살렘에 도착해서 이제 궁에 들어와 압살롬이 왕이 되었다. 압살롬은 먼저 아히도벨에게 어떻게 정책을 펼쳐나가야 할 것인지를 물었다.

21-22절, **"아히도벨이 압살롬에게 이르되 왕의 아버지가 머물러 두어 궁을 지키게 한 후궁들로 더불어 동침하소서 그리하면 왕께서 왕의 부친의 미워하는 바 됨을 온 이스라엘이 들으리니 왕과 함께 있는 모든 사람의 힘이 더욱 강하여지리이다 이에 사람들이 압살롬을 위하여 지붕에 장막을 치니 압살롬이 온 이스라엘 무리의 눈앞에서 그 부친의 후궁들로 더불어 동침하니라"**. 이것이 아히도벨이 압살롬에게 베푼 첫 번째의 매우 악한 모략이다. 이렇게 하면 아들이 아버지와 완전히 갈라서게 되고, 따라서 자기도 안전할 것이며, 결국은 압살롬의 세력이 강해질 것이라고 여겼기 때문이다.

23절, **"그때에 아히도벨의 베푸는 모략은 하나님께 물어 받은 말씀과 일반이라 저의 모든 모략은 다윗에게나 압살롬에게나 이와 같더라"**. 23절 말씀은 이해하기가 어렵다. 아히도벨의 모략은 하나님께 물어서 받은 말씀같이 들렸다는 것이다. 다윗에게도 압살롬에게도 그렇게 들렸다는 것이다.

17장

후새가 아히도벨의 모략을 따르지 않다

1-4절, **"아히도벨이 또 압살롬에게 이르되 이제 나로 하여금 사람 일만 이천을 택하게 하소서 오늘밤에 내가 일어나서 다윗의 뒤를 따라 저가 곤하고 약할 때에 엄습하여 저를 무섭게 한즉 저와 함께 있는 모든 백성이 도망하리니 내가 다윗 왕만 쳐 죽이고 모든 백성으로 왕께 돌아오게 하리니 무리의 돌아오기는 왕의 찾는 이 사람에게 달렸음이라 그리하면 모든 백성이 평안하리이다 압살롬과 이스라엘 장로들이 다 그 말을 옳게 여기더라"**. 아히도벨이 군사 일만 이천을 주면 그 밤에 다윗의 뒤를 쫓아가서 여러 사람 죽일 것 없이 아버지 다윗만 쳐 죽이겠다고 했다.

5절, **"압살롬이 이르되 아렉 사람 후새도 부르라 우리가 저의 말도 듣자 하니라"**. 압살롬의 책사는 아히도벨과 후새, 두 사람이다. 압살롬은 후새가 다윗의 첩자라는 것을 모른다. 그가 아버지에게 한 것처럼 아들에게 충성하겠다고 하니까 그대로 믿은 것이다. 그래서 후새도 불러 그의 말도 듣자고 했다.

6절, **"후새가 압살롬에게 이르매 압살롬이 저에게 말하여 가로되 아히도벨이 여차여차히 말하니 우리가 그 말대로 행하랴 그렇지 않거든 너는 말하라"**. 이제 후새가 다윗을 보호할 기회가 왔다. 이렇게 될 것을 다윗이 미리 예측했다는 것도 놀랍다. 경험이 부족한 아들이 전쟁에 노련한 아버지를 당하겠다고 생각한 것 자체가 실수이다.

7절, **"후새가 압살롬에게 이르되 이때에는 아히도벨의 베푼 모략이 선치 아니하니이다 하고"**. 후새가 아히도벨의 모략을 깨버리는 말을 한다.

8절, **"또 말하되 왕도 아시거니와 왕의 부친과 그 종자들은 용사라 저희는 들에 있는 곰이 새끼를 빼앗긴 것같이 격분하였고 왕의 부친은 병법에 익은 사람인즉 백성과 함께 자지 아니하고"**. 후새의 말은 다윗에게 시간을 벌게 해 주기 위한 것이다. 이 모든 일의 배후에는 하나님이 계시다. 후새의 말은 '여러분들이 다윗을 좇다가 못 찾을 수도 있다. 다윗과 함께하는 사람들은 아주 병법에 능한 장군들이다. 다윗 왕은 굴이나 어느 곳에 숨어 있을 텐데 그의 군사들에게 붙잡혀서 압살롬의 무리 몇이 죽으면 압살롬을 좇는 자들이 패하였다는 소문이 퍼질 것이고 그리하면 일이 잘못될 것이다.'라는 뜻이다[8-9절].

10절, **"비록 용감하여 사자 같은 자의 마음이라도 저상하리니 이는 이스라엘 무리가 왕의 부친은 영웅이요 그 종자들도 용사인 줄 앎이니이다"**. 다윗과 그 용사들에게 당했다는 소문이 나면 용감한 사람들도 사기가 떨어지고 이스라엘 사람들에게도 아들 군대가 아버지한테 패했다는 소문이 날 것이라는 이야기이다.

11-12절, **"나의 모략은 이러하니이다 온 이스라엘을 단부터 브엘세바까지 바닷가의 많은 모래같이 왕께로 모으고 친히 전장에 나가시고 우리가 그 만날 만한 곳에서 저를 엄습하기를 이슬이 땅에 내림같이 저의 위에 덮여 저와 그 함께 있는 모든 사람을 하나도 남겨 두지 아니할 것이요"**. 온 이스라엘을 다 압살롬에게로 모으고 그가 친히 전장에 나가 다윗과 그 따르는 자들을 엄습하여 쓸어버리라고 했다. 몇 명이 가서 패하여 사기를 떨어뜨리는 것보다 차라리 온 이스라엘을 다 모아서 한 번에 덮쳐서 이슬이 내리듯이 전쟁을 하라는 것이다.

또 다윗이 어느 성에 들었으면 온 이스라엘이 줄을 가져다가 그 성을 강으로 끌어들여서 그곳에 작은 돌 하나도 보이지 않게 싹 쓸어버리면 다윗도 죽을 것이라고 한 것이다. **"압살롬과 온 이스라엘 사람들이 후새의 모략이 아히도벨 모략보다 낫다 하니 이는 여호와께서 압살롬에게 화를 내리려 하사 아히도벨의 좋은 모략을 파하기로 작정하셨음이더라"**[14절]. 아히도벨의 말대로 했으면 정말 다윗이 죽었을 수도 있었다. 그러나 이 모든 상황 뒤에는 하나님이 계셔서 후새를 통하여 그의 모략을 깨뜨려버리셨다.

후새의 모략과 아히도벨의 죽음

후새가 사독과 아비아달을 불러다가 아히도벨이 여차여차 모략을 베풀었고 나도 여차여차 모략을 베풀었다고 말해 주었다. 사독과 아비아달 두 제사장은 성 안에 남아서 언약궤를 지키고 있었는데, 압살롬은 그들이 종교인들이고 제사장들이니까 그들이 달리 무엇을 하랴 생각하여 그냥 두었던 것 같다. 그런데 그들이 다 다윗의 첩자들인 줄 누가 알았겠는가!

16절, **"이제 너희는 빨리 사람을 보내어 다윗에게 고하기를 오늘밤에 광야 나룻터에서 자지 마시고 아무쪼록 건너가소서 하라 혹시 왕과 그 좇는 자들이 몰사할까 하노라 하니라"**. 다윗에게 요단 강 건너편으로 도피하라고 전하라 한다. 후새가 계략을 내놓았지만 혹시라도 압살롬이 아히도벨의 말대로 할지 몰라서 안심하지 못하고 일단 시간을 벌어 놓은 다음 얼른 다윗에게 말해주려고 했던 것이다.

17절, **"그때에 요나단과 아히마아스가 사람이 볼까 두려워하여 감히 성에 들어가지 못하고 에느로겔 가에 머물고 어떤 계집종은 저희에게 나와서 고하고 저희는 가서 다윗에게 고하더니"**. 압살롬의 반역의 권력 아래 온 나라가 놓여 있다. 그 가운데 몇 명이 다윗과 연락망을 구축하고 있는데, 이를 통해 정보를 전달해주고 있다. 요나단, 아히마아스 또 어떤 계집종 등이다.

압살롬은 한 소년을 통해 요나단과 아히마아스가 다윗에게 정보를 전달하고 있는 것을 알았다. 이 둘이 잡히면 후새의 정체와 모든 일이 다 밝혀지고 다윗도 죽게 될 판이었다. 그런 상황에서 이 두 사람이 빨리 달려서 바후림 어떤 사람의 집으로 들어가서 그 뜰에 있는 우물 속으로 내려갔다. 그 집 여인이 다

행히도 이 사람들 편이어서 우물 뚜껑을 덮고 그 위에 찧은 곡식을 널어놓으니 도무지 알 수가 없었다.

20절, **"압살롬의 종들이 그 집에 와서 여인에게 묻되 아히마하스와 요나단이 어디 있느냐 여인이 가로되 그들이 시내를 건너가더라 하니 저희가 찾아도 만나지 못하고 예루살렘으로 돌아가니라".** 사실은 이들이 우물 속에 숨어있는데 시내를 건너갔다고 거짓말을 한 것이다. 압살롬의 종들은 결국 이 두 사람을 잡지 못하였고 후새가 전달하라고 한 모든 정보가 다윗에게 들어가게 되었다.

21-23절, **"저희가 간 후에 두 사람이 우물에서 올라와서 다윗 왕에게 이르러 고하여 가로되 당신들은 일어나 빨리 물을 건너가소서 아히도벨이 당신들을 해하려고 여차여차히 모략을 베풀었나이다 다윗이 일어나 모든 백성과 함께 요단을 건널새 새벽에 미쳐서 한 사람도 요단을 건너지 못한 자가 없었더라 아히도벨이 자기 모략이 시행되지 못함을 보고 나귀에 안장을 지우고 떠나 고향으로 돌아가서 자기 집에 이르러 집을 정리하고 스스로 목매어 죽으매 그 아비 묘에 장사되니라".**

24절, **"이에 다윗은 마하나임에 이르고 압살롬은 모든 이스라엘 사람과 함께 요단을 건너니라".** 압살롬도 결국 많은 이스라엘 사람들과 함께 요단을 건넜다. 전쟁을 한 판 벌리기 위해서다.

25절, **"압살롬이 아마사로 요압을 대신하여 군장을 삼으니라 아마사는 이스라엘 사람 이드라라 하는 자의 아들이라 이드라가 나하스의 딸 아비갈과 동침하여 저를 낳았으며 아비갈은 요압의 어미 스루야의 동생이더라".** 압살롬이 군장을 삼은 아마사는 다윗의 장군 요압의 친족이다. 양편이 다 집안 식구들끼리이다.

26절, **"이에 이스라엘 무리와 압살롬이 길르앗 땅에 진치니라".** 길르앗 땅에서 전쟁이 한 판 붙을 상황이다.

27-29절, **"다윗이 마하나임에 이르렀을 때에…로글림 길르앗 사람 바르실래가 침상과 대야와 질그릇과 밀과 보리와 밀가루와 볶은 곡식과 콩과 팥과 볶은 녹두와 꿀과 뻐더와 양과 치스를 가져다가 다윗과 그 함께한 백성으로 먹게 하였으니 이는**

저희 생각에 백성이 들에서 시장하고 곤하고 목마르겠다 함이더라". 이 중에서 가장 인상적인 이름이 바르실래이다. 그는 당대의 부자로서 나이가 든 사람인데, 다윗 왕이 피신해서 길르앗 땅에 머물 때 다윗 왕을 자기의 소유로 섬겼다. 그와 몇 사람이 가져온 품목들을 보면 마음을 다해 다윗의 필요를 헤아리고 섬긴 것을 볼 수 있다. 지금 다윗은 자기 권속들과 백성들과 피난 중에서 모든 것이 부족할 텐데 침상, 대야, 질그릇, 밀과 보리, 밀가루, 볶은 곡식, 콩과 팥과 볶은 녹두, 꿀, 버터, 양과 치즈 등이 너무나 큰 도움이 되었을 것이다.

비록 온 나라가 압살롬의 반역에 참여하였어도 그 가운데서 마음으로 다윗과 함께하고 다윗을 귀히 여겨 섬기는 사람들이 있었다. 이러므로 우리는 작은 일에 충성을 다 해야 한다. 지금 작은 일에 충성할 때 주님께서 그 모든 것들을 하나하나 기억하시고 그날에 큰 것으로 우리에게 맡기실 것이다.

18장

압살롬의 죽음

1절, **"이에 다윗이 그 함께한 백성을 계수하고 천부장과 백부장을 그 위에 세우고".** 시간이 충분하니 다윗도 제정신이 들었다. 처음에 도망갈 때에는 압살롬의 반역을 하나님의 심판으로 받아들이면서 마음속으로 얼마나 자책이 많았겠는가! '내가 죄를 지었기 때문에 내 아들이 저러는구나! 그러니 저런 놈도 나를 저주하는구나!' 하면서 싸울 정신이 없었을 것이다. 그는 신발을 벗고 머리를 가리고 울면서 감람산에 올라갔다. 도망갈 때 굳이 머리를 풀 필요가 없을 터이지만 이것은 모두 하나님 앞에서 자세를 낮춘 것이다.

하나님께서 후새를 통해 아히도벨의 악한 모략이 실행되지 못하게 하시면서 다윗에게 한동안의 시간을 벌어주셨다. 시간이 지났을 때 다윗은 정신이 들면서 이제 전열을 가다듬는다. '이것은 혈과 육에 속한 싸움이 아니다. 나 개인의 문제가 아니고 아들과 아비의 문제도 아니며 하나님의 나라에 관한 문제이다.' 라는 생각이 들면서 다윗은 함께하는 백성을 계수했고 백성들도 모여들었다. 그 위에 천부장과 백부장을 세우고 군대를 편성한 것이다.

2절, "그 백성을 내어보낼새 삼분지 일은 요압의 수하에, 삼분지 일은 스루야의 아들 요압의 동생 아비새의 수하에 붙이고 삼분지 일은 가드 사람 잇대의 수하에 붙이고 백성에게 이르되 나도 반드시 너희와 함께 나가리라". 세 개의 부대로 나누었다. 다윗은 장군이므로 이러한 일에 매우 능숙하다.

그럴 때 백성들이 하는 말을 들어보라. 3절, "백성들이 가로되 왕은 나가지 마소서 우리가 도망할지라도 저희는 우리에게 주의하지 아니할 터이요 우리가 절반이나 죽을지라도 우리에게 주의하지 아니할 터이라 왕은 우리 만 명보다 중하시오니 왕은 성에 계시다가 우리를 도우심이 좋으니이다". 다윗 왕과 백성, 양 편 모두가 좋다. 다윗 왕은 '나도 그들과 함께 나가서 싸우겠다.'고 하고, 백성은 그들이 노리는 것이 다윗 왕의 목이라는 것을 잘 알고서 '당신은 싸움에 나가시면 안 됩니다.'라고 말하는 것이다. 그때 다윗 왕은 백성이 선히 여기는 대로 하겠다고 하면서 그들의 말을 받아들인다.

4절, "왕이 저희에게 이르되 너희가 선히 여기는 대로 내가 행하리라 하고 문 곁에 서매 모든 백성이 백 명씩 천 명씩 대를 지어 나가는지라". 다윗은 자기의 의견을 고집하지 않고 많은 사람의 의견을 듣는다. 역시 장군은 장군이고 왕은 왕이다. 왕이 모든 것을 자기 고집대로 하지 않고 백성들과 마음을 함께 했다. 전쟁은 싸우기 전부터 이미 판가름이 났다.

5절, "왕이 요압과 아비새와 잇대에게 명하여 가로되 나를 위하여 소년 압살롬을 너그러이 대접하라 하니 왕이 압살롬을 위하여 모든 군장에게 명령할 때에 백성들이 다 들으니라". 전쟁에 나가는 세 부대장과 모든 백성들에게 가서 싸워서 이기되 '아들 압살롬만큼은 죽이지 말아 달라'고 부탁했다.

6절, "이에 백성이 이스라엘을 치러 들로 나가서 에브라임 수풀에서 싸우더니". 압살롬의 군대를 '이스라엘'로 표현했는데 그것은 그들의 숫자가 더 많다는 의미이다.

7-8절, "거기서 이스라엘 무리가 다윗의 신복들에게 패하매 그날 그곳에서 살륙이 커서 이만에 이르렀고 그 땅에서 사면으로 퍼져 싸웠으므로 그날에 수풀에서

죽은 자가 칼에 죽은 자보다 많았더라". 당시에 이만여 명이 죽었다. 다윗의 부대들은 역시 전쟁에 관한 한 지략가들이다. 에브라임 수풀이라는 곳으로 압살롬 군대를 유인하였고 압살롬의 군대는 유인 작전에 말려들었다. 그래서 칼에 죽은 자보다 수풀에 걸려 죽은 자가 더 많았다는 것이다.

9절, **"압살롬이 다윗의 신복과 마주치니라 압살롬이 노새를 탔는데 그 노새가 큰 상수리나무 번성한 가지 아래로 지날 때에 압살롬의 머리털이 그 상수리나무에 걸리매 저가 공중에 달리고 그 탔던 노새는 그 아래로 빠져나간지라".** 이만여 명이 죽은 후에도 많은 사람이 죽으면서 싸움이 치열해져갈 때 압살롬도 위기를 느꼈을 것이다. 그때 마침 다윗의 장수와 마주친 것이다. 그러자 당황해서 노새를 타고 도망을 가는데 압살롬의 머리털이 큰 상수리나무에 걸리니 나귀는 그 아래로 빠져나가고 나무에 대롱대롱 매달린 형국이 된 것이다.

10-11절, **"한 사람이 보고 요압에게 고하여 가로되 내가 보니 압살롬이 상수리나무에 달렸더이다 요압이 그 고한 사람에게 이르되 네가 보고 어찌하여 당장에 쳐서 땅에 떨어뜨리지 아니하였느뇨 내가 네게 은 열 개와 띠 하나를 주었으리라".** 그를 죽였으면 포상을 했을 텐데 왜 그를 안 죽였느냐는 것이다.

12-13절, **"그 사람이 요압에게 대답하되 내가 내 손에 은 천 개를 받는다 할지라도 나는 왕의 아들에게 손을 대지 아니하겠나이다 우리가 들었거니와 왕이 당신과 아비새와 잇대에게 명하여 이르시기를 삼가 누구든지 소년 압살롬을 해하지 말라 하셨나이다 아무 일도 왕 앞에는 숨길 수 없나니 내가 만일 거역하여 그 생명을 해하였더면 당신도 나를 대적하였으리이다".** '내가 만일 그를 죽였더라면 왕이 나를 가만히 두었겠으며 당신은 나를 가만히 두겠는가? 지금은 당신이 나에게 상을 준다고 하지만 내가 그를 죽이고 왔을 때 당신이 나를 죽인다고 해도 나는 할 말이 없지 않은가? 그러니 내가 어떻게 그를 죽일 수 있었겠는가?'라고 말했다.

14-15절, **"요압이 가로되 나는 너와 같이 지체할 수 없다 하고 손에 작은 창 셋을 가지고 가서 상수리나무 가운데서 아직 살아 있는 압살롬의 심장을 찌르니 요압의 병기를 맡은 소년 열이 압살롬을 에워싸고 쳐 죽이니라".** 요압의 병기를 맡은 소년 열 명이 압살롬을 에워싸고 쳐 죽였다.

16절, **"요압이 나팔을 불어 백성들로 그치게 하니 저희가 이스라엘을 따르지 아니하고 돌아오니라"**. 이제 전쟁이 끝났다. 17절, **"무리가 압살롬을 옮겨다가 수풀 가운데 큰 구멍에 던지고 그 위에 심히 큰 돌무더기를 쌓으니라 온 이스라엘 무리가 각기 장막으로 도망하니라"**. 이제 압살롬이 죽었으니 전쟁은 끝난 것이다.

사무엘 하 14장 27절에 보면 압살롬이 아들 셋과 딸 하나를 두었다고 했다. 그리고 여기서는 압살롬이 살았을 때 자기 비석을 세웠다고 하면서 이는 저가 자기 이름을 전할 아들이 없기 때문이라고 했다. 이는 압살롬이 자기의 아들 셋을 다 잃었다는 뜻이다. 이렇게 반역하는 사람은 아들도 다 죽고 그 결말이 좋지 않다.

19절, **"사독의 아들 아히마아스가 가로되 청컨대 나로 빨리 왕에게 가서 여호와께서 왕의 원수 갚아 주신 소식을 전하게 하소서"**. 어쨌든 압살롬은 죽었고 아비와 아들과의 전쟁은 이스라엘 군 2만 명이상의 사상자를 내고 끝났다. 제사장 사독의 아들 아히마아스가 빨리 이 소식을 왕에게 가서 전할 수 있게 해 달라고 청했다.

20절, **"요압이 저에게 이르되 너는 오늘 소식을 전하는 자가 되지 말고 다른 날에 전할 것이니라 왕의 아들이 죽었나니 네가 오늘날 소식을 전하지 못하리라 하고"**. 아히마아스는 빨리 왕에게 이 좋은 소식을 전하고 싶은데 요압이 막는다. 요압은 자기 부하인 아히마아스를 아꼈기 때문에 네가 오늘 이 소식을 전하면 다윗 왕한테 좋은 소리를 못 듣는다고 말렸다.

21절, **"구스 사람에게 이르되 네가 가서 본 것을 왕께 고하라 하매 구스 사람이 요압에게 절하고 달음질하여 가니"**. 구스 사람이란 에디오피아 사람이다. 에디오피아 사람들은 오늘날도 마라톤을 잘 한다.

22절, **"사독의 아들 아히마아스가 다시 요압에게 이르되 청컨대 아무쪼록 나로 또한 구스 사람의 뒤를 따라 달음질하게 하소서 요압이 가로되 내 아들아 왜 달음질하려 하느냐 이 소식으로 인하여는 상을 받지 못하리라 하되"**. 이는 요압이 아히마아스를 생각해서 한 말이다. 요압은 상황을 잘 알고 있기 때문에 아히마아스가 가서 다윗에게 이 전쟁에서 이긴 것과 압살롬이 죽은 것을 보고해봐야 상을 받지 못한다고 말해 주고 있다. 그런데 이 아히마아스는 빨리 가서 다윗 왕에게 말해 주고 싶어서 안달이다. 그럼 이 사람의 문제는 무엇인가? 달음질을 너무 잘하는 것이다. 아히마아스가 하도 졸라대니 요압도 허락했다. 아히마아스는 제사장인데 에디오피아 사람보다 달음질을 더 잘한다. 왕은 소식을 기다리고 있다가 한 사람씩 오는 것을 보고 소식을 가지고 오는 것이라는 것을 알았다.

27절, **"파수꾼이 가로되 나 보기에는 앞선 사람의 달음질이 사독의 아들 아히마아스의 달음질과 같으니이다 왕이 가로되 저는 좋은 사람이니 좋은 소식을 가져 오느니라"**. 어떤 사람은 항상 그의 말이 좋고 좋은 소식을 전해준다. 그런데 어떤 사람은 항상 별로 좋지 않은 말을 한다. 그러므로 좋은 사람이 되려면 먼저 말이 좋아야 한다. 결국 아히마아스와 구스 사람이 전황을 다윗 왕에게 보고하는데, 아히마아스는 다윗 왕이 압살롬에 대해 묻자 잘 모르겠다고 얼버무렸다. 그러자 다윗 왕은 아히마아스에게 물러나 곁에 서 있으라 하고 구스 사람에게 물었다.

30-31절, **"왕이 가로되 물러나 곁에 서 있으라 하매 물러나서 섰더라 구스 사람이 이르러 고하되 내 주 왕께 보할 소식이 있나이다 여호와께서 오늘날 왕을 대적하던 모든 원수를 갚으셨나이다"**.

이 구스 사람은 하라고 한 말을 전달하는 것뿐이니까 별로 부담이 없다.

32절, **"왕이 구스 사람에게 묻되 소년 압살롬이 잘 있느냐 구스 사람이 대답하되 내 주 왕의 원수와 일어나서 왕을 대적하는 자들은 다 그 소년과 같이 되기를 원하나이다"**. 구스 사람은 압살롬이 죽었다는 말을 이렇게 우회적으로 표현했다.

33절, **"왕의 마음이 심히 아파 문루로 올라가서 우니라 저가 올라갈 때에 말하기를 내 아들 압살롬아 내 아들 내 아들 압살롬아 내가 너를 대신하여 죽었더면, 압살롬 내 아들아 내 아들아 하였더라"**. 이는 매우 감동적이다. 다윗은 반역자인 아들이지만 너무나 그를 사랑했다. 그런데 아들은 아버지의 목숨만 노렸다. 아마 압살롬이 다윗을 만났더라면 아주 잔인하게 죽였을 것이다. 배역자는 잔인하다. 그런데 다윗은 그 아들을 끔찍하게 사랑했다.

그리스도는 다윗과 같은 노선에 있는 분이시다. 사탄은 압살롬 같은 분위기를 갖고 있는 존재다. 주님은 원수이며 대적자인 우리를 대신해서 돌아가셨다. 그러한 사랑으로 원수인 우리를 사랑하신 것이다. 하나님께서 대적 원수 마귀에게 속한 우리를 이처럼 큰 사랑으로 사랑하셨다는 복음의 정신이 들어 있는 말씀이다. 아, 하나님은 원수 죄인을 이처럼 사랑하셨다!

19장

다윗의 슬퍼함에 대하여 요압이 항의하다

사무엘 하 17, 18장을 통해서 압살롬의 반역이 결국 그의 죽음으로 끝나고 압살롬을 죽인 요압 장군이 전쟁을 끝마치는 것을 보았다. 다윗 왕은 아들 압살롬이 죽었다는 말을 듣고 극도로 슬퍼했다. 그 전쟁에서 가장 큰 공을 세운 사람이 요압 장군인데, 19장에서 그는 다윗이 아들 압살롬의 죽음으로 매우 슬퍼한다는 보고를 받았다.

1-4절, **"혹이 요압에게 고하되 왕이 압살롬을 위하여 울며 슬퍼하시나이다 하니 왕이 그 아들을 위하여 슬퍼한다 함이 그날에 백성들에게 들리매 그날의 이김이 모든 백성에게 슬픔이 된지라 그날에 백성들이 싸움에 쫓겨 부끄러워 도망함 같이 가만히 성으로 들어가니라 왕이 얼굴을 가리우고 큰 소리로 부르되 내 아들 압살롬아 압살롬아 내 아들아 내 아들아 하니".**

다윗은 반역한 아들, 곧 자기와 함께한 자들의 목숨을 빼앗고 스스로 나라를 세우려 했던 아들이 죽었다고 했을 때 너무나 슬퍼했다. 다윗은 한 면으로는 그 아들 압살롬이 너무 불쌍하고, 또 한 면으로는 (여기에 표현되어 있지는 않지만) 이 모든 일이 자기의 죄 때문에 이렇게 되었다는 자책감과 자기가 아들을 죽게 했다는 마음이 있기 때문에 이렇게 슬퍼했을 것이라고 생각한다.

요압은 다윗 왕에게 위협조로 말하고 있다. '자식을 위해 그만 애통해하시고 그 전쟁에 나가서 싸우고 공을 세운 왕의 부하들을 격려해 주십시오.' 이는 다윗을 일깨우고 요청하는 말이다. 이 부분을 읽을 때 첫 번째로 알 수 있는 것은 공인으로서 다윗은 아들을 잃고 이것이 자신의 죄로 인한 심판이라고 느꼈다는 것이다. 또 압살롬이 반역을 일으킨 것조차도 '이것은 내 자신이 범한 죄에 대한 책벌이다.'라고 느끼는 것이다. 그렇지만 공인으로서 전쟁에서 이기고 일이 해결되었을 때 슬프더라도 그것을 드러내지 않는 것이 더 안전할 뻔했다는 것을 알 수 있다[5-7절].

여기서 요압은 다윗 왕에게 '부하들을 위로해야 한다. 싸움에 나갔던 사람들은 당신과 이 나라를 위해서 목숨을 걸고 싸웠는데 우리의 목숨과 왕의 목숨과 왕의 아들들의 목숨과 모든 처첩의 목숨을 노렸던 사람이 죽었다고 그렇게 슬퍼하면 어찌하자는 것인가? 압살롬이 살고 우리가 죽었더라면 당신이 마땅히 여기실 뻔하지 않았는가?' 이와 같은 말투는 다윗의 심장에 비수처럼 꽂혔을 것이다. 그럼에도 요압의 말투에는 바람직하지 않은 부분이 있다. 그는 응당 해야 할 말을 했고 또 그의 위치에서 다윗을 일깨워 그만 슬퍼하고 나가서 장군들을 위로하도록 하는 것이 맞지만 그 말투가 너무 거칠었다[7절].

8절, **"왕이 일어나 성문에 앉으매 혹이 모든 백성에게 고하되 왕이 문에 앉아 계시다 하니 모든 백성이 왕의 앞으로 나아오니라 이스라엘은 이미 각기 장막으로 도망하였더라"**. 이제 압살롬이 죽었기 때문에 압살롬을 따랐던 이스라엘 백성들은 다 각기 장막으로 도망하였다.

다윗 왕이 궁으로 돌아갈 채비를 하다

당시에 압살롬의 반역에 합류하고 압살롬을 따랐던 사람들이 압살롬이 죽자 이제 서로 변론하기 시작했다. 다윗 왕을 모셔와야 하지 않느냐 하면서 서로 다투었다. 이제 백성들은 다윗이 언젠가 원수의 손에서, 블레셋 사람의 손에서 자기들을 구원해 내었다는 것을 기억했다. 그리고 다윗 왕이 압살롬을 피해서 나라에서 나가셨고 우리가 기름을 부어 왕이 되게 했던 압살롬은 싸움에서 죽었는데 어찌하여 다윗 왕을 모셔오지 않고 잠잠한가 하면서 서로 싸웠다[9-10절].

다윗의 성급함(1)

11-12절, **"다윗 왕이 사독과 아비아달 두 제사장에게 기별하여 가로되 너희는 유다 장로들에게 고하여 이르기를 왕의 말씀이 온 이스라엘이 왕을 궁으로 도로 모셔오자 하는 말이 왕께 들렸거늘 너희는 어찌하여 궁으로 모시는 일에 나중이 되느냐 너희는 내 형제요 내 골육이어늘 어찌하여 왕을 도로 모셔 오는 일에 나중이 되**

리요 하셨다 하고". 사무엘 하 19장과 20장을 자세히 읽어보면, 이스라엘의 분열의 조짐이 이미 내재되어 있었다는 것을 알 수 있다. 이스라엘 나라가 남조와 북조로 나뉘는 엄청난 일이 이미 씨앗으로 존재하고 있었던 것이다.

다윗이 압살롬을 피해서 요단강 동편 마하나임으로 피신했다가 이제 요단강을 건너서 돌아오려 하고 있다. 그런데 다윗을 다시 궁으로 모셔오는 일을 놓고 이스라엘이 서로 변론할 때에 다윗의 반응이 문제가 된다. 이스라엘의 말을 듣고 있을 때 다윗은 자신의 혈족인 유다가 가만히 있는 것에 대해 어떤 느낌이 생겨났다. '그들이 앞장서서 나를 세워야 할 텐데 왜 가만히 있는가' 하는 것이다. 그러면서 사독과 아비아달 두 제사장에게 기별하여 말하기를, '유다 장로들에게 가서 이스라엘 사람들은 나를 궁으로 모셔오자는 말을 하고 있는데 너희는 왜 가만히 있는가 하고 전하라' 했다. (이스라엘이라 함은 유다 지파를 제외한 열 지파를 가리킨다. 베냐민 지파는 유다 지파에 속한다. 나머지 열 지파를 이스라엘이라 부르고 유다 지파와 베냐민 지파가 결국 유다 왕국이 된다.)

다윗의 성급함(II)

13절, **"너희는 또 아마사에게 이르기를 너는 내 골육이 아니냐 네가 요압을 대신하여 항상 내 앞에서 군장이 되지 아니하면 하나님이 내게 벌 위에 벌을 내리시기를 바라노라 하셨다 하라 하여"**. 이 또한 다윗의 실수이다. 아마사는 압살롬의 반역 무리의 군장이었다. (이 사람도 물론 유다 사람이다.) 다윗은 방금 전까지만 해도 요압과 대치해서 자신을 대적하던 압살롬 반역자 무리의 수장이었던 아마사를 불러서 군장을 만들려고 하는 것이다. 요압은 전에 아브넬을 죽였고 이번에 압살롬도 죽였다. 물론 다윗이 왕으로 회복되기는 했지만 이왕 모든 것이 주님의 손에 있는 것이라면 좀 더 신중했으면 좋았을 것이다.

이어지는 20장 1절을 보면 "마침 거기 난류 하나가 있으니 베냐민 사람 비그리의 아들 세바라 하는 자라 저가 나팔을 불며 가로되 우리는 다윗과 함께 할 분의가 없으며 이새의 아들과 함께 할 업이 없도다 이스라엘아 각각 장막으로 돌아가라 하매"라고 한다. 그리고서 세바의 난이 일어난다. 이때 유다는 계속 다윗을 따랐지만 다른 사람들은 다 세바를 좇았다. 여기에서 유다와 이스라엘의 분열의 조짐이 생겨났다. 이러한 분열의 씨를 누가 심었는가? 바로 다윗이다.

사람들은 인도자가 되기를 좋아한다. 그런데 좋은 인도자 되기란 아주 어려운 일이다. 여기서 다윗은 자신의 육신적인 감정을 절제하지 않았다. 그리고 일종의 자기 정책을 어느 정도 사용했을 것이라 본다. 유다 지파는 강한 지파로서 그들이 왕을 세우면 전체에 영향을 끼치기는 하지만 그렇다 하더라도 그들을 너무 의지할 필요는 없었다.

14절, **"모든 유다 사람들로 마음을 일제히 돌리게 하매 저희가 왕께 보내어 가로되 왕은 모든 신복으로 더불어 돌아오소서 한지라"**. 유다 사람들이 다윗에게 보내어 모든 신복으로 더불어 돌아오시라고 했다.

15절, **"왕이 돌아와 요단에 이르매 유다 족속이 왕을 맞아 요단을 건네려 하여 길갈로 오니라"**. 요단을 건너기 전에 길갈이라는 곳이 있다. 이곳은 여호수아서에도 나온다. 이스라엘 백성이 요단을 건너기 전에 할례를 받았던 땅 이름이 길갈이다.

다윗의 성급함(III)

16절, **"바후림에 있는 베냐민 사람 게라의 아들 시므이가 급히 유다 사람과 함께 다윗 왕을 맞으려 내려올 때에"**. 바후림 사람 시므이는 다윗이 압살롬의 난을 피해서 요단강을 건너가려 할 때에 계속 다윗을 저주하는 말을 했다. 이 사람은 베냐민 지파 사람이고 사울과 친족인데 이제 다윗은 끝났다고 생각하여 저주를 했을 것이다. 그런데 압살롬이 죽고 다시 다윗이 등극하게 되니까 자기 목숨이 위태로워졌다는 생각이 들어서 다윗에게 빌려고 급히 온 것이다. 이 사람은 기회주의자다.

17절, **"베냐민 사람 일천 명이 저와 함께하고 사울의 사환 시바도 그 아들 열다섯과 종 스무 명으로 더불어 저와 함께하여 요단강을 밟고 건너 왕의 앞으로 나아오니라"**. 비슷비슷한 사람들끼리 함께 모이고 있다. 시바라는 인물도 매우 교활한 모사꾼이다. 그는 다윗에게 거짓으로 요나단의 아들인 므비보셋을 모함해서 므비보셋에게 할당된 모든 땅을 다 빼앗았다. 시바는 시므이보다 한 수 더한 사람이다. 그런데 어쨌든 시바도 거짓말을 해놓았기 때문에 이때 정신없이 나와야 한다. 마무리 지어야 할 일이 있기 때문이다. 그러다 보니 비슷비슷한 사람들이

한데 모인 것이다. 시므이와 시바는 다윗의 재등극에 시기를 맞추어 서로 머리를 쓰고 있다. 요단강을 밟았다는 말은 그들이 요단강을 아주 급하게 건넜다는 뜻이다.

18절, **"왕의 가족을 건네려 하며 왕의 선히 여기는 대로 쓰게 하려 하여 나룻배가 건너가니 왕이 요단을 건너려 할 때에 게라의 아들 시므이가 왕의 앞에 엎드려"**. 왕이 나룻배를 타고 건너려고 하는데 그 앞에 시므이가 재빨리 엎드렸다.

19-20절, **"왕께 고하되 내 주여 원컨대 내게 죄 주지 마옵소서 내 주 왕께서 예루살렘에서 나오시던 날에 종의 패역한 일을 기억하지 마옵시며 마음에 두지 마옵소서 왕의 종 내가 범죄한 줄 아옵는 고로 오늘 요셉의 온 족속 중 내가 먼저 내려와서 내 주 왕을 영접하나이다"**. '내 죄를 내가 안다'고 말하는 것이다. 자기가 베냐민 족속인데 더 크게 보면 요셉 족속이며, 다윗 왕의 복귀에 대해서 가장 먼저 와서 환영하니 자기 죄를 용서해 달라는 것이다. 그는 철저한 기회주의자이다. 그리스도인은 기회주의를 배격한다.

21절, **"스루야의 아들 아비새가 대답하여 가로되 시므이가 여호와의 기름 부으신 자를 저주하였으니 그로 인하여 죽어야 마땅치 아니하니이까"**. 충동질하는 사람이 옆에 있으면 인도자는 실수하기가 쉽다. 여기서 아비새가 '저 놈을 죽여야 하지 않습니까?'라고 다윗에게 말했다.

22절, **"다윗이 가로되 스루야의 아들들아 내가 너희와 무슨 상관이 있기로 너희가 오늘 나의 대적이 되느냐 오늘 어찌하여 이스라엘 가운데서 사람을 죽이겠느냐 내가 오늘날 이스라엘의 왕이 된 것을 내가 알지 못하리요 하고"**. 다윗은 몇 번씩이나 왕이 되었다. 처음 사울이 죽었을 때에 헤브론에서 왕이 된 적이 있고, 예루살렘으로 돌아왔을 때 이스라엘 백성들이 기름 부어서 왕이 된 적이 있다. 그리고 이제 압살롬 반역으로 도망갔다가 돌아와서 다시 왕이 된다. 다윗은 자기의 죄과에 대한 징벌로 이러한 내란이 일어났다가 다시 복구되는 상황이었기 때문에, 주님이 그를 불쌍히 여기셔서 이렇게 용서해 주시고 이 자리에 다시 오게 해주셨다는 느낌이 가득했을 것이다.

23절, "시므이에게 이르되 네가 죽지 아니하리라 하고 저에게 맹세하니라". 그런데 다윗이 시므이를 완전히 용서했는가? 다윗은 그가 자신에게 했던 악한 행위를 잊지 않고 죽을 때 시므이를 솔로몬에게 인계한다.

므비보셋이 다윗을 맞이하다

24절, "사울의 손자 므비보셋이 내려와서 왕을 맞으니 저는 왕의 떠난 날부터 평안히 돌아오는 날까지 그 발을 맵시 내지 아니하며 그 수염을 깎지 아니하며 옷을 빨지 아니하였더라". 므비보셋은 시바에게 모함을 당하여 압살롬이 반역한 기회를 틈타서 할아버지의 왕권을 자기가 이어 받을 것으로 기대하고 있다는 오해를 받고 있다. 시바가 다윗에게 그를 모함하여 자기의 모든 재산을 가로채인 억울한 상황이었다. 그런데 므비보셋은 다윗이 성을 떠난 날부터 발을 맵시 내지 않고 수염을 깎지 않고 옷을 빨지 않았다고 한다.

25절, "예루살렘에서 와서 왕을 맞을 때에 왕이 저에게 물어 가로되 므비보셋이여 네가 어찌하여 나와 함께 가지 아니하였더뇨". 다윗은 시바에게 들은 말이 있으므로 여기에서 므비보셋에게 확인하는 것이다.

26절, "대답하되 내 주 왕이여 왕의 종 나는 절뚝발이이므로 내 나귀에 안장을 지워 타고 왕과 함께 가려 하였더니 나의 종이 나를 속이고". 시바가 다윗 왕한테 자신을 참소한 것을 므비보셋은 알고 있다.

27-28절, "종 나를 내 주 왕께 참소하였나이다 내 주 왕께서는 하나님의 사자와 같으시니 왕의 처분대로 하옵소서 내 아비의 온 집이 내 주 왕 앞에서는 다만 죽을 사람이 되지 아니하였었나이까 그러나 종을 왕의 상에서 음식 먹는 자 가운데 두셨사오니 내게 오히려 무슨 옳음이 있어서 다시 왕께 부르짖을 수 있사오리이까". 므비보셋의 마음은 매우 겸손하다. 다윗 왕에게 '당신 처분에 맡기겠습니다. 그러나 사실은 시바가 왕께 나를 참소한 것입니다. 내가 그때 왕과 함께 가려고 나귀의 안장을 지워 달라고 했을 때 시바가 듣지 않고 오히려 자기가 먼저 가서 나를 참소해서 어렵게 만들었습니다.'라고 말하면서 그렇지만 왕의 처분대로 하시라고 한다.

29절, **"왕이 저에게 이르되 네가 어찌하여 또 네 일을 말하느냐 내가 이르노니 너는 시바와 밭을 나누라"**. 다윗 왕이 므비보셋의 말을 들으니 이전에 시바의 말을 듣고 '므비보셋의 밭은 다 시바의 것이다'라고 말한 것이 생각났다. 그렇게 한 것에 무리가 있다는 것을 다윗 왕이 깨달은 것이다. 그러나 이제 와서 그 밭을 다시 므비보셋에게 모두 돌리라고 할 수가 없었다. 그래서 왕은 중간을 선택해서 반씩 나누라고 했다.

30절, **"므비보셋이 왕께 고하되 내 주 왕께서 평안히 궁에 돌아오시게 되었으니 저로 그 전부를 차지하게 하옵소서 하니라"**. 므비보셋은 왕이 돌아왔는데 자기에게 무슨 재산이 필요하냐고 하면서 시바가 다 차지하게 하라고 말했다. 이 땅에서 주님을 사랑하는 사람은 다 므비보셋과 같이 되어야 한다.

바르실래에 대한 다윗의 배려

31절, **"길르앗 사람 바르실래가 왕을 보내어 요단을 건네려고 로글림에서 내려와서 함께 요단에 이르니"**. 바르실래는 마하나임에서 상당히 유력자이고 거부였다. 이 사람은 다윗이 도피해 있는 동안 그의 소유로 다윗을 많이 섬겼다.

32-33절, **"바르실래는 매우 늙어 나이 팔십세라 저는 거부인 고로 왕이 마하나임에 유할 때에 왕을 공궤하였더라 왕이 바르실래에게 이르되 너는 나와 함께 건너가자 예루살렘에서 내가 너를 공궤하리라"**. 다윗은 마하나임에서 피신해 있을 때 바르실래에게 도움받은 것을 보답하고 싶었다. 그래서 '내가 다시 왕이 되었으니 이제 내가 예루살렘에서 너를 돌보겠다. 나와 함께 가자.'고 했다.

34-36절, **"바르실래가 왕께 고하되 내 생명의 날이 얼마나 있삽관대 어찌 왕과 함께 예루살렘으로 올라가리이까 내 나이 이제 팔십세라 어떻게 좋고 흉한 것을 분간할 수 있사오며 음식의 맛을 알 수 있사오리이까 어떻게 다시 노래하는 남자나 여인의 소리를 알아들을 수 있사오리이까 어찌하여 종이 내 주 왕께 오히려 누를 끼치리이까 종은 왕을 모시고 요단을 건너려는 것뿐이어늘 왕께서 어찌하여 이 같은 상으로 내게 갚으려 하시나이까"**. 바르실래는 다윗이 자기 영역에 피신해 왔을 때 힘을 다해 섬기고 이제 왕위가 복구되어 요단강을 건너갈 때 모셔다드리려는 것이다. 그는 다윗 왕이 그에게 뭔가 보답해주겠다는 말을 들을 때 사양했다. '나

는 이미 나이가 많습니다. 이렇게 당신을 도운 것으로 내 할 일을 다 했습니다.' 라고 한다.

37절, **"청컨대 종을 돌려보내옵소서 내가 내 본성 부모의 묘 곁에서 죽으려 하나이다 그러나 왕의 종 김함이 여기 있사오니 청컨대 저로 내 주 왕과 함께 건너가게 하옵시고 왕의 처분대로 저에게 베푸소서"**. 김함이라는 사람이 누구인지 알려져 있지 않지만 학자들은 아마도 바르실래의 아들일 것이라고 추측한다. 아들인지 아니면 아들처럼 기르는 그의 종인지는 알지 못하지만, 어쨌든 바르실래가 생각할 때 아주 유망한 청년인 김함을 다윗에게 보내주겠으니 왕의 처분대로 그에게 베풀어 달라고 했다.

38절, **"왕이 대답하되 김함이 나와 함께 건너가리니 내가 너의 좋아하는 대로 저에게 베풀겠고 또 네가 내게 구하는 것은 다 너를 위하여 시행하리라 하니라"**. 다윗 왕은 바르실래 대신 김함을 잘 대해 주겠다고 했다.

39절, **"백성이 다 요단을 건너매 왕도 건너가서 바르실래의 입을 맞추고 위하여 복을 비니 저가 자기 곳으로 돌아가니라"**. 바르실래는 자기 곳으로 돌아갔고 다윗 왕은 김함이라는 사람을 데리고 갔다.

40절, **"왕이 길갈로 건너오고 김함도 함께 건너오니 온 유다 백성과 이스라엘 백성의 절반이나 왕을 호행하니라"**. 길갈은 요단 건너에 있는 곳으로서 이스라엘이 가나안을 칠 때 하나의 전진 기지와도 같았던 곳이다.

유다에 대한 이스라엘의 불만 - 반란의 씨앗

41절, **"온 이스라엘 사람이 왕께 나아와서 고하되 우리 형제 유다 사람들이 어찌 왕을 도적하여 왕과 왕의 권속과 왕을 좇는 모든 사람을 인도하여 요단을 건네었나이까 하매"**. 요단강을 건널 때 유다 사람들이 왕을 도왔다. 유다 사람들이 먼저 가서 왕을 호위하여 온 것이다. 그때 이스라엘 사람들도 절반이나 따랐다. 그런데 이스라엘 사람들은 '유다 사람들이 어찌 왕을 도적했느냐'고 하면서 왕에게 불만을 토한 것이다.

42-43절, **"유다 모든 사람이 이스라엘 사람에게 대답하되 왕은 우리의 지친인 까닭이라 너희가 어찌 이 일에 대하여 분내느냐 우리가 왕의 물건을 조금이라도 먹었느냐 왕께서 우리에게 선물 주신 것이 있느냐 이스라엘 사람이 유다 사람에게 대답하여 이르되 우리는 왕에 대하여 십분을 가졌으니 다윗에게 대하여 너희보다 더욱 관계가 있거늘 너희가 어찌 우리를 멸시하여 우리 왕을 모셔오는 일에 먼저 우리와 의논하지 아니하였느냐 하나 유다 사람의 말이 이스라엘 사람의 말보다 더 강경하였더라"**. 유다 지파는 매우 강한 지파이다. 그래서 이스라엘 사람들이 유다에 대해 불만을 가졌다. 왕이 요단을 건너는 일을 돕는 데 왜 유다가 앞장섰느냐는 것이다. 그리고 왜 이스라엘을 소외시키고서 나중에야 동참하게 만들었느냐는 것이다. 그때 유다 사람들은 '다윗 왕이 우리 지파이고 우리 혈육이니 그것은 당연한 것이다.'라고 했다. 유다 지파는 이스라엘에 대해 낮은 자세를 취하지 않았다.

20장

세바의 난

1절, **"마침 거기 난류 하나가 있으니 베냐민 사람 비그리의 아들 세바라 하는 자라 저가 나팔을 불며 가로되 우리는 다윗과 함께할 분의가 없으며 이새의 아들과 함께할 업이 없도다 이스라엘아 각각 장막으로 돌아가라 하매"**. '난류'란 '벨리알의 아들, 비류, 못된 사람들, 무익한 사람들'이라는 뜻이다.

2절, **"이에 온 이스라엘 사람들이 다윗 좇기를 그치고 올라가 비그리의 아들 세바를 좇으나 유다 사람들은 왕에게 합하여 요단에서 예루살렘까지 좇으니라"**. 다윗이 다시 왕으로 복위되어 돌아올 때 유다 사람들에게 '너희들이 나를 데려가야 하지 않겠느냐'고 했다. 그때 이스라엘이 소외감을 느낀 것이다.

마귀는 기회를 탄다. 그 기회에 베냐민 사람 세바라고 하는 인물이 반란을 일으킨 것이다. 베냐민 사람이 계속 문제를 일으키는데, 다윗의 정적인 사울이 베냐민 사람이다. 시므이도 베냐민 사람이고, 세바도 베냐민 사람이다. 그가 그 틈새를 엿보아 이스라엘을 규합해서 우리는 다윗하고 함께할 분깃이 없다고 하면서 백성들로 자신을 좇게 했다. 그렇지만 유다 지파는 왕과 합하여 요단에서 예루살렘까지 좇아갔다.

3절, **"다윗이 예루살렘 본궁에 이르러 전에 머물러 궁을 지키게 한 후궁 열 명을 잡아 별실에 가두고 먹을 것만 주고 더불어 동침치 아니하니 저희가 죽는 날까지 갇혀서 생과부로 지내니라"**. 이 후궁들은 압살롬으로 더불어 동침을 한 자들이다.

다윗 왕이 아마사를 중용하다

4-5절, **"왕이 아마사에게 이르되 너는 나를 위하여 삼 일 내로 유다 사람을 소집하고 너도 여기 있으라 아마사가 유다 사람을 소집하러 가더니 왕의 정한 기한에 지체된지라"**. 이제 다윗은 요압을 잊어버린 것 같다. 그는 압살롬의 장군이었던 아마사를 군장으로 여기고 있다. 이것 또한 다윗의 실수이다. 여기에서 다윗은 유다를 의지하는데, 이스라엘이 다 세바를 따랐기 때문이다. 그래서 다윗은 아마사에게 유다 사람을 소집하여 세바의 난을 평정하라는 위임을 맡기려 한다. 그는 왜 다윗이 정한 삼 일이라는 기간을 놓쳤을까? 가장 타당한 생각은 아마사가 무능한 사람이라는 것이다. 역량이 그렇게 출중한 사람은 아니었다는 것이다. 당시 아마사가 압살롬의 군장이었을 때 그 군대의 수가 요압의 군대보다 훨씬 많았음에도 불구하고 그는 별로 힘도 못 쓰고 졌다.

6절, **"다윗이 이에 아비새에게 이르되 이제 비그리의 아들 세바가 압살롬보다 우리를 더 해하리니 너는 네 주의 신복들을 거느리고 좇아가라 저가 견고한 성에 들어가서 우리들을 피할까 염려하노라 하매"**. 그런데 여기서 아마사가 기한 내에 오지 않으니까 다윗은 요압에게 시키지 않고 요압의 동생 아비새에게 시키면서 만일 세바가 일어나서 치면 압살롬보다 더 큰 해를 입게 된다고 했다.

7절, **"요압을 좇는 자들과 그렛 사람들과 블렛 사람들과 모든 용사들이 다 아비새를 따라 비그리의 아들 세바를 좇으려고 예루살렘에서 나와서"**. 지금 아비새가 세바의 난을 평정하기 위해 장군이 된 것이다.

아마사가 요압에게 죽임당하다

8절, **"기브온 큰 바위 곁에 이르매 아마사가 맞으러 오니 때에 요압이 군복을 입**

고 띠를 띠고 집에 꽂은 칼을 허리에 매었는데 저가 행할 때에 칼이 빠져 떨어졌더라". 이때 요압이 나타났다. 요압은 이 난을 평정하라는 다윗의 명을 따로 받은 것이 없다. 그런데 이 전쟁에 끼어들었다. 어쨌든 이 상황에 요압이 있다. 아마사는 전쟁에 대한 왕의 명을 시행하기 위해 사람을 모아 조직을 해서 오고 있는 중이다. 그러다가 요압과 마주친 것이다. 그런데 요압이 군복을 입고 띠를 띠고 칼을 허리에 찼는데 마침 칼이 칼집에서 빠졌다.

9-10절, **"요압이 아마사에게 이르되 형은 평안하뇨 하며 오른손으로 아마사의 수염을 잡고 그 입을 맞추려는 체하매 아마사가 요압의 손에 있는 칼은 주의치 아니한지라 요압이 칼로 그 배를 찌르매 그 창자가 땅에 흐르니 다시 치지 아니하여도 죽으니라 요압과 그 동생 아비새가 비그리의 아들 세바를 쫓을새"**. 요압은 아마사를 만나서 인사하며 칼이 칼집에서 빠져나오는 것같이 하면서 아마사가 주의하지 않는 틈에 배를 찔러 죽였다. 이렇게 중도에 요압이 아마사를 처치한 것이다. 아마사가 자신의 지위를 빼앗는다고 생각했기 때문일 것이다.

11절, **"요압의 소년 중 하나가 아마사의 곁에 서서 가로되 요압을 좋아하는 자와 다윗을 위하는 자는 요압을 따르라 할 때에"**. 요압 가까이에 있으면 요압과 같아진다. 이 소년은 요압을 좋아하는 사람은 다 다윗을 위하는 사람인 것처럼 선포하고 있다. 이 사람들이 다윗을 위하는 것은 다 육체로 위하는 것이다. 사실상 자신들을 위해서 다윗을 위하는 것이다.

12절, **"아마사가 길 가운데 피 속에 굴어졌는지라 그 소년이 모든 백성의 섰는 것을 보고 아마사를 큰 길에서부터 밭으로 옮겼으나 거기 이르는 자도 다 멈추어 서는 것을 보고 옷을 그 위에 덮으니라"**. 지금 세바를 쫓아가서 평정해야 하는데 사람들이 가다가 아마사가 죽어 있는 것을 보고 멈추어 서는 것이다. 요압의 소년이 그 시체를 큰 길에서부터 밭으로 옮겼는데도 역시 사람들이 거기에 멈추어 서는 것을 보고 옷으로 덮었다. 다 요압을 쫓아가도록 그렇게 한 것이다. 다윗이 요압에게 명하지도 않았는데 가다보니까 다시 요압은 스스로 장군이 되어 있었다.

13-14절, **"아마사를 큰 길에서 옮겨 가매 사람들이 다 요압을 따라 비그리의**

아들 세바를 좇아가니라 요압이 이스라엘 모든 지파 가운데 두루 행하여 아벨과 벧마아가와 베림 온 땅에 이르니 그 무리도 다 모여 저를 따르더라". 여기서 아벨과 벧마아가와 베림은 이스라엘 최북단이다. 세바가 북쪽으로 간 것이다.

아벨의 지혜로운 여인에 의해 세바가 죽임을 당하다

15-18절, "이에 저희가 벧마아가 아벨로 가서 세바를 에우고 그 성읍을 향하여 해자 언덕 위에 토성을 쌓고 요압과 함께한 모든 백성이 성벽을 쳐서 헐고자 하더니 그 성에서 지혜로운 여인 하나가 외쳐 가로되 들을지어다 들을지어다 청컨대 너희는 요압에게 이르기를 이리로 가까이 오라 내가 네게 말하려 하노라 한다 하라 요압이 그 여인에게 가까이 가니 여인이 가로되 당신이 요압이니이까 대답하되 그러하다 여인이 저에게 이르되 여종의 말을 들으소서 대답하되 내가 들으리라 여인이 말하여 가로되 옛 사람들이 흔히 말하기를 아벨에 가서 물을 것이라 하고 그 일을 끝내었나이다". 이 여인은 아주 지혜로운 여인이다. 잘못하면 아벨 성읍 전체가 세바 때문에 무너지게 되자 이 여자가 나서서 요압과 담판을 지은 것이다. 아벨이라는 성은 이전에 지혜로운 사람이 많이 살았던 곳이다. 그러니까 어떤 일이 생기면 '아벨에 가서 물으라' 하고 그 일을 끝냈다는 것이다. 그런데 이 아벨에 와서 무엇 때문에 대판 싸움을 벌이려고 하느냐는 것이다.

19절, "나는 이스라엘의 화평하고 충성된 자 중 하나이어늘 당신이 이스라엘 가운데 어미 같은 성을 멸하고자 하시는도다 어찌하여 당신이 여호와의 기업을 삼키고자 하시나이까". 그녀는 아벨 성을 큰 성이라고 했다.

20절, "요압이 대답하여 가로되 결단코 그렇지 아니하다 결단코 그렇지 아니하다 삼키거나 멸하거나 하려 함이 아니니". 요압같이 교활하고 용감하다 할지라도 이 여인이 이처럼 지혜롭게 말할 때에 그 여인과 대화를 하지 않을 수 없었다.

21-22절, "그 일이 그러한 것이 아니니라 에브라임 산지 사람 비그리의 아들 세바라 하는 자가 손을 들어 왕 다윗을 대적하였나니 너희가 저만 내어 주면 내가 이 성읍에서 떠나가리라 여인이 요압에게 이르되 저의 머리를 성벽에서 당신에게 내어 던지리이다 하고 이에 여인이 그 지혜로 모든 백성에게 말하매 저희가 비그리의 아들 세바의 머리를 베어 요압에게 던진지라 이에 요압이 나팔을 불매 무리가 흩어져

성읍에서 물러나서 각기 장막으로 돌아가고 요압은 예루살렘으로 돌아와서 왕에게 나아가니라". 아벨 성의 지혜로운 한 여자가 비그리의 아들 세바의 머리를 베어서 던짐으로 세바의 난은 평정이 되었다. 세바라는 자는 기회를 엿보아 왕이 되려다가 비참하게 죽고 끝났다.

세바의 난이 평정되고 요압이 재등장하다

23절, **"요압은 이스라엘 온 군대의 장관이 되고 여호야다의 아들 브나야는 그렛 사람과 블렛 사람의 장관이 되고".** 요압이 상황을 대처하는 것을 보면 능수능란하다. 그 어려운 때에 어떻게 처신해야 할 줄을 안다. 어떻게 해서든지 자기의 위치를 지키는 지혜가 있다. 그래서 이 사람은 결국 자기 나름대로 위기를 극복하고 군대장관이 되었다. 이 그렛 사람과 블렛 사람의 장관이란 근위대로서 오늘날로 말하면 대통령 경호부대이다. 브나야는 솔로몬 때 군대 장관이 되는데 요압은 결국 브나야의 칼에 맞아 죽는다. 요압은 현세의 하나님 나라에 존재하는 정치군인이라고 볼 수 있다. 이런 사람도 이 세상에 존재하는 '큰 집'에서는 성공을 거둘 수 있다(딤후 2:20). 그 속내에는 늘 교활한 작전이 들어 있으며, 주님이 다시 오시는 나라에서 이런 사람은 아무런 쓸모가 없다.

24절, **"아도니람은 감역관이 되고 아힐룻의 아들 여호사밧은 사관이 되고".**

이렇게 해서 세바의 난이 평정되고 난 후에 다윗의 왕정이 새롭게 국무위원을 편성하고 국가의 기강을 바로잡는 것으로 20장이 끝난다.

21장

삼 년 간의 연이은 기근의 원인을 처리하다

1절, **"다윗의 시대에 년부년 삼 년 기근이 있으므로 다윗이 여호와 앞에 간구하매 여호와께서 가라사대 이는 사울과 피를 흘린 그 집을 인함이니 저가 기브온 사람을 죽였음이니라 하시니라".** 이때를 '다윗의 시대'라고 표현했는데, 아마도 이것은 20장 이전에 있었던 어떤 일을 기록한 것 같다. '사무엘 하'가 시간 순서대로만 기록된 것은 아니라는 것이다. 사사기도 삼손까지 기록하고 그 뒤에 몇몇 사건을 기록했는데, 그것은 삼손 사사 뒤에 일어난 일이 아니라 그 이전에 일어난 어떤 일들을 기록한 것이며, 다만 성경을 기록할 때 배열을 뒤로 한 것이다. 이 부분도 특별히 '이후에'라고 표현하지 않고 '다윗의 시대에' 라고 표현했다.

'년부년'이라는 말은 '계속해서'라는 뜻이다. 삼 년 동안 연달아 기근이 있었다고 했으니 기근이 아주 심했다는 뜻이다. 통치자는 나라에 기근이나 가뭄이나 어떤 재앙이 닥칠 때 기도하게 된다. 삼 년 동안 계속 기근이 있어서 다윗이 하나님께 기도했더니 하나님이 그에게 답변하시기를 '사울과 피를 흘린 그 집을 인함이다.'라고 하셨다. 사울이 기브온 사람을 죽인 것을 말씀하는 것이다.

사울의 근거 없는 열심

2절, **"기브온 사람은 이스라엘 족속이 아니요 아모리 사람 중에서 남은 자라 이스라엘 족속들이 전에 저희에게 맹세하였거늘 사울이 이스라엘과 유다 족속을 위하여 열심이 있으므로 저희 죽이기를 꾀하였더라 이에 왕이 기브온 사람을 불러 물으니라"**. 여기서 하나님이 약속을 얼마나 소중히 여기시는 하나님이신가를 볼 수 있다. 여호수아가 가나안에 들어가서 가나안 땅에 있는 모든 족속을 정벌할 때에 첫째는 여리고 성을 정복했고 둘째는 아이 성을 정복했는데, 이러한 전쟁에서 이스라엘이 계속 승리하자 기브온 사람들은 자기들이 이스라엘에게 완전히 정복당할 것을 알고 멀리서 온 것처럼 여호수아를 속여 화친을 청했다. 그때 여호수아는 하나님께 묻지 않고 그들의 화친 전략에 넘어가서 그들을 죽이지 않겠다고 약속했다. 그런데 나중에 보니 그들은 가까이 사는 기브온 족속, 곧 아모리 사람 중에 남은 자들이었던 것이다. 당연히 멸망시켜야 할 가나안 부족 중 하나였지만 여호수아가 이미 언약을 하였기에 그들을 살려 두도록 되었다.

언약이 중요하다

언약의 하나님은 언약을 매우 중요하게 여기신다. 그런데 사울은 다윗 전의 초대 이스라엘 왕으로서 열심이 많은 사람이었다. 열심만 있다고 좋은 것은 아니다. 열심히 하는 것이 필요하지만 그 열심은 반드시 하나님의 말씀과 법도 안에서의 열심이어야 한다. 사울은 죽여야 할 사람들(아말렉)은 죽이지 않고 죽이지 말아야 할 사람들(기브온)은 죽였다. 이것이 육체의 사람들의 행위이다. 그는 말씀을 도외시하고 자기의 느낌대로, 열심대로 대충 하나님과 교회를 위했다. 사울은 이스라엘과 유다 족속을 위한다는 명목으로 자기 나름대로 열심을 내어서 결국 기브온 족속을 죽였다. 하나님이 그 징벌로서 이스라엘에게 삼 년 동안 기근을 보내신 것이다. 이때 다윗이 그 문제를 해결하기 위해서 기브온 사람을 불렀다.

3절, **"다윗이 저희에게 묻되 내가 너희를 위하여 어떻게 하랴 내가 어떻게 속죄하여야 너희가 여호와의 기업을 위하여 복을 빌겠느냐"**. 여기서 우리는 하나님과 관계가 없는 족속이라 하더라도 그들이 억울함과 탄식으로 부르짖을 때에 그로 인한 저주가 하나님의 백성 위에 임한다는 것을 볼 수 있다. 그러므로 우리가 하나님의 자녀일지라도 이방인들에게나 불신자에게나 그 어떤 사람들에게도 억울한 일을 당하게 하여 그들로 하여금 탄식하는 일이 없게 해야 한다는 것을 알 수 있다.

4절, **"기브온 사람이 대답하되 사울과 그 집과 우리 사이의 일은 은금에 있지 아니하오나 이스라엘 가운데서 사람을 죽이는 일은 우리에게 있지 아니하니이다 왕이 가로되 너희의 말하는 대로 시행하리라"**. 그들은 '이것은 금이나 은으로 해결할 수 있는 일이 아닙니다.'라고 했다. 그들은 돈으로 보상받고 싶지 않고 자신들의 억울함을 생명으로, 피로 갚아 달라고 완곡하게 요청하고 있다. 그들은 이스라엘 가운데서 사람을 죽일 수 없으니 당신들이 이것을 처리해 달라고 한다. 그들의 한을 목숨으로 해결해 달라는 것이다.

5-6절, **"저희가 왕께 고하되 우리를 학살하였고 또 우리를 멸하여 이스라엘 경내에 머물지 못하게 하려고 모해한 사람의 자손 일곱을 내어 주소서 여호와의 빼신 사울의 고을 기브아에서 우리가 저희를 여호와 앞에서 목매어 달겠나이다 왕이 가로되 내가 내어 주리라 하니라"**. 사울은 기브온 사람들이 이스라엘 경내에 머물지 못하게 하려고 그들을 모해하고 살해했다. 사울은 이스라엘과 유다, 즉 자기 동족을 위하는 열심으로 그렇게 했는데, 그때 여호수아 시대에 기브온과 맺은 언약, '너희들이 영원히 죽지 아니하리라'는 언약을 기억하지 않은 것이다. 성경은 다 언약의 말씀이다. 사울이 아말렉을 쳐 죽인 것은 좋았으나 그는 그들을 완전히 멸절하지 않고 좋은 것은 남겨 두었다. 그런데 이번에는 죽이지 말아야 할 사람들을 죽인 것이다. 사울은 자세한 고찰이 없이 다만 자기 열심으로 자기가 보기에 좋은 대로 행하는 사람이다. 아말렉을 진멸할 때 왕 아각과 다른 좋은 것

은 왜 남겨두었는가? 자기 생각에, 자기 눈에 쓸모가 있기 때문이다. 그런데 또 이 기브온 사람들은 죽였다. 이는 말씀을 주의하지 않고 소위 주님을 섬긴 것의 결과가 어떠한 것인지를 보여준다(마 7:21-22 참조).

"모해한 사람의 자손 일곱을 내어 주소서". 모해한 사람의 자손 일곱이라고 했으니까 사울의 자손을 말한다. '기브온 사람들을 죽인 사울 족속 일곱을 내어 주라. 그러면 기브아에서 여호와 앞에서 그들을 목매어 달아 죽이겠다.'고 했다. 나라 전체의 안녕을 위해서 사울 족속 일곱이 죽어야 했다.

7절, **"그러나 다윗과 사울의 아들 요나단 사이에 서로 여호와를 가리켜 맹세한 것이 있으므로 왕이 사울의 손자 요나단의 아들 므비보셋은 아끼고"**. 다윗은 요나단 생전에 그와 언약하기를 그의 자손들을 지켜주겠다고 했다. 사울의 자손 중에서 죽일 사람들을 내어주어야 하는데, 다윗은 자기가 약속한바 요나단의 직계 자손은 내어주지 않았다. 그들 사이에 언약한 것이 있기 때문이다. 사울과 다윗의 차이가 여기 있다. 다윗은 언약을 귀히 여겨 행동하는 사람이다. 그러나 사울은 대충 자기의 열심으로 일한 사람이었다.

8절, **"이에 아야의 딸 리스바에게서 난 자 곧 사울의 두 아들 알모니와 므비보셋과 사울의 딸 메랍에게서 난 자 곧 므홀랏 사람 바르실래의 아들 아드리엘의 다섯 아들을 잡고"**. 다윗 왕은 기브온 사람들 앞에서 죽어야 할 사람들을 이렇게 골라내었다.

복음이란 무엇인가

9절, **"저희를 기브온 사람의 손에 붙이니 기브온 사람이 저희를 산 위에서 여호와 앞에 목매어 달매 저희 일곱 사람이 함께 죽으니 죽은 때는 곡식 베는 처음 날 곧 보리 베기 시작하는 때더라"**. 이때는 우리나라로 말하면 사월 경, 그 나라 사람들로 말하면 미산월 중순경이다. 그때쯤에 사울 족속 일곱 명이 산 위에서 목매어 달렸다. 신약 갈라디아서에는 '누구든지 나무에 달린 자마다 저주 아래 있는 자라'고 했다. 나무에 달렸다는 것은 그야말로 저주를 받은 것이다. 이들은 무엇을 잘못해서 저주를 받았는가? 조상 사울 때문이다. 우리가 이것을 그리스도께 적용해 본다면, 우리가 받아야 할 저주를 하나님께서는 예수 그리스도에게 돌리셨다. 그분이 십자가에서 저주를 받으셨기 때문에 우리는 그 저주를 받지 않게 된 것이다. 우리가 아닌 아담 때문에 죄와 사망과 저주가 왔고, 우리가 아닌 그리스도 때문에 축복과 구원이 왔다. 이것이 진리요 복음이다.

다윗이 사울 집을 위해 정중하게 장례를 치르다

10절, **"아야의 딸 리스바가 굵은 베를 가져다가 자기를 위하여 반석 위에 펴고 곡식 베기 시작할 때부터 하늘에서 비가 시체에 쏟아지기까지 그 시체에 낮에는 공중의 새가 앉지 못하게 하고 밤에는 들짐승이 범하지 못하게 한지라"**. 사무엘 하 3장 7절에 보면 리스바는 아야의 딸이고 사울의 첩이다. 죽은 사울의 족속 일곱 명 중에 사울의 첩인 리스바의 두 아들이 있었다. 그리고 다른 죽은 사람들도 다 자기 가문의 사람들이었다. 그래서 굵은 베를 가져다가 반석 위에 깔고 곡식 베기 시작할 때부터 비가 쏟아질 때까지 애도하는 시간을 가졌다. 오랫동안 기근이 있었고 가뭄이 있었으니까 사울의 자손을 매어 달아서 하나님의 저주가 그치게 되면 이제 농작물 위에 비를 내려 주실 것이라고 생각한 것 같다. 그래서 리스바는 자기 가족이 저주를 받아서 하나님께서 이제 기도를 들으시기 시작하면 비가 내릴 때에 시체를 거둘 마음으로 그렇게 했는지, 아니면 너무 슬프기 때문에 애도하는 마음으로 그렇게 했는지 모르지만 반석 위에다가 굵은 베를 깔고 거기서 애도하는 시간을 보냈다.

여기서 우리가 기억해야 할 것은 우리 주 예수님이 십자가에서 죽으심은 우리를 위해서 저주를 담당하기 위해서였다는 것이다. 하나님과 우리 사이에 죄가 있으면 하나님은 우리 기도를 듣지 않으신다. 삼 년 동안 비가 오지 않아 기근이 들었을 때 그들은 기도했을 것이다. 첫 해에도, 이듬해에도 기도했을 것이고, 삼 년째에도 기도했을 것이다. 그러나 하나님은 응답하지 않으셨다. 그러자 그들은 그 이유를 하나님께 물었다. 그때 하나님은 '너희 가운데 처리되지 않은 죄가 있다.'고 말씀하셨다. 우리는 여기서 하나님 앞에 처리되지 않은 죄가 있을 때 하나님은 우리의 기도를 듣지 않으시며 우리는 반드시 그것을 처리해야 한다는 원칙을 볼 수 있다.

또한 주 예수님이 십자가에서 죽으신 것이 우리와 하나님 사이에 있는 죄의 문제를 처리했다는 것을 볼 수 있다. 요한복음 14, 15, 16장에 보면 예수님이 십자가에서 죽으시러 가기 전의 마지막 말씀이 있다. 그 내용을 보면 예수님이 우리에게 이렇게 말씀하고 있다. '너희가 과거에는 구하지 않았으나 이제는 구하라. 너희가 내 이름으로 무엇을 구하든지 내가 시행하겠다. 아버지가 너희의 구하는 것을 들어주실 것이다.' 주님이 왜 이런 말씀을 주시는가? 사울의 집 사람 일곱이 매달려 저주의 죽음을 죽어서 그 저주를 해결한 것처럼 주님은 십자가에서 죽으심으로 우리와 하나님 사이에 있는 저주의 문제를 해결하셨다. 하나님과 우리 사이에 막힘이 해결된 것이다. 그래서 예수님은 우리에게 '이제 내가 십자가로 가서 너희 죄를 위하여 죽을 텐데 너희들이 내 이름으로 무엇이든 아버지께 구하면 아버지가 이루어 주신다.'고 하신 것이다. 하나님 아버지와 우리 사이에 어떤 죄의 막힘이 있으면 (우리는 잘못해서 막힘을 만들 수 있다) 반드시 그것을 회개하고 자백하면서 처리해야 한다. 그래야만 주님이 우리가 구하는 것을 이루어 주신다.

11-12절, **"이에 아야의 딸 사울의 첩 리스바의 행한 일이 다윗에게 들리매 다윗이 가서 사울의 뼈와 그 아들 요나단의 뼈를 길르앗 야베스 사람에게서 취하니 이는 전에 블레셋 사람이 사울을 길보아에서 죽여 벳산 거리에 매어 단 것을 저희가 가만히 가져온 것이라"**. 사무엘 상 마지막 장과 사무엘 하 1장에는 사울과 요나단이 길보아 산에서 죽은 것이 나온다. 그때 길르앗 야베스 사람들이 사울과 요나단의 시체를 가져다가 장사를 지냈다.

13-14절, **"다윗이 그 곳에서 사울의 뼈와 그 아들 요나단의 뼈를 가지고 올라오매 사람들이 그 달려 죽은 자들의 뼈를 거두어다가 사울과 그 아들 요나단의 뼈와 함께 베냐민 땅 셀라에서 그 아비 기스의 묘에 장사하되 모두 왕의 명대로 좇아 행하니라 그 후에야 하나님이 그 땅을 위하여 기도를 들으시니라"**. 모든 저주가 다 해결되었기 때문에 하나님께서 기도를 들어주시고 다시 복을 내리기 시작하셨다.

다윗의 부하들의 충성스러움과 용맹성

15절, **"블레셋 사람이 다시 이스라엘을 치거늘 다윗이 그 신복들과 함께 내려가서 블레셋 사람과 싸우더니 다윗이 피곤하매"**. 이때만 해도 다윗이 전쟁에 나갔는데 아마도 나이가 들었던 관계로 피곤해했던 것 같다.

16-17절, "장대한 자의 아들 중에 삼백 세겔 중 되는 놋 창을 들고 새 칼을 찬 이스비브놉이 다윗을 죽이려 하므로 스루야의 아들 아비새가 다윗을 도와 그 블레셋 사람을 쳐 죽이니 다윗의 종자들이 다윗에게 맹세하여 가로되 왕은 다시 우리와 함께 전장에 나가지 마옵소서 이스라엘의 등불이 꺼지지 말게 하옵소서 하니라". 이때부터 다윗은 나이가 많아 전쟁터에서 죽을 뻔한 일도 있고 부하들도 만류하므로 더 이상 전장에 나가지 않는다.

18-22절, "그 후에 다시 블레셋 사람과 곱에서 전쟁할 때에 후사 사람 십브개가 장대한 자의 아들 중에 삽을 쳐죽였고 또 다시 블레셋 사람과 곱에서 전쟁할 때에 베들레헴 사람 야레오르김의 아들 엘하난이 가드 골리앗의 아우 라흐미를 죽였는데 그 자의 창 자루는 베틀채 같았더라 또 가드에서 전쟁할 때에 그곳에 키 큰 자 하나는 매손과 매발에 가락이 여섯씩 모두 스물네 가락이 있는데 저도 장대한 자의 소생이라 저가 이스라엘 사람을 능욕하므로 다윗의 형 삼마의 아들 요나단이 저를 죽이니라 이 네 사람 가드의 장대한 자의 소생이 다윗의 손과 그 신복의 손에 다 죽었더라". 15절부터 22절까지는 이스라엘 백성들과 다윗의 장군들이 블레셋의 거인들을 어떻게 죽였는지를 기술하고 있다. 여기서 얻을 수 있는 영적인 교훈과 이것을 기록한 목적이 있다면, 당시에 블레셋 사람들은 기골이 장대했고 이스라엘 사람보다 훨씬 강했지만 그들을 이길 수 있었던 것은 하나님이 그들과 함께 하셨기 때문이라는 것이다.

하나님이 역사하시는 원칙은 약한 자를 들어 강한 자를 부끄럽게 하시는 것이다. 그래서 고린도 전서 1장에 보면 '하나님의 택하심을 보라' 하면서 '너희 중에 문벌 좋은 자가 많지 않고 강한 자도 많지 않다. 하나님께서 약한 자, 없는 자, 문벌 없는 자, 어리석은 자 같은 우리를 택하셔서 강하고 지혜로운 자를 부끄럽게 하신다.'고 말씀한다. 여기서 이스라엘 백성들과 다윗의 장군들은 그렇게 크지 않았다. 그렇게 대단하거나 강하지도 않았다. 그렇지만 크고 강한 적들을 다 이길 수 있었던 것은 하나님의 능력이 함께했기 때문이다.

그리고 과거에는 다윗이 모든 일을 하였다. 골리앗을 죽인 사람도 다윗이다. 그때 이스라엘 여인들이 '사울이 죽인 자는 천천이요 다윗이 죽인 자는 만만'이라고 노래했다. 그러나 후반에 와서 다윗이 나이가 들어 약해지니까 그 부하들이 "왕은 다시 우리와 함께 전장에 나가지 말라"고 했다. 그리고서 과거에 다윗이 하던 일을 이제 다윗의 부하들이 일어나서 하더라는 것이다. 이것이 다윗의 사역이다.

우리가 또 한 가지 알아야 할 것은, 대적은 언제나 강하다는 것이다. 모든 면에서 우리보다 강하고 장대하다. 우리의 능력으로는 감히 이길 수 없다. 그런데 하나님께서는 그런 작고 약한 자들을 통해서 엄청난 일을 하신다는 것을 보여주고 있다.

22장

다윗 인생의 결론적인 노래

사무엘 하 22장은 시편 18편과 같은 내용이다.

1절, **"여호와께서 다윗을 모든 대적의 손과 사울의 손에서 구원하신 그날에 다윗이 이 노래의 말씀으로 여호와께 아뢰어"**. 다윗은 그의 일생의 결론으로 노래를 짓는다. 하나님께서 참으로 그의 일생을 인도하시고 보호하시고 모든 싸움에서 이기게 하시고 왕이 되게 하셔서 하나님의 백성 이스라엘을 위해 하나님을 섬기게 하셨다.

2-4절, **"가로되 여호와는 나의 반석이시요 나의 요새시요 나를 건지시는 자시요 나의 하나님이시요 나의 피할 바위시요 나의 방패시요 나의 구원의 뿔이시요 나의 높은 망대시요 나의 피난처시요 나의 구원자시라 나를 흉악에서 구원하셨도다 내가 찬송 받으실 여호와께 아뢰리니 내 원수들에게서 구원을 얻으리로다"**. 이 노래는 시편에 비슷하게 실려 있다.

시편 18편을 소개하는 글에 이렇게 쓰여 있다. **"여호와의 종 다윗의 시, 영장으로 한 노래. 여호와께서 다윗을 그 모든 원수와 사울의 손에서 구원하신 날에 다윗이 이 노래의 말로 여호와께 아뢰어 가로되"**.

시편 18편 1-2절, **"나의 힘이 되신 여호와여 내가 주를 사랑하나이다 여호와는**

나의 반석이시요 나의 요새시요 나를 건지시는 자시요 나의 하나님이시요 나의 피할 바위시요 나의 방패시요 나의 구원의 뿔이시요 나의 산성이시로다". 본문과 조금 다르지만 거의 비슷하다.

주님과의 체험적이고 주관적인 관계가 중요하다

본문 2절부터 많이 나오는 단어가 '나의'라는 말이다. 이것은 무엇을 뜻하는가? 이 시(詩)가 다윗이 주관적으로 주님을 체험한 데서 나온 노래라는 것이다. 모든 일의 기본은 하나님과의 관계이다. 그것이 바로 신앙이다. 오늘날 잘못된 믿음을 갖는 사람들이 비뚤어지는 것은 하나님을 바로 알지 않고 하나님과의 관계를 바로 정립하지 않은 데서 비롯된다. 이것은 너무나 기본적인 말 같지만 주님을 믿는다는 사람들을 가만히 살펴보라. 그들이 진정으로 살아계신 하나님과 주관적으로 친밀한 관계를 갖고 있는가? 하나님을 신뢰하고 방패 삼고 반석 삼고 요새로 삼고 있는가? 어떤 단체나 어떤 교리, 현란한 지식, 혹은 어떤 현상을 하나님과 대치하고 있지는 않은가? 그러한 일이 얼마나 흔한지 모른다. 하나님 대신 영적인 인물을 따르고, 현란한 지식으로 하나님을 대신하고, 특별한 체험으로 하나님을 대치하는 일은 너무나 흔하기 때문에 진정으로 믿음 생활을 잘 하려면 살아계신 하나님과의 관계가 기초가 되어야 한다.

다윗은 노래를 시작하면서 하나님과 자기의 관계를 말하고 있다. 그분이 그를 건지셨다고 하고 그분이 피할 바위시라고 한다. 또 하나님이 그의 반석이시라고 하는 것은 그분이 의지할 만한 분이시라는 것이다. 또한 하나님은 그를 지키시는 방패시기도 하다.

"나의 높은 망대시요". 망대는 원수들의 모든 활동을 볼 수 있는 곳이다. 그렇기 때문에 피할 수 있는 것이 아니겠는가! 하나님은 피난처도 되시고 망대도 되신다. 주님 안에 있으면 적의 활동을 보고 내가 어떻게 피할지를 알게 된다. 또 주님은 바위도 되시고 방패도 되신다. 이것은 다 하나님과의 개인적이고도 주관적인 관계와 신앙 속에서 나오는 고백들이다.

"나의 구원자시라 나를 흉악에서 구원하셨도다". 다윗은 사울 때문에 얼마나 많은 위험을 겪었는가! 얼마나 자주 도망 다녔는가! 얼마나 여러 번 죽을 뻔

했는가! 이 노래의 말씀은 그때마다 다윗이 친히 하나님을 체험하면서 느낀 것이지 어떤 교리나 지식을 배워서 말하는 것이 아니다. 그는 체험적으로 하나님께서 자기를 많은 위험한 상황에서 건져주셨다는 것을 알고 '나는 하나님을 방패로, 요새로, 바위로 체험했다'면서 그것을 노래하고 있다.

다윗이 겪은 고난, 그리고 간구와 하나님의 응답

5-6절, **"사망의 물결이 나를 에우고 불의의 창수가 나를 두렵게 하였으며 음부의 줄이 나를 두르고 사망의 올무가 내게 이르렀도다"**. 첫 번째 부분은 하나님에 대한 신앙, 하나님과의 관계성을 말하였고, 이제 두 번째는 자기에게 닥친 많은 어려움과 고난들을 말하고 있다. 다윗은 솔직하게 말한다. 다윗같이 성실하고 경건한 성도일지라도 그러한 사망의 고난이 임할 때 두렵다고 말한다.

7절, **"내가 환난 중에서 여호와께 아뢰며 나의 하나님께 아뢰었더니 저가 그 전에서 내 소리를 들으심이여 나의 부르짖음이 그 귀에 들렸도다"**. 다윗은 환난을 당하고 사망의 환경을 당할 때마다 하나님께 부르짖었고 하나님은 그의 기도를 들으셨다고 한다. 하나님이 기도를 들으셨다는 것을 꼭 응답을 받아야만 아는가? 그렇지 않다. 만일 더 많이 기도한다면 내 기도를 하나님이 들으셨다는 것을 알게 된다. 다윗은 '나의 부르짖음이 그의 귀에 들렸다'고 말한다.

8절, **"이에 땅이 진동하고 떨며 하늘 기초가 요동하고 흔들렸으니 그의 진노를 인함이로다"**. 하나님은 다윗의 기도를 기다렸다가 들으시고 다윗을 괴롭히는 모든 상황을 흔들어 버리신다는 것이다. 하나님이 자기의 기도를 들으시고 땅을 진동시키고 떨게 하셨다는 것이다.

9절, **"그 코에서 연기가 오르고 입에서 불이 나와 사름이여 그 불에 숯이 피었도다"**. 이것은 다윗의 기도를 들으신 하나님께서 이 땅에 그 진노를 발하는 광경을 묘사한 것이다. 역시 다윗은 노래하는 자이다.

10-11절, **"저가 또 하늘을 드리우고 강림하시니 그 발 아래는 어둑캄캄하도다 그룹을 타고 날으심이여 바람 날개 위에 나타나셨도다"**. 기도에 응답하시는 광경을 시적으로 표현한 것이다. 주님이 그룹을 타고 바람 날개로 날아 오셔서 자기의

필요를 채워주시고 들어주시고 응답해 주셨다고 표현한다.

12절, **"저가 흑암 곧 모인 물과 공중의 빽빽한 구름으로 둘린 장막을 삼으심이여"**. 우리가 하나님을 이해하기는 참으로 어렵다. 그분은 흑암을 장막으로 삼으셨다고 한다. 우리 하나님은 빛의 하나님이신데 흑암과 모인 물과 공중의 빽빽한 구름으로 둘린 장막을 삼으셨다고 한다.

13절, **"그 앞에 있는 광채로 인하여 숯불이 피었도다"**. 하나님에 대한 이상 가운데 다윗이 본 것이다.

14-15절, **"여호와께서 하늘에서 뇌성을 발하시며 지존하신 자가 음성을 내심이여 살을 날려 저희를 흩으시며 번개로 파하셨도다"**. 다윗의 원수들을 멸하시고 파하시는 광경을 시적으로 노래한 것이다.

16-18절, **"이럴 때에 여호와의 꾸지람과 콧김을 인하여 물 밑이 드러나고 땅의 기초가 나타났도다 저가 위에서 보내사 나를 취하심이여 많은 물에서 나를 건져내셨도다 나를 강한 원수와 미워하는 자에게서 건지셨음이여 저희는 나보다 힘센 연고로다"**. 여러분이 만약 주님을 사랑하는 자가 되면 원수와 미워하는 사람이 많아진다. 예수 그리스도도 그러하셨다. 저들이 연고 없이 그분을 미워했다고 했다. 여기서 다윗은 강한 원수와 미워하는 자에게서 그를 건지셨다고 노래하면서 '저희는 나보다 힘센 연고로다'라고 했다. 우리의 대적은 우리보다 힘이 세다.

하나님은 다윗을 기뻐하셨다

20절, **"나를 또 넓은 곳으로 인도하시고 나를 기뻐하시므로 구원하셨도다"**. 하나님은 왜 이런 환경을 주시는가? 나를 넓은 곳으로 인도하시기 위해서다. 이런 어려운 환경이 없다면 우리는 넓어지지 않은 채 늘 좁고 편협한 생각 속에 갇혀 있게 된다.

"나를 기뻐하시므로 구원하셨도다". 하나님이 다윗을 기뻐하셔서 구원하셨다는 것이다. 한 번 생각해 보라. 우리 주 예수님이 어떤 분이신가? 하나님의 아들이시다. 그분이 요단강에서 세례를 받고 올라오실 때 하늘에서 음성이 있어

"이는 내 사랑하는 자요 내 기뻐하는 아들이라" 하셨다. 하나님은 우리를 예수님만큼 기뻐하신다. 하나님은 그 아들 안에서 우리를 보시기 때문에 우리를 예수님과 조금도 다르지 않게 대우하시는 것이다. 예수를 믿는 우리는 예수님과 연합된 존재이다. 하나님이 다윗을 기뻐하시는 것은 그리스도 안에서 그를 보시기 때문이다. 하나님이 우리를 기뻐하시는 것은 그분의 사랑하시는 아들 안에서 선택하시고 예정하셨기 때문이다. 그렇기 때문에 하나님은 예수 그리스도를 사랑하시는 마음으로 우리를 사랑하시는 것이다.

하나님은 사람의 어떠함에 따라 응대하신다

21-25절, **"여호와께서 내 의를 따라 상 주시며 내 손의 깨끗함을 좇아 갚으셨으니 이는 내가 여호와의 도를 지키고 악을 행하여 내 하나님을 떠나지 아니하였으며 그 모든 규례를 내 앞에 두고 그 율례를 버리지 아니하였음이로다 내가 또 그 앞에 완전하여 스스로 지켜 죄악을 피하였나니 그러므로 여호와께서 내 의대로, 그 목전에 내 깨끗한 대로 내게 갚으셨도다"**. 21절부터 25절까지의 말씀을 상고할 때, 어쩌면 이 시는 밧세바와 간음하고 우리아를 죽이기 이전에 지은 것이 아닌가 생각한다. 앞서 시편 18편을 읽은 대로 다윗이 모든 대적을 이긴 후, 곧 사울에게서 벗어난 후에 이 시를 적지 않았나 생각한다. 이 시를 대할 때에 그때까지만 해도 다윗의 영적 단련이 그리 깊지 않은 듯하다. 그는 이때 하나님이 자기를 그렇게 구해주시는 것이 자기의 의와 경건 때문이라고 생각하는 것 같다. 그러나 후에 시편 51편 말씀을 보면 '하나님이여, 내 행위가 아니라 하나님의 은혜에 따라서 하나님의 긍휼과 인자에 따라서 나에게 복을 주십시오.'라고 부르짖는 것을 볼 수 있다.

26-27절, **"자비한 자에게는 주의 자비하심을 나타내시며 완전한 자에게는 주의 완전하심을 보이시며 깨끗한 자에게는 주의 깨끗하심을 보이시며 사특한 자에게는 주의 거스리심을 보이시리이다"**. 우리가 만일 자비한 자라면 주님은 우리에게 자비함을 나타내실 것이다. 우리가 만일 완전한 자라면 주님은 그분의 완전함을 나타내실 것이다. 우리가 깨끗하다면 우리에게 그분의 깨끗함을 보이실 것이다. 그러나 우리가 만일 사특한 사람이라면 하나님은 그분의 거스림을 나타내 보이신다고 했다. 여기서 다윗은 하나님이 우리를 어떻게 대하시는가는 우리 자신의 어떠함에 근거한다고 말한다. 우리가 어떤 사람이면 하나님이 어떻게 나타나실

것이라는 말이다.

28절, **"주께서 곤고한 백성은 구원하시고 교만한 자를 살피사 낮추시리이다"**. 우리가 교만한 사람이라면 우리를 낮추실 것이다. 우리가 곤고한 사람이라면 우리를 구원하실 것이다.

다윗이 하나님을 그의 등불과 의지와 반석과 방패와 요새로 삼다

29절, **"여호와여 주는 나의 등불이시니 여호와께서 나의 흑암을 밝히시리이다"**. 정말 주님을 사랑하는 사람이라면 혹 어두움이 있다 해도 여호와께서 우리의 등불이 되어 어두움을 밝혀 주실 것이다.

30절, **"내가 주를 의뢰하고 적군에 달리며 내 하나님을 의지하고 성벽을 뛰어넘나이다"**. 다윗은 참으로 많은 전쟁에서 적군을 물리치고 승리했다. 그러나 그런 모든 싸움에서 승리할 수 있었던 비결은 자기에게 있지 않고 하나님을 의지하는 데 있었다. 하나님께서 자기에게 달릴 수 있는 힘과 성벽을 뛰어넘을 수 있는 힘을 주셨다고 말한다.

31절, **"하나님의 도는 완전하고 여호와의 말씀은 정미하니 저는 자기에게 피하는 모든 자에게 방패시로다"**. 다윗이 이렇게 할 수 있었던 힘은 결국 하나님의 말씀이다. 정미하고 완전하신 그 말씀에 피했기 때문에, 말씀으로 나아왔기 때문에, 그 말씀에서 양육을 얻었기 때문에 그는 하나님을 방패삼을 수 있었고 적군을 향해 달릴 수 있었고 성벽을 뛰어넘을 수 있었다는 것이다.

32-33절, **"여호와 외에 누가 하나님이며 우리 하나님 외에 누가 바위뇨 하나님은 나의 견고한 요새시며 나를 온전한 곳으로 인도하시며"**. 하나님은 자기를 온전한 곳으로 인도하시는 분이라고 고백했다. 자기가 온전케 되기를 노력해서 온전케 된 것이 아니라 하나님이 자기를 온전한 곳으로 인도해 주셨다고 말했다.

34-35절, **"나의 발로 암사슴 발 같게 하시며 나를 나의 높은 곳에 세우시며 내 손을 가르쳐 싸우게 하시니 내 팔이 놋 활을 당기도다"**. 다윗의 팔뚝에 힘이 있어 무거운 놋 활을 당기면서 싸울 수 있었던 것은 주님께서 자기에게 힘을 주셨

기 때문이라고 한다.

36-37절, **"주께서 또 주의 구원의 방패를 내게 주시며 주의 온유함이 나를 크게 하셨나이다 내 걸음을 넓게 하셨고 나로 실족지 않게 하셨나이다"**. 결국 다윗이 좋은 영적 군사가 될 수 있었던 것이 순전히 주님의 은혜이고 주님이 자신을 그렇게 만들어 주신 것이라고 고백하고 있다. 우리가 이 시를 처음부터 다시 한 번 죽 읽어보면 이 모든 것의 근원이 하나님과의 정상적인 관계라는 것을 알 수 있다.

하나님께서 다윗을 크고 강한 자, 이기는 자로 만들어 주시다

"주의 온유함이 나를 크게 하셨나이다". 결국 다윗은 크게 되었고, 그의 걸음이 넓게 되었으며, 실족하지 않게 되었다. 모두가 하나님께서 그렇게 해주신 것이다.

38절, **"내가 내 원수를 따라 멸하였사오며 저희를 무찌르기 전에는 돌이키지 아니하였나이다"**. 다윗은 계속 원수를 멸하면서 나아가다 보니 결국 하나님께서 그렇게 하도록 해 주셨다는 것을 알게 되었다. 그래서 하나님께 감사의 노래를 하는 것이다. 하나님은 근성이 있으신 하나님이시다. 싸움을 하다가 대적이 완강하면 곧 뒤로 물러나는 분이 아니다. 그것은 그리스도인의 싸우는 모습이 아니다. 주의 일을 조금 해보다가 어렵고 반대 세력이 강하면 그냥 물러서는 사람이 있는데, 이는 영적 전사로서 입문을 하지 않은 사람이다. 제대로 된 전사라면 다윗과 같이 "내가 내 원수를 따라 멸하였사오며 저희를 무찌르기 전에는 돌이키지 아니하였나이다"라고 말할 것이다. 나는 사도 바울 또한 이러한 영을 가지고 있었다고 믿는다.

39절, **"내가 저희를 무찔러 파하였더니 저희가 내 발 아래 엎드러지고 능히 일어나지 못하였나이다"**. 다윗도 처음부터 이렇지는 않았다. 그가 물맷돌을 가지고 양떼를 돌볼 때에는 실패도 했을 것이고 어려워도 했을 것이고 두려워도 했을 것이다. 하지만 한 번 두 번 싸움을 연습하고 또 실패도 해보고 다시 성공도 해보면서 많은 과정을 거칠 때 결국 하나님께서 그를 온전케 하신 것이다.

40-41절, **"이는 주께서 나로 전쟁케 하려고 능력으로 내게 띠 띠우사 일어나 나를 치는 자로 내게 굴복케 하셨사오며 주께서 또 내 원수들로 등을 내게로 향하게 하시고 나로 나를 미워하는 자를 끊어 버리게 하셨음이니이다"**. 이 노래가 시작되는 5, 6절에서는 다윗이 '나도 사실은 굉장히 두려웠다'고 한다. 그런데 이 시점에 이르러서는 대적들이 다 자기에게 굴복하고 도망가더라고 한다. 40절에 와서는 원수들이 다 자기의 발 아래 있는 것이다.

42절, **"저희가 둘러보아도 구원할 자가 없었고 여호와께 부르짖어도 대답지 아니하셨나이다"**. 대적들도 부르짖었지만 하나님께서 대답지 않으시고 그들을 돌아보지 않으셨다.

하나님께서 다윗을 열방의 으뜸으로 삼으시다

43-44절, **"내가 저희를 땅의 티끌같이 부스러뜨리고 거리의 진흙같이 밟아 헤쳤나이다 주께서 또 나를 내 백성의 다툼에서 건지시고 나를 보존하사 열방의 으뜸을 삼으셨으니 내가 알지 못하는 백성이 나를 섬기리이다"**. 이렇게 많은 과정을 거치고 싸워 주님을 힘입어 승리하였다. 대적들이 그 앞에 엎드러졌을 뿐 아니라 그가 알지 못하는 백성까지도 그를 섬길 것이다. 하나님께서 그를 열방의 으뜸으로 삼으셨기 때문이다.

45절, **"이방인들이 내게 굴복함이여 저희가 내 풍성을 듣고 곧 순복하리로다"**. 다윗이 많은 과정을 거치고 난 후에 보니 하나님이 많은 이방인들로 자기에게 굴복케 하시고 자기의 풍성을 듣고 순복하게 해주셨다는 것이다. 이는 그리스도의 예표로서의 다윗이다.

46-49절, **"이방인들이 쇠미하여 그 견고한 곳에서 떨며 나오리로다 여호와는 생존하시니 나의 바위를 찬송하며 내 구원의 바위이신 하나님을 높일지로다 이 하나님이 나를 위하여 보수하시고 민족들로 내게 복종케 하시며 나를 원수들에게서 나오게 하시며 나를 대적하는 자 위에 나를 드시고 나를 강포한 자에게서 건지시는 도다"**. 어쨌든 다윗에게는 원수가 많고 대적이 많고 강포한 자가 많다. 그러나 결국 하나님이 이 모든 환난과 전쟁과 다툼을 통해서 다윗을 높이시고 많은 열방 가운데서 그를 으뜸으로 삼으셨다. 이는 예수 그리스도의 예표가 되는 다윗이다.

찬양과 감사로 노래를 마치다

50-51절, **"이러므로 여호와여 내가 열방 중에서 주께 감사하며 주의 이름을 찬양하리이다 여호와께서 그 왕에게 큰 구원을 주시며 기름 부음 받은 자에게 인자를 베푸심이여 영원토록 다윗과 그 후손에게로다 하였더라"**. 다윗의 모든 찬송과 시의 마지막은 결국 하나님께 감사하고 찬양하는 것이다. 다윗 한 사람이 주님께 강하게 일으켜졌을 때 그의 후손이 다 축복을 받게 된다는 것은 주 예수님이 이 땅에 오셔서 십자가에서 큰 승리를 거두신 후에 그 축복이 천하 만민에게 끼쳐질 것에 대한 그림이다. 이것은 오늘날 우리에게도 적용할 수 있다.

23장

노래하는 자 다윗의 마지막 유훈

1절, **"이는 다윗의 마지막 말이라 이새의 아들 다윗이 말함이여 높이 올리운 자, 야곱의 하나님에게 기름 부음 받은 자, 이스라엘의 노래 잘 하는 자가 말하도다"**. 이것은 다윗의 유언과 같은 말이다. 물론 열왕기 상을 읽어보면 다윗이 마지막으로 솔로몬에게 몇 가지 유훈을 주는 것을 보게 된다. 그런 말을 포함하여 하나님의 백성에게 남기고자 하는 말이 사무엘 하 23장에 기록되어 있다고 할 수 있다. 어떤 사람이든지 인생의 마지막에 하는 말은 중요하다. 여기서 다윗은 먼저 자기를 이새의 아들이라고 했다. 이것은 자신을 낮추는 말이다. 자신이 평범한 사람의 아들이라는 말이다. 다윗은 왕이지만 이새는 왕이 아니다. 다만 양을 치는 사람이었다. 먼저 다윗은 자기가 어떤 사람이었는가를 말한다. 그는 자기가 어디서 나왔는지 근본을 잊지 않았다. 그리고서 자기가 '높이 올리운 자, 야곱의 하나님에게 기름 부음을 받은 자'라고 했고, '이스라엘의 노래 잘하는 자'라고 했다. 그는 높이 올리워져서 왕이 된 사람인데 이것은 스스로 노력을 해서 된 것이 아니라 하나님께서 자기를 높이 올리신 것이고 하나님께서 자기에게 기름 부으신 것이라고 여겼다. 또 그는 자기를 '이스라엘의 노래 잘하는 자'라고 했는데 대부분의 시편을 다윗이 쓴 것이라고 보면 된다. 모세, 솔로몬, 아삽, 고라의 자손이 쓴 것들이 더러 있지만 대다수의 시편은 다윗이 쓴 것이다.

다윗은 이스라엘 왕으로서 이스라엘을 잘 다스렸고 용감하게 대적과 싸워 이기기도 했다. 그는 사실 이스라엘 역사에서 우뚝 솟은 왕이다. 그러나 그가 유명하게 된 것은 그의 용맹이나 그의 치세보다 그가 시를 많이 지은 데 있다. 어떤 사람이 노래를 많이 짓겠는가? 물론 타고난 예술적 감각을 가진 사람이 잘 지을 것이다. 그러나 영적으로는 반드시 그렇지는 않다. 나도 7-80 곡의 찬송시를 썼지만 시적인 재능이 있어서만 시를 잘 쓰는 것은 아니다.

다윗은 그가 왕이 될 때까지 겪은 환경이 간단하지 않았다. 그는 이새의 여덟 째 아들로 태어나 형들의 시기를 받았다. 그는 목동 시절부터 하나님을 사랑했고 양들을 치면서 노래를 짓기 시작했다. 그리고 기름 부음을 받은 후로 사울의 시중을 들면서 수많은 환경을 겪었다. 사울에게 쫓겨 도망다니면서 감당하기 어려운 환경을 많이 거쳤다. 블레셋으로 도망가 미친 척도 해보고 죽을 뻔한 고생도 많이 했다. 그런 환경 속에서 그는 자연히 많은 찬송시를 쓰게 되었고 또 아름다운 곡조에 맞추어 노래도 많이 했다. 그렇게 시를 많이 쓴 것은 결국 이스라엘을 위한 것이고 뒤에 오는 성도들을 위한 것이다. 그리고 오늘날 교회를 위한 것이다.

"여호와의 신이 나를 빙자하여 말씀하심이여 그 말씀이 내 혀에 있도다". 다윗은 여기서 여호와의 신이 자기를 빙자하여 말씀했다고 했고 그 말씀이 내 혀에 있다고 했다. 그가 말한 것이 결국 성경이 되었다. 여호와의 영이 그를 빙자하여 말씀했기 때문에 그 말씀이 성령의 감동으로 된 성경이 될 수 있었던 것이다.

"이스라엘의 하나님이 말씀하시며 이스라엘의 바위가 내게 이르시기를 사람을 공의로 다스리는 자, 하나님을 경외함으로 다스리는 자여". 다윗은 하나님을 이스라엘의 하나님이라고도 하고 이스라엘의 바위라고도 말한다. 바위란 요동치 않고 변치 않는 것을 뜻한다. 하나님은 견고하고 변치 않으시는 분이라는 말이다. 다윗은 하나님께서 우리를 변함없이 대해주신다고 해서 바위라고 한 것이다.[2-4절]

하나님께서는 다윗에 대해 그가 공의로 사람을 다스리며 하나님을 경외함으로 다스린다고 하셨다. 오늘날 교회 가운데서 사람들을 치리할 때 인도하는 자들은 언제나 편견 없이 공의로 다스려야 하고 하나님을 두려워함으로 다스려야 한다. 인도자들이 그러한 자세로 성도들을 다스려야 성도들도 하나님을 두려워하고 경외하게 된다.

돋는 해, 아침 빛, 구름 없는 아침, 땅에서 움이 돋는 새 풀

"저는 돋는 해 아침 빛 같고 구름 없는 아침 같고 비 후의 광선으로 땅에서 움이 돋는 새 풀 같으니라 하시도다". 이는 하나님께서 다윗을 향해 하시는 말씀이다. 이 말씀은 무언가 신선하다. 다윗이 왕이 되어 다스리는 40년 동안은 뭔가 새롭고 돋는 아침 빛 같았다는 말이다. 그것은 그 이전에는 어두침침한 밤이었다는 말도 된다. 교회 안에서 진정으로 좋은 사역자가 일어나면 그것은 교회의 축복이 된다. 그럴 때 교회의 광경은 해가 떠오르는 아침같이 된다. 엘리로부터 사울에 이르기까지 이스라엘은 구름 낀 하늘처럼 그리 맑지 않았다. 그러나 하나님의 마음에 합한 자인 다윗이 왕위에 올랐을 때 그 다스림은 전과 달랐다. 다윗은 하나님을 두려워할 줄 알고 공의로 하나님의 백성을 다스릴 줄 알았다. 그렇게 십자가를 알고 성령을 알고 진리를 알고 하나님을 두려워하는 자가 인도자가 나올 때 과거에 있던 어두움이 지나가고 아침 빛이 비추이게 된다.

"비 후의 광선으로 땅에서 움이 돋는 새 풀 같으니라". 이때서야 생명의 싹이 돋아나는 것이다. 그러면 그 이전에는 어떠했는가? 그저 메마른 땅에 아무것도 없었다. 그러나 이러한 왕이 다스릴 때 이스라엘은 마치 움이 돋는 새 풀 같았다. 하나님께서는 그러한 광경을 보고 기뻐하고 계시는 것이다.

영원하고 견고한 언약을 세우심

5절, **"내 집이 하나님 앞에 이 같지 아니하냐 하나님이 나로 더불어 영원한 언약을 세우사 만사에 구비하고 견고케 하셨으니 나의 모든 구원과 나의 모든 소원을 어찌 이루지 아니하시랴"**. 이것은 다윗이 한 말이다. 4절까지는 하나님께서 다윗에게 하신 말씀이고 이제 다윗이 그 말씀을 듣고 하는 말이다. 흠정역 성경에서는 5절이 "비록 내 집이 하나님 앞에서 이와 같지 아니할지라도"라고 되어 있다. 개역 성경의 '이 같지 아니하냐'라는 표현은 긍정적인 것이고 흠정역의 표현은 반어적이다. 둘 다 받아들일 수 있는 번역이다. 다윗에게도 아침 빛 같은 밝은 면이 있기 때문이다. 그런데 실상 이 말씀은 예수 그리스도께 적용되는 말씀이다.

누가복음을 읽으면 예수 그리스도에 대해 '돋는 해'라는 표현을 쓴 것을 볼 수 있다. 다윗은 그리스도의 예표로서 다윗에 대하여 하나님이 하신 말씀은 많은 부분에서 그리스도께 응했다. 하나님이 세우신 언약의 첫 번째 특징은 영원하다는 것이다. 다윗에게 세우신 영원한 언약은 한 사람 다윗에게만 세우신 것이 아니며 우리 모두와 관계가 있다. 이것은 복음의 언약으로서 우리 모두에게 응하게 된다. 또 여기의 '구비했다'는 말은 정해졌다는 뜻인데, 이 언약의 특징은 영원할 뿐 아니라 정해진 것이라는 말이다. 그리고 세 번째로 견고케 하셨다는 것은 그것이 확실하다는 말이다. 이것이 다윗과 세우신 언약의 특징이다.

"구비하고 견고케 하셨으니 나의 모든 구원과 나의 모든 소원을 어찌 이루지 아니하시랴". 이것은 우리의 모든 구원과 모든 소원을 이루어주신다는 말이다. 이것이 이 언약의 또 하나의 특징이다. 그러므로 다윗에게 세우신 언약은 참으로 놀라운 것이다. 우리가 이것을 복음의 언약이라고 여길 수 있는 것은 신약에서 바울 사도가 비시디아 안디옥에서 이것을 인용한 적이 있기 때문이다.

그리스도의 부활과 거룩하고 미쁜 은사, 확실한 긍휼

사도행전 13장 34절을 잠시 보겠다. "또 하나님께서 죽은 자 가운데서 저를 일으키사 다시 썩음을 당하지 않게 하실 것을 가르쳐 가라사대 내가 다윗의 거룩하고 미쁜 은사를 너희에게 주리라 하셨으니". 이 부분에서 바울이 전한 말씀을 보면 그리스도에 대해 "시편 둘째 편에 기록한 바와 같이 너는 내 아들이라 오늘 너를 낳았다 하셨고"(행 13:33)라고 했는데, 이것은 그리스도의 부활을 가리키는 것이다. 이어서 34절에서 "또 하나님께서 죽은 자 가운데서 저를 일으키사 다시 썩음을 당하지 않게 하실 것을 가르쳐 가라사대 내가 다윗의 거룩하고 미쁜 은사를 너희에게 주리니"라고 했다. '다윗의 거룩하고 미쁜 은사'란 영어에서 'holy and sure blessings promised to David', 즉 '다윗에게 약속하신 거룩하고 확실한 복들'이다.

이사야 55장 3절에도 같은 말씀이 있다. "너희는 귀를 기울이고 내게 나아와 들으라 그리하면 너희 영혼이 살리라 내가 너희에게 영원한 언약을 세우리니 곧 다윗에게 허락한 확실한 은혜니라". 확실한 은혜, 또는 확실한 긍휼이다. 즉 예수 그리스도의 죽음과 부활을 통해서 우리에게 세우신 언약은 영원하고 확실하며 또 하나님이 예정하신 긍휼이라는 말이다.

사무엘 하 23장 5절로 다시 가보자. "영원한 언약을 세우사". 이것은 다윗에게 세우신 언약인데, 신약에서 볼 때 이 영원한 언약은 다윗 개인과만 세우신 것이 아니라 사실은 다윗을 통해서 우리 모든 사람들에게 주신 바, 아브라함과 세우신 언약과 같은 성질의 복음의 언약, 축복의 언약이라는 것을 알 수 있다.

사악한 자는 내어버리고 불사름을 당할 가시나무 같다

6절, **"그러나 사악한 자는 다 내어버리울 가시나무 같으니 이는 손으로 잡을 수 없음이로다"**. 그런데 복음이 전파될 때 두 종류의 사람들이 나타난다. 어떤 사람에게는 복음이 생명으로 좇아 생명에 이르는 냄새이고 어떤 사람에게는 복음이 사망으로 좇아 사망에 이르는 냄새이다. 복음의 축복이 있을 때 다 복을 받는 것이 아니다. 그러면 어떤 사람들이 복을 얻지 못하는가? 사악한 사람들이다. 흠정역에서는 그런 사람들을 '벨리알의 아들들'이라고 했다. 그리고 그 내어버려지는 사람들, 사악한 사람들은 가시나무 같아서 손으로 잡을 수 없다고 했다.

그러면 복음을 받아서 생명에 이르는 사람들은 어떤 특징이 있는가? 말씀을 받아들이는 것이다. 히브리서 6장을 보면 이러한 사람들은 '자주 내리는 비를 흡수하여 밭 가는 자들의 쓰기에 합당한 채소를 낸다'고 했다. 이들은 복을 받는 사람들이고, 가시와 엉겅퀴를 내는 사람들은 저주함에 가깝고 불사름을 당할 사람들이다.

오늘날에도 어떤 사람들은 참된 말씀, 진리의 말씀을 전해줄 때 받아들이지 않는다. 그런 사람들은 손으로 만질 수가 없다. 찌르고 거부하기 때문이다. 그런 자들은 사악한 자들이다. 어떤 사람들이 정말 좋은 땅인가? 어떤 사람들이 복을 받는 사람인가? 하나님의 말씀이 임할 때, 하나님의 진리가 임할 때 그것을 달게 받는 사람이다. 기쁘게 받고 그 말씀을 지켜 인내로 결실하는 사람이다.

7절, **"그것들을 만지는 자는 철과 창자루를 가져야 하리니 그것들이 당장에 불사르이리로다 하니라"**. 그 가시나무 같은 사람은 철과 창자루를 가지고 다루어야 하는데, 이것은 장차 오는 세상에서 일어날 일이다. 오늘 이 시대는 철과 창자루를 가지고 다스리는 시대가 아니다. 이 시대에는 온유함으로, 인내로 다스려야 하고 오래 참아야 한다. 그리고 모든 아픔과 고통과 핍박을 받아야 한다. 이 시대에 성실하고 충성스러운 그리스도인들은 장차 왕국이 임할 때 천 년 동안 그들 손에 철장을 쥐게 된다. 그날에 손에 철장을 가지고 만국을 다스릴 것인데 마치 질그릇 깨뜨리듯 할 것이다. 그리고 가시 같은 강퍅한 사람들은 다 불살라질 것이다. 아무리 사람이 자기 고집대로 산다 해도 이 땅에 있을 때뿐이다. 결국은 다 깨뜨려지고 부숴질 것이다. 그런 사람들의 운명은 '불사름'이 될 것이다. 여기까지가 다윗의 유언이다. 유언치고는 굉장히 강하다. 매우 예언적이고 진리적이고 복음적인 예언을 한 것이다.

다윗의 용사들의 명단

8절, **"다윗의 용사들의 이름이 이러하니라 다그몬 사람 요셉밧세벳이라고도 하고 에센 사람 아디노라고도 하는 자는 군장의 두목이라 저가 한때에 팔백 인을 쳐 죽였더라"**. 이제 다윗의 용사들의 목록이 나오는데, 첫 번째 거명된 이름이 아디노이다. 그는 요셉밧세벳이라고도 하는데 역대 상을 보면 또 다른 이름을 갖고 있다. 이 사람은 당시 군장의 두목이었고 한때 팔백 인을 쳐서 죽인 것으로 유명하게 되었다.

9-10절, **"그 다음은 아호아 사람 도대의 아들 엘르아살이니 다윗과 함께한 세 용사 중에 하나이라 블레셋 사람이 싸우려고 모이매 이스라엘 사람들이 물러간지라 세 용사가 싸움을 돋우고 저가 나가서 손이 피곤하여 칼에 붙기까지 블레셋 사람을 치니라 그날에 여호와께서 크게 이기게 하셨으므로 백성들은 돌아와서 저의 뒤를 따라가며 노략할 뿐이었더라"**. 두 번째 용사가 엘르아살이다. 블레셋과 싸울 때 이스라엘 사람들이 두려워서 다 물러갔는데 엘르아살은 싸우도록 용기를 북돋우면서 피곤해서 손이 칼에 붙기까지 블레셋 사람을 쳤다. 그는 이 일로 유명해졌다. 여기에 다윗의 장군들 하나하나가 기록된 것은 결국 그리스도의 왕국이 올 때 그리스도와 함께 왕 노릇 할 사람들이 어떤 특징을 갖고 있는가를 보여주려는 것이다. 과연 어떤 사람들이 그리스도와 함께 왕권을 잡을 장군들이 되는가? 첫째는 다른 사람들은 다 '피곤하다, 힘들다, 두렵다'고 하면서 물러갈지라도 물러가지 아니하고 도리어 싸우도록 힘을 북돋우며 피곤하여 손이 칼에 붙기까지 싸우는 사람이다. 그러므로 여호와께서 그를 크게 이기게 하신 것이다.

그가 용감한 것도 있지만 여호와께서 그를 사용하셔서 그 싸움을 이기게 하셨다. 이런 사람의 특징은 대적이 아직 남아 있는데 어떻게 자기가 쉴 수 있느냐면서 끝까지 싸우는 것이다. 피곤하더라도 끝까지 싸우는 사람이 이기는 자의 반열에 들어갈 수 있고 그리스도의 왕권에 동참할 자격을 획득하게 된다.

다른 사람들은 엘르아살이 앞서 싸워 이기면 다만 저의 뒤를 따라가면서 노획물을 주웠다. 우리 시대에도 참으로 용감하게 앞서 나아가 싸워서 많은 노략물을 쟁취하여 그 노략물을 다른 사람들로 함께 누리게 하는 사람이 있을 것이다. 이 척박한 시대에 다른 사람들이 은혜를 얻을 수 있도록 앞서 나아가 경작하는 사람이 있다. 다윗의 용사들에 관한 이 부분의 기록은 마치 장래 왕 노릇할 자들이 상 받을 내용을 세세히 기록한 생명책의 기록과도 같다.

그리스도의 왕국 시대에 어떤 사람이 다윗과 그 장군들처럼 왕 노릇 하는 자들로 기록되는가? 바로 이 시대에 다른 사람들은 두려워서 물러가고 다 도망가더라도, 피곤하더라도 칼을 손에서 놓지 않고 대적을 끝까지 진멸하며 많은 노획물을 탈취하여 다른 하나님의 자녀들에게 나눠주는 사람이다.

11-12절, **"그 다음은 하랄 사람 아게의 아들 삼마라 블레셋 사람이 떼를 지어 녹두나무가 가득한 밭에 모이매 백성들은 블레셋 사람 앞에서 도망하되 저는 그 밭 가운데 서서 막아 블레셋 사람을 친지라 여호와께서 큰 구원을 이루시니라"**. 블레셋 대군이 배가 고팠던지 녹두나무 가득한 밭에 모여 섰다. 그때 삼마라고 하는 장군이 그 밭 가운데 서서 막아 블레셋 사람을 쳤다고 했다. 그때 여호와께서 큰 구원을 이루어 주셨다. 삼마는 대적이 자기 나라에 와서 곡식을 탈취하는 것을 허락하지 않고 그 밭을 막아 섰다. 하나님의 재산을 대적이 함부로 탈취하지 못하게 막아서는 것도 큰 충성이다. 그가 거기서 이겼으므로 그 승리의 대가로 삼 인의 장군 중 한 사람으로 등록되었다.

13절, **"또 삼십 두목 중 세 사람이 곡식 벨 때에 아둘람 굴에 이르러 다윗에게 나아갔는데 때에 블레셋 사람의 떼가 르바임 골짜기에 진쳤더라"**. 첫 번째 아디노, 두 번째 엘르아살, 세 번째 삼마, 이 세 사람이 첫 삼인이다. 그리고 이제 두 번째 삼 인을 이야기하고 있다. 삼십 두목 중 세 사람이 곡식 벨 때에 아둘람 굴에 이르러 다윗에게 나아갔다. 이것은 어쩌면 다윗이 사울을 피해서 도망갈 때 일이다. 그들은 다윗이 왕이었을 때 함께했던 사람들이 아니다. 다윗이 고난받을 때 함께 고난을 받았던 사람들로서, 다윗이 사울을 피해서 아둘람 굴에 있을 때 다윗에게 나아갔던 세 사람이다.

그러므로 그날 또한 누가 그리스도와 함께 왕권을 잡을 것인가? 이 시대에 주님과 함께 고난받는 사람들이다. 오늘날 만일 잘 닦아놓은 터 위에서 지위와 권력과 부귀와 명예를 부여하고 편안히 사역을 하라고 한다면 많은 사람이 와서 사역을 하겠다고 할 것이다. 그러나 어려운 처지에서는 사역하겠다고 하는 사람이 많지 않다. 이 세 사람은 다윗이 가장 어려울 때 다윗과 함께 고생했던 사람들이다.

블레셋 사람들이 이때 르바임 골짜기에 있었다는 것은 베들레헴에까지 블레셋 사람의 진영이 있었다는 것이다. 이스라엘 백성들이 자기들 앞마당까지 쳐들어와서 진을 치고 있는 블레셋 사람들에게 당하고 있었다는 이야기이다. 그때 다윗은 왕이 아니고 쫓기는 신세였기 때문에 그렇게 대적이 있음에도 불구하고 쫓아낼 도리가 없었다.

14-17절, **"그때에 다윗은 산성에 있고 블레셋 사람의 영채는 베들레헴에 있는지라 다윗이 사모하여 가로되 베들레헴 성문 곁 우물물을 누가 나로 마시게 할꼬 하매 세 용사가 블레셋 사람의 군대를 충돌하고 지나가서 베들레헴 성문 곁 우물물을 길어 가지고 다윗에게로 왔으나 다윗이 마시기를 기뻐 아니하고 그 물을 여호와께 부어 드리며 가로되 여호와여 내가 결단코 이런 일을 하지 아니하리이다 이는 생명을 돌아보지 아니하고 갔던 사람들의 피니이다 하고 마시기를 즐겨 아니하니라 세 용사가 이런 일을 행하였더라"**. 다윗은 블레셋 사람의 영채가 베들레헴에 있을 때 베들레헴 성 옆 우물물의 물을 마시고 싶어했다. 그때에 세 용사가 죽음을 무릅쓰고 블레셋 군사들과 충돌하며 가서 그 우물물을 길어다가 다윗에게 주었다. 오늘날 그런 상황에서 자기 목숨을 돌보지 않고 주님을 시원케 해 드릴 한 그릇 생수를 갖다드리는 사람이 과연 누구인가? 사도 바울이 이런 사람이 아니었을까? 그는 왜 예루살렘에 들어가기로 작정했을까? 죽음을 예상하면서도 한 그릇 생수를 주님께 드리기 위함이 아니었을까? 다윗은 그들이 그렇게 떠온 물을 자

신이 마시기를 기뻐하지 않고 여호와께 부어 드리면서 '이것은 생명을 돌아보지 아니하고 갔던 사람들의 피'라고 했다.

장래 왕국에는 지위의 차별이 있다

18-19절, **"또 스루야의 아들 요압의 아우 아비새니 저는 그 삼인의 두목이라 저가 창을 들어 삼백인을 죽이고 그 삼 인 중에 이름을 얻었으니 저는 삼인 중에 가장 존귀한 자가 아니냐 저가 저희의 두목이 되었으나 그러나 첫 삼인에게는 미치지 못하였더라"**. 이 두 번째 삼인 중에서는 아비새가 가장 앞섰다. 그가 창을 들어서 삼백 명을 죽였기 때문이다. 아비새에 관해서는 앞에서도 많이 언급되었다.

20절, **"또 갑스엘 용사의 손자 여호야다의 아들 브나야니 저는 효용한 일을 행한 자라 일찌기 모압 아리엘의 아들 둘을 죽였고 또 눈 올 때에 함정에 내려가서 한 사자를 죽였으며"**. '효용한 일'이란 '용감한 일, 능한 일'이라는 뜻이다. 여호야다의 아들 브나야라는 사람은 아주 용맹스럽고 능한 일을 행한 자인데 그는 일찍이 아리엘의 아들 둘을 죽였다고 했다. 이 '아리엘의 아들'을 흠정역 성경은 '사자 같은 아들'이라고 표현했다. 그는 사자 같은 사람 둘을 죽였다. 즉 무섭게 생긴 적을 죽였다는 것이다. 또 눈이 올 때 함정에 내려가는 것이 쉽지 않을 텐데 내려가서 한 사자를 죽였다. 브나야는 무서운 대적을 죽인 사람이다.

21-22절, **"또 장대한 애굽 사람을 죽였는데 그의 손에 창이 있어도 저가 막대를 가지고 내려가서 그 애굽 사람의 손에서 창을 빼앗아 그 창으로 죽였더라 여호야다의 아들 브나야가 이런 일을 행하였으므로 세 용사 중에 이름을 얻고"**. 브나야는 또 애굽 사람 한 명을 죽였다. '장대하다'는 것은 매우 감명적이라는 의미이다. 흠정역에는 '아름다운 사람'이라고 했다. 이 애굽 사람은 이스라엘 사람을 매혹하는 마력이 있는 인물이었는데, 그런 사람도 대적이다. 이 사람을 브나야가 죽인 것이다. 브나야는 당시에 창이 없이 막대기만 가지고 내려가서 애굽 사람의 창을 빼앗아 그것으로 그를 죽였다.

이러한 다윗의 장군들이 어떻게 해서 여기 명단에 들어가게 되었는가? 그들이 용감했기 때문이다. 충성으로, 인내로, 참음으로 대적을 물리쳤기 때문이다. 그런 사람들이 그날에 그리스도와 함께 왕 노릇 할 사람들임이 분명하다. 오늘날 많이 가진 사람들이 그날에 왕 노릇 할 사람들이 아니다. 아무것도 없어도 주님을 사랑하며 충성스럽고 용맹스럽고 비록 약해도 끝까지 견디고 싸워서 이기는 사람이 그날에 왕 노릇 할 사람들이다.

23절, **"삼십인보다 존귀하나 그러나 첫 삼인에게는 미치지 못하였더라 다윗이 저를 세워 시위대 장관을 삼았더라"**. 이제 뒤에 삼십 인이 나온다. 다윗의 시위대 장관이라면 오늘날 경호실장이다. 브나야는 솔로몬 때에 군대 장관인 요압의 자리에 올라가게 된다.

24-39절, **"요압의 아우 아사헬은 삼십 인 중에 하나요 또 베들레헴 도도의 아들 엘하난과 하롯 사람 삼훗과 하롯 사람 엘리가와…암몬 사람 셀렉과 스루야의 아들 요압의 병기 잡은 자 브에롯 사람 나하래와 이델 사람 이라와 이델 사람 가렙과 헷 사람 우리아라 이상 도합이 삼십칠 인이었더라"**. 여기 마지막 39절에 나오는 우리아는 밧세바의 남편이다. 다윗의 장군 중에 그의 이름이 들어가 있다. 그가 비록 이 세상에서는 참담하게 죽임을 당했으나 그 이름이 여기에는 녹명되어 있다. 특이한 것은 이 귀한 명부에 다윗의 장군으로 가장 많이 활약한 요압이 없다는 것이다. 오히려 요압의 병기 잡은 자, 즉 요압의 부관의 이름은 기록되어 있다.

가장 뛰어난 장군 세 사람은 아디노, 엘르아살, 삼마이다. 그다음 세 사람은 첫째는 아비새, 두 번째는 브나야이고 세 번째의 이름은 없다. 즉 장래 왕국에는 분명 지위상 차별이 있다는 말이다. 아사헬부터 시작해서 우리아까지 다 나왔는데 요압의 이름은 나오지 않는다. 이 시대에 남들이 보기에는 굉장히 큰일을 많이 했는데 그날 천국에 가보니 보이지 않을 수 있다는 말이 된다. 이것은 어떠한 경계거리인가!

24장

다윗의 마지막 실패 - 인구 조사

1절, **"여호와께서 다시 이스라엘을 향하여 진노하사 저희를 치시려고 다윗을 감동시키사 가서 이스라엘과 유다의 인구를 조사하라 하신지라"**. 이 말씀을 읽으면 이스라엘과 유다의 인구를 조사하라고 한 분이 꼭 하나님이신 것 같다. 역대 상 21장 1절과 비교하여 읽어 보겠다. 사무엘 하 24장에는 '여호와께서 다윗을 감동시키셨다'고 하는 것 같지만, 역대 상 21장에는 "사단이 일어나 이스라엘을 대적하고 다윗을 격동하여 이스라엘을 계수하게 하니라"고 했다. 그렇다면 여호와께서 다윗을 감동시켜서 이스라엘의 인구조사를 하게 한 것인가, 아니면 사단이 그렇게 한 것인가? 모든 것은 하나님의 손 안에 있기 때문에 사단이 다윗에게 그런 생각을 넣어주었다 할지라도 그 주권은 하나님께 있다. 그러므로 이 두 부분의 말씀이 충돌될 필요는 없다.

2-3절, **"왕이 이에 그 곁에 있는 군대 장관 요압에게 이르되 너는 이스라엘 모든 지파 가운데로 다니며 단에서부터 브엘세바까지 인구를 조사하여 그 도수를 내게 알게 하라 요압이 왕께 고하되 이 백성은 얼마든지 왕의 하나님 여호와께서 백배나 더하게 하사 내 주 왕의 눈으로 보게 하시기를 원하나이다 그런데 내 주 왕은 어찌하여 이런 일을 기뻐하시나이까 하되"**. 이 인구조사는 하나님 앞에 다윗의 마지막 범죄가 되겠다. 다윗이 인구조사를 했는데, 이 인구조사가 하나님의 진노를 격발하게 했다. 왜 하나님은 그렇게 하도록 허락하시고 또 심판을 하시는가? 여러분은 이것이 궁금할 것이다.

다윗이 요압에게 인구조사 명령을 내렸다. 요압은 그렇게 영적인 사람이 아니지만 이때 그는 다윗 왕이 육신적인 생각에 빠져 있다는 것을 알았다. 3절에서 말한 것으로 보아 그는 인구조사를 하려는 다윗의 심중을 꿰뚫고 있다. 다윗이 왜 인구조사를 하려고 하는가? 왕이 되어서 자리를 잡고 나니 이제 대적의 침입에 대항할 힘을 구축하기 위해 백성들의 숫자를 세어 국력으로 삼으려는 것이다. 말년에 이르러 다윗은 자기 나라의 국력, 정권의 힘의 기반을 인구에 두려고 했다. 요압이 이것을 안 것이다.

원래 다윗은 많은 인수를 의지한 사람이 아니다. 물맷돌 하나로 골리앗을 죽인 사람이다. 다윗은 하나님을 의지하고 사람의 수효를 의지하지 않았다. 소수를 가지고도 대적을 쳐부술 믿음을 가지고 있었던 사람이다. 사람이란 항상 깨어있지 않으면 넘어지기 십상이다. 이런 위험성이 있다는 것을 알기만 해도 큰 구원이 된다.

4-5절, **"왕의 명령이 요압과 군대 장관들을 재촉한지라 요압과 장관들이 이스라엘 인구를 조사하려고 왕의 앞에서 물러나서 요단을 건너 갓 골짜기 가운데 성읍 아로엘 우편 곧 야셀 맞은편에 이르러 장막을 치고"**. 다윗이 왕권을 가지고 명령하는데 요압이 어찌 안 들을 수 있겠는가? 그는 그 명령을 듣고서 시행하려고 왕 앞에서 물러났다.

6-9절, **"길르앗에 이르고 닷딤홋시 땅에 이르고 또 다냐안에 이르러서는 시돈으로 돌아서 두로 견고한 성에 이르고 히위 사람과 가나안 사람의 모든 성읍에 이르고 유다 남편으로 나와서 브엘세바에 이르니라 저희 무리가 국중을 두루 돌아 아홉 달 스무 날 만에 예루살렘에 이르러 요압이 인구 도수를 왕께 고하니 곧 이스라엘에서 칼을 빼는 담대한 자가 팔십 만이요 유다 사람이 오십 만이었더라"**. 전쟁을 할 수 있는 인구를 조사하려고 한 것이다. 이스라엘에서 칼을 빼는 담대한 자가 팔십 만이고 유다 사람이 오십 만이었다. 결국 다윗은 전쟁을 할 수 있는 군사의 수를 알고 싶어한 것이다. 그 숫자를 의지하려고 했던 것이다.

다윗의 자책

10절, **"다윗이 인구수를 조사한 후에 그 마음에 자책하고 여호와께 아뢰되 내가 이 일을 행함으로 큰 죄를 범하였나이다 여호와여 이제 간구하옵나니 종의 죄를 사하여 주옵소서 내가 심히 미련하게 행하였나이다 하니라"**. 주님께 택함 받은 사람, 영적인 사람, 신실한 사람들은 전혀 잘못을 범하지 않는 사람들인가? 그렇지 않다. 잘못이 있을 수 있다. 그러나 그런 사람들의 특징은 잘못을 깨닫고 또 회개를 한다는 것이다. 다윗이 인구조사 명령을 내리고서 인구를 조사하는 9개월 남짓 동안은 회개가 없었다. 그런데 그 조사표를 가지고 보고를 받을 때쯤 되어서 그 일이 잘못되었다는 것을 스스로 깨달았다. 다윗이 그 마음에 자책했다고 했는데, 회개란 자신이 한 일에 대해 책임을 지고 주님 앞에 정직하게 고백하는 것이다.

그리스도인이 죄를 범하는 것은 미련하기 때문이다. 그 순간에는 하나님이 보이지 않는다. 그래서 지혜가 없어지고 계산도 없어진다. 다윗은 지금까지 하나님과 같이 오면서 경험한 그 많은 기적들과 보호와 능력을 다 잊어버리고 순간적으로 백성의 숫자를 의지하고 군대 수를 의지하여 살고 싶었던 것이다.

11-13절, **"다윗이 아침에 일어날 때에 여호와의 말씀이 다윗의 선견자 된 선지자 갓에게 임하여 가라사대 가서 다윗에게 말하기를 여호와의 말씀에 내가 네게 세 가지를 보이노니 너는 그중에서 하나를 택하라 내가 그것을 네게 행하리라 하셨다 하라 갓이 다윗에게 이르러 고하여 가로되 왕의 땅에 칠 년 기근이 있을 것이니이까 혹시 왕이 왕의 대적에게 쫓겨 석 달을 그 앞에서 도망하실 것이니이까 혹시 왕의 땅에 삼 일 동안 온역이 있을 것이니이까 왕은 생각하여 보고 나를 보내신 이에게 대답하게 하소서"**. 다윗이 범한 인구조사의 죄 때문에 여호와 하나님은 갓을 보내서 세 가지 징계 중에 하나를 택하라고 하셨다. 첫째는 칠 년 기근이고, 둘째는 왕 자신이 대적에게 쫓겨 석 달을 도망다니는 것이고, 셋째는 삼 일 동안 온역이 이스라엘 전역에 있는 것이다. 그런데 다윗이 대답하는 것을 보면 전에 압살롬을 피하여 도망간 적이 있는데 더는 그렇게 하고 싶지 않은 것을 알 수 있다. 또 사울이 기브온 사람의 피를 흘린 것 때문에 삼 년 기근도 맛보았다. 그러다보니 그는 차라리 온역을 택하게 되었다.

14절, **"다윗이 갓에게 이르되 내가 곤경에 있도다 여호와께서는 긍휼이 크시니 우리가 여호와의 손에 빠지고 내가 사람의 손에 빠지지 않기를 원하노라"**. '우리가 여호와의 손에 빠지고'라는 말은 사실 온역을 택하는 것이다.

15절, **"이에 여호와께서 그 아침부터 정하신 때까지 온역을 이스라엘에게 내리시니 단부터 브엘세바까지 백성의 죽은 자가 칠만 인이라"**. 칠만 명이 죽었다. 다윗은 인구조사를 해서 마음에 든든함을 가지려고 했는데 하나님은 바로 그 마음을 깨버리셨다. 갑자기 칠만 명이 감소되었으니 다윗의 마음이 얼마나 허전하겠는가 말이다. 마르틴 루터는 이렇게 말했다. "우리가 만일 어떤 죄가 있으면서 무엇을 원하면 하나님은 정반대로 일하신다." 우리가 원하는 대로가 아니고 우리 원함의 반대로 역사하신다는 것이다. 바로 이 일이 그렇게 되었다. 다윗은 군대의 수를 의지하려고 했다가 칠만 명을 잃어버리는 결과를 가져왔다.

여기서 한 가지 짚고 넘어갈 것이 있다. 다윗이 우리아 장군의 아내였던 밧세바를 범했을 때도 징벌이 따랐다. 또 사울이 기브온 족속의 피를 흘려서 삼 년간 기근이 임했는데 이것도 징벌이었다. 겉으로 볼 때 다윗이 마지막으로 범한 이 죄는 그렇게 큰 죄가 아니다. 인구조사라는 것이 겉으로 볼 때 뭐 그렇게 큰 죄겠는가? 생각해 보라. 모세는 모압 땅에서 인구를 조사했다. 인구를 조사하는 것 자체가 큰 죄인가? 모세 때에는 죄가 되지 않았다. 그런데 여기에서는 죄가 된다. 그리고 그 죄에 대한 대가가 너무 크다. 그 징벌이 이전에 다윗에게 내린 징벌 중에 가장 크다. 겉으로 보기에는 이것이 그렇게 큰 죄가 아닌데 왜 하나님은 이 죄를 이토록 중히 다루시는가? 교만과 자만심 때문이다. 하나님을 의뢰하지 않고 인수를 의지했던 것이다, 이보다 하나님을 노하시게 하는 것은 없다.

아라우나의 타작마당

16절, **"천사가 예루살렘을 향하여 그 손을 들어 멸하려 하더니 여호와께서 이 재앙 내림을 뉘우치사 백성을 멸하는 천사에게 이르시되 족하다 이제는 네 손을 거두라 하시니 때에 여호와의 사자가 여부스 사람 아라우나의 타작마당 곁에 있는지라"**. 하나님께서 천사를 시켜서 재앙을 내리셨는데, 칠만 명이 죽은 뒤에 여호와께서는 이 재앙을 내리신 것을 뉘우치셨다. 하나님은 진노하시고 또 뉘우치시는 하나님이시다. 그러면서 족하다고 하신다. 우리는 여기서 하나님이 인격적인 하나님이심을 본다. 그분은 진노하시는 하나님이시며 우리가 교만해지고 마음이 높아지고 자기를 신뢰할 때 기뻐하지 않는 하나님이시라는 것을 알 수 있다.

다윗의 죄에 대한 깊은 인식

17절, **"다윗이 백성을 치는 천사를 보고 곧 여호와께 아뢰어 가로되 나는 범죄하였고 악을 행하였삽거니와 이 양 무리는 무엇을 행하였나이까 청컨대 주의 손으로 나와 내 아비의 집을 치소서 하니라"**. 10절에 보면 다윗은 이미 회개를 했다. 그렇지만 그 징계로 칠만 명이 죽는 징벌을 받은 후에 영안이 열려 백성들을 치는 천사를 보았다. 그때에 다윗은 다시 한 번 죄를 자백한다. 죄에는 일 단계의 회개가 있고 그다음 더 깊은 회개가 있는 것 같다. 이미 잘못한 것을 알았고 자책했고 회개했지만 그 죄의 값으로 매를 맞고 나서는 그가 지은 죄에 대한 대가가 이렇게 크다는 것을 알고 다시 한 번 엎드렸다. 죄에 대해 새로이 깊은 느낌을 갖는 것이다.

다윗에게 이렇게 하시는 분은 하나님이시다. 왜냐하면 하나님께서 다윗을 사랑하시기 때문이다. 하나님은 다윗에게 마치 이렇게 말씀하시는 것 같다. '네가 지은 죄가 얼마나 큰지 아느냐? 이렇게 심각한 것이다.' 징계를 받을 때 우리는 뼈저리게 느끼게 된다. 물론 잘못한 것을 알았고 회개할 때에는 '하나님, 정말 잘못했습니다. 이것은 죄입니다. 불의입니다. 부정한 것입니다. 제가 잘못했습니다.'라고 했지만, 그 죄가 얼마나 큰 것인지를 알려면 그 만큼 매를 맞아봐야 한다. 질병에 걸리든지, 재산상의 어떤 문제가 있든지, 가족에게 어떤 어려움이 있든지 하는 것이다. 진정한 그리스도인이라면 매를 맞을 때에 '이 일은 그것 때문에 오는 것이다.'라는 것을 안다. 그럴 때 우리 속에서 '하나님, 어렵고 힘들긴 하지만 마땅합니다.' 하게 된다. 그런 징계를 받으면서 '내가 지은 죄가 그 정도로 크고 깊은 것이다.'라는 죄에 대한 참된 인식을 갖게 되는 것이다.

백성들도 책임이 있다

그렇다면 다윗의 죄와 이스라엘 백성의 죄는 관계가 없는가? 분명히 있다. 다윗이 이렇게 하게 된 데에는 이스라엘 백성들도 한 몫을 한 것이다. 이스라엘은 압살롬 사건이 있을 때 순식간에 민심이 변해서 다윗을 떠났다. 압살롬을 따르면서 다 다윗을 배신했다. 그런데 다윗이 다시 환궁했을 때 세바라고 하는 베냐민 지파 사람이 난을 일으키자 이스라엘 백성들은 또다시 세바를 따랐다. 이러한 일로 다윗은 믿음이 약해져서 그저 하나님만을 의지하고 나가기가 어렵게 되었다. 이렇게 교회가 사역자를 시험 들게 만들 수도 있는 것이다.

그러므로 여기에 백성의 책임도 있다는 말이다. '왜 다윗이 범죄했는데 죄 없는 백성만 칠만 명이나 죽게 했는가'라고 말하지 말라. 하나님은 공평한 하나님이시고 공의로 심판하는 하나님이시다. 물론 다윗 입장에서는 '내가 죄를 지었는데 왜 죄 없는 백성을 그렇게 죽게 하십니까'라고 하는 것이 마땅하다. 왜냐하면 그 죄를 지은 자가 다윗이기 때문이다. 하지만 백성들이 그가 그렇게 하도록 만든 것도 사실이다. 그들은 몇 차례나 다윗을 불안하게 만들었다. 그러나 다윗은 백성들에게 그 죄를 전가하지 않고 자기가 범죄했고 악을 행했다고 고백하고 자기 책임으로 돌렸다. "다윗이 백성을 치는 천사를 보고 곧 여호와께 아뢰어 가로되 나는 범죄하였고 악을 행하였삽거니와 이 양 무리는 무엇을 행하였나이까 청컨대 주의 손으로 나와 내 아비의 집을 치소서 하니라". 이것이 지도자의 자격이다.

다윗이 타작마당에 이르러 단을 쌓다

18-19절, **"이 날에 갓이 다윗에게 이르러 고하되 올라가서 여부스 사람 아라우나의 타작마당에서 여호와를 위하여 단을 쌓으소서 하매 다윗이 여호와의 명하신 바 갓의 말대로 올라가니라"**. 회개한 사람은 그 태도가 순종적이다.

20절, **"아라우나가 바라보다가 왕과 그 신복들이 자기를 향하여 옴을 보고 나가서 왕의 앞에서 얼굴을 땅에 대고 절하며"**. 아라우나는 이스라엘 사람이 아니라 원래 가나안 족속이었던 것 같다. 여부스 사람은 예루살렘 사람이라는 의미이다. 예루살렘의 원래 지명이 여부스이다. 아라우나는 원래 가나안 족속 여부스 사람인데 이스라엘 사람으로 귀화했을 것이다. 그중에서 유력한 사람이었던 것 같다. 그는 타작마당을 갖고 있었다.

모리아 산, 아라우나의 타작마당이 성전 터가 되다

그런데 하나님께서 거기에서 단을 쌓으라고 하신 이유가 무엇인가? 왜 아라우나의 타작마당에 단을 쌓으라고 하셨는가? 그 자리는 바로 천 년 전에 아브라함이 이삭을 제물로 드렸던 모리아 산이기 때문이다.

역대 하 3장 1절을 보겠다. **"솔로몬이 예루살렘 모리아 산에 여호와의 전 건축하기를 시작하니 그곳은 전에 여호와께서 그 아비 다윗에게 나타나신 곳이요 여부스 사람 오르난의 타작마당에 다윗이 정한 곳이라"**. 후에 솔로몬은 이곳 모리아 산에서 예루살렘 성전을 건축했다.

21-23절, **"가로되 어찌하여 내 주 왕께서 종에게 임하시나이까 다윗이 가로되 네게서 타작마당을 사서 여호와께 단을 쌓아 백성에게 내리는 재앙을 그치게 하려 함이로라 아라우나가 다윗에게 고하되 원컨대 내 주 왕은 좋게 여기시는 대로 취하여 드리소서 번제에 대하여는 소가 있고 땔 나무에 대하여는 마당질하는 제구와 소의 멍에가 있나이다 왕이여 아라우나가 이것을 다 왕께 드리나이다 하고 또 왕께 고하되 왕의 하나님 여호와께서 왕을 기쁘게 받으시기를 원하나이다"**. 아라우나는 다윗 왕이 친히 자기에게 나아온 것만 해도 너무나 황송했다. 왕이 필요로 하는 모든 것을 그냥 드릴 테니 거기서 번제도 드리시고 모든 것을 하시라고 한다.

다윗 왕이 아라우나에게 값을 지불하다

24절, **"왕이 아라우나에게 이르되 그렇지 아니하다 내가 값을 주고 네게서 사리라 값없이는 내 하나님 여호와께 번제를 드리지 아니하리라 하고 은 오십 세겔로 타작마당과 소를 사고"**. 하나님께 번제를 드리는 다윗을 보라. 진심으로 드리기 위해서 남의 것을 가지고 쉽게 드리려 하지 않았다. 그는 값없이는 하나님께 번제를 드리지 않겠다고 하면서 은 오십 세겔을 그에게 주고 타작마당과 소를 샀다.

25절, **"그 곳에서 여호와를 위하여 단을 쌓고 번제와 화목제를 드렸더니 이에 여호와께서 그 땅을 위하여 기도를 들으시매 이스라엘에게 내리는 재앙이 그쳤더라"**. 여기 아라우나의 타작마당이 성전의 터가 되었다. 성전의 터는 아브라함이 아들 이삭을 제물로 드렸던 곳이고, 다윗이 인구조사를 해서 자기 신뢰와 교만의 죄를 짓고서 완전히 엎드러졌던 곳이다. 오늘날 교회는 어떠한 터전 위에 세워져야 하는가? 우리의 할 수 있음과 우리의 인간적인 재능과 능력이 다 거꾸러진 곳이다.